alter ego +

méthode de français

3

Catherine Dollez

Sylvie Pons

hachette

FRANÇAIS LANGUE ÉTRANGÈRE

www.hachettefle.fr

Crédits photographiques et droits de reproduction

Couverture : Shutterstock
Corbis : p. 75 Stéphane Cardinale/People Avenue ; p. 88 Tim De Waele/TDWsport.com
Fotolia : p. 162 Pierre-Yves Babelon ; p. 164 photlook (a)
Gamma Rapho : p. 55 Marc Gantier ; p. 57 Franck Crusiaux ; p. 85 Patrick Aventurier ; p. 199 Raphaël Gaillarde (Le Clézio)
Getty : p. 106 Charles Eshelman ; p.108 David Wolff – Patrick (Biolay)
Photononstop : p. 56 Alain Le Bot (haut) ; p. 86 Pascal Deloche/Godong ; p. 74 Jean-Michel Leligny ; p. 110 View ; p.141 Jacques Loic ; p. 142 Alain le Bot ; p. 164 Sime (
p. 172 Johner (haut), Mauritius (bas) ; p. 173 Christian Arnal (droite) ; p. 190 J&D Pratt (marché), Cultura creative (pourboire) ; p. 192 Nathan Alliard ; p. 197 Leslie Wes
p. 198 Julien Thomazo (gendarmes)
Picture Tank : p. 28 Olivier Aubert
Rue des Archives : p. 12 BCA (haut), Lebrecht (1 gauche), The Granger Collection NYC (2 gauche), Mary Evans (3 gauche) ; p. 18 BCA (bas) ; p. 19 Horacio Villalob
(R. avant), Patrick Robert/Sygma (R. après), Thierry Tronnel/Sygma (V. avant), Éric Fougère/VIP Images (V. après) ; p. 30 Gérard Bloncourt ; p. 48 Spaarnestad (gauche), AG
(Camus) ; p. 58 Mary Evans ; p. 66 PVDE (Jules Verne photographié par Nadar), Varma (kiosque) ; p. 67 PVDE ; p. 84 AGIP ; p. 92 PVDE; p. 102 Georgette Chadourn
PFB (Bonnard), Michel Sima (Matisse) ; Edimedia/WHA (Bizet); Suddeutsche Zeitung (Godard) ; Louis Monier (Duras); BCA (Monet) ; Nicole Lejeune (César) ; p. 113 Ima
(gauche), BCA (droite) ; p. 156 BCA (bas) ; BCA (Bardot)
Sipa : p. 50 Persuy (haut) ; p. 56 Chamussy (bas) ; p. 71 Jacques Brinon/AP ; p. 73 Jacques Brinon/AP (isoloir), Gile Michel (carte électorale) ; p. 90 Durand Florence ; p.
Nicolas Jose ; p. 103 Benaroch (Gainsbourg) ; F. Lepage (Nouvel) ; p.106 Christophe Ena/AP (Murakami), Ginies (Vargas) ; Hadj ; Andersen (P. Boulle) ; p. 163 The Grang
Collection NYC (David-Néel) ; p. 188 Philippe Wojazer/AP ; p. 198 RDA (*Fantômas*)
Autres : Shutterstock. Vipflash p. 79 ; Criben p. 104

© p. 68 *L'Équipe Magazine* ; *Paris Match* ; *Elle* ; *Le Nouvel Observateur* ; Slate.fr © p. 72 ; *Le Figaro* ; *Le Monde* ; *L'Humanité* ; © p. 87, la troupe du Magic Land Théât
avec l'aimable autorisation de Gilles Bogarts ; © p. 90 citizenside.com (Les Indignés) ; campagne de Reporters sans frontières (affiche) ; © p. 91 couverture *Indignez-vou*
Indigène Éditions ; couverture *Engagez-vous !* Éditions de l'Aube ; © p. 102 Pierre Bonnard, *Décor à Vernon*, 1920, ADAGP Paris 2013 ; Henri Matisse, *Femme au chapea*
1905, Succession Henri Matisse/Artists Rights Society (ARS), New York ; © p. 104 Mairie de Montpellier, direction de la culture et du patrimoine (Les Estivales et Au bonhe
des fleurs) ; affiche du festival Radio France, photographie Marc Ginot, graphiste Audrey Melendez ; affiche exposition Caravage, musée Fabre et Fondation Longhi ; © p. 1
Allo Ciné ; © p. 110 Trip Advisor ; © p. 111 Prod/Hachette Filipacci ; © p. 116 éditions Flammarion (*La carte et le territoire*) ; éditions Gallimard/Folio (*Les Bienveillantes*
Jonathan Littell et *Texaco* de Patrick Chamoiseau) ; Le Livre de Poche (*HHhH*) ; © p. 122 mairie de Nantes ; © p. 131 affiches réalisées par Écoconso, illustrations : G. Thèv
– corrosive@swing.be ; © p. 147 Le Livre de Poche, *Quai de l'oubli* de Philippe Huet ; © p. 148 Prod/Hachette Filipacci ; © p. 149 Le Livre de Poche ; Actes Sud ; Sonatin
DR : p. 90 (manifestation contre le nucléaire) ; p. 103 (Rodin) ; p. 120 (Mickey 3D) ; p. 138 (graffiti) ; p. 145 (Diane Kruger)

Tous nos remerciements à Reporters sans frontières ; la fondation Matisse ; la mairie de Montpellier ; Radio France ; *Slate Magazine*, www.slate.fr ; Gilles Bogarts ; *Le P*
Journal, le journal des Français et francophones à l'étranger, www.lepetitjournal.com ; les éditions Gallimard, www.gallimard.fr ; Ecosonso, www.ecoconso.be

Nous avons fait tout notre possible pour obtenir les autorisations de reproduction des textes et documents publiés dans cet ouvrage. Dans le cas où des omissions ou d
erreurs se seraient glissées dans nos références, nous y remédierions dans les éditions à venir.

Couverture : Nicolas Piroux
Adaptation graphique et mise en page : Barbara Caudrelier
Secrétariat d'édition : Sarah Billecocq
Illustrations : Xav'
Recherche iconographique : Barbara Caudrelier
Cartographie : Hachette éducation

978-2-01-155814-5
© HACHETTE LIVRE, 2013
43, quai de Grenelle, F 75 905 Paris Cedex 15, France.
http://www.hachettefle.fr

Avant-propos

Alter ego + est une méthode de français sur cinq niveaux destinée à des apprenants adultes ou grands adolescents.

Alter ego + 3 s'adresse à des apprenants ayant acquis le niveau A2. Il vise l'acquisition des compétences décrites dans le niveau B1 du *Cadre européen commun de référence pour les langues* (CECRL), dans un parcours de 150 heures d'activités d'enseignement/apprentissage. Il permet de se présenter au DELF B1.

Les principes d'*Alter ego + 3*

Dans *Alter ego + 3*, l'apprentissage s'articule autour de deux grands axes : *La vie au quotidien* et *Points de vue sur*. Cette articulation reflète à la fois la dimension pragmatique de l'apprentissage de la langue – on parle *pour...* – mais aussi sa fonction relationnelle et intellectuelle, car on parle aussi *de...* et *avec...* Ainsi, l'apprenant va communiquer et interagir dans des situations courantes et concrètes de la vie, mais aussi exprimer des idées et comprendre les points de vue de l'autre.

Cette double approche correspond d'ailleurs aux savoir-faire des épreuves du **DELF**.

Alter ego + 3 favorise également **l'implication** de l'apprenant dans son apprentissage : ce dernier est actif et développe ses aptitudes d'observation et de réflexion, autant de stratégies qui l'amènent progressivement vers l'autonomie. L'apprentissage de la langue se fait ainsi dans **une perspective actionnelle** qui trouve son aboutissement dans la pédagogie du **projet** mise en œuvre en fin de dossier.

Cette implication d'ordre méthodologique s'accompagne d'une motivation culturelle et affective : chaque dossier aborde des problématiques à **dimension universelle**. Les articles de presse, les extraits radiophoniques, mais aussi les textes appartenant au patrimoine littéraire, sont autant d'occasions pour l'apprenant de rencontrer l'autre et d'exprimer ses connaissances, ses représentations et son ressenti.

C'est également dans cet esprit d'ouverture et d'échange interculturel que nous proposons des *Rendez-vous alterculturels*, qui donnent la parole à des personnes de nationalités différentes.

Pour mieux comprendre les documents (écrits et oraux) et décoder les implicites socioculturels, les apprenants pourront se référer à **un abécédaire culturel** situé en annexes.

Enfin, une attention particulière est portée à **l'apprentissage du lexique**, primordial pour atteindre le niveau B1. *Les Mots pour...* au fil des dossiers et le lexique thématique en fin d'ouvrage viennent faciliter et guider cet apprentissage.

Structure du manuel

Alter ego + 3 se compose de **9 dossiers** abordant chacun une thématique différente.

Chaque dossier est composé :

- d'une double page de sommaire et de mise en route, une photographie et deux proverbes ou citations étant l'occasion d'introduire la thématique du dossier ;

- de 5 doubles pages contenant les activités d'enseignement/apprentissage ;

- d'une page *Paroles en scène* comprenant une rubrique « Phonie-graphie », une rubrique « Sur tous les tons » pour travailler la diction et l'intonation et une rubrique « Mise en scène » pour favoriser le jeu et l'expression de la créativité ;

- d'une page *Projet* guidée, pour réinvestir les savoirs et savoir-faire acquis ;

- d'une double page *S'exercer* pour la vérification des acquis grammaticaux, lexicaux et pragmatiques ;

- d'une double page de préparation au DELF B1 (deux compétences par dossier). De plus, une épreuve complète est proposée à la fin du dossier 9.

Les nouveautés

- **Des documents renouvelés et actualisés**

- **Une démarche actionnelle renforcée** avec plus de tâches au fil du parcours et un projet guidé par dossier.

- **Des outils d'apprentissage encore plus nombreux**

  > Systématisation linguistique : **la double page *S'exercer*** vient enrichir l'apprentissage avec encore plus d'exercices pour s'entraîner et vérifier ses acquis.

  > Apprentissage du lexique : **le lexique thématique** en fin d'ouvrage propose une sélection thématique et raisonnée des principaux mots de chaque dossier.

  > Phonie-graphie : la rubrique permet de travailler sur **les principales difficultés phonétiques** du français et sur les équivalences son/écriture.

  > Interculturel : **l'abécédaire culturel** est actualisé et enrichi.

  > Préparation au DELF B1 : intégrée au livre de l'élève, elle est complétée par les **épreuves du DELF B1** proposées dans le guide pédagogique.

- **Une offre numérique riche**

  > **Le CD-ROM encarté** contient tous les enregistrements du manuel au format mp3 ; 1 vidéo par dossier en lien avec un objectif pragmatique et culturel ; le portfolio ; 1 jeu par dossier.

  > **Le manuel numérique enrichi** propose tous les contenus du livre de l'élève et du CD-ROM ; l'audio classe ; le cahier d'activités ; le guide pédagogique ; des documents écrits complémentaires.

Professeurs de terrain et formatrices, nous avons à cœur de partager notre enthousiasme pour l'enseignement du français. Avec ce troisième niveau de la collection *Alter ego +*, nous souhaitons à tous plaisir et réussite !

Les auteures

Tableau des contenus

Contenus socioculturels Thématiques	Objectifs pragmatiques	Objectifs socio-langagiers		
		Objectifs linguistiques		
		Grammaire	Lexique	Intonation et phonie-graphie
Dossier 1	**Je séduis**			
L'image dans les relations amicales, sociales, professionnelles et amoureuses	• Parler de son rapport à l'image • Caractériser des personnes (tenue vestimentaire, caractère, comportement...) • Demander des informations détaillées par mail • Exprimer son point de vue sur l'image de soi et la chirurgie esthétique • Donner des ordres et faire des suggestions • Exprimer des sentiments	• Les pronoms relatifs : > simples (rappel) > avec des pronoms démonstratifs • La mise en relief • Le subjonctif présent (rappel) • Le subjonctif passé, l'infinitif passé • Subjonctif ou infinitif après les verbes de sentiment	• Le lexique lié à l'image, les vêtements • Les comportements • Les qualités et les défauts professionnels • La chirurgie esthétique • Les sentiments d'amitié et d'amour	• Les tons de l'ordre et de la suggestion • Les sons vocaliques (sauf nasales) • Interpréter un extrait de *Trio en bémol* d'Éric Rohmer • Jouer une scène de ménage
Vidéo CD-ROM Présenter quelqu'un				
Projet Réaliser la page d'un programme de formation destiné à valoriser son image				
Dossier 2	**J'achète**			
Les habitudes de consommation Les profils d'acheteurs Les achats en ligne	• Parler de sa consommation et de ses habitudes d'achat • Caractériser • Écrire un mail de réclamation • Négocier et discuter un prix • Rapporter les paroles de quelqu'un • Mettre en garde	• Les comparaisons et les degrés de la comparaison • Les pronoms relatifs composés • Le discours rapporté au présent (rappel) • Le discours rapporté au passé et la concordance des temps	• Le lexique de la consommation • L'utilisation d'Internet • Le lexique de la négociation	• Imiter le ton du camelot • Les accents • Les sons vocaliques : les nasales • Interpréter un sketch d'Anne Roumanoff • Jouer une scène de marchandage
Vidéo CD-ROM Parler de sa consommation avec humour				
Projet Proposer des astuces de consommation aux Français résidant dans votre pays				

Contenus socioculturels Thématiques	Objectifs socio-langagiers			
	Objectifs pragmatiques	Objectifs linguistiques		
		Grammaire	Lexique	Intonation et phonie-graphie

Dossier 3 — J'apprends

Contenus socioculturels Thématiques	Objectifs pragmatiques	Grammaire	Lexique	Intonation et phonie-graphie
Les façons d'apprendre Les lieux et les parcours d'apprentissage Vie scolaire et universitaire	• Parler de ses façons d'apprendre et de son type de mémoire • Relater son parcours lors d'un entretien de motivation • Parler de son expérience • S'inscrire à l'université • Évoquer le passé • Exprimer une concession et (s')opposer	• L'imparfait et le passé composé (rappel) • Le plus-que-parfait • L'accord du participe passé • Les différents moyens pour exprimer la concession et l'opposition	• Les termes liés à l'apprentissage et à l'expérience • Le lexique scolaire et universitaire • Les expressions pour contredire	• Distinguer imparfait et passé composé • Les sons semi-vocaliques • Virelangues • Distinguer [y] et [u] • Interpréter un extrait de *Cyrano de Bergerac* d'Edmond Rostand

Vidéo - CD-ROM — Relater son parcours

Projet — Préparer puis donner un cours pour débutants sur un savoir ou savoir-faire que vous maîtrisez

Dossier 4 — Je m'informe

Contenus socioculturels Thématiques	Objectifs pragmatiques	Grammaire	Lexique	Intonation et phonie-graphie
Les moyens d'information Des points de vue sur la presse et les médias Le traitement de l'information	• Parler des façons de s'informer • Donner des informations par courrier • Comprendre des titres d'actualité • Donner son point de vue sur la une de quotidiens et savoir analyser des informations • Relater un événement dans un article narratif et comprendre un article informatif • Évoquer un événement non confirmé	• La phrase nominale • La forme passive • Exprimer la cause et la conséquence • Les différents moyens pour évoquer des événements incertains	• Le lexique des médias • Les mots pour rédiger un article de fait divers	• Distinguer les sons consonantiques [t]/[d] ; [s]/[z] ; [ʃ]/[ʒ] ; [f]/[v] ; [s]/[ʃ] ; [ʒ]/[z] ; [k]/[g] • Les liaisons obligatoires et facultatives • Virelangues • Interpréter un extrait de la pièce *Rhinocéros* d'Eugène Ionesco

Vidéo - CD-ROM — Présenter des titres d'actualité

Projet — Composer la une d'un journal et préparer un bulletin radio

Contenus socioculturels Thématiques	Objectifs pragmatiques	Objectifs socio-langagiers		
		Objectifs linguistiques		
		Grammaire	Lexique	Intonation et phonie-graphie

Dossier 5 — J'agis

| Les actions de solidarité Les moyens d'agir et de s'engager | • S'opposer et s'engager • Demander des précisions par mail • Encourager la solidarité • Exprimer son soutien • Exprimer des objectifs et ses intentions • Exprimer la durée | • Le participe présent et le gérondif • Les différents moyens pour exprimer le but • Les expressions de temps pour indiquer la durée | • La solidarité, l'entraide et l'engagement • Les expressions pour demander des précisions • Les expressions pour encourager • La présentation de revendications | • Les tons du slogan • Le h aspiré et l'article défini • Les liaisons avec le h • Interpréter un extrait de la pièce Les Mains sales de J.-P. Sartre |

Vidéo CD-ROM Promouvoir une œuvre caritative

Projet Faire un programme pour la Journée de la gentillesse

Dossier 6 — Je me cultive

| La découverte d'artistes français et de leurs œuvres Les spectacles et critiques de spectacle | • Parler de ses goûts culturels • Faire une interview • Donner ses impressions • Proposer un programme à des amis dans un mail • Participer à un débat : prendre la parole, garder la parole, couper la parole | • L'interrogation • La question avec l'inversion • Les adverbes en –ment • Les relatives avec le subjonctif | • Les mots pour parler de ses goûts culturels • Les expressions pour proposer un programme à des amis • Le lexique de l'art et des artistes • Les expressions pour donner ses impressions sur un événement culturel • Les expressions pour animer et participer à un débat | • Les tons de l'interrogation et de l'étonnement • Le -t- dans la question avec inversion • Graphie « g », « gu » ou « ge » • Interpréter un extrait de la pièce Art de Yasmina Reza • Jouer un débat autour d'une œuvre d'art |

Vidéo CD-ROM Décrire une œuvre d'art

Projet Réaliser pour un magazine un supplément sur un(e) artiste

Contenus socioculturels Thématiques	Objectifs socio-langagiers			
	Objectifs pragmatiques	Objectifs linguistiques		
		Grammaire	Lexique	Intonation et phonie-graphie
Dossier 7	**Je sauvegarde**			
L'action citoyenne et l'écologie L'écologie dans la vie quotidienne	• Parler de l'écologie • Débattre sur les choix énergétiques • Écrire un compte rendu de stage • Parler de l'avenir • Faire des hypothèses • Exprimer des interdictions	• Le futur simple (rappel) • Le futur antérieur • Le conditionnel présent et passé • Les différents moyens pour exprimer l'hypothèse • Les pronoms *y* et *en*	• Les mots de l'écologie • Les stratégies et le lexique pour faire un compte rendu de stage • Le lexique pour cultiver son jardin • Les mots pour interdire et pour préserver	• Le ton de l'injonction • Distinguer « qu'il a », « qu'il la » et « qui la » • Distinguer « quand », « qu'on », « qu'en », « qu'un » et « quant » • Interpréter un extrait du script de *Les Poupées russes* de Cédric Klapisch
Vidéo CD-ROM	La ville du futur			
Projet	Concevoir une campagne en faveur de la consommation de produits de saison			
Dossier 8	**Je juge**			
La justice au quotidien Un procès historique La littérature policière	• Parler de la justice • Écrire une lettre administrative de contestation • Exprimer des doutes et des certitudes • Situer des événements dans un récit au passé • Faire une démonstration	• Les expressions du doute et de la certitude • Les outils de substitution : la double pronominalisation et les pronoms neutres • Situer un événement dans un récit au passé	• Le lexique de la justice et de la police • Les mots pour comprendre des faits de justice • Les expressions pour écrire une lettre de contestation • Les mots pour situer des événements dans un récit au passé • Les mots pour articuler une démonstration	• Les tons de l'interrogatoire • Distinguer [k] et [ʃ] • Graphie « ch », « qu » ou « c » • Interpréter un extrait du script de *Garde à vue* de Claude Miller
Vidéo CD-ROM	Convaincre			
Projet	Faire une chronique pour présenter un roman policier			

Annexes

1 Document écrit ou visuel   2 🎧 Document oral   💿1 Piste audio du CD-ROM (format mp3)

Écouter   Lire   Parler, échanger   Écrire   Interculturel

Dossier 1
Je séduis

Présenter quelqu'un · · · · Vidéo CD-ROM

B1.1

"L'habit ne fait pas le moine."

"Le beau, c'est la splendeur du vrai.
Platon

Ouvertures

Cendrillon, film de Charles Dubin, 1965.

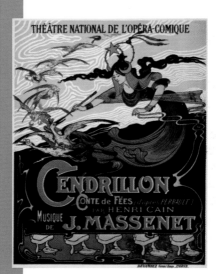

Résumé

Un gentilhomme veuf se remarie. Cendrillon, sa première fille, est maltraitée par sa belle-mère autoritaire et par les deux filles de cette dernière. Elle doit s'occuper des tâches les plus pénibles de la maison. Un jour, le Prince invite toutes les jeunes femmes du royaume à un bal. Les sœurs se préparent. Mais Cendrillon pleure. Elle ne peut pas y aller.

Cendrillon, de Sergei Prokofiev, 2006.

Un jour, le fils du roi donna un bal où il invita toutes les personnes importantes. Les deux sœurs étaient invitées car elles prétendaient appartenir à la haute société du pays. Elles étaient enchantées et elles s'occupèrent immédiatement à choisir les habits et les coiffures qui les mettraient en valeur. Un travail de plus pour Cendrillon car c'était elle qui blanchissait et repassait[1] le linge de ses deux sœurs : on ne parlait que des vêtements qu'on allait porter.

– Moi, disait l'aînée, je mettrai mon ensemble de velours rouge avec un grand col de vraie dentelle[2] !

– Moi, disait la seconde, je n'aurai que ma jupe ordinaire mais, par contre, je mettrai mon manteau à fleurs d'or et mon collier de diamants, qui n'est pas mal du tout !

On cherchait une coiffeuse pour préparer et arranger les cheveux de ces demoiselles et on fit acheter tous les produits de beauté qu'il leur fallait. Elles appelèrent Cendrillon pour lui demander son avis car elle avait bon goût. Cendrillon les conseilla le mieux du monde et elle proposa même de les coiffer, ce qu'elles acceptèrent. Pendant qu'elle les coiffait, elles lui disaient :

– Cendrillon, est-ce que tu aimerais aller au bal ?

– Ah ! Mesdemoiselles, vous vous moquez de moi, ce n'est pas ma place.

– Tu as raison, on rirait bien si on voyait une servante aller au bal.

Une autre que Cendrillon les aurait coiffées de travers ; mais elle était bonne et elle les coiffa parfaitement bien. Elles restèrent presque deux jours sans manger tellement elles étaient heureuses. Elles cassèrent plusieurs ceintures à force de les serrer pour avoir la taille plus fine et elles étaient toujours devant leur miroir. Enfin, l'heureux jour arriva...

D'après le conte de Charles Perrault

1 *Blanchissait et repassait : le linge blanc demandait beaucoup de soins pour garder son éclat. Les petits pli et les broderies étaient très longs et difficiles à repasser.*

2 *Vraie dentelle : la dentelle, fabriquée à la main par des dentellières très expérimentées, était un grand lux Elle ornait les vêtements des rois et des nobles. L'apparition des dentelles faites à la machine a beaucoup diminué la valeur de cette broderie au XIXe siècle.*

1 🎧 🔊1

Écoutez et répondez.

1. Qu'avez-vous entendu ?
   ☐ une biographie
   ☐ un conte
   ☐ un récit historique

2. Qui en est le personnage principal ?

3. Précisez le lien de parenté entre les trois femmes.

4. Dites ce qu'elles sont en train de faire.

2 📖

Lisez le texte et répondez.

1. Repérez le nom de l'auteur du conte original.

2. Connaissez-vous ce conte ?

3 📖

a) Relisez le texte. Choisissez parmi les éléments suivants ceux qui font partie des préparatifs des deux sœurs pour le bal.

coiffure – chaussures – vêtements – maquillage – bijoux – silhouette

b) Vrai ou faux ? Répondez.

1. Cendrillon est jalouse de ses deux sœurs.

2. Les deux sœurs sont prétentieuses et égoïstes.

3. Cendrillon donne de bons conseils.

4. Les deux sœurs pensent que Cendrillon est sans attraits.

4 ✍

Complétez le résumé de la p. 12 en imaginant la fin du conte. (50 mots environ)

5 🌐

Une histoire semblable existe-t-elle dans votre pays ? Si oui, donnez-en les variantes (nom des personnages, lieux, situations, déroulement...).

POINT Info

Il existerait au moins 345 versions de *Cendrillon*.
La plus ancienne serait une histoire chinoise écrite au IXᵉ siècle avant Jésus-Christ. *Cendrillon* a été largement reprise à l'opéra, au théâtre et au cinéma.

LES MOTS pour...
Parler de l'image

Je sors ⎫
Je suis ⎬ en tailleur, costume-cravate, jean taille basse, robe de soirée, smoking, chaussures à talon...
Je me mets ⎭
Je porte un tailleur, des chaussures...

J'adore les vêtements ⎰ dans lesquels je me sens bien, séduisant(e), moi-même.
confortables et de qualité,
sobres et soignés,
originaux et stylés.

J'aime/Je déteste porter une tenue excentrique, discrète, de marque, passe-partout, « classe », négligée, décontractée, tendance, à la mode, ringarde.
Je suis sensible au charme de quelqu'un.
Je suis séduit(e) par son look, son allure, son physique, son style, son humour...

J'ai horreur des parfums trop forts, des gens trop apprêtés...
Je ne supporte pas les styles trop extravagants, les « uniformes »...

Je soigne mon image, je me préoccupe de l'impression que je donne, de l'image que je renvoie, je m'efforce de plaire.
Je fais attention à ma ligne, je tiens à me maquiller.
Je me moque de ce qu'on pense de moi, je me fiche de *(fam.)* l'effet que je fais.
L'important pour moi, c'est de me sentir à l'aise, d'être bien dans ma peau, de séduire, d'attirer l'attention, de passer inaperçu(e).

6 **EGO** Questionnaire
Vous et l'image

- Comment aimez-vous être habillé(e) quand vous sortez le soir ?

- Quels types de vêtements détesteriez-vous porter dans la vie quotidienne ?

- Quand vous rencontrez quelqu'un pour la première fois, qu'est-ce qui vous séduit ou vous déplaît immédiatement ?

- Racontez une expérience lors de laquelle votre image a joué un rôle important.

- En définitive, l'image et le « look » sont-ils importants pour vous ? Donnez deux raisons.

La vie au quotidien

Impeccable

En Suisse, l'employeur est en droit de donner des instructions vestimentaires ou de recommander certains comportements pour autant que cela relève d'un intérêt prépondérant pour les affaires. Voici un extrait du dresscode* *d'une banque.*

* code vestimentaire

1

« Notre style vestimentaire reflète souvent notre mode d'action. Les individus sont principalement jugés sur leur apparence. Les couleurs anthracite foncé, noir et bleu foncé symbolisent la compétence, le formalisme et le sérieux. Une apparence impeccable peut procurer une paix intérieure et un sentiment de sécurité. »

LE TAILLEUR POUR LES FEMMES

La veste doit rester lisse, même lorsqu'elle est boutonnée, et ne doit pas vous serrer. [...] La jupe ne doit pas remonter lorsque vous marchez [...]. La veste se porte boutons fermés. Quand vous êtes en position assise, ils doivent toujours être ouverts. [...] Le chemisier ne doit ni serrer la poitrine ni même bailler car cela contribue à donner une apparence négligée. [...] Portez des sous-vêtements couleur chair en dessous des chemisiers blancs. En outre, nous vous recommandons, dans la mesure du possible, de ne pas vous maquiller le cou. Les traces de maquillage sur le col font mauvais effet. [...]

POUR LES HOMMES

La veste droite à deux boutons et le pantalon constituent les principales composantes d'un costume professionnel classique. Par temps chaud, il est possible de ne pas porter la veste à condition de porter une chemise à manches longues. Seuls les plis bien marqués donnent une apparence soignée ; par conséquent, veillez à les rafraîchir régulièrement. [...]

À chaque fois que vous enlevez votre costume, dénouez votre cravate et suspendez-la ou enroulez-la. Accordez à votre cravate au moins une journée de repos avant de la porter de nouveau [...]. La pointe de votre cravate ne doit en aucun cas rentrer dans votre pantalon.

L'entretien du corps et du visage font partie intégrante d'une présentation générale soignée. Finie l'époque où le soin du visage se limitait au rasage matinal et à l'utilisation d'un peu d'après-rasage...

www.ubs.com

1

a) Lisez le document 1 et identifiez-le.

b) Pour quelles raisons l'entreprise est-elle en droit d'imposer un *dresscode* en Suisse ?

2

Relisez le document 1. Résumez en trois mots l'image que les employés de la banque doivent refléter.

3

Quels éléments de ce « code » vous paraissent justifiés ? Quels sont ceux qui vous surprennent ?

2

4

Écoutez ces réponses à la question : « Pour ou contre un *dresscode* dans votre entreprise ? » (document 2). Notez l'opinion de chaque personne et précisez ses raisons.
Pour – Contre – Mitigé

5

En petits groupes. Établissez un code vestimentaire fantaisiste pour la profession de votre choix puis rédigez-le.

De : Henri Martin
À : Mme Baptiste, responsable du recrutement de l'agence « Profil »
Objet : Demande de conseils vestimentaires

Madame,

J'ai bien reçu mon contrat ainsi que votre mail de confirmation d'embauche comme hôte d'accueil et conducteur au Mondial de l'automobile du 10 au 14 octobre inclus. Je vous en remercie.

Pendant ces cinq jours, j'ai bien noté que je devrai accueillir les visiteurs et faire la démonstration de voitures de marque allemande et suédoise.

Aucune consigne vestimentaire ni aucune directive concernant le comportement à avoir lors des prestations et des échanges avec les clients n'apparaît sur le contrat. Il est juste recommandé d'avoir une « bonne présentation ». C'est pourquoi je me permets de vous demander des précisions sur le style de vêtements à porter lors des démonstrations. Faut-il un habit spécifique ? Si oui, je vous serais reconnaissant de me le décrire de manière détaillée, en précisant les couleurs conseillées. J'aimerais aussi savoir si l'habillage et le déshabillage sont imposés sur le lieu de travail. Si c'est le cas, pourriez-vous me préciser si le temps consacré à ces opérations fait l'objet d'une contrepartie financière ?

Dans l'attente de votre réponse,
Bien cordialement,
Henri Martin

6

lisez le mail (document 3) et résumez la situation.

7

a) Relisez le document 3 et relevez les formules pour :
1. confirmer la réception d'un courrier.
2. remercier.
3. demander des informations détaillées.
4. conclure.

b) Relevez deux synonymes du mot « ordre ».

8

Vous allez occuper pour la première fois le poste de responsable d'animation dans un club de vacances pendant la saison estivale. Vous écrivez un mail pour avoir des informations complémentaires sur les instructions vestimentaires et le comportement à adopter avec les clients.

STRATÉGIES pour...

Demander des informations détaillées par mail

Préciser l'objet du mail :
Demande d'informations détaillées, de conseils, de renseignements...

Ne pas oublier les formules de politesse, même si le ton d'un mail est moins formel que celui d'une lettre écrite :
Pour commencer : « Madame,/Monsieur, » ou « Bonjour, » *(moins formel)*
Pour conclure : « Sincères salutations », « Cordialement », « Bien cordialement », « Bien à vous », « Merci » *(du plus au moins formel)*

Faire référence à l'origine de la demande :
J'accuse réception de votre lettre d'embauche. J'ai bien reçu votre mail de confirmation de... et je vous en remercie. Je fais suite à notre entretien téléphonique et...

Toujours reformuler l'objectif du mail :
Je m'adresse à vous pour obtenir des informations sur... Je souhaiterais avoir des renseignements sur... J'aimerais bénéficier de vos conseils à propos de... Pourriez-vous me renseigner sur, me donner des informations sur, m'aider à...

Demander des informations détaillées :
J'aimerais aussi savoir si... Pourriez-vous me préciser si... Je vous prie de m'envoyer des informations plus précises, détaillées sur... J'aimerais avoir des détails sur... Je vous serais reconnaissant(e) de m'indiquer en détail ce que... Y a-t-il des consignes, des directives, des instructions quant à... ?

Outils pour...

› Caractériser des personnes et des comportements

1 🎧 **❶** 🎧 💿3

a) Écoutez le document 1 et identifiez la situation.

b) Notez ce que doit comporter la page Internet personnelle d'après Joël.

❷ 📖

Lisez « Les mots pour... » ci-dessous et repérez les qualités et les défauts évoqués dans le document 1.

❸ 🎧 💿3

Réécoutez le document 1. Quels comportements sont recommandés par le coach avant et pendant l'entretien ?

❹ 📖

Créez votre page Internet personnelle dans le cadre de votre recherche d'emploi.

Montrez les facettes de votre caractère, faites partager vos centres d'intérêt et montrez votre intérêt pour votre métier.

LES MOTS pour...
Les traits de personnalité et les comportements professionnels

Qualités	Défauts
rigoureux(se), fiable, exigeant(e), minutieux(se), perfectionniste	laxiste, désinvolte, influençable, tatillon(ne), trop attaché(e) aux détails
résistant(e), endurant(e)	fragile, peu résistant(e) au stress
précis(e), organisé(e)/ayant le sens de l'organisation, méthodique, sérieux(se)	brouillon, désorganisé(e), déconcentré(e), confus(se), distrait(e)
ouvert(e), intuitif(ve), ayant l'esprit d'équipe, une bonne capacité d'adaptation, le sens du contact	borné(e), étroit(e) d'esprit, obtus(e), mal à l'aise en groupe, renfermé(e)
serein(e), calme, paisible	nerveux(se), anxieux(se), agressif(ve)
réaliste	rêveur(euse)
dynamique, motivé(e), efficace, réactif(ve), autonome	mou (molle), passif(ve), n'ayant pas le sens de l'initiative
créatif(ve), inventif(ve), talentueux(se), ingénieux(se), curieux(se)	incompétent(e), médiocre, incapable, indifférent(e)
diplomate, conciliant(e)	rigide, cassant(e)

→ S'exercer n° 1 à 3 | p.24

2

Lundi 10

Une cliente qui vient souvent à la boutique m'a dit qu'une maison de couture cherchait des mannequins. Elle m'a donné l'adresse où je pouvais me présenter. Au téléphone, un homme que j'ai trouvé plutôt aimable et dont la voix était jeune m'a fixé un rendez-vous pour demain vers 17 heures. Comment m'habiller pour faire bonne impression ? Sobre... Je vais mettre ma jupe noire en cuir que je porterai avec mon top rouge en coton tout simple. Une touche de couleur dont j'ai bien besoin parce que je suis trop pâle en ce moment... Mes escarpins noirs et... un brin de maquillage. Quel comportement attend-on de moi ? Je saurai me montrer réservée, mais quand même sûre de moi ; celles qui réussissent le mieux dans le métier de mannequin savent se mettre en valeur sans provocation.

Je dois dire que j'ai peur de ceux qui vont me juger... je suis sensible à ce qui peut me déstabiliser.

❺ 📖

Lisez l'extrait du journal intime de Sophie (document 2) et répondez.

1. Que va faire Sophie le mardi 11 ?

2. Quelle tenue compte-t-elle porter ?

3. Que pensez-vous de son choix ?

POINT Langue

→ p. 200-201

Les pronoms relatifs simples

a) Relisez le document 2. Relevez les phrases avec des pronoms relatifs et dites à quel mot ou groupe de mots ils correspondent.

*Une cliente **qui** vient souvent à la boutique...*

b) Relisez et dites ce que remplacent *celles*, *ceux* et *ce* dans les extraits suivants.

celles qui réussissent le mieux dans le métier / ceux qui vont me juger / ce qui peut me déstabiliser

MÉMO

Les pronoms relatifs simples

Qui remplace un sujet.

Que remplace un complément d'objet direct.

Où remplace un complément de lieu ou de temps.
J'ai grandi dans une maison. → C'est la maison où j'ai grandi.

Dont remplace un complément introduit par *de*.
Je vous ai parlé de cette personne.
→ C'est la personne dont je vous ai parlé.

Attention !

Seul le pronom simple *qui* peut s'employer avec une préposition.
C'est quelqu'un en qui j'ai confiance et avec qui je parle librement.

Les pronoms démonstratifs avec des relatifs simples

■ Le pronom démonstratif s'accorde en genre et en nombre avec son antécédent. Il s'associe directement à un pronom relatif.

■ ***Ceux/celles + qui, que, dont*** = les personnes qui/que/dont...
Celles qui réussissent le mieux... Ceux qui vont me juger...
Ce + qui, que, dont = l'idée ou la chose qui/que/dont...
Je suis sensible à ce qui peut...
Les vêtements sur le lit, c'est ce que j'emporte en voyage.
Ce que je pense ne te regarde pas.

→ S'exercer n° 4 à 8 | p.24

Notre collègue Corinne Chevalier a été promue directrice adjointe au service commercial.

Corinne a débuté sa carrière professionnelle comme simple employée et elle a su entretenir des contacts de qualité avec nos clients, c'est ce qui lui donne aujourd'hui des atouts pour son nouveau poste. Elle a toujours fait preuve de disponibilité, de force de conviction, de curiosité et d'un sens aigu de la diplomatie dans les situations délicates, ce que nous admirons tous.

Bonne chance à Corinne et bonne réussite, c'est ce que nous lui souhaitons !

6

a) Lisez le mail (document 3) et répondez.

1. Qui l'a envoyé ?

2. Quel est son objectif ?

b) Relisez et notez les principales qualités de Corinne.

POINT Langue

→ p. 201

La mise en relief avec des relatifs

a) Relevez dans le document 3 les phrases avec un pronom relatif.

b) Associez.

Son efficacité,	c'est ce qui	nous apprécions.
	c'est ce dont	nous avons besoin.
	c'est ce que	nous sommes sensibles.
	c'est ce à quoi	nous plaît.

c) Transformez les phrases de l'activité b) comme dans l'exemple.

Son efficacité, c'est ce qui nous plaît.
→ Ce qui nous plaît, c'est son efficacité.

MÉMO

On peut mettre un élément d'une phrase en relief :

■ soit en l'encadrant : ***C'est*** + élément + ***qui/que/dont***...
C'est son sens de la diplomatie que nous admirons tous.

■ soit en le reprenant avec « ce » :

élément + ***c'est ce que/qui/dont***...
Son sens de la diplomatie, c'est ce que nous admirons tous.

ce que/qui/dont... + ***c'est*** + élément
Ce que nous admirons tous, c'est son sens de la diplomatie.

→ S'exercer n° 9 et 10 | p.25

Vidéo CD-ROM **Présenter quelqu'un**

Points de vue sur...

Café psy

http://cafe-psy.over-blo.com

L'image de soi

Débat mercredi 18 février à 20 h

Café le Saint-René
148 boulevard de Charonne (XIᵉ)
Métro Alexandre Dumas

1

Miroir, mon beau miroir...

« Miroir, mon beau miroir, suis-je la plus belle ? » Voilà ce que la reine, marâtre de Blanche-Neige, demande chaque matin au cadre d'ébène abritant son image dans le miroir. Et ce dernier de lui répondre que oui, elle est la plus belle, jusqu'à cette aube fatidique où le miroir lui révèlera, probablement sous quelque ride, que dorénavant Blanche-Neige la surpasse en beauté.

Déjà, l'on peut s'interroger quant à la santé mentale de cette femme, reine de son état, qui entend des voix en provenance de son reflet. Ou bien, de se dire que les frères Grimm, auteurs du conte, furent interpellés par cette forte propension[1] féminine, mais aussi masculine [...] à scruter le miroir pour traquer la ride précoce, la disgrâce invisible au commun, le marqueur signifiant l'écart entre l'image idéale de soi et la réalité d'un miroir qui paraît-il ne ment pas, et ce, jusqu'à l'obsession, jusqu'à s'en rendre malade, ou jusqu'à réveiller la folie. [...] En somme, pour les frères Grimm, le miroir est l'ennemi du bien ou, plus exactement, la recherche dans le miroir d'une quelconque vérité sur soi, nécessairement désagréable, conduit à sa propre destruction. [...]

Évidemment, ce conte est une métaphore, c'est de beauté intérieure dont il est question, celle de l'âme, celle du fond du miroir, et nul n'y échappe, pas même Dorian Gray[2]. Ceci étant, revenons au début de l'histoire, cette fois la nôtre, celle du rapport que nous entretenons au miroir, où nous verrons que ce n'est pas le miroir qui parle, mais l'Autre, celles et ceux qui nous disent quoi y voir, de maman à cet air du temps prescripteur[3] de la « bonne image ». Disons aussi qu'image de soi et estime de soi sont ici pratiquement synonymes [...].

J.-D. Nasio, *Mon corps et ses images*, Payot, 2007

1 tendance
2 personnage d'un roman d'Oscar Wilde, qui vend son âme pour garder sa beauté ; son portrait (peint) vieillit à sa place
3 qui dicte, qui ordonne

1 📖
Observez l'affiche, lisez le titre du document 1 et reformulez le thème du débat.

2 📖 💬

a) Lisez le document 1. Dans quel ordre apparaissent les éléments suivants ?
1. l'opinion du rédacteur de l'article
2. la référence au conte *Blanche-Neige*
3. les hypothèses sur l'interprétation du conte

b) Vrai ou faux ? Justifiez vos réponses.
1. Selon l'auteur, seules les femmes se regardent dans les miroirs.
2. Observer son reflet permet de mieux s'accepter.
3. Pour les auteurs du conte, le miroir est maléfique.
4. Le miroir est le reflet du jugement des autres.
5. L'estime de soi n'a aucun rapport avec l'image de soi.

c) La publicité, la mode, les articles des magazines sur « l'image de soi » vous influencent-ils dans votre comportement ? Donnez des exemples.

Julia Roberts dans *Mirror Mirror* de Tarsem Singh, 2012.

À la recherche de la beauté

La tendance, venue des États-Unis, ne semble pas épargner la France. Selon *Le Parisien*, la chirurgie esthétique trouverait de plus en plus d'adeptes chez les ados, les filles essentiellement. Le Conseil national de l'ordre des médecins* a donc décidé de tirer la sonnette d'alarme face à cette augmentation notable des rhinoplasties, des poses d'implants mammaires et des liposuccions chez les mineurs. [...] Dans le quotidien, le vice-président du Conseil national de l'ordre des médecins insiste sur la différence entre chirurgie réparatrice (oreilles décollées, poitrine trop importante...) et chirurgie esthétique. Dans ce dernier cas, il met en garde contre le « syndrome de la bimbo ». « Ce syndrome, c'est l'ado qui va changer un aspect de son corps, sans être pour autant satisfait, explique-t-il. Il va demander de nouvelles opérations et c'est le début de la course sans fin vers une image de la perfection qui n'existe pas. » Au corps médical, selon lui, de « dire non ».

D'après Elle.fr

* Organisme professionnel de défense et de régulation de la profession médicale. Ses membres sont des conseillers élus par l'ensemble des médecins.

3 📖
Lisez le document 2 et répondez.
a. Résumez la position de l'ordre des médecins.
b. Quelles sont les trois parties du corps que les adolescents veulent le plus souvent modifier ? Notez les mots indiquant ces opérations.

4 💬
Trouvez-vous cette tendance chez les adolescents : normale, choquante, discutable mais légitime ?

Les politiques font discrètement appel à la chirurgie esthétique.

AVANT 1992 — APRÈS 2005
Ségolène Royal

AVANT 2003 — APRÈS 2005
Dominique de Villepin

5 📖
a. Observez les photos avant/après du document 3. Trouvez ce qui a changé chez ces deux personnalités politiques.
b. Que pensez-vous de ces modifications ?

🎧4

6 🎧 💬4
Écoutez le document 4 et répondez.
a. De quoi et de qui parlent ces personnes ?
b. Selon vous, quelle question a été posée ?
c. Dites si les personnes interrogées sont plutôt « pour », « contre » ou ont une opinion partagée sur la question.
d. Réécoutez et notez les raisons des « pour » et des « contre ».

LES MOTS pour...

Parler des transformations par la chirurgie esthétique

Se faire refaire le nez (rhinoplastie), les lèvres, la poitrine...
Se faire enlever un grain de beauté, une verrue...
Se faire lifter, faire un lifting du visage.
Se faire faire une liposuccion.
Faire augmenter, réduire, redresser quelque chose.
Se faire poser des implants (de cheveux, mammaires...).
Se faire modifier les dents/la dentition...

7 💬
Échangez.
Êtes-vous pour ou contre la chirurgie esthétique ? Dans quelles conditions et pour qui ?

Outils pour...

› Donner des ordres et faire des suggestions

1 *Rencontres en ligne : faites ce qu'il faut...*

1. Il faut que vous disiez la vérité. Votre futur(e) partenaire n'aimerait pas que vous vous inventiez une vie imaginaire pour vous faire bien voir. Ne mentez jamais à propos du métier que vous exercez.

2. Il est absolument indispensable que vous mettiez vos atouts en valeur ; mais il ne faut pas paraître trop content(e) de soi. Il est donc important que votre texte de présentation soit original, drôle et décalé.

3. Avez-vous envie que votre profil soit visité ? Cela exige que vous l'illustriez avec votre photo. Un profil sans photo, c'est un suicide virtuel !

4. Il faut que vous preniez votre temps. Nous vous suggérons de « chatter » pendant une ou deux semaines avant de le ou la rencontrer.

5. Lors des premières rencontres, soyez prudent(e) : trop d'autorité peut rebuter. Interdisez-vous de dire : « Il faut absolument qu'on se revoie. » et préférez une formule de suggestion comme « Ce serait bien qu'on se revoie bientôt. »
Remplacez : « J'aime la ponctualité. » par : « Il vaudrait mieux qu'on ne rate pas le début du film... »
Et s'il ou elle est trop pressant(e), évitez un sec : « Il ne faudrait pas précipiter les choses. », dites plutôt : « Ce serait merveilleux de se connaître un peu mieux... »

1 📖

a) **Lisez le document 1 et résumez ce qui est dit :**
1. sur la rédaction et la présentation du profil mis en ligne.
2. sur le comportement à avoir avant et pendant la rencontre.

b) **Relevez les verbes utilisés indiquant :**
1. la nécessité, l'ordre.   2. l'interdiction.

c) **Notez les formes qui permettent de faire des suggestions.**

LES MOTS pour...

Faire des suggestions

Suggérer, conseiller   }· de + *infinitif*
Ce serait bien, mieux...·que + *subjonctif*
Il vaudrait mieux, Il faudrait (+ *inf.* ou + que + *subj.*)
Tu pourrais, Tu devrais (+ *inf.*)
Ce serait bien si (+ *imparfait* ou + que + *subj.*)

POINT Langue
→ p. 207

Le subjonctif présent (rappel)

a) **Observez.**
Il faut que vous disiez la vérité.
Il vaudrait mieux qu'on ne rate pas le début du film.
Ce serait bien qu'ils se retrouvent le plus tôt possible.

b) **À votre avis, pourquoi doit-on employer le subjonctif après ces expressions ?**

→ S'exercer n° 11 à 14 | p.25

MÉMO

▪ **Formation du subjonctif présent :** base de la 3ᵉ personne du pluriel au présent de l'indicatif + –e, –es, –e, –ions, –iez, –ent
Principaux verbes irréguliers : avoir, être, pouvoir, vouloir, savoir, aller, faire, valoir, falloir, pleuvoir.

▪ Le subjonctif est principalement employé après les verbes ou adjectifs exprimant :
– **une nécessité**, **un jugement** : *il faut, il est préférable, il vaut mieux... que*
– **un souhait**, **une suggestion** : *désirer, préférer, souhaiter, vouloir, proposer, suggérer... que*
– **un ordre**, **une interdiction** : *exiger, ordonner, interdire, refuser... que*
– **un sentiment** : *être heureux(se), surpris(e), triste, scandalisé(e)... que*

▪ Certains verbes sont suivis du subjonctif quand ils sont à la forme négative ou interrogative avec inversion du sujet.
Je ne suis pas sûr qu'il vienne. Crois-tu que ce soit une bonne idée ?

▪ On emploie *que* + subjonctif quand les sujets sont différents.
On emploie l'infinitif quand c'est le même sujet ou après une formule impersonnelle.
Elle veut venir. ≠ *Elle veut que je vienne. / Il faut partir.* ≠ *Il faut que je parte.*

▸ Exprimer des sentiments

2 🎧

2 🎧 5

coutez ces clients d'un célèbre site de rencontres
document 2). Dites dans quels témoignages sont
xprimés les sentiments suivants : peur, joie, regret,
éception, dégoût, envie, surprise, souhait.

POINT Langue
→ p. 207

Subjonctif passé, infinitif passé

Réécoutez le document 2 et complétez.
– Je suis tellement heureuse d'avoir rencontré
l'homme de ma vie.
– Je regrette...
– J'ai été très surpris que nous...
– ...

MÉMO

▪ **Formation de l'infinitif passé**
avoir ou *être* à l'infinitif + participe passé du verbe
Je suis heureuse d'avoir rencontré l'homme de ma vie.
Elle regrette d'être venue trop tôt.

▪ **Formation du subjonctif passé**
avoir ou *être* au subjonctif présent + participe passé du
verbe
Je suis surpris que nous ayons réussi.
Il a été déçu qu'elles ne soient pas venues.

▪ L'infinitif passé et le subjonctif passé s'emploient pour
marquer **l'antériorité de l'action**.
Je suis tellement heureuse (action 2) *d'avoir rencontré*
(action 1) *l'homme de ma vie.*
J'ai été surpris (action 2) *que nous ayons réussi* (action 1).

Attention à l'infinitif négatif passé : *ne pas* + auxiliaire +
participe passé.
Je regrette de ne pas avoir appelé votre agence plus tôt.

→ **S'exercer n° 15 et 16 | p.25**

---

3 📖

isez le document 3 et répondez.
. De quel type de document s'agit-il et de quoi est-il
question ?
. Selon vous, est-ce un homme ou une femme qui est
l'auteur de cette lettre ? Justifiez.
. Relevez les expressions de sentiments utilisées par
l'auteur de ce courrier.

3

Chouchou,

*C'est fini... Ça me désole de te
quitter de cette façon mais j'ai eu
peur de craquer en ta présence.
Je t'aimais mais la vie quotidienne a
eu raison de mon amour. Tu as continué
à fréquenter tes amis que je déteste
et à aller tous les samedis matins à
tes entraînements de sport... Et j'ai
trouvé choquant que tu n'aies fait que
quatre fois la vaisselle en quatre mois.
Mais je t'aime bien, tu sais. Restons
amis.*

Dominique

LES MOTS pour...

Les sentiments d'amitié et d'amour

L'amitié
Un copain/une copine, un(e) pote *(fam.)*, un(e) ami(e)
S'entendre bien avec, estimer/avoir de l'estime pour,
apprécier, avoir de la sympathie pour, aimer bien,
aimer beaucoup, être attaché(e) à quelqu'un.
Être (très) proches, être complices.

L'amour
Mon copain/ma copine, mon petit ami/ma petite
amie, mon compagnon/ma compagne
mon/ma conjoint(e) *(administratif)*
Mon mari/ma femme, mon époux/mon épouse *(sout.)*

Être amoureux(euse) de, être épris(e) de *(sout.)*,
aimer quelqu'un.
La tendresse, avoir de la tendresse pour quelqu'un.
La passion, être fou/folle de quelqu'un.
Être, sortir, avoir une histoire, une relation
amoureuse avec quelqu'un.
Avoir une aventure avec quelqu'un.

La jalousie, une scène de jalousie, être jaloux(se).
Une scène de ménage
Une rupture, rompre avec, quitter quelqu'un.
Une séparation, se séparer de quelqu'un.
Un divorce, divorcer.
La haine, haïr quelqu'un ; le mépris, mépriser
quelqu'un ; l'indifférence, éprouver de l'indifférence
pour quelqu'un.

→ **S'exercer n° 17 | p.25**

Sur tous les tons

1 🔘6

Écoutez ces phrases entendues dans un bureau et dites s'il s'agit d'un ordre ou d'une suggestion.

2 🔘6

Réécoutez et répétez-les en soignant le ton.

Phonie-graphie

1 🔘7

Écoutez et complétez avec les lettres *i, u, ou, eu, o, au* puis répondez à la question.

Dans la v...lle de Padipado, on tr...ve de belles fl...rs. Il y a des bl...ets mais il n'y a pas de r...ses. On y trouve des cact...s, mais sans ép...nes. Il y a des r...es, mais pas de d...x-r...es. On peut y acheter du s...cre, mais pas de r...z. Il y a des f...x, mais pas d'...t...s. Enfin, il y a des ad...ltes, des j...nes mais pas de v...eilles pers...nnes. C'est b...zarre, n'est-ce pas ?

Quelle est l'explication ?

2

Proposez d'autres objets qu'on trouve dans la ville de Padipado.

Mise en scène

1

Jouez cette scène de la pièce *Trio en bémol* d'Éric Rohmer.

Tableau 1

ADÈLE	Il est intelligent.
PAUL	Oui, mais il n'en tire pas suffisamment parti. Même dans les affaires. Il est trop snob[1].
ADÈLE	Il n'est pas snob : il vit dans un milieu.
PAUL	C'est ce que j'appelle snob : dépendre d'un milieu, de l'opinion d'un milieu.
ADÈLE	Tu le connais mal.
PAUL	J'espère pour toi que tu le connais bien.
ADÈLE	Très bien. Je vois ses qualités mais aussi ses défauts.
PAUL	Lesquels par exemple ?
ADÈLE	Ce ne sont pas ceux que tu dis : il est orgueilleux.
PAUL	C'est normal.
ADÈLE	Égoïste.
PAUL	Oh ! Qui ne l'est pas ?
ADÈLE	Maniaque[2].
PAUL	Plus que moi ?
ADÈLE	Pas pour les mêmes choses.
PAUL	Et puis ?
ADÈLE	Et puis... euh...
PAUL	Il est coureur[3].
ADÈLE	Il ne s'en cache pas.
PAUL	Ça, c'est son numéro.
ADÈLE	Ah non ! Il dit que c'est là son drame.
PAUL	C'est ce que j'appelle son numéro.
ADÈLE	Mais il est sincère.
PAUL	Possible. Il est peut être même sincèrement amoureux de toi.
ADÈLE	Je ne crois pas.

Éric Rohmer, *Trio en bémol*, Éditions Actes Sud, 19

1 snob : prétentieux
2 maniaque : obsédé par l'ordre, trop attaché aux détails
3 coureur : qui aime séduire les femmes

2

Scène de ménage
Mettez-vous par deux. Choisissez un sujet de dispute ou au contraire d'éloges (tâches ménagères, fidélité, argent, look...) et jouez la scène.

PROJET DOSSIER

1

Réaliser la page d'un programme de formation destiné à valoriser son image

1 Réflexion préalable

En grand groupe.

1. Faites la liste des contextes et des situations nécessitant de mettre en valeur son image.
   Se présenter à un entretien d'embauche, se rendre à un rendez-vous amoureux...

2. Notez tous les aspects à traiter pendant la formation.
   Ce qu'on doit porter ce jour-là, ce qui est à améliorer, ce à quoi il faut penser...

2 Réalisation

En petits groupes.

1. Choisissez un des contextes listés.

2. Informez-vous sur les tarifs, la durée et les rythmes des formations de ce type.

3. Trouvez un nom à votre organisme de formation.

4. Cherchez l'intitulé précis de votre formation.

5. Rédigez l'accroche de votre page.
   Au cours de cette formation, nous proposons à ceux qui... de...

6. Complétez chacune des rubriques du document donné ci-dessous en modèle.

NOM DE L'ORGANISME : ...

Intitulé du stage : ...

Accroche :
Au cours de cette formation, nous proposons à ceux et celles qui ... de ...

Programme
1. Projeter de soi une image positive
2. Adopter d'emblée un comportement professionnel
3. Valoriser...
4. Décoder...
5. ...

Pour qui ?
Pour ...

Les « plus » de la formation
> Une demi-journée de mise en situation dans une entreprise.
> Chaque participant...

Dates, villes et tarifs de la formation : ...

---

3 Présentation

En grand groupe.

1. Chaque groupe présente son programme de formation et le meilleur est sélectionné.

2. Le groupe sélectionné organise la première demi-heure de la formation. Deux personnes simulent l'une des rencontres suivantes :
   > Recruteur / Candidat
   > Rencontre amoureuse
   > Premier contact avec ses futurs beaux-parents
(Prévoir quelques accessoires pour jouer la scène.)

Le groupe de « formateurs » prend des notes. Après concertation, il fait un retour sur ce qui s'est passé et donne des conseils à la personne concernée.
Les autres groupes peuvent participer et apporter leurs suggestions.

S'exercer

> Les traits de personnalité et les comportements professionnels

1. Recherchez les adjectifs correspondant aux qualités et aux défauts suivants.

la disponibilité – le réalisme – la rigueur – la curiosité – la conviction – le laxisme – l'endurance – la paresse – l'agressivité – la confiance

2. Voici une liste de comportements professionnels à adopter en entreprise :

1. faire des concessions
2. prendre ses responsabilités
3. tenir ses engagements
4. s'intéresser aux résultats
5. mettre le client au cœur de l'organisation
6. transmettre ses connaissances

Notez le numéro correspondant au comportement professionnel.

a. Je vous l'avais promis et je l'ai fait. : *n° 3*
b. Je vais vous expliquer pourquoi cette nouvelle démarche a bien fonctionné.
c. Ça fait combien de marge ?
d. Il faut que ce nouveau service réponde aux besoins du client.
e. J'accepte ce contrat et j'en assume tous les risques.
f. Finalement, nous allons retenir votre proposition, bien qu'elle soit à améliorer.

3. Reformulez ces comportements professionnels avec les expressions suivantes.

être ponctuel – anticiper les risques – établir des relations professionnelles – faire passer des messages – être fiable – savoir fixer des priorités – faire preuve de maîtrise

Exemple : Je respecte les horaires.
→ *Je suis ponctuel.*
1. J'échange efficacement avec mes partenaires.
2. Je garde mon calme dans toutes les situations.
3. J'envisage tout ce qui peut arriver.
4. Je cherche de nouveaux contacts.
5. Je respecte mes engagements.
6. Je peux identifier ce qui est important.

> Les pronoms relatifs simples

4. Complétez avec des pronoms relatifs simples.

1. Un costume ... tombe bien, c'est le b. a.-ba de l'élégance ... vous recherchez.
2. Voici une charmante petite robe ... vous mettrez en toutes circonstances et ... le prix est très abordable.
3. Il y a des jours ... tout va mal ! Pensez à une petite séance chez le coiffeur ... vous redonnera confiance en vous.
4. Le style personnel et original ... vous rêviez est maintenant en ligne sur relook.com.
5. Faites confiance à Orpur ... vous propose toujours le bijou ... il faut pour vous mettre en valeur.

5. Complétez la description ci-dessous avec des pronoms relatifs simples.

Jacques observait la jeune fille ... essayait d'ouvrir la grille à quelques mètres de lui. De taille moyenne, mince et blonde, elle n'aurait pas été sans grâce si son visage, ... ne portait aucun maquillage, n'avait été aussi fermé. Les lèvres, ... elle gardait étroitement serrées, dessinaient un pli amer. Une ride verticale entre ses sourcils ... le dessin était parfait s'était creusée. C'était aussi ce visage trop sérieux ... ne permettait pas de lui donner un âge précis. Il lui manquait ce fluide rayonnant ... la jeunesse épanouie dégage toujours.

D'après Louis C. Thomas, *Sans espoir de retour*

6. À partir de chacune des notes suivantes, faites une présentation en une seule phrase. Utilisez au moins deux pronoms relatifs.

1. Julie : née à Dijon – y a fait toutes ses études universitaires – n'en est partie qu'à l'âge de 25 ans.
2. Maxime : parents expatriés – revenu en France à 18 ans – études universitaires bilingues.
3. Leila : styliste – 24 ans – un talent reconnu par les professionnels séduits par son originalité.

7. Complétez avec les pronoms relatifs appropriés.

C'était un homme ... la vie n'avait pas été facile et chez ... les épreuves n'avaient pas laissé de traces visibles. Son visage, ... les traits étaient lisses, reflétait une expression de bonté ... ses interlocuteurs restaient surpris. Il ne manifestait jamais d'impatience ni de colère, qualités ... le rendaient apte à la fonction ... il occupait. Monsieur Dutilleux était chargé de répondre aux plaintes et réclamations ... s'accumulaient dans le petit bureau ... il travaillait. Il accomplissait ce devoir avec une régularité tranquille ... faisait l'admiration de ceux ... il côtoyait. « Dutilleux, disaient-ils, est un employé ... on ne peut pas se passer. »

D'après Marcel Aymé, *Le Passe-muraille*

> Les pronoms démonstratifs avec des relatifs simples

8. Complétez avec un pronom démonstratif et un relatif simple.

1. Il y avait plusieurs candidats à l'entretien d'embauche. J'ai choisi ... était le plus réactif.
2. Dans la première sélection des candidats, j'ai éliminé ... l'apparence physique était négligée.
3. Trois candidates sur cinq ont été sélectionnées pour le deuxième entretien. ... je n'ai pas retenues n'avaient pas un niveau d'étude suffisant.
4. Deux recruteurs étaient là. Je suis tombé sur ... je n'avais pas envie de rencontrer.
5. Mes recherches de la partenaire idéale avec Lovic ont été un succès : j'ai trouvé ... tout le monde rêve.

La mise en relief avec des relatifs

9. Transformez les phrases comme dans l'exemple.

Exemple : Je trouve que votre manque d'organisation est impardonnable.

➜ *Ce que je trouve impardonnable, c'est votre manque d'organisation.*

➜ *C'est votre manque d'organisation que je trouve impardonnable.*

1. La peur fait réagir votre client.
2. Je vous reproche votre manque de transparence.
3. Je ne supporte pas votre passivité !
4. Sa désinvolture est inadmissible.

10. Reformulez les phrases en utilisant la mise en relief.

1. Corinne a déjà vendu un projet, cela montre son talent.
2. Il travaille depuis longtemps avec les mêmes clients, je trouve ça très positif.
3. Son équipe est compétente, elle en est fière.

Le subjonctif présent

11. Mettez les verbes entre parenthèses au subjonctif présent.

Changer de vie, oui, mais pas n'importe comment...

Pour changer de vie, il faut que vous (être) motivé. Tout d'abord, il est indispensable que vous (mûrir) votre projet et, pour cela, il est bon que vous (consulter) des associations. Il faudrait aussi que vous (faire preuve) d'imagination sans perdre votre bon sens. Si j'étais vous, j'estimerais le degré de risque avant de me lancer, car il est primordial que votre projet (réussir).

12. Mettez les verbes entre parenthèses au subjonctif présent.

Un vilain bouton est apparu sur votre visage ? Il faut vite que vous (s'en débarrasser) car vous n'aimeriez pas que vos collègues (s'en apercevoir) pendant le briefing du matin ! Il est d'abord important que le bouton (ne pas pouvoir) s'infecter. Essayez une goutte d'huile essentielle ou, à défaut, un peu de vinaigre de cidre. Il ne faut surtout pas que vous le (grattouiller) ni même que vous (y prêter attention). En fait, il faudrait qu'il (s'en aller) naturellement, sans que vous le (savoir) !

13. Mettez les verbes entre parenthèses à un temps de l'indicatif ou du subjonctif.

Recruter un ou une assistant(e) (être) un exercice délicat. C'est bien que le DRH (sélectionner) des candidatures en adéquation avec l'entreprise, mais il est important que ce (être) la personne responsable du service concerné qui (faire) le choix final parce que c'est elle qui (évoluer) dans le futur avec le ou la recruté(e). En revanche, il est recommandé que les recruteurs (ne pas soumettre) les candidats à un véritable tribunal. Il faut être sûr que le ou la candidat(e) (comprendre) bien les questions et que vous (attendre) qu'il ou elle y (répondre) sans lui couper la parole. Il vaut mieux que vous le ou la (recevoir) en tête à tête. Enfin, même si vous souhaitez que votre futur(e) assistant(e) (sourire) et (savoir) recevoir les clients avec amabilité, il est impératif que votre choix (ne pas être fondé) sur le seul critère physique. Et maintenant, vous (pouvoir) commencer le recrutement !

14. Faites une seule phrase.

1. Ma nouvelle coiffure lui plaît ; je suis ravi.
2. J'irai le chercher en voiture ; j'en ai envie.
3. Elle met du parfum. J'ai horreur de ça !
4. Il veut sortir avec moi. Je suis surprise !
5. Je la verrai ce soir. Je suis content.

> Subjonctif passé, infinitif passé

15. Transformez les phrases comme dans l'exemple.

Exemple : Delphine était contente : Paul était venu la chercher après la réunion hier et elle avait bouclé son programme.

➜ *Elle était contente que Paul soit venu et d'avoir bouclé son programme.*

1. J'avais peur : j'avais oublié mes clés et ma mère avait laissé le gaz ouvert.
2. La responsable du service regrettait deux choses : nous n'avions pas fini la réunion à l'heure et elle n'avait pas donné de consignes assez précises.
3. Marc était mécontent : Pauline avait pris sa place et en plus il avait réagi trop tard.
4. L'auteur était très satisfaite : elle avait enfin terminé son dernier chapitre et son traducteur ne l'avait pas trahie !

16. Faites une seule phrase.

1. Je suis furieuse ! Je n'ai pas noté son adresse.
2. On ira à Rome un week-end. Je trouve ça sympa !
3. Il n'est pas venu à la gym. Je le regrette.
4. Je ne l'ai pas reconnue tout de suite. Je suis furieux !
5. Je mets des annonces et personne ne me répond... Je suis dégoûté !
6. Je suis moi-même surprise. J'ai accepté votre invitation et vous m'avez beaucoup plu.

> Les sentiments d'amitié et d'amour

17. Complétez le dialogue avec les termes des « Mots pour » p. 21.

– Anissa, je n'aime pas ton attitude avec Léo.

– Léo ? Il n'y a rien entre nous. Je m'... avec lui, c'est tout.

– On dirait pourtant que tu es très ... à lui.

– J'ai de la ... pour lui, c'est vrai, mais c'est tout. Dis donc, est-ce que tu serais ... par hasard ?

– Non. Mais je suis très ... de toi tu sais, et ça ne me plaît pas que vous soyez si ... .

– Alors, tu vas me faire une ... chaque fois que j'... un ami ?

– Quand même, tu es ma ... depuis plus d'un an, on pense même se marier.

– Je rêve ! Écoute si tu continues, je vais ... , parce que si c'est ça le mariage avec toi, merci bien.

Choisissez la fin :

– Pardon ! Je suis tellement ... de toi que je perds la tête. Anissa, ne me ... pas !

– Je regrette, Anissa, mais si cette histoire continue avec Léo, je préfère me ... de toi plutôt que de souffrir toute ma vie.

VERS LE **DELF B1**

Compréhension de l'oral

EXERCICE 1 🔘8	**6 points**

Lisez les questions, écoutez le document puis répondez.

1. L'émission dont parlent Karl et Claudia donne aux participants des conseils pour :   1 point
   a. redécorer leur appartement.
   b. cuisiner des plats bons pour leur santé.
   c. améliorer l'image qu'ils ont d'eux-mêmes.

2. Cette émission :   1 point
   a. est ancienne.
   b. est récente.
   c. n'est plus diffusée.

3. L'accompagnement proposé par le coach :   1 point
   a. est uniquement physique.
   b. est uniquement psychologique.
   c. est à la fois physique et psychologique.

4. Au début de l'émission, à qui demande-t-on son avis ?   1 point
   a. Au coach.
   b. Aux gens dans la rue.
   c. Aux proches des participants.

5. Quelle est la réaction de Claudia par rapport à cette émission ?   1 point
   a. Elle est amusée.
   b. Elle est indignée.
   c. Elle est déçue.

6. Selon Claudia, dans quel but cette émission encourage-t-elle les gens à changer ?   1 point

EXERCICE 2 🔘9	**11 points**

Lisez les questions, écoutez le document puis répondez.

1. Quel est le phénomène dénoncé par Julia Bluhm ?   1 point
   a. L'emploi de mannequins mineurs pour les défilés de mode.
   b. La retouche des photos dans les magazines de mode.
   c. La publicité pour des régimes alimentaires dangereux.

2. Quels sont les engagements pris par le magazine *Vogue* ? *(2 réponses attendues)*   2 points

3. Qu'est « Seventeen » ?   1 point
   a. Une marque de vêtements.
   b. Un magazine pour les jeunes.
   c. Un forum Internet d'adolescents.

4. Qu'a fait Julia Bluhm pour exprimer son mécontentement ? 1 point
   a. Elle a lancé une pétition.
   b. Elle a organisé une manifestation.
   c. Elle a alerté des personnalités politiques.

5. Quelle est l'autre activité de la collégienne Julia Bluhm ? 1 point
   a. Elle pose pour des photos.
   b. Elle écrit dans la presse.
   c. Elle contribue à un blog.

6. D'après Julia Bluhm, quelles sont les conséquences sur les adolescentes du phénomène qu'elle dénonce ? Notez-en deux. 2 points

7. La présidente de l'Association américaine des troubles du comportement alimentaire : 1 point
   a. confirme l'analyse de Julia Bluhm.
   b. contredit l'analyse de Julia Bluhm.
   c. met en doute l'analyse de Julia Bluhm.

8. D'après le communiqué publié par *Seventeen*, comment s'exprime la diversité des jeunes filles dont l'image est mise en avant par *Seventeen* ? Notez deux critères. 2 points

Production orale

Vous allez montrer que vous êtes capable de comprendre et de répondre à des questions simples à propos de vos activités, de votre passé, de vos projets...
Répondez en plusieurs phrases.

Question 1 : **Pouvez-vous vous présenter ?**

Question 2 : **Parlez-moi de votre famille.**

Question 3 : **Quelles sont vos activités préférées ?**

Question 4 : **Quels sont vos projets pour vos prochaines vacances ?**

Dossier 2
J'achète

...ler de sa consommation
avec humour
Vidéo CD-ROM

B1.1

" **L'argent ne fait pas le bonheur.**

Il n'y a pas de petites économies. "

Ouvertures

Georges Perec (1936-1982)

Georges Perec naît à Paris de parents polonais émigrés une dizaine d'années auparavant. Après des études de lettres et de sociologie, il devient documentaliste. Il publie son premier roman, *Les Choses*, en 1965 (Prix Renaudot). Il entre dans le groupe de l'OuLiPo (Ouvroir de Littérature Potentielle) qui expérimente des inventions formelles et verbales. *La Disparition* (1969) en est un célèbre exemple, roman écrit sans la lettre « e » (lipogramme). Son roman le plus connu, *La Vie mode d'emploi* (prix Médicis 1978), est construit comme un puzzle.

Galeries Lafayette Haussmann, Paris, 9e arrondissement.

Dans les années 60. Jérôme et Sylvie ont une vingtaine d'années et vivent à Paris. Ils gagnent leur vie en faisant des enquêtes pour un institut de sondages.

Pour ce jeune couple, qui n'était pas riche, mais qui désirait l'être, simplement parce qu'il n'était pas pauvre, il n'existait pas de situation plus inconfortable. Ils n'avaient que ce qu'ils méritaient d'avoir. Ils étaient renvoyés, alors que déjà ils rêvaient d'espace, de lumière, de silence, à la réalité, même pas sinistre, mais simplement rétrécie – et c'était peut-être pire – de leur logement exigu[1], de leurs repas quotidiens, de leurs vacances chétives[2]. C'était ce qui correspondait à leur situation économique, à leur position sociale. C'était leur réalité, et ils n'en avaient pas d'autre. Mais il existait, à côté d'eux, tout autour d'eux, tout au long des rues où ils ne pouvaient pas ne pas marcher, les offres fallacieuses[3], et si chaleureuses pourtant, des antiquaires, des épiciers, des papetiers. Du Palais-Royal à Saint-Germain, du Champ-de-Mars à l'Étoile, du Luxembourg à Montparnasse, de l'île Saint-Louis au Marais, des Ternes à l'Opéra, de la Madeleine au Parc Monceau, Paris entier était une perpétuelle tentation. Ils brûlaient d'y succomber[4], avec ivresse, tout de suite et à jamais. Mais l'horizon de leurs désirs était impitoyablement bouché ; leurs grandes rêveries impossibles n'appartenaient qu'à l'utopie[5].

Georges Perec, *Les Choses – Une histoire des années 60*, Julliard, 1965

1 *exigu : très étroit*
2 *chétives : pauvres*
3 *fallacieuses : trompeuses*
4 *succomber à quelque chose : se laisser séduire, ne pas résister*
5 *une utopie : une illusion, un rêve impossible*

1 📖

Lisez le texte et répondez.

. De qui et de quelle ville est-il question ?

. Quelle est la situation économique des personnages ?
Justifiez.
☐ aisée
☐ médiocre
☐ misérable

. Quel est le thème de ce passage ?
☐ les promenades rêvées
☐ les désirs insatisfaits
☐ les difficultés matérielles

2 📖

Relisez et répondez.

. Remettez dans l'ordre les trois moments du texte.
– la sollicitation permanente
– l'impossibilité de réaliser ses rêves
– la réalité actuelle

. Relevez :
– les termes qui soulignent l'étroitesse de la vie
des personnages ;
– la phrase qui insiste sur la proximité des tentations.

3 📖

) **Regardez un plan de Paris et suivez les itinéraires
cités. Quel est l'effet recherché par l'énumération
des quartiers ?**

) **Comment interprétez-vous le titre et le sous-titre
du roman ?**

LES MOTS pour...
Parler de sa consommation

J'adore dépenser, claquer (*fam.*) de l'argent.
Je suis souvent tenté(e), je fais souvent des folies.
Je suis dépensier(ère)/panier percé (*fam.*).
Je vis au-dessus de mes moyens.

J'ai du mal à joindre les deux bouts. (*fam.*)
Les fins de mois sont difficiles.
Je suis souvent dans le rouge (*fam.*)/à découvert.
Je fais attention.
Je me serre la ceinture. (*fam.*)

J'ai acheté ce pantalon en solde.
Je n'aime pas jeter l'argent par les fenêtres.
Pour les gros achats, je compare les prix.
J'aime faire des affaires.
J'achète beaucoup d'occasion.
Je prends souvent les articles premier prix,
en promo(tion).

On consomme trop, on gaspille, on achète
des produits inutiles.
Il faut consommer autrement, de manière plus
responsable.
Consommer, c'est acquérir plus de bien-être
et plus de confort.
Consommer permet de se faire plaisir.

4 EGO Questionnaire
Vous et la consommation

Trouvez dans votre groupe quelqu'un qui...

• aime faire les magasins / faire du lèche-vitrine.
• a plusieurs cartes de crédit.
• attend les soldes pour acheter ses vêtements.
• recherche les « bonnes affaires ».
• achète des objets ou des vêtements d'occasion.
• pense que nous vivons dans une société
de « surconsommation ».
• considère que la consommation est source
de bonheur.

La vie au quotidien

Tous en ligne !

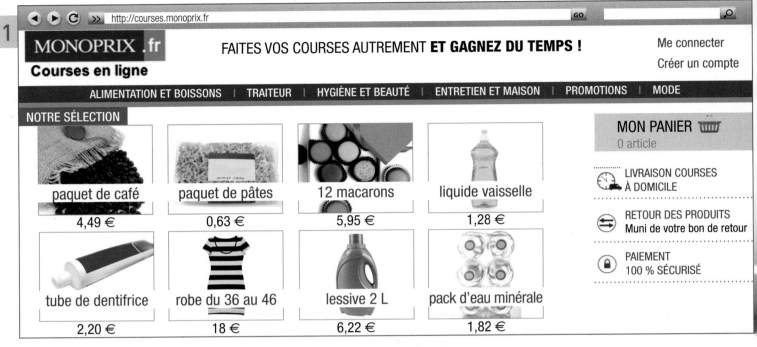

1 http://courses.monoprix.fr   GO

MONOPRIX .fr
Courses en ligne

FAITES VOS COURSES AUTREMENT **ET GAGNEZ DU TEMPS !**

Me connecter
Créer un compte

ALIMENTATION ET BOISSONS | TRAITEUR | HYGIÈNE ET BEAUTÉ | ENTRETIEN ET MAISON | PROMOTIONS | MODE

NOTRE SÉLECTION

MON PANIER
0 article

LIVRAISON COURSES
À DOMICILE

RETOUR DES PRODUITS
Muni de votre bon de retour

PAIEMENT
100 % SÉCURISÉ

paquet de café — 4,49 €
paquet de pâtes — 0,63 €
12 macarons — 5,95 €
liquide vaisselle — 1,28 €
tube de dentifrice — 2,20 €
robe du 36 au 46 — 18 €
lessive 2 L — 6,22 €
pack d'eau minérale — 1,82 €

1

a) Observez le document 1 et identifiez-le.

b) Répondez.

1. Quels sont les avantages de Monoprix.fr ?

2. Quel type de produits propose Monoprix.fr ?

3. Faites-vous vos courses sur un site d'achats en ligne ?

2

3 10

a) Écoutez le document 2 et dites pourquoi Julia appelle Emma.

b) Corrigez et complétez les notes prises par Julia pendant la conversation téléphonique.

1. Aller sur le … monoprix.fr et taper http//:courses.monoprix.fr
2. Cliquer sur … et saisir mes … Choisir un …
3. V… puis revenir sur la … et choisir une …
4. Mettre les articles dans …
5. Cliquer sur …
6. Sélectionner la date et le … ⚠ Dépenser + de 70 euros
7. Mettre le site dans mes …

2

Allez sur le site d'achats d'une grande enseigne populaire française (Carrefour market, Leclerc…). Notez le prix d'une douzaine d'œufs, d'un paquet de farine et d'un litre de lait. Comparez avec les prix dans votre pays.

LES MOTS pour…

Utiliser Internet

Surfer/Naviguer (sur Internet).
Aller sur un moteur de recherche, sur un site.

Un internaute, un client en ligne
Une adresse électronique/adresse e-mail
Une messagerie, un mot de passe

Faire ses achats en ligne.
Entrer/Saisir son identifiant, ses coordonnées.
Cliquer sur un onglet, sur un lien.
Valider une commande.
Ouvrir, fermer une fenêtre.
Télécharger un document.
Mettre un site dans ses favoris.

4

Un(e) ami(e) veut acheter un produit sur le site Fnac.com (CD, livre, DVD, jeu vidéo…). Vous lui donnez les explications nécessaires.

De : Julia Toubon
À : Monoprix.fr
Objet :
Pièces jointes : Fichier joint : bon_de_retour.doc

Référence de la commande : n° 458912

Bonjour,
Le 16 avril dernier, j'ai commandé mes courses sur votre site.
La livraison a été faite en temps et en heure mais le contenu d'un des cartons était endommagé. En l'ouvrant, j'ai en effet constaté la détérioration de trois articles : un paquet de café moulu était éventré, une bouteille de vinaigre était cassée et le couvercle d'une terrine avait sauté.
Malheureusement, le livreur étant déjà reparti, je n'ai pas pu lui faire noter les dégâts.
Je vous précise que je suis une cliente régulière de votre centre d'achats en ligne. Je vous prie donc de bien vouloir constituer un avoir de la somme correspondant à ces produits, à déduire de ma prochaine commande.
Je vous remercie à l'avance.
Cordialement,
Julia Toubon

PS : Ci-joint le bon de retour. Les produits défectueux sont surlignés.

5 📖

) **Lisez le document 3 et complétez l'objet du message.**

) **Lisez la réponse du site et dites si elle satisfait a demande de Julia.**

De : Monoprix.fr
À : Julia Toubon
Objet : Re:

Chère madame,
Nous comprenons votre mécontentement et vous prions d'accepter nos excuses. Nous allons procéder dans les meilleurs délais au remboursement des trois articles suivants :
- Un paquet de riz Lustucru, 3,25 €
- Une bouteille d'huile d'olive Fortuna, 6,70 €
- Une terrine de pâté Fleury, 4,78 €
Le remboursement se fera par le crédit de la carte bancaire utilisée pour payer la commande.
Nous espérons avoir le plaisir de vous servir à nouveau dans un futur proche.

Nos cordiales salutations,
L'équipe Monoprix.fr

6 📖

Relisez le mail de Julia (document 3) et relevez les assages où elle :
. demande réparation.
. présente le problème.
. s'adresse au responsable du site.
. insiste sur sa situation de cliente assidue.

STRATÉGIES pour...
Écrire un mail de réclamation

En tête :
Bonjour, / Madame, Monsieur,

Rappeler la date et le service concerné :
Le 18 mars, { j'ai fait appel à / j'ai utilisé } vos services pour...
Je me suis adressé(e) à...
J'ai fait mes courses avec/sur...

Présenter le problème :
J'ai constaté
J'ai le regret de vous informer } { qu'il manquait un article, que le produit X était périmé, abîmé...
Ma commande a subi un dommage, une détérioration.
L'objet reçu ne correspondait pas au descriptif du catalogue, du site.

Insister sur sa situation de client :
Je suis un(e) client(e) régulier(ère), fidèle, assidu(e)...
Je n'ai eu, jusqu'à ce jour, aucun problème.
C'est un premier achat et j'espère ne pas le regretter.

Demander réparation :
Je souhaite être remboursé(e), dédommagé(e) pour ce préjudice.
J'aimerais un avoir sur ma prochaine commande.
Je vous prie de bien vouloir remplacer les produits défectueux.
J'attends de vous un geste commercial.

7 🔊

Vous avez acheté un de ces deux objets dernier cri, qui s'est révélé défectueux.

Vous écrivez un mail de réclamation dans lequel :
– vous rappelez les circonstances de l'achat ;
– vous présentez le problème en relatant les conséquences désastreuses du défaut de l'appareil ;
– vous demandez réparation.

Outils pour...

› Parler de sa consommation

1 🎧 **①** 🔊 💬11

Écoutez le document 1 et répondez.

1. Quel est le sujet de l'enquête ?
2. Pour quel magazine cette enquête est-elle réalisée ?

② 🔊 💬11

Réécoutez le document 1 et répondez.

1. Pour quelle raison Maud a-t-elle changé ses habitudes ?
2. Notez quatre changements dans ses habitudes.

POINT Langue → p. 203

Faire des comparaisons

a) Réécoutez le document 1 et complétez les phrases entendues.

Je fais beaucoup ... attention.
Je vais aussi un peu ... souvent dans les magasins.
Vous voyez, je suis ... vigilante et ... dépensière qu'avant.
[...] et toujours ... disponible.
[...] je ne dépensais pas ... qu'en magasin.

b) Dites quels mots sont employés pour chaque degré de comparaison : supériorité, égalité, infériorité.

> **MÉMO**
>
> ▪ *plus, aussi, moins* + adjectif ou adverbe (*+ que*)
> *Je suis moins dépensier.*
> *Je dépense moins facilement (qu'avant).*
>
> ▪ *plus* de, autant de, moins de* + nom (*+ que*)
> *J'avais plus d'argent mais moins de temps.*
>
> ▪ verbe + *plus*, autant, moins* (*+ que*)
> *Il gagne autant que vous mais il dépense plus.*
>
> * On peut utiliser *davantage* à la place de *plus*.
>
> Attention !
> - Comparatifs de supériorité irréguliers : *bon* → *meilleur* ; *bien* → *mieux*.
> - *Mauvais* a 2 comparatifs de supériorité : *plus mauvais* ou *pire* (= encore plus mauvais).

→ S'exercer n° 1 | p.42

POINT Langue → p.

Préciser des comparaisons

a) Réécoutez le document 1 et complétez.

J'ai choisi d'acheter les vêtements en ligne ... en magasin.
C'est ... moins cher. Les prix sont ... plus attractifs.
J'étais ... aussi satisfaite.
Les produits bio, j'en achète ... , ... leurs prix baissent.

b) Quelles nuances apportent les formes relevées ci-dessus à l'expression de la comparaison ?
(2 réponses)
un doute – un degré d'intensité – une préférence – un souhait

> **MÉMO**
>
> ▪ Pour **nuancer et préciser une comparaison** :
> *un peu, bien, beaucoup, nettement, franchement plus/moins*
> + adjectif ou adverbe
>
> *tout aussi* + adjectif ou adverbe
>
> *tout autant de* + nom
> *Ils livrent beaucoup plus vite chez Darty.*
> *J'étais tout aussi satisfait de mon vieil aspirateur et celui-ci fait tout autant de bruit.*
>
> ▪ Pour **marquer une progression** :
> *de plus en plus* ou *de moins en moins*
> *Je vais de plus en plus sur les sites d'achats en ligne.*
>
> ▪ Pour **marquer une préférence** :
> *plutôt que*
> *J'achète mes légumes au marché plutôt qu'au supermarché.*
>
> ▪ Pour **marquer l'intensité plus ou moins importante d'une cause** :
> *d'autant plus que* ou *d'autant moins que* + proposition
> *Maud achète parfois des produits bio, d'autant plus que les prix baissent.*

→ S'exercer n° 2 et 3 | p.4

3 💬

Et vous, vos habitudes d'achat ont-elles changé ces dernières années ? Dans quelle mesure ?

❯ Caractériser

TechnoMag

Les trois innovations qui pourraient changer nos vies

Un jour...

● Chacun portera sur lui un petit appareil grâce auquel on récupérera l'énergie produite par un tour à vélo ou une marche à pied. On pourra alors recharger la batterie de son portable sans prise électrique.

● Notre identité biologique sera convertie en données à partir desquelles un logiciel élaborera notre mot de passe ADN unique en ligne.

● Notre cerveau sera muni de capteurs auxquels seront connectés notre ordinateur et notre téléphone portable. Notre téléphone composera automatiquement le numéro de la personne à qui nous penserons.

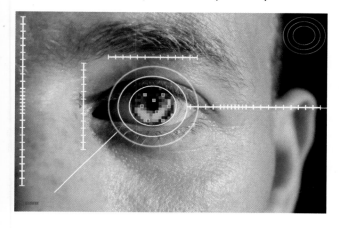

4 📖

Lisez le document 2. Retrouvez le titre de chaque **p**aragraphe.

● Les hommes commanderont les machines par la pensée.
● L'homme pourra collecter sa propre énergie.
● La biométrie remplacera les mots de passe.

POINT Langue

→ p. 200

Les pronoms relatifs composés

a) Relevez dans le document 2 les pronoms relatifs composés. Expliquez leur formation.

b) Observez les phrases suivantes. Que constatez-vous ?
La personne **à qui** nous penserons. / La personne **à laquelle** nous penserons.
Les données **dont** nous partons. / Les données **à partir desquelles** nous travaillons.

MÉMO

● **Formation régulière** :

| avec
sur
pour
sans
(etc.) | + | lequel
laquelle
lesquels
lesquelles | (*ou* qui*) |

● **Contractions** :

| - à
  grâce à | → | auquel
à laquelle
auxquels
auxquelles | (*ou* à qui*) |

| - près de
  à l'aide de
  à cause de
  (etc.) | → | duquel**
de laquelle
desquels
desquelles | (*ou* de qui*) |

* Quand le nom remplacé est une personne, on peut aussi utiliser le relatif *qui*.
** Il est impossible d'employer *dont*.

→ S'exercer n° 4 à 8 | p.42

5 🕐

Rédigez un slogan publicitaire pour l'une des trois innovations présentées dans le document 2.
Demain, vous...

 Parler de sa consommation avec humour

Points de vue sur...

1

Julien, 23 ans, étudiant en informatique, Grenoble

« Pour moi, il est impossible d'échapper à la société de consommation sans s'exclure de la société en général. Tous les moyens sont mis en œuvre pour nous tenter : publicité, mode, crédit à la consommation... Personnellement, je suis attiré par les derniers objets technologiques. C'est difficile de lutter contre parce qu'ils simplifient la vie et qu'ils sont au cœur de la relation humaine. Et tant pis si je dois gratter sur mon budget bouffe ! »

Amélie, 32 ans, productrice de fruits et légumes, Lyon

« Bien sûr qu'on peut consommer moins ! Mais, pour ça, il faut oublier un peu son petit confort... Ce qu'on peut faire maintenant assez facilement, c'est adhérer à un système de distribution de paniers de produits locaux : ça limite les transports, ça réduit l'utilisation d'emballages et, surtout, ça crée des emplois et ça soutient l'agriculture locale de qualité. On pourrait faire davantage de troc aussi. »

François, 65 ans, retraité, Nice

« On est tellement harcelés par la pub ! Comment ne pas consommer ?... Et puis tout ce qu'on achète a une durée de vie de plus en plus courte. On devrait réparer davantage les appareils ménagers par exemple. Quand ils tombent en panne, on ne se pose même plus la question, on jette et on rachète ! »

Elsa, 42 ans, psychologue, Paris

« On est de temps à autres soumis à des achats impulsifs. Rappelez-vous cette paire de chaussures achetée lorsque vous n'aviez pas le moral ou alors ce gadget complètement inutile... Dans tous les cas, l'achat sert à rehausser l'estime personnelle. En ce sens, nous sommes peut-être tous plus ou moins des consommateurs compulsifs. »

1

Lisez ces points de vue sur la consommation (document 1). Puis notez le prénom de la personne correspondant à chacune des affirmations suivantes.

1. On n'échappe pas à des pulsions d'achat incontrôlables.
2. Des systèmes existent pour consommer plus intelligemment.
3. On pourrait prolonger la vie des objets qui nous entourent.
4. C'est difficile de résister à la pression sociale et médiatique.

2

De quelle opinion vous sentez-vous le/la plus proche ? Pensez-vous qu'il soit possible et souhaitable d'échapper à la société de consommation ?

2

La folie des enchères

Les enchères sur eBay, comment ça marche ? Le client choisit l'objet qui l'intéresse, affiché avec une mise à prix ; il propose un montant d'achat au-dessus de la mise à prix. À la fin des enchères (une date et une heure précises ont été fixées), l'objet est adjugé au meilleur enchérisseur. La commission versée au site est à la charge du vendeur.

Des « objets » inattendus sont vendus des fortunes sur eBay. Il y a quelques temps par exemple, une parcelle de 4 200 mètres carrés sur l'île Water Island, dans les Caraïbes, a été mise aux enchères à 385 000 dollars. Mais y a pire : un corn flakes de la forme de l'État de l'Illinois a été vendu pour 1 350 dollars.

On voit parfois aussi des transactions un peu choquantes comme, par exemple, celle d'un jeune chômeur qui, malgré sa haute qualification, ne trouvait pas de travail par les voies habituelles... Il a donc décidé de « se vendre » sur eBay comme n'importe quelle marchandise : pratique, peu coûteux et facile d'entretien, voilà les caractéristiques principales du « produit », dont l'enchère a débuté à 1 euro. Quelques jours plus tard, le jeune chômeur atteignait déjà 50 millions d'euros.

Récemment, l'ancienne voiture de Barack Obama, une Chrysler 300C, a été mise en vente. Prix de départ : 1 million de dollars…

3

a) Lisez le document 2 et réexpliquez le système des enchères sur eBay.

b) Relisez et relevez les équivalents de :
prix de départ – attribuer la marchandise – un client qui fait monter le prix – opérations d'achat et de vente.

c) Relisez la fin du document 2. Quelle est la vente qui vous paraît la plus étrange ? Avez-vous entendu parler d'autres ventes de ce genre ?

Leboncoin.fr part d'une idée simple : la bonne affaire est au coin de la rue ! Pour passer ou chercher des annonces, cliquez sur la région de votre choix et trouvez la bonne affaire parmi **18 585 847 annonces.**

Simple, rapide et efficace !

Alsace
Aquitaine
Auvergne
Basse-Normandie
Bourgogne
Bretagne
Centre
Champagne-Ardenne
Corse
Franche-Comté
Haute-Normandie

Prov...

3

🔖 📖 🌍

...sez le document 3.

Reformulez les trois principaux avantages du site.

Ce mode d'achat par petites annonces est-il courant dans votre pays ?

🔖 📖

...elisez les documents 2 et 3 et dites quel site :

facilite la négociation.

couvre le monde entier.

privilégie le hasard et le suspense.

permet de rencontrer le vendeur.

🔖 📖 🔗

eBay ou leboncoin ? Attribuez ces commentaires ...acheteurs au site correspondant.

« Figurez-vous que le vendeur habitait mon quartier ! »

« Ça vient des États-Unis. »

« J'ai pu négocier le prix. »

« Moi, c'est le côté jeu qui me plaît. »

« Acheter à partir d'une photo ? Non, merci ! »

Et vous, êtes-vous eBay ou leboncoin ? Pourquoi ?

Astuces CONSO

leboncoin

Vous habitez en France et vous souhaitez passer une petite annonce pour vendre un bien ou offrir un service ? Que vous soyez vendeur ou acheteur, un seul site vous offre autant de possibilités et de choix ; il s'agit du site leboncoin.fr.

Que vous viviez à Dijon ou à Marseille, leboncoin vous permet de publier une annonce ou d'en trouver une parmi toutes celles publiées en France. Comme le dit le slogan du site, la bonne affaire se trouve probablement au coin de votre rue. Vous cherchez une voiture, des produits de beauté, un emploi, des meubles, un Iphone, du matériel électronique, un animal de compagnie ou une maison ? Leboncoin regroupe toutes les offres disponibles près de chez vous ! Terminé la longue attente pour recevoir un produit par la poste car, si votre vendeur habite près de chez vous, vous pouvez vous rencontrer et procéder à l'échange du bien convoité. De plus, le site est complètement gratuit et n'exige aucune commission, ce qui permet de vendre et d'acheter à des prix très compétitifs.

RENDEZ-VOUS Alterculturel

Après un séjour en Suède, Léa témoigne sur le rapport que les étudiants suédois entretiennent avec l'argent.

🎧 12

Écoutez-la et répondez.

1. Qu'est-ce qui permet aux jeunes Suédois de développer leur autonomie financière pendant leurs études ?

2. Quels sont les avantages de ce système selon Léa ?

3. Par quel autre moyen apprennent-ils, selon elle, à être autonomes ?

Outils pour...

› Négocier et discuter un prix

1 🎧 **①** 👂 🔵13

Écoutez le document 1 et identifiez la situation.

② 👂 🔵13

Réécoutez le document 1 et remplissez la fiche de l'objet vendu sur eBay.

eb**a**Y	
Nom de l'objet :	*tête* …
Hauteur :	…
Date :	*début du* …
Matière :	…
État :	…
Prix négocié :	…
Frais de livraison :	…

③ 👂 🔵13

Réécoutez le document 1. Notez tous les mots et expressions nécessaires à la négociation d'un prix.
Exemple : baisser le prix.

LES MOTS pour...

Négocier

Négocier, discuter le prix, marchander.

C'est trop cher, je n'ai pas les moyens.
Je ne peux pas mettre autant.
Vous pouvez me faire un prix, une réduction, un rabais, une ristourne (*fam.*) ?

Je peux vous faire un prix, baisser le prix, diminuer le prix.
Je vous fais les deux à dix euros.
Je vous fais 10 % de réduction.
C'est une affaire. C'est mon dernier prix.

→ S'exercer n° 9 | p. 43

④ 💬

**Choisissez un objet présenté dans la rubrique « Produits d'occasion » du site encherir.com.
Puis lisez la rubrique « 10 conseils pour bien négocier »
Jouez la scène de négociation avec votre voisin(e).**

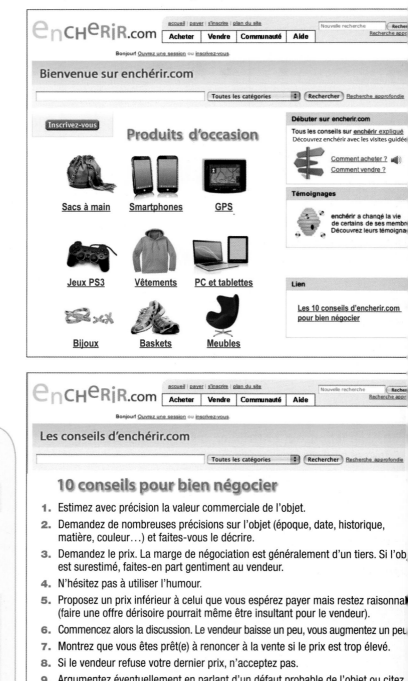

10 conseils pour bien négocier

1. Estimez avec précision la valeur commerciale de l'objet.
2. Demandez de nombreuses précisions sur l'objet (époque, date, historique, matière, couleur…) et faites-vous le décrire.
3. Demandez le prix. La marge de négociation est généralement d'un tiers. Si l'obj est surestimé, faites-en part gentiment au vendeur.
4. N'hésitez pas à utiliser l'humour.
5. Proposez un prix inférieur à celui que vous espérez payer mais restez raisonna (faire une offre dérisoire pourrait même être insultant pour le vendeur).
6. Commencez alors la discussion. Le vendeur baisse un peu, vous augmentez un peu
7. Montrez que vous êtes prêt(e) à renoncer à la vente si le prix est trop élevé.
8. Si le vendeur refuse votre dernier prix, n'acceptez pas.
9. Argumentez éventuellement en parlant d'un défaut probable de l'objet ou citez objet similaire déjà vendu à un prix plus bas dans un magasin, mais sans insist
10. Si le vendeur refuse encore, rappelez un peu plus tard.

▸ Rapporter les paroles de quelqu'un

conso.com

◂ ▸ ⟳ ≫ | http://www.conso.com

Appel à contributions ▬▬▬▬

Vous avez l'habitude de négocier le prix de vos achats ? Témoignez !
Dites-nous :
- si vous arrivez souvent à vos fins,
- comment vous vous y prenez,
- quelle a été votre plus belle négociation.
  Partagez vos meilleurs conseils avec nos lecteurs.

·······················

Les dernières contributions ·······

≫ <u>Nicole V.</u> dit qu'il faut toujours oser négocier et qu'on n'a rien à y perdre.
≫ <u>Christophe M.</u> conseille de bien préparer ses arguments.
≫ <u>Marc S.</u> explique que ce qui l'intéresse dans la négociation, c'est
le plaisir de discuter.
≫ <u>Samir A.</u> demande si tout est négociable et ce qu'il ne faut surtout
pas faire.

5 📖

Lisez le document 2 et répondez.

. À qui s'adresse-t-il ?

. Que demande-t-il aux internautes ?

. Pourquoi Nicole et Marc négocient-ils ?

. Que conseille Christophe ?

. Que demande Samir ?

 🎧 ⊚ 🅒14

Écoutez le document 3 et répondez.

. De quoi Marc et Émilie parlent-ils ?

. Marc est-il confiant ? enthousiaste ? méfiant ?
rassurant ?

**Réécoutez et relevez les expressions utilisées
pour exprimer la méfiance.**
Exemple : s'en méfier.

LES MOTS pour...

Mettre en garde

Fais attention, tu vas te faire arnaquer (*fam.*), escroquer.
Ne te fais pas avoir ! (*fam.*)
Méfie-toi des paiements sur Internet !
Soyez vigilant sur Internet !
Ne faites pas trop confiance au vendeur.

POINT Langue → p. 209

Le discours rapporté au présent (révision)

a) **Relevez dans le document 2 les verbes qui
introduisent le discours rapporté. Donnez-en d'autres.**

b) **Retrouvez les phrases écrites par Nicole, Marc,
Christophe et Samir.**

MÉMO

Discours direct		Discours indirect ou rapporté
Affirmation	→	dire, déclarer, affirmer, préciser, raconter **que**, etc.
Est-ce que ?	→	demander, vouloir savoir **si**
Qu'est-ce que ?	→	demander, vouloir savoir **ce que**
Comment, où, combien, pourquoi… ?	→	demander, vouloir savoir **comment, où, combien, pourquoi**…
Impératif	→	demander, conseiller, ordonner, menacer **de + infinitif**

→ S'exercer n° 10 et 11 | p. 43

POINT Langue → p. 209

Le discours rapporté au passé et la concordance des temps

a) **Réécoutez le document 3 et complétez les phrases.
Notez les modes et les temps.**
1. On lui avait juré que c' … de l'or.
2. Elle m'a raconté qu'elle s'… arnaquer.
3. On m'a expliqué que je … du montant de la transaction.
4. Je lui ai dit de … plainte.

b) **Restituez les quatre propos d'origine au discours
direct.**

MÉMO

Discours direct		Discours rapporté au passé
Présent	→	Imparfait
Passé composé	→	Plus-que-parfait
Futur	→	Conditionnel
Impératif	→	Verbe + *de* + infinitif
Imparfait	→	Imparfait
Conditionnel, subjonctif	→	Conditionnel, subjonctif

→ S'exercer n° 12 à 17 | p. 43

Paroles en scène

Sur tous les tons 🔊15

Écoutez puis répétez en imitant le ton d'un camelot*. (Voir transcription p. 214.)

* vendeur sur un marché

Phonie-graphie

❶ 🔊16

Écoutez et accentuez les *e* quand c'est nécessaire (*é, è* ou *ê*).

la cremerie – le medecin – la secheresse – l'etiquette – la depeche – j'appelle – le college – le collegien – la fenetre – fidele – la fidelite – le reglement – examiner – le pied – le progres – je jette – ceder – je cede – le zebre – professionnel

❷ 🔊17

Écoutez et complétez avec la graphie correcte de [ɑ̃], [ɔ̃] ou [ɛ̃].

Pour me r...dre à Dubl..., je pr... le tr... de ...ze heures tr...te. D...s m... sac, je mets un g...t de cr... pour me frotter les r...s, c...q caleç...s bl...cs, un ...perméable marr..., des coll...ts ... cot..., des chauss...s ... laine de mout..., une c...ture pour m... p...tal... ... l..., des c...tres pour susp...dre mes fr...gues, un cam...bert pour m... corresp...d...t irl...dais.

❸

Complétez la liste de l'activité 2 avec cinq objets ou vêtements comportant le son [ɑ̃], [ɔ̃] ou [ɛ̃]. Dictez-la à votre voisin(e).

Mise en scène

❶

Lisez le sketch d'Anne Roumanoff puis jouez-le.

Vous savez que ça y est ! Je suis rentrée dans le XXIe siècle, je suis connectée à Internet. Je surfe, je navigue… enfin, pour l'instant, je rame.
Ça a commencé quand j'ai acheté l'ordinateur.
- *Monsieur, je voudrais un Mac parce que PC, ça veut dire « plante constamment ».*
- *Mac ou PC, c'est pareil madame, de toute façon dans trois mois, votre matériel sera obsolète. J'arrive.*
- *Faut peut-être mieux que j'attende trois mois ?*
- *Ce sera pareil madame, avec l'informatique, tout va vite, tout va très très vite.*
Et c'est vrai que ça va vite, en cinq minutes j'ai dépensé 1 500 euros.
En plus, mon ordinateur, j'essaie de faire tout ce qu'il me dit mais lui il fait rien de ce que je veux. Déjà, quand il me parle, je comprends rien : « Vous avez mal éteint l'ordinateur, nous allons le reconfigurer. »
Qui, « nous » ? Ils sont plusieurs là-dedans ?
« L'application ayant servi à créer ce document est introuvable. »
Attends, si lui il la trouve pas, comment je la trouve moi ?
« Une erreur système est survenue inopinément. »
Genre, t'as une erreur système qui passait pas là : « Je suis une erreur système, je m'ennuie, qu'est-ce que je vais faire ? Tiens, je vais survenir inopinément ».
« Veuillez libérer de la mémoire. »
Attends, je demande pas mieux moi. Mémoire, par ordre de sa majesté, je vous libère ! Elle est où la touche mémoire ? Y'a pas de touche mémoire.
Tu sais ce que ça veut dire PC ? P'tit con…
Non mais, il est très poli, mon ordinateur, parce que j'ai beau l'insulter, il continue de me vouvoyer. Poli mais mauvais caractère, des fois il se braque, y'a plus aucune touche qui marche :
« *Bad command, invalid response.* »
Quand il parle anglais, c'est qu'il est très énervé. Alors là, pour débloquer la situation, je le débranche et quand je le rallume, il m'engueule :
« Vous avez mal éteint l'ordinateur, nous allons le reconfigurer. »

Internet, sketch interprété par Anne Roumanoff
Extrait du spectacle *Follement Roumanoff*.
Co-écrit par Anne et Colette Roumanoff.

❷

Scène de marchandage
Comme au marché aux puces, des objets étranges sont exposés dans la classe. Les vendeurs fixent les prix et vantent leurs objets, les acheteurs marchandent. Jouez la scène.

PROJET DOSSIER 2

Proposer des astuces de consommation aux Français résidant dans votre pays

Réflexion préalable

En grand groupe.

1. Cherchez des interlocuteurs français :
   > dans votre école ou votre ville.
   > sur des blogs ou forums d'expatriés.

2. Interrogez-les sur les dépenses qui pèsent le plus dans leur budget (ou relevez-les sur Internet) : logement, alimentation, loisirs, transports, santé, etc.

2 Préparation

En petits groupes.

1. Choisissez la rubrique dont vous allez vous charger (santé, loisirs, sports, voyages...).

2. Informez-vous sur les meilleures astuces et les meilleurs rapports qualité/prix dans le domaine choisi.

3. Formulez vos astuces : où aller, la manière de faire, les lieux où s'inscrire, les sites à consulter, les « arnaques » à éviter...
   Pour avoir des billets de théâtre à prix réduits, allez sur le site X. Présentez-vous au théâtre avant 19 heures...

4. Faites des comparaisons de prix (entre deux biens ou services dans votre pays ou entre votre pays et la France).
   Pour payer vos transports, préférez le pass X plutôt que...
   Ici, le logement chez l'habitant est très répandu, c'est nettement moins cher que la location d'un appartement.

5. Trouvez un titre ou un slogan qui accrochera le public intéressé par votre rubrique.

Présentation

Chaque sous-groupe présente à la classe ses découvertes et ses conseils pour la rubrique choisie.
La classe peut ajouter, modifier, discuter des informations.
> *Les rubriques ainsi présentées peuvent faire l'objet d'un article dans un journal ou sur un blog ou d'un exposé lors d'une rencontre avec des francophones.*

PLAN DE LA PRÉSENTATION (ORALE OU ÉCRITE)

1. L'introduction : remarques des Français consultés

   Nous sommes allés sur le site X. / Nous avons rencontré des Français. X nous a dit que les loyers étaient très chers. X se demandait où il pouvait changer ses euros sans trop de frais bancaires...

2. Le slogan

3. Les astuces et les comparaisons de prix

4. Les mises en garde contre les « arnaques » éventuelles

5. La conclusion, avec une note d'humour si possible

S'exercer

> Faire des comparaisons

1. **Comparez les éléments suivants et dites vos préférences, comme dans l'exemple.**

Exemple : Le paiement en liquide / Le paiement par carte bancaire
→ *Le paiement par carte bancaire est plus (moins) utilisé dans mon pays que le paiement en liquide. / Je préfère payer en liquide plutôt que par carte bancaire.*

1. Acheter dans un magasin / Acheter en ligne
2. Acheter sans l'aide d'Internet / Acheter avec l'aide d'Internet
3. Économiser sur le budget vêtements / Économiser sur le budget alimentation

> Préciser des comparaisons

2. **Complétez le dialogue sur le commerce équitable avec les expressions de comparaison suivantes :** *meilleur(e), plus, autant que, davantage, de moins en moins, plutôt que, d'autant plus que.*

– Avez-vous déjà acheté des produits issus du commerce équitable ? Si oui, pourquoi ?
– Oui, quelquefois je vais dans les magasins bio ... au supermarché. L'autre jour, j'ai acheté du café en provenance d'Équateur. Je l'ai trouvé bien ... et finalement, il ne coûte pas tellement ... cher. J'accepte de payer ... les petits producteurs qui font de la qualité, ... ils ont besoin qu'on les aide. Leur avenir me concerne ... la qualité des produits.
– Que représente le commerce équitable pour vous ?
– Un pas vers une économie mondiale ... juste. C'est un partage, un échange, une ... répartition. Grâce à ce commerce, les petits producteurs sont ... exploités.

3. **À partir des données suivantes, faites cinq comparaisons avec des nuances entre les deux sites d'achat.**

Exemple : Le site Cybercourses propose beaucoup plus de produits que le site AchatNet.

	AchatNet	Cybercourses
Nombre de références	7 000 produits	50 000 produits
Gamme de produits	produits alimentaires	gamme alimentaire et non alimentaire (jouets, vêtements)
Zone de livraison	région Île-de-France	presque tous les départements
Commande minimum	70 euros	50 euros
Frais de livraison	9,50 euros	11,95 euros
Délai de livraison	24 heures après la commande	dès le lendemain à partir de 9 h
Horaires de livraison	de 7 h à 22 h du lundi au samedi	de 14 h à 22 h du lundi au vendredi
Mode de paiement	par chèque et par carte bancaire	par carte bancaire uniquement

> Les pronoms relatifs composés

4. **Reliez les deux phrases par un pronom relatif, comme dans l'exemple.**

Exemple : Ce sont surtout des femmes. Un mail de publicité avait été envoyé à ces femmes.
→ *Ce sont surtout des femmes à qui (auxquelles) un mail de publicité avait été envoyé.*

1. C'est une clientèle fidèle. Internet est souvent le seul mode d'achat pour cette clientèle.
2. Ce sont des clients. Le paiement en ligne ne fait pas peur à ces clients.
3. Ce sont des consommateurs. Nous avons de très bons contacts avec ces consommateurs.

5. **Associez pour reconstituer les propos d'un acheteur en ligne.**

C'est un nouveau mode d'achat •
Je vais sur des sites •
Les livraisons •
Les produits •
La seule chose •
Les livreurs •

• sans lesquels je ne pourrais plus vivre
• avec lequel je perds moins de temps
• à laquelle il faudrait remédier, c'est le manque de choix.
• à qui on a affaire sont en général ponctuels.
• auxquels je suis habitué sont toujours d'égale fraîcheur.
• dans lesquelles il y a des erreurs sont rares.

6. **Complétez le texte suivant à l'aide de pronoms relatifs et trouvez de quoi il est question.**

C'est un système ... a été inventé avant Internet, ... on peut maintenir des liens sociaux dans le monde entier et ... on ne pourrait plus se passer maintenant. Son concepteur, ... l'idée géniale est d'avoir associé deux programmes existants, ... l'on doit l'utilisation de l'arobase, et ... deux millions et demi de personnes communiquent chaque seconde, s'appelle Ray Tomlinson.

7. ***Duquel, de laquelle, desquel(le)s*** **ou** ***dont*** **? Reliez les propositions suivantes à l'aide du pronom relatif approprié.**

1. Le grand magasin du Printemps sera ouvert le 8 mai. J'habite à côté.
2. Nous avons bien reçu votre proposition de vente. Nous prenons acte de cette proposition.
3. La ville nouvelle nous a séduits. Son centre propose tous les commerces traditionnels.
4. La ville nous a séduits. Au centre de la ville, nous avons trouvé tous les commerces traditionnels.
5. Elle collectionne les bons de réduction. Elle espère se payer un caddie plein de courses au moyen de ses bons.
6. J'ai beaucoup de chèques-cadeaux. Je ne sais plus quoi en faire !

8. **À votre tour, choisissez ou inventez une innovation. Rédigez un court article pour la présenter à la classe. Utilisez des pronoms relatifs simples et composés.**

Exemples d'innovations : chaussures équipées de GPS, canne intelligente, chargeur solaire de téléphone, purificateur d'air...
C'est une innovation qui..., grâce à laquelle...

Négocier

. Complétez le dialogue à l'aide des mots ou expressions des « Mots pour » p. 38.

– Bonjour, ces verres-là, vous les faites à combien ?

– À 10 euros pièce.

– Si je prends les six, vous ... ?

– Non, vous ne pouvez pas ... . Ce sont des verres bistrot anciens, exactement ceux que le poète Verlaine utilisait pour boire de l'absinthe.

– D'accord, mais 60 euros les six ? Je ne peux pas ... ! Je n'ai pas ... ! C'est beaucoup trop cher !

– Bon, je vous ... à 55 euros le lot, mais je ne ... pas plus ! Autrement je perds de l'argent ! Et puis, il faut vous décider maintenant parce que je remballe dans cinq minutes !

Le discours rapporté

. Transformez le récit suivant en dialogue.

artin demande à sa femme si elle veut bien venir faire du lèche-vitrine ec lui. Elle répond qu'elle serait ravie mais qu'elle doit terminer un avail urgent. Il lui propose alors de l'aider, ce qui lui permettra de ir plus vite et de l'accompagner. Il voudrait son avis pour choisir un ouveau canapé ; il y en a un qui lui plaît beaucoup mais dont le style ourrait la choquer. Elle rit et demande ce que peut apporter son avis r la question puisqu'il sait qu'elle préfère leur vieux canapé et qu'elle est pas disposée, comme lui, à changer la décoration de la maison, autant moins qu'en ce moment leurs fins de mois sont difficiles.

. Transformez ce dialogue de film en discours rapporté au ésent par un spectateur.

Dans une cuisine, lumière crue sur le couple.

LUI : Passe-moi la tourniquette à faire la vinaigrette, s'il te plaît.

ELLE *(cherchant dans les tiroirs)* : Écoute, ce machin a dis-paru, je ne sais pas où il est. Tu veux une cuillère ?

LUI *(agacé)* : Quand je cuisine, j'aime bien avoir les bons ustensiles.

ELLE *(levant les yeux au ciel)* : Tu passes ton temps à acheter des tas de gadgets dont tu ne te sers jamais !

LUI : Je proteste ! C'est moi qui fais la cuisine chez nous et, oui, j'adore me servir d'appareils performants. Elle n'est pas bonne ma cuisine ? Qu'est-ce que tu lui reproches ?

ELLE *(souriante)* : Mais rien du tout mon chéri. Ah ! Voilà la tourniquette ! Elle était cachée derrière le pistolet à gaufres. Et... j'ai très faim !

. Rapportez au passé les questions d'Émilie à son amie abienne.

– Est-ce que je serai remboursée si l'achat ne me plaît pas ?

– Combien d'achats est-ce que tu as déjà faits sur Internet ?

– Est-ce que tu as déjà eu un litige ?

– Pourrais-tu m'aider à faire mon premier achat ?

– Est-ce que le paiement sur Internet est sécurisé ?

– Qu'est-ce qu'il y a à vendre en ce moment sur eBay ?

Émilie a demandé à Fabienne...

13. Rapportez au passé les explications de Fabienne.

Tu dois lire attentivement l'annonce. Si elle est incohérente, n'achète surtout pas. Ce qu'il est important de souligner, c'est que l'achat est définitif et que tu ne pourras donc pas être remboursée. Une autre chose importante à savoir : il y a des systèmes de paiement qui évitent d'avoir des problèmes. Si tu veux, je t'enverrai les infos par mail. Finalement, les escroqueries sont rares, je t'assure !

Fabienne a dit que...

14. Retrouvez les questions posées.

1. Elle lui a demandé si les boucles d'oreilles étaient bien en or.

2. L'acheteur a voulu savoir si la statuette était ancienne, de quand elle datait exactement, ce qu'elle pouvait représenter ; puis il a essayé d'obtenir un rabais.

3. La cliente s'est renseignée sur le temps que prendrait la livraison et s'il y aurait une assurance en cas de perte.

15. Remplacez le verbe *dire* par un autre verbe (*promettre, expliquer, conseiller, affirmer, prévenir*).

1. On m'a dit de ne pas acheter sur eBay.

2. On m'a dit que le prix avait été contrôlé.

3. On m'a dit qu'on ne me rembourserait pas.

4. Il m'a dit qu'il allait m'aider.

5. Il m'a dit que les escroqueries étaient fréquentes.

16. Transformez les phrases de l'exercice 15 comme dans l'exemple.

Exemple : On m'a dit : « N'achète pas sur eBay ! »

17. Continuez la transcription au discours indirect de l'extrait de théâtre suivant. Variez les verbes introducteurs.

HONORINE : Bonsoir, César.

CÉSAR *(finit de ranger sa caisse)* : Bonsoir Norine. C'est vous ? À dix heures du soir ?

HONORINE : Eh oui. C'est mercredi aujourd'hui. Je vais à Aix chez ma sœur Claudine par le train de onze heures... Alors, comme j'étais un peu en avance, je suis passée par ici parce que j'ai quelque chose à vous dire.

CÉSAR : Eh bien, dites-le, Norine.

HONORINE *(gênée)* : C'est que ce n'est pas facile.

CÉSAR : Pourquoi ?

HONORINE : Je viens vous parler de Fanny.

CÉSAR : Me parler de Fanny ?

HONORINE *(mystérieuse)* : De Fanny et de Marius. [...] Enfin bref, Panisse veut la petite.

CÉSAR *(perplexe)* : Panisse veut la petite. Pour quoi faire ?

HONORINE : Pour l'épouser. [...]

CÉSAR : Et qu'est-ce qu'elle dit la petite ?

HONORINE : Elle dira peut-être oui si elle ne peut pas avoir celui qu'elle veut.

CÉSAR *(avec finesse)* : Et celui qu'elle veut c'est Marius.

HONORINE *(gênée)* : Tout juste.

Marcel Pagnol, *Marius*, Acte II, scène 3

Honorine a dit bonsoir à César qui l'a saluée aussi, en rangeant sa caisse, et lui a demandé ce qu'elle faisait là à dix heures du soir...

VERS LE **DELF B1**

Compréhension des écrits

10 points

Vous habitez en France depuis quelques mois et vous avez décidé de vous inscrire dans une salle de sport, sachant que :
– vous voulez faire de la musculation ;
– vous voulez suivre des cours collectifs pour vous motiver ;
– vous disposez pour vos activités sportives d'un budget mensuel de 150 € maximum ;
– vous voulez vous exercer 2 fois par semaine, le mercredi et le samedi ;
– vous n'êtes pas libre avant 18 h à cause de votre travail.

En faisant une recherche sur Internet, vous trouvez les quatre publicités suivantes.

1

C'est toujours le même coach qui vient chez vous pour suivre vos progrès. Nous veillons à la ponctualité de nos coachs.

Tarifs : 50 euros/heure sur la base de 2 heures par semaine.

Nous sommes à votre disposition du lundi au samedi de 8 h à 22 h.

Première agence de coaching sportif à domicile, GYMDOM rend accessible à TOUS le meilleur du sport et permet à CHACUN de choisir ses activités selon son objectif – relaxation, musculation ou minceur – et selon son rythme, tout en bénéficiant des tarifs les plus bas du marché.

2

Espace **sportif** Pontoise

Bienvenue à l'Espace sportif Pontoise

Cet établissement construit en 1933 est inscrit à l'inventaire des monuments historiques. Il dispose d'un équipement complet : un bassin sportif de 33 m, une salle de cardio-training et de musculation et une salle de cours collectifs. Deux saunas viennent compléter l'offre détente. Vous y trouverez également 4 courts de squash ! Fitness – musculation : demandez le planning des cours collectifs à l'accueil.

HORAIRES D'OUVERTURE
Lundi au vendredi : 9 h à minuit
Week-end et jours fériés : 9 h 30 – 19 h

TARIFS
1 entrée : **20 €**
10 entrées : **160 €**
Pass mensuel : **140 €**

3

CLUB MED GYM 22 clubs de sport ouverts 7 j/7 de 7 h à 2?

Activités en solo : l'ensemble des Club Med Gym dispose d'u? large sélection d'appareils de cardio-training et de musculati? Pour travailler le cœur ou les muscles, chaque machine combi? à la fois efficacité, confort et simplicité d'utilisation.
Pour faciliter votre pratique, les appareils intègrent des schém? indiquant les mouvements à réaliser et les zones du co? travaillées.

CLUBMEDGYM propose également plus de 50 autres activités en **cours collectifs**… Faites votre choix !

Cartes 10 séances (10 séances au prix de 9) : 324 €

Abonnement mensuel (sans engagement) : 275 €

4

KIKENTAÏ
BIEN-ÊTRE / FITNESS / ARTS MARTIAUX

Arts martiaux et self défense, remise en forme,
musculation, yoga, gym douce...
Kikentaï, c'est tout cela et bien plus encore !
Un espace musculation, du cardio-training et surtout...
pas d'écran plasma ! Ici, on n'a pas le temps de regarder
la télé, on fait du sport, avec Robin et Patrice.
Avec eux, vous pourrez établir les programmes
qui vous conviennent, participer à des cours collectifs
ou travailler seul(e) si vous préférez.

Du lundi au vendredi
de 9 h à 22 h

Le samedi de 9 h à 18 h

Le dimanche
de 9 h à 13 h

TARIFS

1 cours : 20 €

Abonnement
mensuel : 80 €

Pour chaque descriptif de club sportif et pour chacun des critères proposés, choisissez « convient » ou « ne convient pas ».

	1 Gym Dom		**2** Espace sportif Pontoise		**3** Club Med Gym		**4** Kikentaï	
	Convient	Ne convient pas	Convient	Ne convient pas	Convient	Ne convient pas	Convient	Ne convient pas
Musculation								
Cours collectifs								
Budget mensuel de 150 € maximum								
Mercredi et samedi								
À partir de 18 h								

Quel club de sport choisissez-vous ?

Production écrite

25 points

Vous trouvez le message suivant sur un forum de discussion sur des sujets de société.

> Il existe de plus en plus de sites de troc sur Internet mais est-ce qu'on y fait vraiment de bonnes affaires ?
> Les objets ne sont pas toujours de bonne qualité et pas souvent en bon état. En plus, on perd complètement
> l'aspect sympathique du troc à cause de l'ordinateur : les gens ne font pas vraiment connaissance. **Éric**

Vous pratiquez souvent le troc sur Internet et vous n'êtes pas d'accord avec Éric. À l'aide de votre expérience et de vos observations, vous répondez à Éric et exprimez votre opinion sur ce sujet. Vous exposez vos idées de manière claire et cohérente, en citant des exemples. (160 à 180 mots)

Dossier 3
J'apprends

B1.1

C'est en forgeant qu'on devient forgeron.

Dans *connaître*, il y a *naître*.
Victor Hugo

Ouvertures

Ensuite, c'était la classe. Avec Monsieur Bernard, cette classe était constamment intéressante pour la simple raison qu'il aimait passionnément son métier. Au-dehors, le soleil pouvait hurler sur les murs fauves[1] pendant que la chaleur crépitait[2] dans la salle elle-même pourtant plongée dans l'ombre des stores à grosses rayures jaunes et blanches. La pluie pouvait aussi bien tomber comme elle le fait en Algérie, en cataractes[3] interminables, faisant de la rue un puits sombre et humide, la classe était à peine distraite. [...] Il savait toujours tirer au bon moment de son armoire aux trésors la collection de minéraux, l'herbier[4], les papillons et les insectes naturalisés, les cartes qui réveillaient l'intérêt fléchissant de ses élèves. Il était le seul dans l'école à avoir obtenu une lanterne magique[5] et, deux fois par mois, il faisait des projections sur des sujets d'histoire naturelle ou de géographie. [...]

Non, l'école ne leur fournissait pas seulement une évasion à la vie de famille. Dans la classe de Monsieur Bernard du moins elle nourrissait en eux une faim plus essentielle encore à l'enfant qu'à l'homme et qui est la faim de la découverte. Dans les autres classes, on leur apprenait sans doute beaucoup de choses, mais un peu comme on gave[6] les oies. On leur présentait une nourriture toute faite en les priant de vouloir bien l'avaler. Dans la classe de Monsieur Bernard, pour la première fois, ils sentaient qu'ils existaient et qu'ils étaient l'objet de la plus haute considération : on les jugeait dignes de découvrir le monde. Et même leur maître ne se vouait pas seulement à leur apprendre ce qu'il était payé pour leur enseigner, il les accueillait avec simplicité dans sa vie personnelle, il la vivait avec eux, leur racontant son enfance et l'histoire d'enfants qu'il avait connus.

Albert Camus, *Le Premier Homme*, © Éditions Gallimard, 1994

Albert Camus (1913-1960)

Albert Camus naît à Mondovi, en Algérie. Son père meurt pendant la guerre de 1914 et il est élevé par sa mère, analphabète, et sa grand-mère. Grâce à l'aide de son instituteur, le jeune Albert obtient une bourse* et peut poursuivre ses études au lycée Bugeaud d'Alger. Il commence des études de philosophie puis devient journaliste. Il part pour Paris et, en 1942, intègre le mouvement de résistance Combat. Cette année-là, il publi le roman *L'Étranger* et l'essai *Le Mythe de Sisyphe*. En 1947, il connaît un immense succès avec son roman *La Peste*. Il obtient le prix Nobel de littérature en 1957 et dédie son discours de réception à Louis Germain, l'instituteu qui lui a permis de poursuivre se études. En 1960, il se tue dans un accident de voiture. Dans sa sacoche se trouvait le manuscrit du roman *Le Premier Homme* auquel il travaillait alors. Le text a été reconstitué et publié en 199.

* allocation de l'État versée aux meilleurs élèves économiquement défavorisés

1 fauves : d'une couleur jaune-roux
2 crépiter : produire des bruits secs et répétés ; généralement utilisé pour parler du feu
3 des cataractes : de fortes chutes d'eau
4 un herbier : une collection de plantes séchées
5 une lanterne magique : l'ancêtre du projecteur de diapositives
6 gaver : alimenter de force les volailles pour faire grossir leur foie (foie gras)

48 *quarante-huit*

1

Lisez le texte et répondez.

. Qui sont les personnages ? Où vivent-ils ?

. Quels termes caractérisent la relation entre l'adulte et les enfants ?

☐ complicité ☐ intimité
☐ distance ☐ proximité
☐ hostilité ☐ respect

2 📖

Relisez et répondez.

. Quel rôle l'école joue-t-elle pour les enfants ?

. Quelles informations sont données sur Monsieur Bernard ?
– comportement
– méthode de travail

3 📖

a) D'après vous, quels sentiments les élèves de Monsieur Bernard éprouvent-ils pour leur maître ?

b) Quelle expression du texte résume le mieux la méthode d'apprentissage utilisée dans les autres classes ?

LES MOTS pour...

Parler des façons d'apprendre

Je me souviendrai toujours de (du)
Je n'ai jamais oublié
J'ai gardé en mémoire } ce geste, cette remarque, le son de sa voix, le goût de...

Je connaissais par cœur
Je mémorisais } les histoires grâce aux images, aux couleurs, au timbre, au ton de la voix.

Quand j'écoutais cette histoire, je voyais..., j'entendais..., je sentais...
Je ressentais, j'éprouvais...
Cela me touchait.

Je retenais mieux
J'apprenais
Je révisais } en écrivant, en répétant, en regardant, en dessinant...

J'avais du mal à retenir...
Ça ne me parlait pas, ça ne me disait rien, cela me bloquait.

4 🕐

Faites un court portrait de l'enseignant idéal selon vous.

5 📖

Échangez.

Vous avez appris à l'école primaire quelque chose (poème, extrait de texte littéraire, fait historique, théorème mathématique...) dont vous vous souvenez encore. Dites de quoi il s'agit et pourquoi vous l'avez retenu.

6 EGO Test

Quel est votre type de mémoire ?

Pour chaque question du test, répondez personnellement puis échangez avec votre voisin(e) en illustrant vos réponses par vos souvenirs et vos expériences.

1. Quand vous racontez un souvenir d'enfance, vous évoquez plutôt :
   a. les sons.
   b. les images.
   c. les odeurs.
   d. le goût.

2. Quand vous parlez d'une personne de votre enfance, vous évoquez plutôt :
   a. le ton de sa voix.
   b. un détail de son visage.
   c. son parfum.
   d. ses gestes d'affection.

3. Quand on vous racontait des histoires, vous :
   a. fermiez les yeux et écoutiez.
   b. suiviez l'histoire sur le livre.
   c. vous endormiez dans les bras du conteur.

4. Pour apprendre des poèmes à l'école :
   a. vous les répétiez plusieurs fois et les saviez.
   b. vous les écriviez pour les mémoriser.
   c. une personne vous les faisait répéter.

5. Quand vous ne comprenez pas quelque chose :
   a. vous vous dites : « Ça ne me parle pas ».
   b. vous faites des schémas pour essayer de comprendre.
   c. vous ressentez comme un blocage.

6. Vous apprenez mieux quelque chose :
   a. quand quelqu'un vous en parle.
   b. quand vous lisez des livres sur le sujet.
   c. en vous exerçant.

La vie au quotidien
Des parcours de combattants..

1

Écoutez les interviews de trois personnes qui présentent leur parcours (document 1) et complétez le tableau.

	Profession	Origine du choix
1.	...	...
2.	...	*Petit, il aimait aider sa mère au restaurant.*
3.	...	...

2

Réécoutez le document 1 et associez chaque personne à son type de formation.
1. des études universitaires
2. une formation courte
3. une école professionnelle

3

Réécoutez le document 1.
1. Notez les différentes étapes de chaque parcours.
2. Dites, pour chacun, ce qui constitue l'originalité de son parcours.
3. Relevez les termes qui soulignent le plaisir ou l'intérêt de chacun pour son travail.
4. Relevez les expressions qui marquent le désir ou l'intention très forte de faire quelque chose.

4

Présentez oralement votre parcours.
L'origine de votre/vos choix, votre/vos goût(s), vos études, vos premières expériences professionnelles...

STRATÉGIES pour...
Présenter son parcours lors d'un entretien de motivation

Préciser le point de départ de son choix :
À 15 ans, en feuilletant un livre, en visitant une expo, j'ai découvert...
Quand j'étais petit(e), ma mère avait un restaurant...
Un jour, j'ai fait la connaissance de...

Insister sur son désir, son intention :
J'ai toujours su que...
Je tenais absolument à...
J'étais résolument décidé(e) à...
Depuis l'école primaire, je rêvais de...

Relater brièvement ses études :
J'ai fait des études d'architecture.
J'ai étudié la peinture.
J'ai eu un cursus assez original.
J'ai fait des études courtes.
J'ai intégré une filière professionnelle.
J'ai commencé une formation.

Parler de ses expériences :
J'ai d'abord travaillé comme animateur(trice), ça m'a donné de bonnes bases.
Après mon diplôme d'infirmier(ère), j'ai fait un stage en gériatrie.
C'est par le biais de/grâce à mon expérience en/après être parti(e) à l'étranger que...

Mettre en valeur son plaisir, son intérêt :
J'ai été ébloui(e) par...
J'arrive à réaliser des gâteaux incroyables !
C'était une expérience unique !

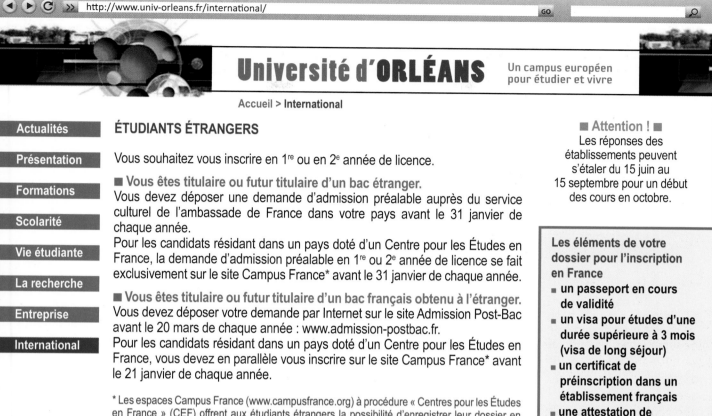

http://www.univ-orleans.fr/international/

Université d'ORLÉANS

Un campus européen pour étudier et vivre

Accueil > **International**

- Actualités
- Présentation
- Formations
- Scolarité
- Vie étudiante
- La recherche
- Entreprise
- International

ÉTUDIANTS ÉTRANGERS

Vous souhaitez vous inscrire en 1re ou en 2e année de licence.

■ **Vous êtes titulaire ou futur titulaire d'un bac étranger.**
Vous devez déposer une demande d'admission préalable auprès du service culturel de l'ambassade de France dans votre pays avant le 31 janvier de chaque année.
Pour les candidats résidant dans un pays doté d'un Centre pour les Études en France, la demande d'admission préalable en 1re ou 2e année de licence se fait exclusivement sur le site Campus France* avant le 31 janvier de chaque année.

■ **Vous êtes titulaire ou futur titulaire d'un bac français obtenu à l'étranger.**
Vous devez déposer votre demande par Internet sur le site Admission Post-Bac avant le 20 mars de chaque année : www.admission-postbac.fr.
Pour les candidats résidant dans un pays doté d'un Centre pour les Études en France, vous devez en parallèle vous inscrire sur le site Campus France* avant le 21 janvier de chaque année.

* Les espaces Campus France (www.campusfrance.org) à procédure « Centres pour les Études en France » (CEF) offrent aux étudiants étrangers la possibilité d'enregistrer leur dossier en ligne et de suivre en temps réel le traitement de celui-ci. Par ailleurs, l'étudiant ainsi préinscrit dans une université française se verra faciliter la délivrance de son titre de séjour en préfecture.

■ **Attention !** ■
Les réponses des établissements peuvent s'étaler du 15 juin au 15 septembre pour un début des cours en octobre.

Les éléments de votre dossier pour l'inscription en France
- **un passeport en cours de validité**
- **un visa pour études d'une durée supérieure à 3 mois (visa de long séjour)**
- **un certificat de préinscription dans un établissement français**
- **une attestation de conditions de ressources**

5

Vous travaillez bénévolement pour un forum d'aide aux étudiants étrangers souhaitant étudier en France. Prenez connaissance des informations fournies par le site de l'université d'Orléans (document 2) et notez :
- les dates clés pour faire la demande d'inscription.
- la procédure à suivre.
- les pièces à fournir.

6 ()

Répondez aux messages laissés sur le forum par Éva et Ali.

http://www.forum-etudiants.com

Posté par Éva le lun 7 mai – 15:25
Sujet : Inscription en fac
J'habite à Sofia… Comment je retire un dossier pour m'inscrire en 1re année de fac ?

Posté par Ali le mar 26 juin – 10:03
Sujet : Inscription en fac
J'ai eu mon bac au lycée français du Caire. Qu'est-ce que je dois faire pour m'inscrire en fac en France ?

7 19

Vrai ou faux ? Écoutez la conversation entre Carole et Sophie et répondez.

1. C'est une commission universitaire qui valide le cursus suivi à l'étranger.
2. On peut s'inscrire quel que soit son niveau de français.
3. On obtient son visa long séjour sur présentation de sa préinscription et d'un justificatif de ressources.
4. Un visa long séjour suffit pour vivre en France.
5. C'est la préfecture qui s'occupe des visas.

8 ()

Répondez au message laissé sur le forum par Ilan.

http://www.forum-etudiants.com

Posté par Ilan le ven 6 juillet – 12:14
Sujet : Inscription en licence
J'ai suivi deux années de droit international à Belgrade, je peux m'inscrire automatiquement en 3e année ?

Outils pour...
› Parler du passé

1

L'ÉTUDIANT COURRIER DES LECTEURS

En juin dernier, j'ai obtenu un master d'histoire de l'art avec un mémoire en archéologie à l'université d'Istanbul. Lorsque j'étais enfant, mon père m'emmenait tous les étés sur le site de Saraçhane et ça m'a toujours passionnée. Quand j'étais en licence, je rêvais de retourner sur le terrain, alors j'ai participé deux fois à des fouilles sur le site d'Antalya. C'était formidable, ça a confirmé ma vocation ainsi que mon désir de partir compléter mes études à l'étranger... Aujourd'hui, je souhaite continuer mes recherches sur l'art byzantin dans le cadre de l'université française. J'aimerais bien que des étudiants me guident dans mes démarches bien difficiles. J'ai écrit et téléphoné plusieurs fois cet été à l'université de Paris IV mais je n'ai pas encore obtenu de réponse. Qu'est-ce que je peux faire ?

Dilek S., étudiante

1

Lisez le témoignage de Dilek, étudiante turque (document 1), et remettez son parcours dans l'ordre chronologique.
a. obtention d'un master
b. fouilles sur le site d'Antalya
c. visites fréquentes à Saraçhane
d. licence
e. demande d'entrée à l'université en France

2

2 20

Écoutez le témoignage de Sébastien (document 2) et répondez.
1. Pourquoi est-il parti à l'étranger ?
2. Pourquoi a-t-il choisi le Canada, et en particulier Toronto ?

POINT Langue
→ p. 20

Le plus-que-parfait

Réécoutez le document 2. Repérez les événements antérieurs à la décision de Sébastien de partir à Toronto.
J'avais toujours eu dans l'idée d'aller au Canada.

MÉMO
Formation : auxiliaire *avoir* ou *être* à l'imparfait + participe passé du verbe
Emploi : pour exprimer un fait antérieur à un autre fait passé (exprimé ou non).
J'ai choisi Toronto parce que j'avais toujours eu dans l'idée d'aller au Canada.
Je m'imaginais mal renoncer au réveillon de fin d'année que j'avais toujours passé en famille jusque-là.
Je m'étais rendu dans ce pays pendant les vacances.

→ S'exercer nº 3 à 6 | p.60

POINT Langue
→ p. 205

Imparfait / Passé composé (révision)

a) **Relevez les phrases du document 1 correspondant aux cinq étapes du parcours de Dilek.**

b) **Justifiez l'emploi du passé composé et de l'imparfait dans les phrases relevées.**
Mon père m'emmenait → *imparfait* → *habitude du passé*

MÉMO

Passé composé
- **Événement ponctuel du passé**
  J'ai obtenu un master en 2010.
- **Succession d'événements**
  J'ai écrit, puis j'ai téléphoné.
- **Événement limité dans le temps**
  J'ai étudié pendant cinq ans.
- **Action ponctuelle répétée**
  J'ai participé plusieurs fois à des fouilles.

Imparfait
- **Action en train de se dérouler dans le passé**
  À cette époque, j'étudiais l'histoire de l'art.
- **Cadre, circonstance d'un événement ponctuel**
  Quand j'étais en licence, j'ai participé à des fouilles.
- **Expression des habitudes du passé**
  Tous les ans, j'allais faire des fouilles.
- **Description**
  C'était formidable.

→ S'exercer nº 1 et 2 | p.60

http://www.etudiants.fr/partir

éTUDiaNTS.fr

Tout sur la vie des étudiants

Accueil > Partir étudier à l'étranger > Témoignages

Élodie

« Je suis partie étudier en Norvège lorsque j'avais 19 ans, expérience que j'ai partagée avec mon amie Claire. Nous avons choisi ce pays parce que nous voulions apprendre l'anglais et que notre université n'avait pas de partenariat avec un pays du Royaume-Uni. Nous nous sommes lancées dans cette aventure en 2012. Nous nous sommes démenées, entraidées pour obtenir des lettres de recommandation et nous nous sommes creusé la cervelle pour faire un bon dossier. L'université d'Oslo nous a très vite contactées. C'était une bonne surprise car nous nous étions imaginé que ça allait être long ! Les interlocuteurs ont été super efficaces : nous nous sommes téléphoné deux fois et c'était réglé ! L'intégration dans l'université s'est faite facilement. Nous nous sommes très vite débrouillées en anglais, même la télévision est en anglais là-bas, et nous nous sommes vite senties à l'aise à Oslo. Nous ne nous étions absentées que six mois mais nous sommes revenues transformées. »

3

Lisez le récit d'Élodie (document 3) et dites quelles expressions montrent :

. la difficulté de la préparation du dossier.

. la rapidité de son acceptation par l'université.

.. la facilité d'intégration et d'adaptation.

POINT Langue

→ p. 204

L'accord du participé passé

a) Relisez le document 3 et relevez toutes les formes verbales composées d'un participe passé.

b) Classez-les dans les deux catégories suivantes :
Verbes non pronominaux – Verbes pronominaux

c) Rappelez les règles d'accord des participes passés des verbes non pronominaux.

MÉMO (1)

Verbes non pronominaux

■ **Avec l'auxiliaire *être*** : le participe passé s'accorde en genre et en nombre avec le sujet du verbe.
Élodie est partie étudier en Norvège.

■ **Avec l'auxiliaire *avoir*** : le participe passé s'accorde en genre en nombre avec le complément d'objet direct lorsque celui-ci est placé devant le verbe.
L'université nous a contactées.

Attention ! Quand les participes passés se terminent par une consonne comme *fait*, *pris* et qu'ils sont au féminin *(faite, prise)*, cette consonne se prononce à l'oral.
Dis-moi, l'inscription à la fac, tu l'as faite ?
Aidez-moi dans les démarches que j'ai entreprises.

d) Observez les participes passés des verbes pronominaux relevés en b). Expliquez :
– avec quel mot se fait l'accord ;
– pourquoi certains ne sont pas accordés.

MÉMO (2)

Verbes pronominaux

■ **Le participe passé d'un verbe pronominal s'accorde :**
- avec le sujet.
L'intégration s'est faite.
Nous ne nous étions absentées...
- avec le COD quand il est placé avant le verbe.
Nous nous sommes lancées.
Nous nous sommes entraidées.

■ **Le participe passé ne s'accorde pas avec le COI :**
Nous nous sommes téléphoné. Elles se sont parlé.

■ **Le participe passé ne s'accorde pas quand le COD est placé après le verbe.**
Nous nous sommes creusé la cervelle.
Nous nous étions imaginé que ça allait être long.

→ S'exercer n° 7 à 10 | p.60-61

 Relater son parcours

Points de vue sur...

1 ❶ ⓐ ◉21

a) Écoutez le document 1. Précisez le thème de l'émission, le nom des deux intervenants et leur niveau scolaire.

b) Écoutez Thomas et répondez.

1. Comment et quand le goût de lire lui est-il venu ?
2. Qui lui reprochait son choix ?
3. Relevez deux raisons pour lesquelles il aime la lecture.

c) Écoutez Anissa et dites :

1. quel type de livre elle apprécie.
2. pourquoi elle est fière des jeunes qui lisent.

❷ ⓐ ◉21

Réécoutez le document 1 et répondez.

1. Quelle phrase du journaliste permet d'introduire les opinions différentes des jeunes sur la lecture ?
2. À quoi Thomas compare-t-il son goût pour la lecture ?
3. Quelles sont les deux expressions d'Anissa pour dire qu'elle a de la difficulté à lire ?

❸ ⓐ

Échangez.

1. Le rapport aux livres des jeunes de votre entourage est-il proche de celui de Thomas ou d'Anissa ?
2. Mettez-vous par groupes de trois et échangez vos points de vue sur la lecture : ce qu'elle apporte, ce qu'elle apprend, ce que vous y trouvez ou pourquoi vous n'aimez pas beaucoup lire.

2

Par « savoir », nous entendons tout autant les savoir-fair[e], les expériences de vie ou professionnelles, les langues, l[es] hobbies, les passions...

Ainsi, chacun peut offrir et recevoir une recette de cuisin[e,] le hongrois, le yoga, le ménage écolo...

C'est pourquoi nous souhaitons découvrir et faire découvr[ir] nos richesses en savoir et nos envies d'apprentissages.

echangesavoirsnantes.over-blog.n[et]

Les réseaux d'échanges réciproques de savoirs

Je t'apprends les échecs, tu m'apprends l'italie[n] ou la mécanique... Ce troc des savoirs – en plein[e] expansion – est issu du Mouvement des réseaux d'échange[s] réciproques de savoirs. Créé il y a vingt-cinq ans par un[e] institutrice d'Orly, Claire Héber-Suffrin, qui voulait ouvri[r] sa classe sur la ville, le mouvement est aujourd'hui deven[u] national. On dénombre ainsi 450 réseaux qui rassemble[nt] 50 000 personnes à travers la France. D'autres existent e[n] Belgique, en Suisse, en Allemagne, en Argentine et au Brési[l.] Le principe est simple : chacun sait quelque chose et peu[t] transmettre sa connaissance. Enfants, retraités, ouvrier[s,] immigrés ou cadres se rencontrent ainsi dans les lieu[x] d'échanges les plus variés : classe d'école, salle des fête[s,] maison de quartier, café ou chez un particulier... Chacu[n] précise la nature de ses propres connaissances et de se[s] appétits. [...] À Nicolas, qui souhaite se perfectionner en i[n]formatique, Max, retraité et ancien informaticien, appor[te] son soutien : « On venait de m'envoyer en préretraite. C'éta[it] une façon de rompre l'isolement. Devenir prof et élève, c'e[st] extraordinaire. » « Ce qui est formidable, c'est le décloiso[n]nement social. On construit une nouvelle façon de vivre [»,] explique Christiane Saget, animatrice du réseau d'Orl[y.] Comme l'exprime Edgar Morin, « l'idée de réseau est un[e] idée maîtresse... Une grande boucle a été formée [...] et tou[t] peut commencer à changer lorsque le message d'une tel[le] expérience se transmet... »

Myriam Goldminc et Catherine Moncel, LePoint.fr, 25 janvier 2007

L'Université populaire de Caen,
créée en octobre 2002 par Michel Onfray

La première version de l'Université populaire date de la fin du XIXe siècle. Des professeurs, des intellectuels, des historiens, des écrivains, des philosophes y proposaient des cours gratuits à destination de ce qu'il était convenu alors d'appeler la classe ouvrière. La seconde version vise des objectifs semblables bien qu'actualisés : démocratiser la culture et dispenser gratuitement un savoir au plus grand nombre.

Université populaire de Caen, cours de Michel Onfray.

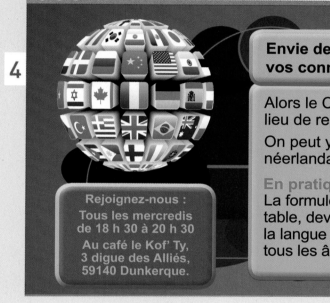

4

http://www.cafelangues.fr

Envie de mettre en pratique vos connaissances en langues étrangères ?

Alors le Café Langues est fait pour vous, car c'est un lieu de rencontre, d'échange, de convivialité...

On peut y parler : anglais, allemand, espagnol, italien, néerlandais, chinois, japonais... et même français !

En pratique :
La formule est simple : se retrouver assis autour d'une table, devant une consommation, et « tchatcher » dans la langue de son choix. Pas besoin d'être super doué et tous les âges sont présents...

Rejoignez-nous :
Tous les mercredis
de 18 h 30 à 20 h 30
Au café le Kof' Ty,
3 digue des Alliés,
59140 Dunkerque.

4

Lisez les documents 2, 3 et 4 et répondez.

1. Quels sont les objectifs de ces lieux d'échange ? À qui s'adressent-ils et quelles façons d'apprendre présentent-ils (modalités, lieux...) ?

2. Quelle est l'origine des réseaux d'échanges réciproques ? Qu'apportent-ils, à part une formation ?

5

Échangez.

1. Que pensez-vous de ces initiatives ? À laquelle aimeriez-vous participer ? Pourquoi ? Des concepts semblables existent-ils dans votre pays ? Chez vous, comment peut-on apprendre ailleurs que dans sa famille ou dans le système scolaire ?

2. Quel savoir voudriez-vous acquérir dans un système de troc des savoirs et que donneriez-vous en échange ? Vous sentez-vous capable de transmettre vos connaissances ?

RENDEZ-VOUS Alterculturel

Pascale a enseigné au Japon.

🔊 22

Écoutez-la raconter son expérience et répondez.

1. À quelle grande différence culturelle a-t-elle été confrontée ?

2. Quelle est la spécificité du mode d'apprentissage des Japonais en ce qui concerne l'apprentissage des langues ?

Yoshio compare les universités françaises et japonaises.

🔊 23

Écoutez-le et répondez.
Pour lui, quelles sont les deux différences majeures ?

Outils pour...

› Exprimer la concession

1

Grandes écoles et universités : atouts et inconvénients

Entre les deux filières, la compétition serait gagnée d'avance par les grandes écoles ? Pas si simple. Car les universités présentent également de nombreux atouts malgré leurs difficultés. Revue comparée des avantages et inconvénients des deux systèmes.

Gaspard Les grandes écoles permettent une meilleure formation. Pourtant, c'est vrai que cette formation est trop axée sur les maths et pas assez interdisciplinaire. L'entrée se fait sur concours, après deux années de prépa*, nous sommes donc entraînés aux méthodes et au rythme de travail... mais j'ai le sentiment qu'on est tous un peu formatés sur le même modèle.

Laura Moi, je suis en 3ᵉ année de fac de sciences. Même si j'ai pu apprendre à être autonome, à m'organiser et à me débrouiller dans le système, j'ai eu du mal à m'adapter au début ! Mon but, c'est la recherche, et c'est à l'université qu'elle se fait avec les meilleurs enseignants. Mais il faut dire quand même qu'ils ne sont pas très disponibles...

Amaury Bien que j'aie fait deux ans de prépa*, j'ai raté le concours de Sciences Po. Alors je suis entré en fac pour étudier les relations internationales. J'aurai un diplôme automatiquement reconnu en Europe, ça c'est bien, mais je regrette l'encadrement et l'émulation qu'on trouve dans une grande école... et le réseau de relations aussi.

D'après lefigaro.fr

* classe préparatoire

1

Lisez ces témoignages de jeunes étudiants (document 1) et listez les avantages et les inconvénients de chacune des deux filières.

	Avantages	Inconvénients
Grandes écoles	*Une meilleure formation* ...	...
Universités	...	...

SCIENCES PO

POINT Langue

→ p. 2

Exprimer la concession

a) **Relisez le document 1 et relevez, pour chaque affirmation, la contradiction correspondante.**
une meilleure formation → *pourtant elle est trop axée sur les maths*
Relevez le terme qui introduit cette contradiction.

b) **Observez ces phrases et relevez le terme qui introduit la contradiction.**
Laurent était inscrit, il n'a cependant pas pu intégrer le groupe.
Leila était malade, elle est quand même venue.
Le professeur a beau expliquer, je ne comprends rien.
J'ai eu beau faire, on n'a pas accepté mon dossier.
Votre candidature n'a pas été retenue en dépit de qualités incontestables.

MÉMO

Adverbes	Conjonctions	Prépositions	Locutions verbales/ adverbiales
pourtant *cependant* *néanmoins* *toutefois*	*même si* + indicatif *bien que* + subjonctif *encore que* + subjonctif *quoique* + subjonctif	*malgré* + nom *en dépit de* + nom	*avoir beau* + infinitif *quand même*

→ S'exercer n° 11 | p.61

▸ Exprimer l'opposition

NON À LA SÉLECTION PAR L'ARGENT !
Nous refusons une nouvelle augmentation
des droits d'entrée à l'université !

Encore une fois, on pénalise les plus pauvres !
Et on diminuera le nombre d'étudiants tandis que, dans certains métiers, ils suffisent à peine pour remplacer les retraités. Ceux qui voudront continuer leurs études seront obligés de s'endetter... Ce n'est pas la solution ! Au contraire, il faut les aider davantage en augmentant les bourses d'études. Au lieu de plomber leur avenir, il faut les rendre plus libres et éviter d'hypothéquer leur futur par la rentabilité supposée de leurs études.
Nous sommes contre l'augmentation ! En revanche, nous militons pour un plus grand soutien de l'État envers ses jeunes : à vingt ans, on doit être libre de choisir sa vie sans dépendre financièrement de parents riches ou des banques !
Les jeunes sont l'avenir de la nation, aidez-les, aidez-nous !

**Venez nombreux soutenir notre action
jeudi prochain à 13 h devant les rectorats d'académie.**

LE COLLECTIF UNIVERSITAIRE DES INDIGNÉS

2 📖

isez le tract (document 2). Dites à quoi il s'oppose,
qui il s'adresse et résumez ses objectifs.

🎧

3 🎧 💿24

coutez des points de vue exprimés sur ce thème
document 3). Dites qui est pour l'augmentation
es droits d'inscription, qui est contre et pourquoi.

)INT Langue
→ p. 211

xprimer l'opposition

) **Relisez le document 2 et relevez les faits et idées qui s'opposent.**
*t on diminuera le nombre d'étudiants tandis que, dans certains métiers,
s suffisent à peine pour remplacer les retraités.*

) **Réécoutez le document 3 et relevez les éléments qui s'opposent.**

MÉMO

Prépositions	Adverbes	Conjonctions
contrairement à + nom *au lieu de* + infinitif	*par contre* (oral) *en revanche* *au contraire*	*alors que* + indicatif *tandis que* + indicatif *contrairement à ce que* + indicatif

→ S'exercer n° 12 et 13 | p.61

4

À votre tour, rédigez un tract pour vous opposer à une décision ou une loi qui vous choque.

4 🎧

5 👂 💿25

Écoutez le document 4. Précisez la fonction des invités et le thème du débat.

6 👂 💿25

a) **Réécoutez le document 4. Relevez les deux autres points de contradiction entre les intervenants sur le thème de l'éducation.**
1. mobiliser la communauté éducative / supprimer des postes
2. ...   3. ...

b) **Relevez dans l'ensemble de l'échange les mots et expressions qui montrent l'opposition. Classez-les.**

Noms et adjectifs	Verbes	Adverbes ou prépositions
...	*contredire* ...	*paradoxalement* *contre ...*

LES MOTS pour...
Contredire

Dire le contraire de...
Être en contradiction avec...
Faire, présenter des objections,
objecter que...
Contredire, se contredire.
Être en opposition avec...
Aller à l'encontre de...
Être paradoxal, manier le paradoxe.
Dire deux choses incompatibles,
contradictoires, antinomiques.
Dire/Faire l'inverse.
Contre devant un nom (contre-vérité,
contre-projet, contre-proposition...)
ou un adjectif (contre-productif,
contre-indiqué...).

→ S'exercer n° 14 | p.61

Phonie-graphie

1 🔊26

Imparfait ou passé composé ? Écoutez et choisissez.

1. Je pratiquais l'aviron. / J'ai pratiqué l'aviron.
2. J'étais le plus fort de la classe. / J'ai été le plus fort de la classe.
3. Il se formait. / Il s'est formé.
4. J'étais surpris de réussir. / J'ai été surpris de réussir.
5. Elle abandonnait les études. / Elle a abandonné les études.
6. Tu te couchais tard. / Tu t'es couché tard.
7. Ce prof, je l'adorais. / Ce prof, je l'ai adoré.
8. Il s'est trompé de sujet. / Il se trompait de sujet.
9. Elle l'aimait énormément. / Elle l'a aimé énormément.

2 🔊27

Quel mot entendez-vous ? Écoutez et choisissez.

buée / bouée ; muette / mouette ; bouge / bouille ;
nuée / nouée ; bougie / bouillie ; oui / huis ; jeux / yeux
rouge / rouille ; tatoué / t'as tué ; fige / fille ;
enfuir / enfouir

3 🔊28

Écoutez et complétez avec « u » ou « ou ».

Ed...ard a voulu l...er une voiture. Il rem...ait ciel et terre.
Je l...i ai dit tout de s...ite de prévenir L...is, qui l...i en a
l...é une pour aujourd'h...i, presque grat...itement.

Sur tous les tons

Entraînez-vous à dire le plus vite possible et cinq fois de suite les phrases suivantes.

1. Il a loué une bouée en forme de mouette.
2. Je suis dans les nuages aujourd'hui. Ça m'ennuie, je ne peux pas continuer avec cette buée !
3. J'ai payé un chapeau de paille et des billets pour Dubaï à ma fille.

Gérard Depardieu dans *Cyrano de Bergerac*
de Jean-Paul Rappeneau, 1990.

Mise en scène

Jouez cette scène de la pièce *Cyrano de Bergerac*. Mettez en éviden
– l'hésitation, le malaise du Vicomte ;
– la colère froide de Cyrano ;
– les différents tons dans la fameuse « tirade du nez » de Cyrano :
   agressif, amical, descriptif, tendre, dramatique.

LE VICOMTE
  Vous... vous avez un nez... heu... un nez... très grand.

CYRANO *(gravement)*
  Très.

LE VICOMTE *(riant)*
  Ha !

CYRANO *(imperturbable)*
  C'est tout ?...

LE VICOMTE
  Mais...

CYRANO
  Ah ! non ! C'est un peu court, jeune homme !
  On pouvait dire... Oh ! Dieu !... Bien des choses en somme...
  En variant le ton, – par exemple, tenez :
  Agressif : « Moi, monsieur, si j'avais un tel nez
  Il faudrait sur le champ que je me l'amputasse ! »
  Amical : « Mais il doit tremper dans votre tasse » [...]
  Descriptif : « C'est un roc !... c'est un pic !... c'est un cap !
  Que dis-je ?, c'est un cap ?... C'est une péninsule ! » [...]
  Tendre : « Faites-lui faire un petit parasol
  De peur que sa couleur au soleil ne se fane ! »
  Dramatique : « C'est la mer Rouge quand il saigne ! »

Edmond Rostand, *Cyrano de Bergerac*, 1897

PROJET DOSSIER 3

Préparer puis donner un cours pour débutants sur un savoir ou savoir-faire que vous maîtrisez

Préparation

En petits groupes.

1. Réunissez-vous selon des compétences communes : parler une langue, dessiner, jouer d'un instrument, faire de la voile, jouer au foot...

2. Faites la liste du matériel nécessaire.

Individuellement.
Notez les grandes étapes de votre première leçon :

> *1.* Racontez en quelques lignes comment vous avez acquis cette compétence, ce savoir-faire.

> *2.* Rédigez les consignes à donner à vos élèves pour chaque étape importante de votre leçon.

> *3.* Préparez deux façons différentes d'expliquer pour chaque étape de la leçon.
> *Laisse mijoter à feu doux pendant une heure. / Laisse la casserole sur le feu baissé au maximum au moins une heure.*

> *4.* Notez quelques phrases pour encourager vos élèves et les conseiller.
> *Même si vous n'y arrivez pas du premier coup, ne vous découragez pas !*
> *Bien que vous soyez débutant...*
> *Vous êtes débutant, certes ! Mais malgré...*
> *Contrairement à tout ce qu'on a pu vous dire...*

> *5.* Anticipez les questions qu'on pourrait vous poser et préparez les réponses.

En petits groupes.

1. Confrontez votre préparation avec celle des membres de votre groupe.
2. Prévoyez ensemble :
   > le déroulement de la leçon et sa durée totale.
   > l'ordre de passage pour que chacun raconte son expérience.
   > l'étape de la leçon que chacun exécutera et sa durée.
   > les exercices d'application.
   > un temps pour l'évaluation.
   > une gratification, une récompense pour valoriser les efforts.

Présentation

Faites votre cours au groupe qui en a fait la demande.
Prenez des photos ou filmez avec un téléphone portable les moments marquants, drôles, insolites pendant votre cours.

Échange

Est-ce que vos élèves :
> ont trouvé le cours facile et clair ? Pourquoi ?
> se sont amusés en apprenant ?
> ont éprouvé des difficultés ? Comment les avez-vous aidés ?
> sont capables de montrer ce qu'ils ont appris ?
> ont envie de continuer ? Pourquoi ?

S'exercer

› Imparfait / Passé composé

1. Justifiez l'emploi du passé composé et de l'imparfait dans les phrases suivantes.

1. Pendant vingt ans, il a étudié le français.
2. Quand on s'est rencontrés en 1990, Estelle faisait son stage en entreprise.
3. Mon fils a passé son bac, il est entré à la fac, il y est resté deux ans mais il n'a rien fait !
4. Quand j'étais à l'école, j'avais toujours des mauvaises notes en maths. Un jour, un prof formidable m'a expliqué les bases et j'ai tout compris !
5. Avant, je n'étudiais jamais le soir. Je ne pouvais pas, j'avais trop envie de dormir. Mais, depuis que je suis entré à la fac, j'ai souvent travaillé jusqu'à minuit.
6. Mon professeur de philosophie avait un regard perçant et affichait une autorité naturelle.
7. Gatien a toujours habité à côté de la fac, il n'a jamais déménagé !

2. Complétez les détails de l'enfance et de la formation d'Albert Camus en conjuguant les verbes au passé.

Albert Camus (naître) en Algérie, le 7 novembre 1913. Il (être) le second enfant d'un ouvrier agricole et d'une servante d'origine espagnole qui ne (savoir) ni lire ni écrire. À la mort du père, sa mère (s'installer) dans un des quartiers pauvres d'Alger. Grâce à son instituteur, il (bénéficier de) une bourse et (obtenir) son baccalauréat en 1932. Étudiant et journaliste, comme il (s'intéresser) depuis longtemps aux procès politiques en Algérie, il (être notamment chargé) d'en rendre compte pour *Alger-Républicain* de 1938 à 1940. Ce journal (cesser) de paraître en raison des tensions de la politique internationale ; Camus (décider) de partir pour Paris. La France (être) déjà en guerre et Camus (s'engager) alors dans un mouvement de résistance à l'Occupation. En 1944, il (rencontrer) Jean-Paul Sartre qui (souhaiter) qu'il mette en scène sa pièce *Huis Clos*. C'est l'époque où les deux philosophes (entretenir) des rapports amicaux. Mais, un peu plus tard, leurs relations (s'envenimer) jusqu'au point de non retour.

› Le plus-que-parfait

3. Complétez avec les verbes et expressions suivants au plus-que-parfait.
faire des révisions – tellement attendre – s'y prendre longtemps à l'avance – rater – déposer – toujours rêver – assez réviser

1. J'ai enfin réussi l'examen que je ... l'année dernière. Cette fois-ci, je ... .
2. Elsa a très vite reçu sa bourse. Elle ... et ... son dossier en temps et en heure.
3. Éric a eu son diplôme avec facilité. Il a avoué qu'il ... sérieuses seulement les huit jours précédant son oral.
4. J'avais hâte d'entamer les études que je ... de faire !
5. On ... ce moment qu'on était prêts à affronter n'importe quelle épreuve orale ou écrite !

4. Complétez les phrases en conjuguant les verbes au plus-que-parfait. Justifiez l'emploi de ce temps.

1. Je parlais très bien japonais parce que je (vivre) trois ans au Japon.
2. Romain n'a pas pu s'inscrire hier parce qu'il (oublier) sa carte d'identité.
3. Nous avons répondu à l'annonce que nous (lire) dans le journal *L'Étudiant*.
4. Dès que mon frère (finir) d'utiliser l'ordinateur, je lui empruntais.
5. Claire (enfin trouver) un travail et pleurait de joie.
6. Colin est arrivé au rendez-vous avec seulement cinq minutes de retard mais le professeur (déjà partir).

› Imparfait, passé composé, plus-que-parfait

5. Complétez les phrases suivantes en conjuguant les verbes au passé.

1. Quand je (être) étudiante en biochimie, je (vouloir) gagner un peu d'argent. Alors, je (faire) un stage dans un laboratoire pendant trois mois et je (travailler) tous les étés comme assistante chez un dentiste. Après quoi, je (changer) complètement de métier. Aujourd'hui, je suis journaliste !
2. Pendant mes études, je (ne pas assister) aux cours qui ne me (intéresser) pas mais je (fréquenter) beaucoup la bibliothèque universitaire où je (retrouver) les copains qui gentiment me (prêter) les cours que je (manquer).
3. Véronique (passer) une licence de biologie, puis elle (cesser) les études qu'elle (commencer) en 2010.
4. Quand je (commencer) à travailler pour Siemens, je (déjà faire) plusieurs stages chez eux.
5. Quand nous (décider) de partir faire le tour du monde, Julie et moi (trouver) un CDI et (travailler) depuis deux mois comme infirmiers à l'hôpital européen Georges-Pompidou.

6. Complétez au passé le parcours de Frédéric.
Il (obtenir) une maîtrise d'allemand et une licence de russe, puis il (intégrer) le programme Erasmus. Voyager, Frédéric l' (déjà faire) avant son inscription en Erasmus. En effet, il (être) jeune homme au pair en Suède l'année du bac, ce qui n'est pas banal. L'année dernière, il (entrer) à l'université Humboldt à Berlin où il (étudier) pendant huit mois. « Je (très bien s'adapter) parce que je (connaître) un peu Berlin – j'y (déjà aller) une fois – et de toutes façons, à cette époque-là, je (savoir) que l'échange (être) la meilleure façon d'apprendre. Observer les autres modes de vie, c'est le moyen de se découvrir soi-même », a déclaré Frédéric.

› L'accord du participe passé

7. Accordez, si nécessaire, les participes passés dans ce témoignage qui relate l'expérience d'un entraîneur.

Footballeur par accident
« Lorsque j'étais gamin, mon frère et moi on adorait le rugby. J'ai joué... au foot parce que ma mère avait vécu... une mauvaise expérience avec mon père rugbyman, ça lui faisait peur. Elle nous rappelait toujours la blessure qu'il avait eu... au genou. Elle nous a encouragé... à choisir un autre sport. Alors, c'est le foot que nous avons choisi... . Moi, à

quinze ans, j'évoluais déjà chez les cadets de l'équipe de France tout en suivant une scolarité normale qui m'a amené... à un bac littéraire, au cas où je ne perce pas dans le football. Maintenant, j'entraîne une grande équipe que j'ai connu... comme joueur professionnel. Nous nous sommes beaucoup préparé... pour le prochain match amical. »

. Complétez avec les participes passés des verbes entre arenthèses et accordez-les si nécessaire.
. C'était un problème difficile que nous n'avions pas encore (résoudre).
. La discussion que j'ai (avoir) avec le recruteur m'a beaucoup (plaire).
. Quelle énergie le prof a (dépenser) pour expliquer cette règle à ses élèves !
. Le séjour en Norvège qu'elles s'étaient (s'offrir) leur a été profitable.
. Comme leur visa était expiré, ils ont (devoir) le renouveler pour venir présenter leur thèse.

. Conjuguez les verbes pronominaux au passé composé et ccordez les participes passés si nécessaire.
. Mes deux fils (ne jamais se disputer).
. Carine (se plaindre) du manque d'air dans l'amphi.
. Au Québec, les étudiants (se rassembler) et (s'organiser) pour manifester contre la hausse des frais de scolarité.
. Chloé et moi, nous (s'apercevoir) à une soirée mais nous (ne pas se parler).
. Vous vous (se poser) les bonnes questions ? Vous (ne pas se tromper) ? Relisez encore !

0. Accordez, si nécessaire, les participes passés des verbes ronominaux dans le récit suivant.

L'amour au passé
Ils s'étaient rencontré... sur les bancs de la fac, ils s'étaient échangé... des cours, puis des messages, puis des lettres d'amour. Ils se sont aimé... le temps d'une licence et, les études finies, ils se sont séparé..., chacun est parti de son côté. Pendant longtemps, ils se sont écrit... des lettres, et plus tard des mails, l'un à Shanghai, l'autre à Paris. Lorsqu'ils se sont retrouvé..., ils se sont à peine reconnu... . Pourtant ils s'étaient envoyé... des photos. Mais voilà, les images s'étaient effacé... parce que ce qu'ils essayaient de retrouver, c'était leur passé.

Exprimer la concession

1. Utilisez les marqueurs de concession appropriés pour ompléter ces phrases sur l'augmentation des droits d'inscription ans les universités.
. La gratuité des universités n'est pas une garantie d'égalité, ... elle soit réclamée comme une façon de favoriser les plus pauvres.
. Les étudiants les plus défavorisés doivent travailler pendant leurs études ... la gratuité des frais d'inscription, parce qu'ils doivent payer leur logement et leurs frais divers.
. Un système de prêt faciliterait l'égalité, ... ce soit une suggestion qui fait hurler tout le monde. Les banques pourraient prêter à taux faible, il serait bon ... que l'État en réglemente les modalités.

4. On aura ... dire et ... faire, les fils d'ouvriers sont très peu présents à l'université aujourd'hui, ... le montant raisonnable des droits d'inscription.
5. ... les bourses aient été revalorisées, les étudiants boursiers tirent le diable par la queue à cause de l'inflation.

> Exprimer l'opposition

12. Complétez le message avec les marqueurs d'opposition suivants : *contrairement à ce que – alors que – par contre – contrairement à – au lieu de*.

Salut Kevin,
... toi, je n'irai pas à la manifestation jeudi. Je pense que, ... manifester, ce serait mieux que je bosse mes partiels, je suis drôlement en retard. Et puis, franchement, ça sert à quoi ? On va se geler dans la rue ... les principaux intéressés seront bien au chaud. C'est à eux de se bouger, non ? Une manif, c'est pas une solution. ..., je propose de venir tous les jours en cours avec des pancartes de protestation. À la longue, ça fera son effet. Franchement, et ... tu peux penser, je suis en total désaccord avec cette réforme, mais j'ai pas trop de temps à perdre. Désolé, vieux ! Raphaël

> Concession et opposition

13. Concession ou opposition ? Reliez les deux propositions en mettant en évidence la relation qui les unit. Utilisez les marqueurs de votre choix et construisez une phrase complète.
1. Julie n'est pas allée à la manifestation samedi ; elle en avait envie.
2. Le système de notation est très discuté ; certains le réclament pour situer leur niveau.
3. Ses collègues de l'université se sont associés au mouvement ; elle reste partagée.
4. Nous ne sommes pas en condition de négocier ; les syndicats, eux, le peuvent.
5. Il a fait cinq ans d'études ; il n'a toujours pas de travail.
6. En fac, les étudiants sont livrés à eux-mêmes ; dans les grandes écoles, ils sont très encadrés.
7. Un diplôme n'est pas une garantie pour obtenir un emploi ; il y contribue fortement.
8. Supprimer les tutorats serait une erreur ; il faut augmenter le soutien scolaire.

> Contredire

14. Complétez ce débat contradictoire sur les bourses attribuées aux étudiants en vous aidant des « Mots pour... » p. 57.
– Un étudiant est un adulte, il n'y a pas de raison de prendre en compte les revenus de ses parents.
– Pardon ! Vous allez ... de toutes les études sociologiques : les enfants des classes aisées sont aidés par les parents.
– Je pense que tous les jeunes devraient avoir une allocation d'études.
– Oui, c'est vrai. Il faut qu'ils apprennent l'autonomie.
– Vous voyez, vous exprimez des opinions ... .
– Ne me faites pas dire ... de ce que j'ai dit ! Ils doivent apprendre l'autonomie mais ce n'est pas à l'État de prendre en charge les frais des riches.
– Allons, dans le fond, vous n'êtes pas en ... avec moi. Simplement, vous me ... pour le plaisir.

VERS LE **DELF B1**

Compréhension de l'oral

| EXERCICE 1 🎧29 | **6 points** |

Lisez les questions, écoutez le document puis répondez.

1. Lucie et Guillaume parlent : — 1 point
   a. des moyens d'apprendre une langue.
   b. de l'offre de cours de cuisine sur Internet.
   c. des meilleures destinations en Allemagne.

2. Quel mode d'hébergement Guillaume a-t-il choisi pour son séjour à Munich ? — 1 point
   a. L'hôtel.
   b. La famille d'accueil.
   c. La location de courte durée.

3. Comment Lucie va-t-elle pratiquer l'allemand ? — 1 point
   a. Elle va partir en stage linguistique.
   b. Elle va payer un professeur à domicile.
   c. Elle va communiquer avec un Allemand sur Internet.

4. Pour Guillaume, quel est l'avantage de la méthode choisie par Lucie ? — 1 point
   a. Elle est efficace.
   b. Elle est moderne.
   c. Elle est gratuite.

5. Selon Lucie, quel est l'intérêt de sa méthode ? — 1 point

6. D'après Lucie, quel est l'accessoire qui facilite le dialogue ? — 1 point
   a. Le micro.
   b. Le casque.
   c. La webcam.

| EXERCICE 2 🎧30 | **11 points** |

Lisez les questions, écoutez le document puis répondez.

1. Quel est le thème de l'émission ? — 1 point
   a. L'organisation du temps scolaire.
   b. L'échec dans l'enseignement primaire.
   c. Les contenus des programmes à l'école.

2. Notez deux domaines testés par l'enquête internationale PISA sur les compétences des élèves. — 2 points

3. Quel est le problème des rythmes scolaires en France ? — 1 point
   a. Les jours d'école sont trop nombreux.
   b. Les cours commencent trop tôt le matin.
   c. Les journées de cours sont trop longues.

La semaine scolaire durait 5 jours en :   1 point
a. 1882.
b. 1985.
c. 2008.

À l'origine, quel était le jour de la semaine où il n'y avait pas d'école ?   1 point
a. Le mercredi.
b. Le jeudi.
c. Le vendredi.

À quoi était destinée cette journée sans école ?   2 points

Comment s'organise la semaine de 4 jours de cours ?   1 point
a. 3 jours de classe, 1 jour de repos, 1 jour de classe, 2 jours de repos.
b. 2 jours de classe, 1 jour de repos, 2 jours de classe, 2 jours de repos.
c. 2 jours de classe, 1 jour de repos, 3 jours de classe, 1 jour de repos.

Quelles sont les propositions pour adapter le rythme scolaire au rythme biologique ?
(2 réponses attendues)   2 points

Production orale

EXERCICE EN INTERACTION

Lisez le sujet ci-dessous et jouez le rôle qui vous est donné.

Sujet
Vous travaillez depuis plusieurs mois dans une entreprise en France. Pour améliorer vos compétences, vous souhaitez suivre une formation dans un domaine en relation avec votre activité. Mais votre responsable pense que cette formation n'est pas nécessaire et que vous risquez d'être souvent absent(e). Vous essayez de le/la rassurer et de le/la convaincre d'accepter de vous inscrire à cette formation.

Dossier **4**
Je m'informe

Présenter des titres
d'actualité

Vidéo
CD-ROM

B1.1

Trop d'info tue l'info.

La liberté d'informer
est la première des libertés.

Ouvertures

Kiosque à journaux, Paris, vers 1900.

Jules Verne (1828-1905)

Jules Verne, écrivain français, a publié de nombreux romans d'aventures et d'anticipation.
C'est l'auteur de langue française le plus traduit dans le monde.
Ses romans les plus connus sont *Voyage au centre de la Terre*, *De la Terre à la Lune*, *20 000 lieues sous les mers*, *Le Tour du monde en 80 jours* et *Michel Strogoff*.
Jules Verne est considéré comme le père français de la science-fiction.

1 *galvaniser : animer d'une énergie soudaine*

2 *un plénipotentiaire : un représentant d'un État*

3 *l'appui : le soutien*

4 *se propager : se répandre*

5 *envoyer aux nues : envoyer jusqu'aux nuages*

* *néologisme*

1   Chaque matin, au lieu d'être imprimé, comme dans les temps antiques, le *Earth-Herald* es
« parlé » : c'est dans une rapide conversation avec un reporter, un homme politique ou un
savant, que les abonnés apprennent ce qui peut les intéresser. Quant aux acheteurs au numéro, il
prennent connaissance de l'exemplaire du jour dans d'innombrables cabinets phonographiques.

5   Cette innovation de Francis Bennett galvanisa[1] le vieux journal. En quelques mois, sa clientèle
se chiffra par quatre-vingt-cinq millions d'abonnés [...]. [Les] plénipotentiaires[2] de toutes les
nations et nos ministres eux-mêmes se pressent à [la] porte [de Francis Bennett], mendiant ses
conseils, quêtant son approbation, implorant l'appui[3] de son tout-puissant organe. [...]
  Et maintenant, s'il vous plaît de connaître tout ce que comporte la journée d'un directeur du

10 *Earth-Herald*, prenez la peine de le suivre dans ses multiples occupations – aujourd'hui même
ce 25 juillet de la présente année 2890. [...]
  Francis Bennett [...] pénètre dans la salle de reportage. Ses quinze cents reporters, placés
alors devant un égal nombre de téléphones, communiquaient aux abonnés les nouvelles
reçues pendant la nuit des quatre coins du monde [...]. Outre son téléphone, chaque reporter

15 a devant lui une série de commutateurs, permettant d'établir la communication avec telle
ou telle ligne téléphotique*. Les abonnés ont donc non seulement le récit, mais la vue des
événements, obtenue par la photographie intensive.
  Francis Benett interpelle un des dix reporters astronomiques [...] :
  – Eh bien, Cash, qu'avez-vous reçu ?...

20   – Des phototélégrammes* de Mercure, de Vénus et de Mars, monsieur.
  – Intéressant, ce dernier ?...
  – Oui ! une révolution dans le Central Empire, au profit des démocrates libéraux contre les
     républicains conservateurs. [...]
  Avant de quitter la salle des reporters, Francis Bennett poussa une pointe vers le groupe

25 spécial des interviewers, et s'adressant à celui qui était chargé des personnages célèbres :
  – Avez-vous interviewé le président Wilcox ? demanda-t-il.
  – Oui, monsieur Bennett, et je publie dans la colonne des informations que c'est décidémen
     une dilatation de l'estomac dont il souffre, et qu'il se livre aux lavages tubiques* les plu
     consciencieux. [...]

30 La salle adjacente, vaste galerie longue d'un demi kilomètre, était consacrée à la publicité
et l'on imagine aisément ce que doit être la publicité d'un journal tel que le *Earth-Herald*
Elle rapporte en moyenne trois millions de dollars par jour. Grâce à un ingénieux système
une partie de cette publicité se propage[4] sous une forme absolument nouvelle [...]. Ce son
d'immenses affiches, réfléchies par les nuages. De cette galerie, mille projecteurs étaient san

35 cesse occupés à envoyer aux nues,[5] qui les reproduisaient en couleur, ces annonces démesurées.

Jules Verne, *La Journée d'un journaliste américain en 2890*
nouvelle parue dans les *Mémoires de l'Académie*, Amiens, 189

Le Petit Journal

Une du Petit Journal
du 24 novembre 1907.

« Les prodiges de la
télégraphie sans fil –
On communique entre
Paris et Casablanca ».

1

Lisez le texte et indiquez :

1. le nom de l'auteur, le titre de l'œuvre et l'année
de sa parution.

2. le genre littéraire.

3. le nom et la spécificité du journal dont il est question.

4. le nom et la fonction du personnage principal.

5. les salles visitées et leur fonction.

2

**Quels mots ou passages du texte évoquent les moyens
de communication modernes suivants ?**

1. la radio
2. la télévision
3. les agences de presse centralisées
4. une chaîne de télévision en continu
5. l'utilisation d'autres supports que le papier pour
la publicité

3

**Jules Verne imagine deux dérives du journalisme.
Retrouvez les passages correspondants.**
1. la divulgation d'éléments concernant la vie privée
2. l'influence et le pouvoir immenses des médias

**Sur quels points, selon vous, Jules Verne était-il
visionnaire ?**

4

**Imaginez la visite d'une troisième salle. Décrivez-la
et racontez en quelques lignes ce que Francis Bennett
y découvre et ce qu'il y fait.**

5 EGO Questionnaire
Vous et l'information

- De quelle manière vous tenez-vous au courant
de l'actualité ? Plutôt par la télévision, la radio,
la presse écrite ou Internet ? Expliquez votre choix.

- Quelles rubriques vous intéressent particulièrement
(politique, économie, culture, faits divers...) ?

- Lisez-vous les journaux gratuits à disposition dans
les transports en commun ?

- Vous arrive-t-il de commenter l'actualité sur votre
profil, votre blog ou sur des sites d'information ?
De participer à des forums de discussion ?

- Avez-vous l'impression que, depuis une dizaine
d'années, la qualité des médias s'améliore ou
a tendance à baisser ? Pour quelles raisons ?

- Pensez-vous que les médias ont tendance à trop
médiatiser (ou pas assez) certains événements ?
Lesquels par exemple ?

LES MOTS pour...
Parler des façons de s'informer

Je lis la presse tous les jours, régulièrement,
souvent, rarement...
Je suis abonné(e) à un quotidien, un magazine
(papier ou en ligne).
Je consulte l'actualité sur mon téléphone portable.
Je regarde les chaînes d'info en continu.
Je regarde le journal/JT (*fam.*) de 20 heures.
J'écoute la radio tous les matins.
Je consulte les sites de presse en ligne.

Je lis le journal de A à Z, je parcours, je feuillette
le journal.
Je jette un coup d'œil sur la une, les titres, le
sommaire...
Je suis sélectif(ve), je ne lis que les rubriques qui
m'intéressent.
Je suis éclectique, je m'intéresse à tout.
J'évite/Je dévore la presse people, la presse à
scandale.

Je m'exprime sur les forums de discussion.
Je commente l'actualité sur un blog, sur les réseaux
sociaux.
Je twitte.
Je suis le compte Twitter d'une personnalité.

La qualité des medias s'améliore, reste la même,
se détériore/se dégrade, a tendance à progresser,
à baisser.

La vie au quotidien

À chacun son canard

En Europe, les Français sont les plus faibles consommateurs de presse quotidienne. En revanche, la France reste le pays de la presse magazine : chaque mois, 97 % de Français lisent au moins un magazine d'informations générales ou spécialisées. Mais la situation de la presse papier se dégrade. La presse en ligne attire de plus en plus de lecteurs – en particulier chez les 15-34 ans –, séduits par la gratuité et la facilité d'accès à l'information.

1 📖 ✍

a) Observez les couvertures de magazines et la page d'accueil (documents 1 à 5). Faites des hypothèses sur le contenu de chaque publication.

b) Pour chacune d'entre elles, faites un rapide portrait du lectorat : âge, sexe, profession, centres d'intérêt, etc.

c) Laquelle de ces publications choisiriez-vous de lire ? Pour quelles raisons ?

2 ✍

Allez sur le site du magazine Slate.fr. Choisissez un article puis rédigez et postez un commentaire (400 caractères maximum).

3 ✍

Échangez.
Pensez-vous que la presse papier est amenée à disparaître ?

Honfleur, le 10 février

Ma très chère Delphine,

Oui, j'avais promis de t'écrire dès ton retour au Brésil, et cela fait longtemps ! Mais j'ai repris le boulot au lycée et j'ai été débordée...

Tu m'avais demandé de te tenir au courant de l'actualité ici. À vrai dire, ça ne va pas très bien : on n'entend parler que de mouvements sociaux, crise économique, dette publique et restrictions ! Les jeunes se révoltent, ils ont occupé le centre d'affaires de la Défense à Paris, mais j'apprends maintenant par la radio qu'il y a eu des incidents avec la police qui les a délogés. Rien de grave, j'espère, parce que Laura, ma nièce que tu avais rencontrée à Rochefort, avait décidé d'y aller avec son nouveau copain... On les comprend, l'avenir des jeunes, c'est un enjeu important pour le pays. Enfin, comme tu sais, les journalistes en font des tonnes, ils exagèrent toujours et on ne sait jamais ce qui se passe vraiment. Les élections se préparent et les grands médias ne sont pas neutres !

Il a fait très froid la semaine dernière (tu es bien chanceuse d'être rentrée à São Paulo !), on a dû remonter le chauffage. Sylvain est toujours sur les routes, je ne le vois pas beaucoup... Il t'embrasse quand même !

Et toi, quoi de neuf ? Penses-tu toujours arrêter de travailler pour t'occuper de Rafael ? Que se passe-t-il au Brésil ? Je compte sur toi pour me tenir au courant. J'ai hâte de venir te voir là-bas, l'année prochaine si tout va bien !

Bisous à toi, amitiés à ton homme et des tendresses au petit Rafael de sa marraine lointaine,

Valérie

4

Lisez la lettre (document 6) et répondez.

1. Pourquoi Valérie écrit-elle à Delphine ?
- ☐ Pour demander des nouvelles.
- ☐ Pour préparer son voyage au Brésil.
- ☐ Pour parler de l'actualité en France.
- ☐ Pour demander un service.

2. Repérez les informations d'ordre privé et les informations nationales.

3. Relevez :
- les commentaires de Valérie sur le traitement de l'information ;
- les questions pour demander des nouvelles de son amie et de son pays.

5

Vous écrivez à un(e) ami(e) français(e) pour lui donner des informations sur ce qui se passe actuellement dans votre pays. Déterminez les sujets d'actualité qui intéressent votre correspondant(e), cherchez les faits dans la presse de votre pays et écrivez votre lettre.

STRATÉGIES pour...
Donner des informations par courrier

Amorcer la lettre :
Ça fait longtemps que je n'ai pas donné de nouvelles.
Tu m'avais demandé de tout te raconter.
J'avais promis de t'écrire.
Je trouve enfin le temps de t'écrire.

Donner des informations :
Il s'est passé pas mal de choses, un événement incroyable.
Il y a eu de grands changements.
On entend beaucoup parler de l'affaire X.
Tu as dû entendre parler de...
Rien de neuf/nouveau ici.

Donner son point de vue sur l'événement :
C'est un enjeu important pour le pays.
On les comprend. Je comprends bien que...
Les journalistes en font des tonnes, ils exagèrent.
Ne va pas imaginer/croire que tout va mal.

Relancer l'échange d'informations :
Et toi ? Raconte-moi tout...
Je compte sur toi pour me tenir au courant.
Donne-moi des nouvelles.
Que penses-tu de tout ça ?

Outils pour...

› Comprendre des titres d'actualité

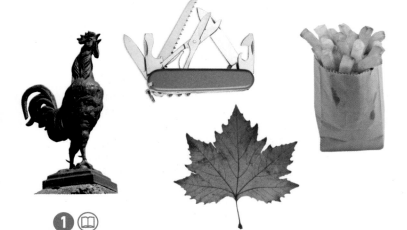

1 📖

Observez les photos et faites des hypothèses sur les quatre pays dont il va être question.

2 👂 🔊31

a) Écoutez le document 1. De quelle émission s'agit-il ?

b) Retrouvez l'ordre des informations et associez-les au pays concerné.

les étrangers et le droit de vote	Suisse
le Québec s'éloigne du pouvoir	Belgique
un politicien fait scandale	France
des emplois qualifiés sont délocalisés	Canada

3 👂 🔊31

Réécoutez le document 1 et associez chaque information avec l'un de ces quatre titres parus dans la presse.

1 Dérapage d'un politicien

2 Perte d'influence du pouvoir québécois

3 Bouleversements annoncés dans l'industrie pharmaceutique

4 Déclaration du candidat Hollande sur le droit de vote des étrangers

---

POINT Langue → p. 210

La phrase nominale

a) Retrouvez dans les titres de presse de l'activité 3 les noms correspondant aux verbes suivants.
perdre – déraper – déclarer – bouleverser

b) Nominalisez les verbes suivants.
fermer – créer – arroser — rapprocher

> **MÉMO**
> La nominalisation se fait :
> - **à partir d'un verbe.**
> *L'usine a fermé.* → *Fermeture de l'usine.*
> - **à partir d'un adjectif.**
> *Les pluies ont été abondantes dans le Sud.*
> → *Abondance de pluies dans le Sud.*
> *Les électeurs sont inquiets.* → *Inquiétude des électeurs.*
> *Procès Loisel : les jurés ont été indulgents.*
> → *Indulgence des jurés au procès Loisel.*
> Les noms formés à partir d'adjectifs sont féminins.
>
> Attention !
> - Les mots en *–tion* et *–ure* sont féminins.
> - Les noms en *–age* et *–ment* sont masculins.
> - Il n'y a pas de règle pour déterminer le genre des noms sans suffixe : *la perte, la fin, le coût, le gel...*

→ **S'exercer n° 1 à 5 | p.78**

4

Mettez-vous par groupes de trois et, à partir de l'actualité, faites quatre ou cinq titres pour le journal du jour.

▶ Relater un événement dans un article narratif

Quand les Champs-Élysées se transforment... en jardin

Une foule immense s'est pressée dimanche sur les Champs-Élysées à Paris, pour déambuler entre les parcelles d'espèces végétales qui ont été installées sur plus d'un kilomètre par les agriculteurs, dans le cadre de l'opération « Nature Capitale ». Transformés en un paysage de campagne, les Champs-Élysées ont été littéralement pris d'assaut dès le matin par des promeneurs. Appareil photo en bandoulière, ils se sont extasiés devant les 8 000 parcelles qui avaient été déposées pendant la nuit. Ont ainsi débarqué sur les pavés parisiens : des haricots de Soissons, des bananiers, du colza, de la vigne, du blé, de la moutarde, des ananas... En tout, plus d'une centaine d'espèces végétales et autant de variétés d'arbres. Grâce à des centaines de camions, de chariots et autant de bénévoles, tout s'est mis en place en douze heures...

Les animaux se font aussi admirer ! Veaux, vaches, cochons, chèvres, moutons sont présents. Il s'agit de montrer des spécimens qui sont peu connus du public. Au rond-point des Champs-Élysées, toutes les régions proposent leurs produits locaux, à côté d'une pyramide de sept mètres de haut de légumes et de fruits qui seront remis à l'association les Restos du cœur à la fin de la manifestation, mardi dans la soirée.

Carlotta Ranieri, Noreddine Bezziou,
Sonali Bhattacharyya, AFP, 23 mai 2010

5 📖

…isez le document 2
…t répondez.

. Résumez l'événement en une phrase.

. Que pouvait-on admirer lors de cet événement ?

POINT Langue
→ p. 209

La forme passive

a) Relisez le document 2, notez les formes passives et dites le temps du verbe.
ont été installées → *passé composé*

b) Observez et transformez à la forme passive.
1. Les Champs-Élysées se transforment.
2. Les animaux se font admirer.
3. Tout s'est mis en place.

MÉMO

▪ **La forme passive**
Formation : auxiliaire *être* conjugué + participe passé du verbe
L'agent* est formulé quand il est important. Il est introduit par :
– la préposition *par*.
Les Champs-Élysées ont été littéralement pris d'assaut par des promeneurs.
– la préposition *de* après certains verbes (*être apprécié, aimé, connu, entouré, rempli...*).
Des spécimens qui sont peu connus du public.

* Celui qui fait l'action.

▪ **La forme pronominale de sens passif**
Elle ne s'applique pas en général à des êtres animés. L'agent n'est pas nommé.
Les Champs-Élysées se transforment. = sont transformés

▪ **La forme passive avec *se faire* + infinitif**
Le ministre de l'Agriculture s'est fait chahuter par les syndicats. = a été chahuté
Les animaux se font admirer. = sont admirés

→ S'exercer n° 6 à 11 | p.78

Paris,
avenue des Champs-Élysées,
mai 2010.

Vidéo CD-ROM **Présenter des titres d'actualité**

1 📖

a) Observez les trois unes (documents 1 à 3). Donnez le nom de chaque quotidien et sa date de parution.

b) Observez les photos et les gros titres.

1. Quelle est l'information du jour ?

2. Décrivez les photos : analysez les gestes, la physionomie, les couleurs.

2 📖

Lisez les titres et les sous-titres et répondez.

1. Quel est le titre qui vous paraît le plus neutre ? Le plus engagé ? Le plus original ? Justifiez.

2. Y a-t-il des sous-titres sur chaque une ? Les chiffres cités sont-ils les mêmes ?

3. Connaissez-vous l'orientation politique de chaque journal ? Faites des hypothèses.

3 👥👥 🌐

Échangez.

La une des grands quotidiens de votre pays est-elle présentée de la même façon ? S'il y a des différences, précisez lesquelles (photos, taille des titres, mise en page, etc.).

4 🎧 💿32

a) Écoutez le document 4. Dites quelle est l'information présentée et quels pays sont cités.

b) Réécoutez et répondez.

1. En France, quelle annonce a été faite par le candidat François Hollande ?

2. Quelle est l'opinion du « candidat-président » (Nicolas Sarkozy) sur le sujet ?

5 🎧 💿32

a) Réécoutez la partie concernant le droit de vote des étrangers dans les autres pays (document 4). Dites :

1. quel pays a la législation la plus claire.

2. quel pays autorise les étrangers à voter.

3. quel pays continue d'en débattre.

b) Relevez deux autres phrases qui montrent que le présentateur n'est pas neutre sur le sujet développé.

1. *1,8 million de personnes n'ont aucun droit de vote.*

2. ...

3. ...

c) Relevez les éléments constituant le développement de cette information et mettez-les dans l'ordre.

rappel historique – explication détaillée – présentation des invités – mise en situation du sujet – comparaison avec d'autres pays – apport de données chiffrées

6 🗣 🌐

Et chez vous ? Les étrangers peuvent-ils voter ? Si oui, sous quelles conditions ? Qu'en pensez-vous ?

RENDEZ-VOUS Alterculturel

Michael, un lecteur britannique qui vit depuis longtemps en France, compare la presse des deux pays.

💿33

Écoutez-le et répondez.

1. Quels sont les trois mots-clés de Michael pour comparer la presse française et celle de Grande-Bretagne ?

2. Quelles ressemblances et différences trouve-t-il entre les deux presses ?

Outils pour...

› Comprendre un article informatif

Le cortège de mariage bloque le périphérique

Un bouchon sur le périph à Paris... en raison d'un mariage. Deux automobilistes ont été interpellés samedi 28 avril pour avoir bloqué le boulevard périphérique. « Le cortège de mariage circulait si lentement que le bouchon a atteint deux kilomètres », a indiqué la préfecture de police. « Certains des participants slalomaient entre les files sans avertissement, au point d'obliger les autres conducteurs à manœuvrer pour les éviter. »

Les deux hommes ont reconnu les faits mais ne savaient pas que ceux-ci étaient répréhensibles. La peine maximale est de deux ans d'emprisonnement, 4 500 euros d'amende mais aussi la suspension du permis de conduire, une perte de six points, voire l'immobilisation du véhicule.

« Cette pratique devient tellement fréquente le week-end qu'elle génère, outre l'exaspération des usagers piégés, d'importants troubles à la circulation », indique la préfecture de police.

LeParisien.fr, 3 mai 2012

SMS : vos mains pianotent, vos muscles trinquent

Le « text neck », ou douleur du cou provoquée par les textos, et le « text thumb injury » pour le pouce sont les noms donnés par les Britanniques à une nouvelle épidémie causée par l'utilisation intensive des portables. Des troubles qui sont devenus la première cause de maladie professionnelle en France.

Il y a actuellement tellement de téléphones « intelligents », permettant de texter, surfer sur le Net ou twitter, que le nombre d'utilisateurs assidus est en plein essor. Résultat : beaucoup souffrent d'une inflammation des tendons du pouce, du fait de l'usage intensif des touches du téléphone, au point de ne plus pouvoir utiliser leur main pendant des semaines.

❶

Lisez le titre de chaque article (documents 1 et 2) et dites dans quelle rubrique il apparaît.
Société – Faits divers – Culture – Sport – Santé – Sciences

❷

Mettez-vous par deux et choisissez chacun un des deux articles. Lisez, retenez les faits principaux et racontez le contenu de votre lecture à votre voisin(e).

❸

Lisez ce titre d'un fait divers et écrivez l'article en mettant l'accent sur les causes et les conséquences.
Fugue d'un kangourou en Normandie

POINT Langue → p. 21

Exprimer la cause et la conséquence

Relisez les documents 1 et 2 et relevez les termes introduisant la cause et la conséquence. En connaissez-vous d'autres ?

MÉMO

■ **La cause** indique le motif du fait exprimé dans la proposition principale.

Verbes	Conjonctions + proposition	Prépositions + nom
être dû à	*parce que*	*à cause de*
être provoqué par	*étant donné que*	*grâce à*
être causé par	*puisque*	*suite à*
	pour + infinitif passé	*du fait de*
	car	*en raison de*
	comme	

■ **La conséquence** exprime le résultat du fait exprimé dans la proposition principale.

Verbes	Conjonctions + proposition	Mots de liaison
provoquer	*c'est pourquoi*	*alors*
entraîner	*c'est pour cette raison que*	*par conséquent*
causer	*si bien que*	*donc*
générer	*à tel point que*	*ainsi*
	si/tant/tellement... que	
	au point de + infinitif	

→ S'exercer n° 12 à 16 | p.79

▶ Évoquer un événement non confirmé

L'étrange lune de miel de Charlène et Albert de Monaco

La lune de miel aurait-elle tourné court ? Ce devait être un voyage de rêve en Afrique du Sud, son pays natal, mais une semaine à peine après son mariage, Charlène de Monaco a dormi seule... à quelque 16 kilomètres de son prince. Après la rumeur persistante selon laquelle la jeune femme aurait tenté de fuir le Rocher quelques jours avant les noces, il n'en fallait pas plus pour relancer les ragots.

La suite présidentielle, à 2 600 € la nuit, aurait, selon la presse sud-africaine, été réservée par le couple. Cependant, Albert II a finalement préféré dormir au Hilton, dans le centre de Durban. Selon la porte-parole de l'Oyster Box, Charlène, elle, serait restée à Umhlanga Rocks [...]. *City Press*, un journal local, rapporte que, lors de leur visite au président sud-africain, Albert et Charlène seraient arrivés dans la même voiture mais repartis dans deux véhicules différents. Pis : lorsque des photographes ont demandé au couple de s'embrasser, « il y a eu un moment de flottement » et Charlène a détourné la tête.

Son prince s'est donc contenté d'un chaste baiser sur la joue. Des sources proches de l'organisation du mariage à Monaco ont confirmé qu'il y avait bien eu un « couac » peu avant les noces et qu'Albert II faisait l'objet d'une demande de reconnaissance de paternité venue d'une conquête présumée. Une information pourtant formellement démentie par l'avocat du prince, qui s'apprêterait d'ailleurs à attaquer le site de *L'Express* qui avait révélé la supposée tentative de fuite de Charlène.

Stéphane Kovacs, lefigaro.fr, 12 juillet 2011

4

) Lisez le document 3 et dites de quoi il parle.

) Relevez les mots ou expressions utilisés pour parler :
. du voyage des deux protagonistes.
. des sources d'information.
. de l'insuccès de ce voyage.

5

Faites part à la classe d'une rumeur (supposée ou complètement fictive) sur une personnalité « people » en utilisant différents moyens pour évoquer les informations non confirmées.

POINT Langue

→ p. 206

Évoquer un événement non confirmé

a) Relisez le document 3 et relevez les informations incertaines.

b) Notez les différents moyens d'évoquer ces informations non confirmées.

MÉMO (1)

Pour exprimer des informations non confirmées, on peut utiliser :
- **l'interrogation.**
  La lune de miel a-t-elle tourné court ?
  Miley Cyrus sera-t-elle le prochain juré d'« X Factor » ?
- **des témoignages indirects.**
  une rumeur selon laquelle... – selon la presse sud-africaine... – un journal local rapporte que...
- **le mode conditionnel.**
  aurait tourné court – serait restée – s'apprêterait...

MÉMO (2)

Formation du conditionnel (révision)
- **Conditionnel présent**
  radical du futur + terminaisons *–ais, –ais, –ait, –ions, –iez, –aient*
  Je pourrai → Je pourrais, tu pourrais, il pourrait...
- **Conditionnel passé**
  auxiliaire *être* ou *avoir* au conditionnel présent + participe passé du verbe
  Il aurait dit, elle serait partie, vous auriez vu...

→ **S'exercer n° 17 et 18** | p.79

Paroles en scène

Phonie-graphie

1 34

Quel mot entendez-vous ? Écoutez et choisissez.

tout / doux – blond / plomb – avis / habit –
zèle / gèle – aider / été – hausser / oser –
avalé / affaler – haché / âgé –
pierre / bière – vache / bâche –
oncle / ongle – mouche / mousse –
vendre / fendre – laissons / lésons –
chute / jute – mars / marche –
jaune / zone – écu / aigu

2 35

Écoutez et complétez avec les consonnes manquantes.

Pendant que ma cou...ine ...ort, mon
cou...in ...ord des ...outs de ...er et ...ait
du ...èle, ma grand-mère ...end du ...el
de ...ain, mon on...le attra...e les mou...es ;
mon grand-père ...end le ...ois et moi,
je ...ois une ...oîte sur la mar...e.

3 36

Lisez le texte et marquez les liaisons que vous feriez.

On savait que les Japonais étaient
amoureux de Paris et des bons aliments
français. Eh bien, ils aiment tellement le
Beaujolais nouveau qu'ils se baignent
dedans ! En effet, dans une station
thermale de Tokyo, un bassin appelé un
« onsen » (bain de source volcanique en
plein air) est empli de vin du Beaujolais.
Cette tradition a lieu depuis déjà trois ans.
Cette année, les baigneurs ont trouvé le vin
agréable, très odorant et fruité. Le Japon
est le premier marché d'exportation de
Beaujolais nouveau et, chez eux aussi,
l'arrivée de ce breuvage est un événement
à fêter. Cependant, l'année dernière, la
vente s'élevait à 6,7 millions de bouteilles,
soit une baisse de 18 %.

Écoutez et vérifiez.
Dites quelles liaisons sont facultatives.

Sur tous les tons

Répétez les phrases suivantes le plus vite possible.

1. Choisissons ces saucisses au chou et sachons saisir ces anchois séchés.

2. Trois gros rats gris dans trois gros trous très creux.

3. Didon dîna, dit-on, de deux dodus dindons et de trois truites tièdes.

Mise en scène

Jouez cet extrait de la pièce *Rhinocéros* d'Eugène Ionesco.

BOTARD
   Des histoires, des histoires à dormir debout.

DAISY
   Je l'ai vu, j'ai vu le rhinocéros !

DUDARD
   C'est écrit sur le journal, c'est clair, vous ne pouvez pas le nier.

BOTARD (*de l'air du plus profond mépris*)
   Pfff !

DUDARD
   C'est écrit, puisque c'est écrit ; tenez, à la rubrique des chats écrasés ! Lisez donc la nouvelle, monsieur le Chef !

MONSIEUR PAPILLON
   « Hier, dimanche, dans notre ville, sur la place de l'Église, à l'heure de l'apéritif, un chat a été foulé aux pieds par un pachyderme. »

DAISY
   Ce n'était pas exactement sur la place de l'Église !

MONSIEUR PAPILLON
   C'est tout. On ne donne pas d'autres détails.

BOTARD
   Pfff !

DUDARD
   Cela suffit, c'est clair.

BOTARD
   Je ne crois pas les journalistes. Les journalistes sont tous des menteurs, je sais à quoi m'en tenir, je ne crois que ce que je vois, de mes propres yeux. En tant qu'ancien instituteur, j'aime la chose précise, scientifiquement prouvée, je suis un esprit méthodique, exact.

Eugène Ionesco, *Rhinocéros*, Acte II, tableau 1, © Éditions Gallimard, 1972

Composer la une d'un journal et préparer un bulletin radio

Préparation de la une

En petits groupes.

1. Collectez des informations et des photos ou dessins qui illustrent les actualités du jour.

2. Posez-vous les questions suivantes sur votre journal :
   > Quel type de publication ? Papier ou en ligne ? Régional ou national ?
   > Pour quel lectorat ?

3. Décidez du nom de votre journal.

Individuellement.

4. Prenez le temps de bien lire les informations collectées et sélectionnez les informations qui vous paraissent intéressantes.

En petits groupes.

5. Mettez en commun et choisissez ensemble :
   > l'information principale du jour.
   > les informations secondaires.
   > le nom des rubriques pour les informations secondaires.

6. Rédigez vos titres et sous-titres.

7. Mettez en page (titre, sous-titres, dessins, photos...). Veillez à bien hiérarchiser.

8. Relisez et corrigez.

9. Présentez votre travail aux autres groupes en justifiant vos choix.

Préparation du bulletin radio

En petits groupes.

1. Sélectionnez cinq informations.

2. Classez-les dans différentes rubriques et hiérarchisez-les.

3. Préparez vos titres et votre présentation.

Individuellement.

4. Choisissez une information que vous allez développer et rédigez-la.

5. Faites plusieurs essais et faites-vous corriger. Veillez à mettre l'accent sur les mots-clés.

6. Top : vous êtes prêt(e) ? Enregistrez votre bulletin.

S'exercer

> ## La phrase nominale

1. Nominalisez les verbes suivants.
finir – acheter – enlever – capturer – agrandir – apparaître – commencer – démolir – cultiver

2. Transformez les phrases suivantes en titres nominalisés.
1. Le gouvernement coopère avec les associations d'aide aux handicapés.
2. L'usine Moulinex a fermé définitivement.
3. La mise en service de l'Airbus 380 sera retardée.
4. La fille du maire s'est mariée avec l'adjoint de son père.
5. Les crédits pour les associations sportives sont gelés.
6. Les premiers essais du satellite Jupiter ont échoué.

3. Nominalisez les adjectifs suivants.
fier – franc – violent – précaire – important – maladroit

4. Transformez les titres de presse suivants en phrases complètes.

① **Authenticité certaine du document de Mediatix**

② **Précarité croissante des emplois chez les jeunes**

③ **Réticence du Conseil économique et social sur le projet de Pôle Emploi**

④ **Débat présidentiel : diplomatie ou brutalité ?**

⑤ **Illégalité des mesures anti-émeutes du 19 avril**

⑥ **Incompétence au plus haut niveau de l'État**

5. Écrivez trois titres d'information que vous aimeriez lire.
Exemple : Suppression de tous les paradis fiscaux.

> ## La forme passive

6. Mettez les informations suivantes à la forme passive.
1. On attend les trois otages libérés dans la soirée.
2. Le président prononcera une allocution mardi à 20 heures.
3. Tous les Français doivent respecter le nouveau président.
4. La dette européenne a pénalisé les bourses.
5. Sa famille, ses amis, ses confrères entouraient monsieur Roux lorsqu'on lui a remis l'illustre épée d'académicien.

7. Utilisez la forme pronominale de sens passif pour reformuler les informations suivantes.
1. Désormais, les logements HLM pourront être achetés.
2. On utilisait déjà cette technique il y a dix ans.
3. La langue arabe est lue de droite à gauche.
4. On peut prendre à l'avance ses places pour le match France-Italie.
5. À Paris, le poisson n'a jamais été vendu aussi cher !

8. Utilisez la forme *se faire* + infinitif pour reformuler les informations suivantes.
1. On a entendu des cris de protestation dans l'assemblée des députés
2. On a reproché au gouvernement d'être trop laxiste.
3. On a expulsé une cinquantaine d'immigrés clandestins.
4. Le président a été élu avec 51,62 % des voix.
5. Un automobiliste a été arrêté pour avoir grillé un feu rouge.
6. Le nouvel académicien a été longuement applaudi par ses confrères

9. Mettez les verbes entre parenthèses à la forme qui convient (forme active, forme passive, *se faire* + infinitif) et au temps du passé qui convient.
Un homme qui n'avait pas de bras (arrêter) pour excès de vitesse. Il (conduire) sa voiture avec les pieds depuis des années, sans problème et surtout sans permis. Il (utiliser) une jambe pour le volant et l'autre pour les pédales. Cet homme (contrôler) le 23 mars non loin de son domicile. L'attention du policier (attirer) par le siège du conducteur anormalement incliné. L'automobiliste (expliquer) qu'il (piloter) de la sorte depuis des années. Il (retirer) son véhicule.

10. Répondez par une phrase à la forme passive, à la forme pronominale de sens passif ou avec *se faire* + infinitif.
Exemple :
– Qu'est-ce que tu penses de la nouvelle formule du journal L'Express
– Le journal s'améliore. Il a été repensé par un nouveau rédacteur en chef très compétent.
1. Qu'est-ce qui se passe ? Il y a une crise de la presse écrite ?
2. Tu trouves que c'est bien, Internet ?
3. Tu n'as plus ton beau smartphone ?

11. Un monument ou un lieu de votre ville se transforme pour quelques jours. Écrivez l'article pour relater cet événement.

Exprimer la cause et la conséquence

2. Dites si la proposition soulignée indique la cause ou la conséquence.

Exemple : Les routes ont été coupées <u>en raison des inondations</u>.
➜ *cause*

1. Les licenciements ont été gelés <u>grâce à l'action des syndicats</u>.
2. <u>Suite à la sortie de son album</u>, le chanteur donnera une interview exclusive à *Musique Mag*.
3. Rien ne va plus entre les deux stars <u>au point qu'ils envisagent le divorce</u>.
4. Ce nouveau site d'informations est <u>si complet que son nombre de visiteurs a doublé en une semaine</u>.
5. Le Noko Lumo 610 est un smartphone d'entrée de gamme <u>puisque son prix est tout à fait abordable</u>.
6. Il y a <u>tant de raisons d'adopter ce nouveau smartphone que vous devez le faire dès demain</u> !
7. Il risque une amende <u>pour avoir fouillé dans les poubelles</u>.

3. Reformulez les phrases avec une préposition de cause.

1. C'est son ADN qui a permis d'arrêter le coupable.
2. C'est le verglas qui est à l'origine du carambolage sur l'autoroute.
3. Des pluies torrentielles ont obligé les automobilistes à arrêter leur voiture sur le côté de la route.

4. Reformulez les phrases avec une conjonction de conséquence.

Exemple : Les pollutions successives ont entraîné la fermeture de la plage.
➜ *Les pollutions se sont succédé, si bien que la plage a été fermée.*

1. Ses propos, jugés graves, ont provoqué un tollé.
2. Tout va très vite, on n'a pas le temps de réfléchir.
3. Il y avait beaucoup de monde, on a dû refuser des entrées.
4. Les gens mangent mal et bougent peu, l'obésité les guette.

5. Trouvez un début ou une fin aux phrases suivantes.

1. Ce n'est pas parce que je ne me fie pas aux journalistes que je ne lis pas la presse régulièrement, c'est plutôt parce que...
2. Puisque tout le monde semble préférer la télévision...
3. Le journal n'a pas pu paraître en raison de...
4. Grâce à une émission de télévision...
5. ... à la suite d'une agression.
6. ..., il a donc dû payer une amende.
7. ... si bien que les gendarmes ont pu l'arrêter facilement.
8. ..., d'où la colère du Premier ministre.

6. Reliez les deux éléments de la phrase avec un terme de cause ou de conséquence.

1. Les journaux se vendent moins bien ... leur prix élevé.
2. Les Français achètent de moins en moins la presse ... beaucoup de kiosques ferment.
3. Les Français regardent beaucoup la télévision ... ils privilégient les magazines télé.
4. Le prix du papier a beaucoup augmenté ... les journaux coûtent cher.
5. Les gratuits se multiplient ... les gens achètent moins de journaux.

› Évoquer un événement non confirmé

17. Mettez les verbes entre parenthèses au conditionnel présent ou passé.

1. Scarlett Johansson (être)-elle enceinte ?
2. Eva Longoria (vouloir) reprendre ses études de sciences en 2003.
3. Selon une rumeur persistante, Vanessa Paradis et Johnny Depp (se séparer).
4. Le député (être pris) en photo l'été dernier avec une star qui (chercher) aujourd'hui à en tirer profit.
5. Carla Bruni-Sarkozy (souhaiter) une vie de famille tranquille après la présidence de son mari.
6. Johnny/Laeticia : le couple (voir) désormais l'avenir différemment.
7. Kate Middleton (prendre) ses distances avec sa sœur Pippa ; elle en (avoir) le désir dès avant son mariage.

18. Aucune des informations de cet article n'est confirmée. Transformez-le en utilisant différents moyens pour montrer qu'il s'agit de rumeurs.

Voilà - COUPS DE FOUDRE ET COUPS DURS

AVIS AUX FANS DE LADY GAGA

Lady Gaga est sur la voie du célibat. En couple avec l'acteur Taylor Kinney, la star a voulu faire une pause. Alors qu'elle commence une tournée mondiale qui doit durer jusqu'à l'an prochain, Lady Gaga a jugé qu'elle ne pouvait pas être en couple en même temps. Commentaires : « Taylor est égocentrique et ne comprend pas complètement Gaga ». Ou, au contraire, « Gaga n'a jamais vraiment pris cette liaison au sérieux ». Les 110 dates de concert prévues seront donc l'occasion de se changer les idées... et de faire de nouvelles rencontres.

D'après *Direct Matin*, lundi 7 mai 2012

Compréhension des écrits

Journalistes en couple avec des politiques : le dilemme

Les Français sont clairs : selon un sondage Harris Interactive publié le 30 mai par le site 2012etvous.fr, plus d'un Français sur deux (55 %) estime qu'un ou une journaliste en couple avec une personnalité politique doit quitter son poste dans les médias. La réponse est particulièrement tranchée pour les sympathisants de droite (77 % des sondés), contre 39 % pour les sympathisants de gauche.

La question est prégnante à l'heure où François Hollande est en couple avec Valérie Trierweiler, journaliste à *Paris Match*[1], et où trois ministres du gouvernement Ayrault vivent avec des journalistes. Arnaud Montebourg, ministre du Redressement productif, partage la vie d'Audrey Pulvar, Vincent Peillon, ministre de l'Éducation, est en couple avec Nathalie Bensahel du *Nouvel Observateur*[1], tandis que Michel Sapin, ministre du Travail, est marié avec Valérie de Senneville, journaliste aux *Échos*[1].

Le gouvernement ne veut pas se « mêler » de ces questions

Ce lundi 4 avril, la porte-parole du gouvernement et ministre du Droit des femmes, Najat Vallaud-Belkacem, expliquait sur I-Télé que les politiques ne devaient pas rentrer dans ce débat. « Je pense que nous n'avons pas à nous mêler de ces questions de vie des médias. Ce sont les médias qui, avec leur ligne éditoriale, décident qui ils doivent garder ou pas », expliquait Vallaud-Belkacem.

Reste que les réponses des patrons de presse peuvent être opposées et peuvent générer des déséquilibres dans le traitement des personnes concernées. Valérie Trierweiler, qui a arrêté ses articles politiques à *Paris Match* dès l'officialisation de sa relation avec François Hollande, a très rapidement expliqué après l'élection de son compagnon ne pas vouloir être « une potiche » et continuer à travailler, afin que ses trois enfants ne vivent pas aux crochets de l'État. La direction de *Paris Match* a accepté qu'elle conserve son poste au sein de la rédaction en modifiant les conditions de sa collaboration. [...]

Une solution similaire a été choisie pour Nathalie Bensahel, compagne de Vincent Peillon. La rédaction du *Nouvel Observateur* expliquait au *Figaro* que la situation avait bien entendu été évoquée et qu'il avait été décidé « que Nathalie Bensahel, aujourd'hui rédactrice en chef adjointe au service "Notre Époque", s'occuperait exclusivement de la partie "modes de vie" de la rubrique à l'exclusion totale des questions d'éducation ainsi que des questions de politique institutionnelle ou publique ». De son côté, Audrey Pulvar s'apprête à quitter ses fonctions dans l'émission de Laurent Ruquier, « On n'est pas couché ». Le site PureMédias annonce que sa participation devrait s'achever à la fin de la saison. [...] Pulvar avait déjà arrêté, en accord avec la station, sa chronique sur France Inter, dès l'annonce de la nomination de son compagnon au gouvernement.

Enfin, Valérie de Senneville, journaliste en charge de la rubrique « Justice » aux *Échos* et épouse de Michel Sapin, a interpellé le 23 mai le comité d'indépendance éditoriale du quotidien. Elle affirmait à Europe 1 attendre de cette instance « une ligne claire et de la transparence », tout en souhaitant « continuer à faire [son] métier normalement ». Le lendemain, son mari affirmait ne vouloir donner aucun conseil aux responsables des *Échos*, tout en souhaitant que son épouse continue à exercer « le métier qu'elle aime en tout respect de la déontologie[2] irresponsable, pardon, responsable, dans son journal ».

D'après Christophe Greuet, *Midi Libre* et l'AFP, juin 2012

1 *Paris Match, Le Nouvel Observateur* : magazines d'actualité. *Les Échos* : quotidien d'information économique et financière.
2 la déontologie : l'ensemble des règles et des devoirs dans l'exercice d'une profession

Lisez le document et répondez.

1. Quel est le thème de l'article ? 1 point
   a. L'égalité homme-femme.
   b. L'indépendance des médias.
   c. La liberté d'expression dans la presse.

2. D'après cet article, en France, il est difficile : 1 point
   a. pour un homme ou une femme politique de protéger sa vie privée.
   b. pour un ou une journaliste d'assumer certains choix amoureux.
   c. pour une femme de garder son métier après le mariage.

3. Vrai ou faux ? Choisissez la bonne réponse et notez la phrase ou la partie du texte qui justifie votre réponse.

3 points

  a. La majorité des Français veut qu'un(e) journaliste cesse son activité professionnelle s'il ou si elle a pour partenaire une personnalité politique.

  b. Les personnes favorables aux partis politiques de gauche sont plus sévères vis-à-vis des journalistes sur cette question que les personnes favorables aux partis politiques de droite.

4. Que signifie l'expression « la question est prégnante » dans ce texte ? (Donnez un synonyme du mot « prégnante ».)

2 points

5. En France, plusieurs ministres hommes :

1 point

  a. emploient leur femme à leurs côtés.

  b. possèdent des actions dans la presse.

  c. ont pour compagnes des journalistes.

6. Selon Najat Vallaud-Belkacem, qui doit décider de mettre fin aux activités professionnelles des journalistes en couple avec des personnalités politiques ?

1 point

  a. Les membres du gouvernement.

  b. Les patrons des journaux concernés.

  c. Les journalistes eux-mêmes.

7. Vrai ou faux ? Choisissez la bonne réponse et notez la phrase ou la partie du texte qui justifie votre réponse.

3 points

  a. Il existe des règles communes qui s'appliquent aux journalistes en couple avec des personnalités politiques.

  b. Nathalie Bensahel a été exclue de la rédaction du *Nouvel Observateur*.

8. Qu'a fait Valérie de Senneville ?

1 point

  a. Elle a attaqué en justice le comité éditorial de son journal.

  b. Elle a posé sa démission pour entrer au ministère du Travail.

  c. Elle a interrogé son journal sur la conduite qu'elle devait tenir.

9. Pourquoi la citation de Michel Sapin est-elle intéressante et amusante ?

2 points

Production écrite

25 points

Vous trouvez le message suivant sur un forum de discussion sur Internet.

Adam	Posté le 21-01-2013 à 19:12:40
	On parle beaucoup de la liberté de la presse mais, en général, on parle peu de ses devoirs : la presse doit d'abord donner une information juste et pas des commentaires et des opinions. Et puis les journaux ne doivent pas se moquer des croyances et des idées des autres.

Vous réagissez à ce message : vous donnez votre point de vue sur cette question dans un texte cohérent, en donnant des exemples et en évoquant des événements qui se sont passés dans votre pays. (160 à 180 mots)

Dossier **5**
J'agis

Promouvoir une œuvre caritative · · · · Vidéo CD-ROM

B1.2

« Il n'y a que ceux qui sont dans les batailles qui les gagnent. » Saint-Just

« Il faut toujours réfléchir avant d'agir. »

Ouvertures

1 « Les mères, les filles, les sœurs, représentantes de la nation, demandent d'être constituées en assemblée nationale. Considérant que l'ignorance, l'oubli ou le mépris des droits de la femme sont les seules causes des malheurs publics et de la corruption des gouvernements, elles ont résolu d'exposer dans une déclaration solennelle les droits naturels, inaliénables et sacrés de la femme, afin que cette déclaration, constamment présente à tous les membres du corps social, leur rappelle sans cesse leurs droits et leurs devoirs... »

Olympe de Gouges

Usine Renault du Havre, chaîne de montage, 1971.

2
Charpentier, imprimeur, mécanicien, tourneur,
De vieilles manufactures ou d'usines de chaussures
De crises économiques en restructurations,
De fermetures d'usines et de chantiers en perdition.
Salut c'est nous, nous sommes les ouvriers.

Manufacture de coton, de laine et de soie
Les forges chez Renault, chantiers de La Ciotat
D'où sortaient des bagnoles, des paquebots et du tissu.
Y'en avait du boulot, ben, aujourd'hui, y'en a plus.
Cadences, précarité, nous sommes les ouvriers.

Sanseverino, *Les Ouvriers*, album *Exactement*, Sony BMG

3 ### Celui qui a tout perdu

Le soleil brillait dans ma case
Et mes femmes étaient belles et souples
Comme les palmiers sous la brise des soirs. [...]
La lune, maternelle, accompagnait nos danses,
Le rythme frénétique et lourd du tam-tam,
Tam-tam de la joie, tam-tam de l'insouciance,
Au milieu des feux de la liberté.
Puis un jour, le silence...
Les rayons du soleil semblèrent s'éteindre
Dans ma case vide de sens. [...]
Votre voix s'est éteinte aussi
Les fers de l'esclavage ont déchiré mon cœur
Tam-tam de mes nuits, tam-tam de mes pères.

David Diop, *Coups de pilon*, Présence africaine

1

lisez le discours d'Olympe de Gouges (document 1) et dites quelle est sa revendication.

2

lisez les deux couplets de la chanson (document 2) et donnez-en le thème.

3

lisez le texte de David Diop (document 3) et répondez.

. Quel lieu et quel moment de l'histoire sont évoqués ?

. Relevez la partie du poème qui exprime :
   – le bonheur.
   – la souffrance.

4

relisez les trois textes.

. Dites quel est le thème commun à ces trois documents.
   ☐ la réclamation d'un droit
   ☐ la dénonciation d'une injustice
   ☐ l'appel à la révolte

. Pour chacun des trois textes, choisissez dans la liste suivante les deux mots qui vous semblent leur correspondre.
   ☐ clandestin   ☐ fraternité
   ☐ désenchantement   ☐ liberté
   ☐ dignité   ☐ lutte
   ☐ droits   ☐ résistance
   ☐ égalité   ☐ révolte

5

) Lisez les commentaires suivants et associez chaque commentaire à un texte.

. Après la Révolution française et la Déclaration des Droits de l'Homme et du Citoyen, les femmes actives dans les clubs révolutionnaires réclament leurs droits sur la place publique.

. La traite des Noirs, commencée au XVIe siècle, a permis de fournir aux colonies américaines des travailleurs esclaves venus d'Afrique, qui se souviennent de leurs origines...

. Le début du XXIe siècle voit la fin des espoirs d'une vie meilleure et la désindustrialisation des pays développés.

) Attribuez une date à chaque texte.

791 – 1956 – 2006

LES MOTS pour...

Donner son point de vue, s'opposer et s'engager

Je suis favorable à la/au ⎫ vote des étrangers,
Je suis pour le/la   ⎬ réquisition des logements
Je suis contre le/la   ⎭ vides.

Ça me paraît   ⎫ (a)normal, bien, (in)juste,
Il me semble   ⎬ (il)légitime, nécessaire qu'on
Je trouve   ⎭ interdise de fumer partout.

Pour moi,   ⎫ c'est (il est) absurde, inutile,
Selon moi, ⎬ choquant, révoltant, évident,
À mon avis, ⎭ indispensable d'imposer 50 % de
              femmes en politique.

Je suis prêt(e) à   ⎫ écrire, signer des pétitions,
Je suis capable de ⎬ prendre la parole dans un meeting,
J'irais jusqu'à   ⎭ adhérer à un parti, militer,
                      manifester dans la rue.

Pour moi, il est hors de question de consacrer du temps à..., de sacrifier un an de ma vie pour...
Je refuse catégoriquement de faire la grève, faire la grève de la faim.

---

6 EGO pour / **EGO** contre

Vous et l'engagement

Voici des sujets qui ont été débattus en Europe et continuent de l'être. Pour chacune de ces propositions, dites si vous êtes pour ou contre et donnez votre principal argument.

- Le droit de vote des étrangers à toutes les élections après cinq ans de résidence dans un pays.

- L'interdiction totale de fumer dans les espaces publics et dans la rue.

- L'obligation d'avoir 50 % de femmes sur toutes les listes électorales.

- Une taxation généralisée des transactions monétaires internationales.

- La réquisition de logements vides pour les sans-abri.

- Une taxe sur les voyages aériens pour aider les pays les plus pauvres.

- Consacrer une année de sa vie à un service civil obligatoire pour aider les personnes en difficulté.

Dites ensuite pour ou contre laquelle de ces propositions vous seriez prêt(e) à manifester dans la rue ou à vous engager personnellement.

La vie au quotidien
C'est pour la bonne cause !

De nombreux appels circulent dans la rue, les lieux institutionnels et sur Internet à l'initiative de particuliers, de salariés, de groupes ou d'associations pour défendre et sauvegarder des droits, des personnes, des espèces animales... ou pour protester contre des injustices de toutes sortes.

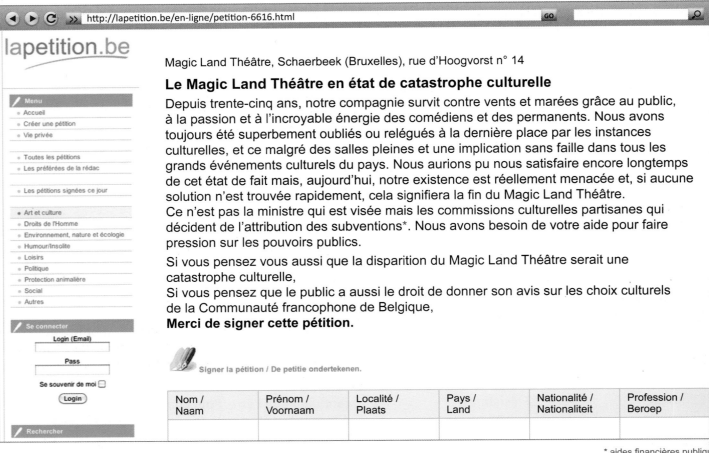

http://lapetition.be/en-ligne/petition-6616.html   GO

lapetition.be

Menu
- Accueil
- Créer une pétition
- Vie privée
- Toutes les pétitions
- Les préférées de la rédac
- Les pétitions signées ce jour
- Art et culture
- Droits de l'Homme
- Environnement, nature et écologie
- Humour/Insolite
- Loisirs
- Politique
- Protection animalière
- Social
- Autres

Se connecter
Login (Email)
Pass
Se souvenir de moi ☐
(Login)

Rechercher

Magic Land Théâtre, Schaerbeek (Bruxelles), rue d'Hoogvorst n° 14

Le Magic Land Théâtre en état de catastrophe culturelle

Depuis trente-cinq ans, notre compagnie survit contre vents et marées grâce au public, à la passion et à l'incroyable énergie des comédiens et des permanents. Nous avons toujours été superbement oubliés ou relégués à la dernière place par les instances culturelles, et ce malgré des salles pleines et une implication sans faille dans tous les grands événements culturels du pays. Nous aurions pu nous satisfaire encore longtemps de cet état de fait mais, aujourd'hui, notre existence est réellement menacée et, si aucune solution n'est trouvée rapidement, cela signifiera la fin du Magic Land Théâtre.

Ce n'est pas la ministre qui est visée mais les commissions culturelles partisanes qui décident de l'attribution des subventions*. Nous avons besoin de votre aide pour faire pression sur les pouvoirs publics.

Si vous pensez vous aussi que la disparition du Magic Land Théâtre serait une catastrophe culturelle,
Si vous pensez que le public a aussi le droit de donner son avis sur les choix culturels de la Communauté francophone de Belgique,
Merci de signer cette pétition.

Signer la pétition / De petitie ondertekenen.

Nom / Naam	Prénom / Voornaam	Localité / Plaats	Pays / Land	Nationalité / Nationaliteit	Profession / Beroep

* aides financières publique

Lisez la pétition et répondez.
1. Qui sont les auteurs de cette pétition ?
2. Pourquoi l'ont-ils rédigée ?
3. Sur quelles autorités veulent-ils faire pression ?
4. Comment expliquez-vous le titre de la pétition ?

Relisez et dites :
1. quelle est l'adresse du théâtre.
2. depuis combien de temps il existe.
3. quelles sont les raisons de sa longévité.

3

Choisissez les réponses correctes.
1. Le théâtre et sa compagnie sont menacés :
   ☐ faute de spectateurs.
   ☐ à cause d'un changement de direction.
   ☐ par manque d'argent.
   ☐ par négligence politique.
2. Vous devez signer pour :
   ☐ assister aux représentations.
   ☐ donner du poids au texte.
   ☐ alerter la presse.
   ☐ manifester votre soutien.

4

a) Remettez dans l'ordre l'organisation du texte de la pétition et relevez les passages correspondants.

a. incitations à signer
b. présentation de la compagnie et défense de son bilan
c. exposition de la situation actuelle
d. titre choc
e. appel à l'aide

b) Notez les mots et expressions qui insistent sur la résistance de la compagnie malgré ses difficultés.

La troupe du Magic Land Théâtre.

5

À votre tour, rédigez une pétition en petits groupes. Choisissez l'une des causes suivantes.

- Défense d'un monument historique menacé de destruction.
- Défense d'un orchestre ou d'un festival régional menacé de disparition.

6

Un internaute a lu la pétition et veut soutenir le Magic Land Théâtre. Avant de signer, il demande des précisions complémentaires aux rédacteurs. Lisez son mail et dites sur quoi portent ses questions.

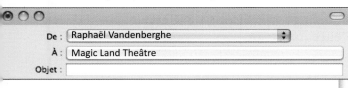

De : Raphaël Vandenberghe
À : Magic Land Theâtre
Objet :

J'ai lu la pétition et je suis très concerné par vos difficultés. J'ai vu en mai votre spectacle *Melopolis*, que j'ai adoré. De même, il y a quelques semaines, j'ai trouvé le spectacle avec Philippe Geluck hilarant.
Je voudrais toutefois avoir quelques précisions avant de signer : quand vous dites « Notre existence est réellement menacée », cela signifie-t-il que vos subventions ont été supprimées ? ou bien qu'elles sont insuffisantes ?
J'aimerais également savoir si vous avez contacté directement les autorités compétentes. De plus, je n'ai pas bien compris ce que vous entendez par « commissions culturelles partisanes » : y aurait-il une volonté politique délibérée de faire fermer votre théâtre ? Et si oui, pour quelles raisons selon vous ?
Merci de vos réponses et bon courage !

STRATÉGIES pour...
Demander des précisions

Informer que vous avez bien lu :
J'ai lu avec attention
J'ai pris connaissance de } votre pétition.

Dire que vous êtes intéressé(e) :
Je m'intéresse à votre association, votre projet.
Je suis très concerné(e) par vos difficultés.
Vos arguments m'ont convaincu(e).
J'adhère à votre cause, votre projet, vos idées.

Demander des précisions :
Je voudrais toutefois avoir quelques précisions.
Certains points ne sont pas très clairs.
J'aimerais/J'aurais aimé savoir...
Pourriez-vous me dire si...
Serait-il possible de me préciser si, pourquoi...

Réserver son adhésion :
Je ne peux pas m'engager sans avoir pris connaissance de toutes les données.
Ma signature dépend de ces informations.
N'étant pas en possession de toutes les informations, je ne peux pas signer.

7

Vous avez reçu la pétition suivante pour protéger le patrimoine naturel. Avant de la signer, vous écrivez à l'association qui a rédigé la pétition pour demander des informations complémentaires.

SAUVONS FÉCAMP DU BÉTON !

Mouvement de protestation
contre le projet immobilier
en bord de mer à Fécamp

La ville de Fécamp se voit menacée par le permis de construire qui a été délivré par la mairie pour la construction de 12 logements et 17 chambres d'hôtel pour la Résidence Bleu Marine. Cette zone est la dernière partie qui n'est pas bitumée en bord de mer. À quelques mètres de la plage, ce projet est une aberration...

Signez la pétition :

NOM	PRÉNOM	SIGNATURE
Morin	Stéphane	
Joly	Fabien	
Binoit	Marie	

Outils pour...

› Aider et encourager

1

Lisez ces messages d'encouragement et associez-les aux situations suivantes.

1. Des supporters à un(e) sportif(ve) dans une compétition.
2. Pour soutenir un collectif de sans-papiers.
3. À un étudiant avant un examen difficile.
4. Pour un acteur avant sa première représentation.
5. Des lycéens à des étudiants en grève.
6. À des victimes d'un accident.

a Tenez bon, nous envoyons les secours.

b VAS-Y ! ON EST TOUS AVEC TOI !

c Surtout, ne te laisse pas abattre, tu vas y arriver.

d Votre combat est aussi le nôtre.

e ✉ Maman
Courage ! On est fiers de toi !

f Continuez ! Fraternité, solidarité !

2 37

Écoutez le document 1 et associez chaque dialogue à une situation de l'activité 1.

3 37

Réécoutez le document 1 et relevez les différentes façons d'exprimer l'encouragement.
T'inquiète pas !

4

Mettez-vous par deux. Tour à tour, chacun évoque une situation difficile ou une inquiétude et l'autre l'encourage.

LES MOTS pour...

Encourager

Ne te laisse pas abattre, démoraliser.
Il ne faut pas désespérer.
Ayez du courage ! Réagissez !
Courage, ne perdez pas confiance.
Gardez le moral ! Ne baissez pas les bras !
Tiens bon ! Tiens le coup, tu y arriveras.
Ça va bien se passer !

Parler de l'entraide

Apporter ⎫
Offrir ⎬ son aide, son soutien, son appui à quelqu'un.
Proposer ⎭
Porter assistance / Prêter main-forte / Donner un coup de main (*fam.*) à quelqu'un.
Remonter/Soutenir le moral de quelqu'un.
Exprimer sa solidarité pendant une épreuve difficile.

→ S'exercer n° 1 et 2 | p.96

› Promouvoir une action de solidarité

2 🎧

5 🎧 💬 💿38

Écoutez la publicité radiophonique (document 2) et répondez.

1. Par qui est-elle émise ?

2. Quel est son objectif ?

3. Connaissez-vous des associations d'entraide ? Présentez-les rapidement.

6 🎧 💿38

Réécoutez le document 2 et notez les phrases correspondant aux formulations suivantes.

1. Lien, qui souffre d'une grave malformation

2. Grâce à votre participation

3. Si vous donnez quelques euros

4. Comme elle fait partie de la Charte Internationale de Déontologie [...], l'association a besoin de vos coordonnées

POINT Langue →p. 207

Le participe présent

Observez puis trouvez les participes présents.

souffrir → nous souffrons → *souffrant*

faire → nous faisons → ...

finir → ...

Manger → ...

MÉMO

Formation :

radical de la 1re personne du pluriel du présent + *-ant*

■ Le participe présent est une forme verbale **invariable** qui exprime le plus souvent une relation de **cause** ou un rapport de **temps** avec l'action principale.

Il peut aussi remplacer une **proposition relative**.

Madame Lemoine étant très âgée, elle a besoin d'une aide à domicile. (= parce qu'elle est très âgée)

Se promenant dans la rue, la jeune femme a été témoin de l'accident. (= pendant qu'elle se promenait)

Nous aidons les personnes disposant de peu de ressources. (= qui disposent de peu de ressources)

■ Le sujet de l'action principale peut être différent.

Les dons étant insuffisants, l'association fait de la publicité.

Attention !

avoir → ayant   être → étant   savoir → sachant

POINT Langue →p. 207

Le gérondif

Observez et associez la forme soulignée à l'une des valeurs suivantes : temps, cause, condition, manière.

Vous pouvez l'aider en participant à la chaîne de solidarité.

En donnant quelques euros, vous lui sauverez la vie.

MÉMO

Formation : *en* + participe présent

Le gérondif peut exprimer :

■ **la simultanéité de deux actions.**

Il travaille en chantant.

■ **la manière ou le moyen.**

L'association s'est fait connaître en passant à la télévision.

■ **le temps.**

En arrivant au Yémen, vous rencontrerez le responsable de l'équipe locale. (= quand vous arriverez...)

■ **la cause.**

Le médecin a pu sauver Lien en intervenant rapidement. (= parce qu'il est intervenu...)

■ **la condition.**

En étant plus généreux, on sauverait plus de vies. (= si on était plus généreux)

Attention !

■ Le gérondif ne peut s'utiliser que lorsque les deux actions ont **le même sujet**.

■ Quand le gérondif exprime deux actions simultanées, on ajoute souvent « tout » devant le gérondif.

Participez ! Vous nous aiderez tout en vous faisant plaisir.

→ S'exercer n° 3 à 6 | p.96

LES MOTS pour...

Contribuer

Se mobiliser pour, donner son soutien à, être bénévole dans, travailler bénévolement pour une association.

Donner de son temps pour accompagner les personnes âgées.

Venir en aide aux/Secourir les plus démunis, les personnes défavorisées, en difficulté.

Faire un don, faire l'aumône aux personnes dans le besoin, aux SDF, aux sans-abri.

Faire don/présent/cadeau de vêtements.

Vidéo CD-ROM **Promouvoir une œuvre caritative**

Points de vue sur...
MOBILISEZ-VOUS !

1

2 FUKUSHIMA

3

Téléthon 2012

4 Informer tue

Plus de 850 journalistes ont été tués
dans le monde depuis 15 ans.
Défendez la liberté de la presse en soutenant
Reporters sans frontières.

Signez la pétition

www.rsf.org

REPORTERS SANS FRONTIÈRES
POUR LA LIBERTÉ DE LA PRESSE

a LE NUCLÉAIRE SÛR N'EXISTE PAS

b Monde indigne ?
Indignez-vous !

c La voix des muets

d LE MARATHON DE L'ESPOIR

1 📖 💬

a) Observez les documents 1 à 4 et associez chaque photo au slogan correspondant.

b) Quel(s) sentiment(s) suscite en vous chacune de ces images ? Pourquoi ?
compassion – solidarité – angoisse – colère – tristesse – indifférence – sympathie – autre

c) Quelles différentes formes de mobilisation présentent ces images ?

2 💬

Échangez.

1. Parmi les événements suivants, quels sont ceux qui vous mobilisent ? En groupes, décidez de votre priorité : défense de l'environnement, révolte contre l'ordre économique, lutte pour la liberté d'expression ou solidarité avec les malades atteints de maladies graves.

2. Quel type de mobilisation vous paraît le plus efficace ?

3 💬 🌍

Échangez.
Quels sont les grands événements de votre pays qui vous ont ému(e) et mobilisé(e) ? Racontez.

4 💬 🕐

Pour les événements de votre pays que vous venez d'évoquer, imaginez, seul(e) ou en petits groupes, des slogans pour susciter l'émotion et la solidarité.

S'engager

À l'occasion de son passage à Cologne pour le festival de littérature *lit.Cologne*, nous avons rencontré Stéphane Hessel*, auteur du best-seller *Indignez-vous !* et grand humaniste. L'ancien résistant et diplomate nous a livré sa vision du monde d'aujourd'hui et du combat politique.

Votre ouvrage *Indignez-vous !* s'est vendu à plus de 4,5 millions d'exemplaires dans 35 pays. Vous attendiez-vous à un tel succès éditorial et à l'émergence des mouvements d'indignés un peu partout dans le monde ?

Stéphane Hessel : Absolument pas ! Nous pensions qu'il allait intéresser les Français, souvent indignés par leurs dirigeants, mais nous n'avions pas imaginé qu'il aurait un tel succès et qu'il serait traduit dans plus de 40 langues ! [...]

On vous fait souvent le reproche suivant : c'est bien de s'indigner mais vous ne donnez pas beaucoup de solutions...

Stéphane Hessel : Le petit livre n'est pas fait pour donner des solutions mais pour stimuler une réflexion. Il a été suivi d'un deuxième livre, *Engagez-vous !*, dans lequel on indique dans quelles voies ceux qui se sont indignés peuvent se mettre à l'action et d'un troisième, *Le Chemin de l'espérance* écrit avec Edgar Morin. Cet ouvrage montre les réformes fondamentales sur lesquelles on doit pouvoir s'engager pour sortir de l'indignation et aller vers la construction.

Quelles sont les situations qui vous préoccupent le plus aujourd'hui ?

Stéphane Hessel : [...] Les deux grands problèmes majeurs sur lesquels nous travaillons sont l'immense pauvreté à côté de la scandaleuse richesse, cette injustice mondiale qui s'est accrue aux cours des trente dernières années, et l'écologie. Je suis particulièrement révolté par les injustices économiques et sociales et les dégâts infligés à la planète.

Quel est votre meilleur souvenir en tant que militant des droits de l'homme ?

Stéphane Hessel : C'est d'avoir participé en 1948 à la rédaction de la Déclaration universelle des Droits de l'homme. Cela m'a donné les bases sur lesquelles j'ai mené une partie de ma vie, à savoir la lutte pour le respect du droit international.

Magali Hamon,
www.lepetitjournal.com/cologne,
23 mars 2012

* S. Hessel est mort le 27 février 2013 à l'âge de 95 ans.

---

5 📖

Lisez l'interview (document 5) et répondez.

- De qui et de quoi s'agit-il ?
- Pourquoi l'auteur est-il aujourd'hui connu dans le monde entier ?

6 📖

Relisez le document 5 et répondez.

- À l'origine, à qui s'adressait l'ouvrage *Indignez-vous !* ?
- Que répond l'auteur au reproche qu'on lui fait de ne pas proposer de solutions ?
- Lequel de ses livres semble donner des réponses concrètes ?
- À quel événement mondial historique a-t-il participé ?

7 👂 💿39

Écoutez et associez chaque personne à son moyen d'action.

- S'engager dans une association.
- Créer son association.
- Voter.
- Adhérer à un parti politique.
- Acheter des produits alimentaires.
- Parrainer un enfant du tiers-monde.

8 👂 💿39

Réécoutez et précisez pour quelle cause les personnes interrogées sont engagées et de quelle manière elles agissent.

9 💬

Échangez.

Avec quelle personne êtes-vous d'accord ? Avec laquelle n'êtes-vous pas d'accord ? Pourquoi ?

LES MOTS pour...

Parler d'engagement

Prendre parti, prendre position.

Se lancer
S'engager } dans (une action).
S'impliquer
S'investir

Entreprendre } une croisade, une action...
Mener
Participer à une action, un mouvement.

Adhérer à un parti, une association...
Être membre de...
Militer (dans un parti).

Outils pour...

› Exprimer des objectifs

1

TOUS À GLACIÈRE LE 15 FÉVRIER POUR LUTTER CONTRE LE FROID !

2

L'Académie Alphonse Allais, créée en 1954, a pour objet de « promouvoir, d'encourager ou de développer, dans les pays francophones (et ailleurs), toutes formes d'expression culturelle, notamment littéraire et humoristique, dans l'esprit du grand écrivain ».

❶

a) Lisez la banderole (document 1) et répondez.

1. Quel est l'objet de la manifestation ?

2. Qu'en pensez-vous ?

b) Lisez le document 2 et dites quel type de littérature Alphonse Allais produisait.

c) Selon vous, en quoi la manifestation prévue à la station de métro Glacière est-elle dans l'esprit de l'Académie ?

3 🎧 **❷** 📻 💿40

Écoutez le document 3 et répondez.

1. Qui sont les manifestants ?

2. Contre quoi manifestent-ils ?

3. Pourquoi ont-ils choisi de se réunir devant cette station de métro ?

4. Donnez deux adjectifs pour qualifier l'état d'esprit des manifestants.

POINT Langue → p.

Exprimer le but

a) Réécoutez le document 3 et associez.

	l'hiver soit déclaré illégal
	on l'enterre
pour	on en finisse
pour que (qu')	des élections
on cherche à	le maintien de l'anticyclone
on vise ainsi à	le gouvernement puisse faire
afin que	la pluie et le beau temps
en vue	manifester
de façon à	faire pression
	frigorifier les citoyens
	les empêcher de penser

b) Notez les expressions qui se construisent avec :
– le subjonctif ;
– l'infinitif ;
– un nom.

MÉMO

Pour exprimer le but, on utilise :

des conjonctions	*pour que, afin que, de manière que, de façon que, de sorte que...* + subjonctif
des prépositions	*pour, afin de, de manière à, dans le but de, dans l'intention de, en vue de...* + infinitif
des verbes	*chercher à, viser à, ambitionner de, avoir l'intention de...* + infinitif *chercher, viser, ambitionner* + nom

Attention !
Pour et *en vue de* peuvent aussi s'utiliser avec un nom.
C'est une manœuvre en vue des <u>élections</u>. /
C'est une manœuvre en vue de <u>remporter les élections</u>.
Travailler pour <u>la paix</u>. / Travailler pour <u>réussir</u>.

→ S'exercer n° 7 à 10 | p.96-9

❸ 🕐

Par groupes de deux ou trois, imaginez que vous appartenez à une association « loufoque » à la manière de celle d'Alphonse Allais. Vous organisez une manifestation. Notez trois objectifs de votre manifestation.
Notre manifestation a pour but...

Exprimer la durée

Pour aider les premiers « boat-people » du Vietnam, des médecins français se sont engagés en 1978 dans le secours international. Pendant des mois, sur un bateau-hôpital, ils ont soigné, opéré et vacciné des milliers de réfugiés. De retour en France, ces médecins, issus de Médecins sans Frontières, ont fondé l'organisation Médecins du Monde et, depuis 1980, ils travaillent sans relâche dans un seul but : aider les populations en danger. De 1980 à aujourd'hui, d'autres délégations internationales se sont créées.

DAVID, médecin

Il y a six ans que je travaille pour Médecins du Monde alors que je pensais seulement m'engager pour un an. Pendant ces six années, j'ai découvert des habitudes culturelles insoupçonnées, une grande diversité dans la pratique médicale. En six ans, j'ai acquis une expérience inestimable. Vous aussi, osez, partez maintenant, vous en reviendrez grandis dans quelques mois.

ÉLISA, infirmière

Après mon diplôme d'infirmière, j'avais envie de voyager. J'ai signé un contrat comme volontaire il y a trois ans et je ne l'ai jamais regretté. Depuis que je travaille pour Médecins du Monde, je me sens vraiment utile. Vous engager, c'est sortir enrichi d'une belle expérience.

NOUS SOIGNONS CEUX QUE LE MONDE OUBLIE PEU À PEU.

 4

Lisez la présentation de Médecins du Monde (document 4) et répondez.

- Quel est le but de ce document ?
- Quels sont les objectifs de l'organisation ?
- Quelle est la date de sa création ?

Lisez les témoignages. Dites ce que David et Élisa pensent de leur expérience et pourquoi ils la racontent.

POINT Langue

→ p. 208

Exprimer la durée

Observez les expressions de temps dans les phrases suivantes et répondez.

Depuis 1980, ils travaillent sans relâche...
Depuis que je travaille pour Médecins du Monde...
Pendant des mois, ils ont soigné...
En six ans, j'ai acquis une expérience inestimable.
Il y a six ans **que** je travaille...
J'ai signé un contrat **il y a** trois ans.

Selon vous, quelle est la différence entre :
– *depuis* et *il y a* ?
– *depuis que* et *il y a... que...* ?
– *pendant* et *en* ?

> **MÉMO**
>
> . **Pendant** indique une durée limitée.
> *J'ai travaillé pendant un an.*
>
> . **Pour** souligne une durée prévue.
> *Je pars pour trois mois.*
>
> . **En** indique le temps nécessaire pour faire quelque chose.
> *J'ai fait le trajet en deux heures.*
>
> . **Dans** situe un moment dans le futur par rapport au présent.
> *Nous partons dans deux jours.*
>
> . **Il y a** marque un moment dans le passé par rapport au présent.
> *Il y a deux ans, j'étais seul.*
>
> . **Depuis** (+ nom), **depuis que** et **il y a... que** (+ indicatif) indiquent l'origine d'une situation qui continue dans le présent.
> *Depuis mon arrivée / Depuis que je suis arrivée, je travaille dur.*
> *Il y a deux mois que je suis arrivée et je travaille dur.*
>
> Attention !
> - *Dans* ne s'utilise qu'avec le présent ou le futur.
> - *Depuis, il y a, depuis que* et *il y a... que* ne s'utilisent qu'avec le présent ou le passé.

→ S'exercer n° 11 à 15 | p.97

Sur tous les tons

Lisez ces slogans et entraînez-vous à les dire : avec enthousiasme ; avec colère ; en détachant chaque syllabe ; en les chantant sur un air connu.

1. Respectez le droit, respectez la loi !
2. Tous ensemble, tous ensemble, tous !
3. On est les champions, on est les champions, on est, on est, on est les champions !
4. Aujourd'hui dans la rue, demain on continue.

Phonie-graphie

1 🔊41

a) Écoutez et complétez avec l'article défini *le*, *l'* ou *la*.

... harpe – ... hibou – ... homme – ... histoire –
... héros – ... héroïne – ... hélice – ... haie –
... hôtel – ... hésitation – ... habitant – ... halle –
... haut – ... héritage – ... huit – ... huître –
... haine – ... hamburger – ... hors d'œuvre –
... huile

b) Prononcez les mots et entourez les *h* aspirés*.

* Les *h* aspirés ne se prononcent pas mais ont valeur de consonne, donc empêchent l'élision de l'article et la liaison.

2 🔊42

**Lisez les phrases suivantes et marquez les liaisons si nécessaire.
Puis écoutez pour vérifier.**

1. Les Hollandais adorent les hamburgers en hors d'œuvre.
2. Les habitants ont voté les huit résolutions sans hésitation.
3. Les halles sont plus belles que les hôtels de la place.
4. J'adore le cri des hiboux et le son de la harpe mais je déteste la couleur des huîtres et le bruit des hélices.
5. Il va falloir deux hommes pour couper toutes ces haies !
6. J'aime les histoires qui racontent les héritages des hauts personnages de ce monde !
7. Les héros et les héroïnes de ce film figurent dans ce magazine.

Mise en scène

Lisez l'extrait de la pièce *Les Mains sales* de Jean-Paul Sartre et jouez-le.

La scène se passe dans une chambre entre le jeune militant révolutionnaire Hugo et sa compagne Jessica.

JESSICA
Alors, qui a raison ?

HUGO
Moi.

JESSICA
Comment le sais-tu ?

HUGO
La politique est une science, tu peux démontrer que tu es dans le vrai et que les autres se trompent.

JESSICA
Dans ce cas, pourquoi hésites-tu ?

HUGO
Ce serait trop long à t'expliquer.

JESSICA
Nous avons la nuit.

HUGO
Il faudrait des mois et des années.

JESSICA
Ah ! *(elle va aux livres)* et tout est écrit là-dedans ?
[...]

HUGO
À présent, laisse-moi. Dors ou fais ce que tu veux.

JESSICA
Qu'est-ce qu'il y a ? Qu'est-ce que j'ai dit ?

HUGO
Rien, tu n'as rien dit. C'est moi qui suis coupable : c'était une folie de te demander de l'aide. Tes conseils viennent d'un autre monde.

JESSICA
À qui la faute ? Pourquoi ne m'a-t-on rien appris ? Pourquoi ne m'as-tu rien expliqué ? [...] Voilà dix-neuf ans qu'on m'a installée dans votre monde d'hommes [...] et vous m'avez fait croire que tout marchait très bien et que je n'avais qu'à m'occuper de rien sauf de mettre des fleurs dans les vases. Pourquoi m'avez-vous menti ? Pourquoi m'avez-vous laissée dans l'ignorance, si c'était pour m'avouer un beau jour que ce monde craque de partout et que vous êtes des incapables ? [...] Je ne connais rien à vos histoires, et je m'en lave les mains.

Jean-Paul Sartre, *Les Mains sales*
5e tableau, scène 2, © Éditions Gallimard, 194

Faire un programme pour la Journée de la gentillesse

Osez la Gentillesse !

Qu'allez-vous faire aujourd'hui ?

Pour qui ? Pour quoi ? Comment ?

En France, la Journée de la gentillesse a lieu tous les 13 novembre, depuis 2009.

Réflexion préalable

En grand groupe.

1. Pour vous, que veut dire « être gentil(le) » ?
   > Donnez des synonymes de « gentil(le) ».
   > Donnez des exemples d'actions ou d'attitudes gentilles.

   On peut être gentil(le) en souriant à quelqu'un, en rendant service à quelqu'un...

2. Expliquez dans quel but la Journée de la gentillesse peut être organisée.

   Pour que les gens sourient davantage (le sourire entraîne le sourire), pour stimuler la curiosité des personnes qui nous entourent...

3. Fixez la date de cette journée.

Préparation

En petits groupes.

1. Rédigez un programme pour chaque moment de la journée : matin, midi, après-midi, soirée. Proposez des actions :
   > au sein de la classe et de l'école.
   Apportez une surprise (lecture d'un poème, déguisement, jeu, chanson, petit plat...) pour passer un moment convivial.
   Faites un compliment à votre professeur et à vos camarades de classe...

   > en dehors de l'école.
   Engagez la conversation avec les personnes de la file d'attente de votre supermarché.
   Offrez à un(e) inconnu(e) le roman que vous venez de terminer.
   Prenez un café avec une personne seule de votre quartier.
   Envoyez un texto ou un mail à un(e) ami(e) que vous avez un peu négligé(e) ces temps-ci...

2. Proposez au moins 5 actions et/ou attitudes.

3. Trouvez un slogan pour cette journée.

En grand groupe.

4. Échangez vos idées. Mettez-vous d'accord sur un programme unique à partir des meilleures idées de chaque programme.

5. Choisissez le meilleur slogan et confectionnez une affiche pour annoncer la Journée de la gentillesse.
   Affichez-la dans votre école ou votre université pour inciter tout le monde à participer.

6. Le jour convenu, mettez en œuvre votre programme dans la classe et en dehors de la classe.

7. Prévoyez un rassemblement en fin de journée pour faire le bilan de la journée et décerner des récompenses (à la personne qui a accompli le plus d'actions gentilles, à la personne qui raconte l'anecdote la plus drôle à propos de ses bonnes actions...).

S'exercer

> ### Encourager

1. Associez chaque message avec une situation.

1. Rassure-toi, le jury est très sympa.
2. Allez, tiens bon ! Plus que trente-deux kilomètres !
3. Vas-y, ne te laisse pas faire !
4. C'est rien, ça va bien se passer, t'inquiète pas.
5. Résistez, vous avez tout à gagner.

a. avant une opération chirurgicale
b. pendant une grève
c. lors d'un marathon
d. avant un examen
e. à l'occasion d'un débat animé

2. Envoyez des textos de solidarité et d'encouragement aux destinataires suivants.

1. À votre équipe sportive favorite avant une compétition internationale.
2. À un(e) ami(e) qui a vécu un malheur familial.
3. À une personne proche qui a des problèmes de santé.
4. À un(e) ami(e) qui rejoint une organisation humanitaire à l'étranger.
5. À une association qui se constitue pour aider les sans-abri.

> ## Le participe présent et le gérondif

3. Remplacez les relatives par un participe présent.

1. Nous avons recruté deux bénévoles qui savent s'occuper d'enfants difficiles.
2. Un médecin qui avait déjà l'expérience des ONG s'est présenté spontanément.
3. L'assurance prendra en charge les frais des malades qui exigeront un rapatriement.
4. Bruno est un idéaliste qui place ses convictions avant tout.
5. Le meneur de la manifestation, qui était aphone, n'a pas pu prendre la parole.
6. L'ambulance qui a surgi à toute vitesse a failli renverser un journaliste.

4. Complétez les phrases avec le gérondif des verbes entre parenthèses.

1. C'est (feuilleter) un magazine que j'ai vu la publicité pour le Secours populaire.
2. Il a acquis son expérience (travailler) bénévolement pour l'hôpital.
3. Vous n'arriverez pas à me convaincre (me parler) sur ce ton !

4. On peut être persuasif (rester) aimable, non ?
5. Ça n'est pas (baisser les bras) au premier obstacle que nous parviendrons au but, mais (unir) nos forces.
6. Il a escroqué ces gens (leur faire croire) qu'il travaillait pour une association caritative.

5. Repérez les gérondifs et les participes présents, puis précisez pour chaque phrase la nuance qu'ils apportent.

1. À la Broc Solidaire, vous pourrez faire des achats originaux tout en participant à une bonne action.
2. En venant à la journée de solidarité, le maire a montré son soutien.
3. Travaillant dans une ONG, il a pu nous aider à rédiger les statuts de l'association.
4. En votant davantage, les jeunes pourraient changer les choses.
5. C'est en travaillant dans une association que j'ai appris mon nouveau métier.
6. Les personnes donnant régulièrement sont encore trop rares.

6. Complétez les phrases avec le participe présent ou le gérondif des verbes entre parenthèses.

1. Faites une bonne action (donner) vos livres à la bibliothèque itinérante.
2. Pour la Quinzaine de la démocratie locale, les associations (désirer) participer aux animations doivent se faire connaître avant le 10 juin.
3. C'est (échanger) nos idées qu'on pourra mieux se comprendre.
4. Les élus locaux (ne pas pouvoir) assister à la réunion du lundi 19 juillet, celle-ci est reportée au mardi 20.
5. (Savoir) que les bénévoles sont très pris, n'abusez pas de leur temps.

> ## Exprimer le but

7. Complétez les phrases avec des buts et des intentions.

1. J'étudie le chinois...
2. Il prépare un énorme couscous...
3. J'adhère au mouvement vert...
4. On achète « équitable »...
5. Vous votez régulièrement...
6. Il s'entraîne au foot...
7. Nous révisons la grammaire...
8. Je signe la pétition...

8. Complétez les phrases avec l'expression de but qui convient (utilisez chaque fois une expression différente).

1. Uni-cités est une association créée ... apporter un service à la collectivité. Ses fondatrices avaient pour ... de lutter contre l'indifférence et la pauvreté dans les villes.
2. Certains partis politiques proposent un service civil volontaire ... les jeunes puissent participer à la vie de la nation.
3. Animafac a ... de coordonner toutes les associations étudiantes ... centraliser leurs revendications.
4. Après le cyclone, les équipes ont emporté une réserve de médicaments ... éviter une épidémie.
5. Il faut encourager les jeunes à voter ... le personnel politique se renouvelle.

Faites une seule phrase en reliant les deux faits par une expression de but.

Les enfants réussiront leur parcours scolaire. Notre association apporte le soutien nécessaire.

Il faudrait marcher moins vite. Les manifestants doivent nous suivre de près.

Vous pouvez obtenir d'autres financements que ceux de l'Union européenne. Trouvez une solution.

Les formulaires seront préparés d'avance. Les demandeurs d'asile n'auront plus qu'à les signer.

J'allais rejoindre une association qui défend les mal-logés. C'était ma ferme intention.

D. Complétez les phrases avec les verbes suivants.

ambitionner de – avoir l'intention de – chercher – chercher à – viser à

Vous posez d'étranges questions. Qu'est-ce que vous ... savoir, exactement ?

Lorsqu'il s'est débrouillé pour être en tête de la liste électorale, on a bien compris qu'il ... être élu président de la région.

En soulignant tout à l'heure l'originalité de votre coiffure, elle ... vous faire plaisir !

Modiano est un écrivain qui ... constamment la vérité sur son passé.

Une stratégie qui ... déstabiliser l'adversaire est une bonne stratégie au judo mais pas en amour.

Exprimer la durée

1. Choisissez la bonne réponse aux questions suivantes.

Vous avez mis combien de temps pour accomplir ce projet ?
a. Pendant trois mois.
b. Je l'ai fait en trois mois.

Et quand vous signez un contrat comme volontaire, vous partez longtemps ?
a. De trois mois à deux ans.
b. Dans trois mois.

Quand est-ce que vous êtes entré dans ce programme ?
a. Depuis cinq ans.
b. Il y a cinq ans.

Vous pensez arrêter bientôt ?
a. Dans quelques mois.
b. En quelques mois.

Et qu'est-ce que vous allez faire ?
a. Retrouver mon ancien métier que j'exerce en dix ans.
b. Retrouver mon ancien métier que j'ai exercé pendant dix ans.

Demain vous partez pour une mission. Vous partez longtemps ?
a. Pour quatre mois. Ce sera ma dernière mission, je pense.
b. Dans quatre mois. Ce sera ma dernière mission, je pense.

2. Complétez ce témoignage d'un volontaire international avec *pour, pendant* ou *en.*

En 2010, je suis parti faire mon service volontaire européen en Pologne, normalement ... trois mois. À Varsovie, tout s'est bien passé : j'ai trouvé un logement et je me suis fait des amis ... quelques jours seulement ! ... ces trois mois, j'ai donné des cours de français à des enfants. Et je prenais des cours de polonais tous les jours.

Ça me plaisait beaucoup. J'ai décidé de renouveler mon engagement ... six mois de plus. J'ai finalement appris le polonais ... neuf mois. Ensuite, je suis rentré en France. J'ai vécu à Caen ... trois mois parce que j'y avais trouvé un travail. Mais j'ai décidé de retourner en Pologne ... la vie. Ma petite amie polonaise m'avait attendu ... trop longtemps !

Varsovie, place du Château.

13. Complétez le parcours politique de Coralie, interviewée en 2013, avec des prépositions exprimant la durée.

Je suis entrée au parti social-démocrate en 2006, ... déjà sept ans ! ... deux ans, j'ai fait du militantisme de base. Puis j'ai été inscrite sur la liste des élections municipales et ... 2009 je suis adjointe au maire de Poigny. ... quatre ans, nous avons fait du très bon travail : rénovation de la salle des fêtes, installation d'un terrain de foot pour les jeunes, restauration des vitraux de la chapelle du XIIe siècle qui n'avaient pas été entretenus ... des années ! Je suis à plus de la moitié de mon mandat. Je compte donc me représenter ... deux ans, en 2015, et repartir ... six ans. Il reste bien des projets à accomplir encore !

14. Complétez ce texte sur les 25 ans du Téléthon avec des expressions de durée.

... 25 ans ... l'aventure du Téléthon est née. ... 1987, une association de parents de malades a fait le pari incroyable d'importer un concept américain à la télévision française. ... 25 ans, bien des victoires ont été remportées et ... ... le Téléthon existe, des maladies rares sont sorties de l'oubli. Les premiers traitements voient le jour et, ... quelques années, grâce à la générosité des Français, nous aurons gagné une bataille.

15. Complétez le dialogue avec « Les mots pour » p. 91.

– Mon cher ami, voulez-vous signer cette pétition ?
– Volontiers, ma chère, mais je voudrais savoir à quoi je ... en signant.
– C'est très simple : c'est une pétition pour faire régulariser les sans-papiers de la commune.
– Je ne savais pas que vous étiez ... dans des mouvements politiques.
– Vous savez que je m' ... beaucoup dans l'action sociale de notre ville.
– Certes. Mais de là à ... une croisade en faveur des sans-papiers !
– J'ai ... à l'Association des Femmes Militantes dont je suis un ... actif. Vous signez ?
– Eh bien, j'hésite.
– Je vois ; vous ne voulez pas ... .
– Non, je préfère rester neutre.

VERS LE **DELF B1**

Compréhension de l'oral

Lisez les questions, écoutez le document puis répondez.

1. Sophie invite Bertrand à :   1 point
    a. une compétition sportive.
    b. un événement associatif.
    c. une fête chez un ami.

2. Pourquoi cela a-t-il lieu ce samedi ?   1 point

3. Pourquoi Bertrand ne se montre-t-il pas enthousiaste au début ?   1 point

4. Qu'est-ce que Sophie demande à Bertrand de vendre ?   1 point
    a. Des rubans.
    b. Des photos.
    c. Des pièces de collection.

5. Quelle est la profession de Bertrand ?   1 point
    a. Chercheur.
    b. Commerçant.
    c. Enseignant.

6. Pourquoi Bertrand veut-il créer un site Internet ?   1 point
    a. Pour communiquer des informations.
    b. Pour collecter davantage d'argent.
    c. Pour garder des souvenirs de cette journée.

Lisez les questions, écoutez le document puis répondez.

1. Quel est le thème de l'émission ?   1 point
    a. Le service militaire.
    b. L'engagement civique des jeunes.
    c. L'accès à l'emploi pour les jeunes.

2. La loi du 10 mars 2010 s'applique :   1 point
    a. à tous les jeunes obligatoirement.
    b. uniquement aux jeunes diplômés.
    c. aux jeunes qui se portent volontaires.

3. Notez deux domaines d'activité concernés par la loi du 10 mars 2010.   2 points

4. Quelle est la durée des missions proposées dans le cadre de cette loi ?   2 points

5. Quel a été le point fort de cette loi ? — 1 point
   a. Sa clarté de rédaction.
   b. Sa rapidité d'exécution.
   c. Sa popularité immédiate.

6. Quel est le public que cette loi a du mal à toucher ? — 1 point
   a. Les jeunes filles.
   b. Les jeunes des milieux aisés.
   c. Les non-diplômés.

7. Pourquoi cette loi a-t-elle des difficultés à être appliquée dans les campagnes ? — 2 points

8. Quel est le problème avec les missions proposées dans le cadre de cette loi ? — 1 point
   a. Elles se substituent à des offres d'emploi.
   b. Elles ne correspondent pas aux compétences des jeunes.
   c. Elles empêchent les jeunes de se consacrer à leurs études.

Production orale

EXPRESSION D'UN POINT DE VUE

Lisez le document ci-dessous. Vous dégagerez le thème soulevé et vous présenterez votre opinion sous la forme d'un petit exposé de 3 minutes environ.
L'examinateur pourra vous poser quelques questions.

Les bénévoles : de généreux égoïstes ?

Lorsqu'on interroge les bénévoles sur leurs motivations, la première raison donnée est : « J'ai voulu donner du sens à ma vie ». Cette motivation est citée par 57 % des travailleurs et des retraités, et 49 % des étudiants. Le plaisir semble jouer un rôle déterminant dans la construction du sens de l'action par les bénévoles : il est à la fois la condition et la conséquence de l'action. En ce qui concerne cette composante « plaisir », les jeunes reconnaissent davantage l'épanouissement personnel que leur procure leur engagement bénévole.

Le bénévole semble finalement offrir à l'association son temps et ses compétences en échange d'un environnement qui rende possible l'épanouissement personnel.

Dossier **6**
Je me cultive

Décrire
une œuvre d'art ···· Vidéo CD-ROM ···>

B1.2

‟ **La culture ne s'hérite pas, elle se conquiert.** ”
André Malraux

‟ **L'art n'est pas un luxe
mais un besoin vital.** ”
Robert Bresson

Ouvertures

Pierre Bonnard (1867-1947)

« Il ne s'agit pas de peindre la vie.
Il s'agit de rendre la peinture vivante.»

Pierre Bonnard, *Décor à Ver*

Henri Matisse, *Femme au chapeau*

Henri Matisse (1869-1954)

« La tendance dominante de la couleur doit
servir le mieux possible l'expression.»

1 📖

**Mettez-vous par deux. Choisissez chacun un tableau
différent. Observez bien le tableau que vous avez
choisi et décrivez-le à votre camarade le plus
précisément possible (personnages, objets, couleurs,
formes...).**

2 📖

**Observez les deux tableaux et lisez les citations de
Matisse et Bonnard. Dites ce qui est commun aux deux
peintres.**
Ils ont tous deux utilisé la couleur pour :
☐ se rapprocher de la réalité.
☐ exprimer des émotions.
☐ appuyer les contours des formes.

3 🎧 💿45

**a) Écoutez les deux commentaires et associez chacun
d'eux à un tableau. Justifiez.**

b) Réécoutez et répondez.

1. Les deux peintres se connaissaient-ils ? Justifiez.
2. Relevez la date de création de chaque tableau ainsi
   que le mouvement auquel le peintre appartient.

c) Réécoutez et répondez.

1. Quel tableau a fait scandale et à quelle occasion ?
   Pourquoi ?
2. Relevez l'image utilisée par le journaliste du *Matin*
   pour évoquer la violence des couleurs du tableau.
3. Dans la description du deuxième tableau, quels
   commentaires montrent que le peintre ne représente
   pas la réalité ?

4 changez.

Quelles émotions ces deux tableaux éveillent-ils en vous ?
Lequel préférez-vous ?

5
Quel style de peinture, de cinéma, de théâtre, de
littérature, de musique aimez-vous ? De ces arts,
lesquels préférez-vous ?

ES MOTS pour...
Parler de ses goûts culturels

Peinture
Je (ne) suis (pas) sensible à l'art abstrait, figuratif...
Je suis touché(e), captivé(e), ému(e) par la peinture de...
Les paysages, les portraits, les natures mortes de...
me plaisent particulièrement.
Je suis plutôt attiré(e) par les peintures aux tons
chauds, froids ; par les couleurs vives, éclatantes,
foncées, pastel, fondues, contrastées, tirant sur le gris.

Cinéma
Je vais voir de préférence des documentaires,
des comédies romantiques, des thrillers, des films
d'horreur, des films d'action...
Je suis fan de comédies musicales. J'ai horreur
des comédies de...
Je suis bon public pour les mélodrames (mélos),
ça me fait pleurer !
Je préfère voir les films en version originale (VO)
sous-titrée.
Je raffole des films d'animation.

Théâtre
J'ai une prédilection pour le théâtre, en particulier
les comédies, les tragédies.
Les soirées de conte me fascinent, m'ennuient.
J'adore les one man shows.

Lecture
Je lis des nouvelles, des romans de science-fiction, des
romans historiques, des biographies, des essais...
Mon auteur(e) favori(te) est...
Je suis passionné(e) de poésie.
Je dévore les bandes dessinées (BD), les mangas.

Musique
J'écoute de la musique classique, vocale, orchestrale.
Je me fais plaisir { en écoutant du jazz, du rock, de la variété, de l'électro...
Je vais à des concerts, des festivals de rock.
Je suis fan d'opéra. J'ai horreur de l'art lyrique !

→ S'exercer n° 1 et 2 | p.114

EGO Quiz
Vous et les artistes français

Les reconnaissez-vous ? Associez l'artiste avec sa photo, sa profession, une œuvre majeure et le mouvement auquel
il appartient.

Nom	Profession	Une œuvre majeure	Mouvement
Georges Bizet (1838-1875)	Sculpteur	*La Javanaise*	La nouvelle vague
Marguerite Duras (1914-1996)	Cinéaste	L'Institut du monde arabe	L'impressionnisme
Jean-Luc Godard (1930)	Architecte	Le trophée des Césars du cinéma	Le nouveau réalisme
Jean Nouvel (1945)	Compositeur	*L'Amant*	L'architecture moderne
César Baldaccini (1921-1998)	Écrivain	*Carmen*	La chanson à texte
Serge Gainsbourg (1928-1991)	Peintre	*Les Nymphéas*	Le nouveau roman
Claude Monet (1840-1926)	Chanteur	*À bout de souffle*	Le romantisme

La vie au quotidien
Demandez le programme .

1 📖

Observez le document 1.
Quels types d'événements sont présentés dans l'agenda ? Pour quel département ? Pour quelle époque de l'année ?

2 👂 💿46

a) **Écoutez le document 2 et associez chaque illustration de l'agenda (document 1) à la publicité correspondante.**

b) **Réécoutez et complétez le tableau.**

	Type d'événement	Lieu	Période
1	*Exposition sur le caravagisme européen*	*Musée Fabre*	...
...	...	...	...

3

Échangez.
Quel divertissement vous attire le plus dans ce programme ? Pourquoi ?

De : Cécile Barbier
À : Latifa Garten
Objet :

Chers Latifa et Helmut,

On est ravis que vous veniez passer une petite semaine culturelle à Montpellier. Je viens justement de regarder le programme de cet été. Vous arriverez un vendredi, c'est parfait, juste pour les Estivales ! Je vous propose d'y faire un tour, si ça vous dit... Le marché nocturne est très animé et vous allez adorer les bouquinistes.

On avait prévu aussi de vous emmener au Corum, le Palais des Congrès de la ville, construit en granit rose de Finlande (eh oui !), ça tombe bien : il n'y a que l'embarras du choix pour les concerts.

On pourrait aussi aller au musée Fabre, c'est l'expo Caravage en ce moment. De quoi se régaler.

Sinon, il y a des soirées électro place Dionysos, on ne va pas rater ça ! Et puis du flamenco à la Chapelle, c'est top !

Je vous conseille d'aller sur le site www.herault-tourisme.com pour avoir le programme détaillé. Je réserverai des places pour les spectacles de votre choix.

On vous attend avec impatience. À dans deux semaines !

Bises

Cécile (et Martin)

4

isez le mail de Cécile et Martin (document 3) et répondez.

. Quel en est l'objet ?

. Quels événements de l'agenda ont-ils sélectionné ?

5 📖

elisez le document 3 et notez les expressions utilisées ar Cécile pour :

. proposer un programme.

. donner envie de le suivre.

. inviter à aller sur Internet.

. exprimer sa satisfaction de voir ses amis.

6 🕐

crivez un mail pour proposer un programme culturel deux amis qui viennent dans votre pays pour une emaine. L'un est sportif et adore faire des photos, autre est passionné de peinture, de cinéma et de héâtre.

Montpellier,
esplanade Charles-de-Gaulle,
durant les Estivales.

STRATÉGIES pour...

Proposer un programme à des amis dans un mail

Introduire le message :

Je suis ravi(e)
C'est sympa, super, chouette } que vous veniez.

Proposer un programme :

Je vous propose
Je prévois/J'ai prévu } d'aller au théâtre.

Ça vous dirait de faire un tour au... ?

J'ai réservé des places/des billets pour...

On pourrait aller voir le spectacle de danse qui va se dérouler/va avoir lieu le...

Si ça vous tente,
Si ça vous dit, } on peut...

Donner envie de le suivre :

De quoi se régaler !

On ne va pas rater ça !

C'est sublime, génial, extraordinaire, top (*fam.*) !

Je suis sûr(e) { que ça vous plaira.
que vous serez sous le charme.
que vous ne le regretterez pas.

Vous pouvez/devriez aller sur le site pour consulter le programme détaillé.

Je vous donne le lien pour la réservation.

Dire sa joie de revoir ses amis :

On vous attend avec impatience.

On se réjouit de vous voir.

J'ai hâte de vous revoir.

Outils pour...

› Faire une interview

1

◄ ► C ≫ http://www.lexpress.fr/culture/cinema/intouchables-l-interview-d-omar-sy | GO

L'EXPRESS

ACTUALITÉ
ÉCONOMIE
FINANCE PERSO
ENTREPRISE
EMPLOI
CULTURE
  À la une
  Cinéma
  Musique
  Livres
  Télé
  Scènes
  Arts
  Photo
  Vidéo
STYLES

Omar

Grâce à *Intouchables*, le film aux 19 millions d'entrées, ce jeune acteur bénéficie d'une incroyable popularité, croule sous les propositions et remporte le César du meilleur acteur en 2012.

Un film au sommet du box-office, un César du meilleur acteur... Imaginiez-vous un instant qu'une chose pareille vous arriverait ? Ou, au moins, est-ce que vous l'espériez secrètement ?

Non, même pas secrètement. J'ai commencé ce métier en 1995 comme on pratique un loisir. Certains font du karaté ou du foot, moi, j'allais à la radio avec Jamel Debbouze[1]. Je jouais les faux auditeurs. J'avais 17 ans, j'étais encore lycéen.

Vous avez donc tiré un trait sur le bac ?
On m'a invité au Festival de Cannes, je ne pouvais pas refuser ! Je me disais que, pour le bac, je me débrouillerais. Et puis, malgré les épreuves du rattrapage, je ne l'ai pas eu.

Et vos parents, comment ont-ils réagi ? N'étaient-ils pas inquiets ?
Ils ont « flippé » comme jamais. Ils ont pris ma décision de devenir acteur pour un coup de tête !

Il y a deux manières de gérer ce genre de triomphe : multiplier les interviews ou, au contraire, fermer les portes et ne plus communiquer. Pourquoi est-ce que vous avez opté pour le second choix ?
Je n'ai aucune envie de me répandre dans les médias. Et puis, c'est très difficile d'en parler dans le feu de l'action. Je vais dire quoi ? Que je suis content ? Oui, et alors ? Vivre le bonheur plutôt que le crier sur tous les toits !

En quoi est-ce que votre succès a changé votre quotidien ?
Il y a des côtés relous[2], comme exposer ma femme qui préfère rester dans l'ombre. Mais comparé à tout ce qui est bon, ce n'est pas cher payé ! Tout est plus simple.

Comment c'est possible de garder la tête froide quand on se retrouve troisième personnalité préférée des Français, après Yannick Noah et Zinedine Zidane ?
J'ai commencé par ne pas y croire, pensant que c'était forcément une erreur... Après, bon, reconnais, c'est flatteur. Mais attendez l'an prochaine ! Ce genre de choses, ça bouge v...

Que pensez-vous de votre succès Ressentez-vous une pression pour la so de votre prochain film, dont les entr seront forcément comparées à ce d'*Intouchables* ?
Non. Je sais qu'un truc pareil ne se reprod pas. Il faut donc que je passe à autre chose quand j'aurai des coups durs, je me tourne vers l'affiche d'*Intouchables*, et je me dirai c j'ai au moins vécu ça.

Pierre-Emmanuel Ras

1 Jamel Debbouze : humoriste fr
2 relous = lourds (verlan)

1

Observez la page Internet (document 1) et répondez.

1. De quel site s'agit-il ? De quelle rubrique ?
2. Connaissez-vous Omar Sy ?

2

Lisez l'interview et répondez.

1. Qui est Omar Sy ? Résumez son parcours.
2. À quelle occasion est-il interviewé ?
3. Est-il impressionné par son succès ? Quelle est sa devise ?

3 📖

Relevez dans l'interview les questions pour obtenir :
1. un fait précis, un événement.
2. une explication, une opinion.
3. une émotion.

POINT Langue

→ p. 209

L'interrogation (1)

a) À partir des questions relevées dans l'activité 3, retrouvez les trois manières de poser des questions et donnez un exemple pour chacune d'elle.

b) Relevez une question négative dans l'interview.

MÉMO	Question intonative (familier)	Question avec *est-ce que*	Question avec inversion (formel)
Question fermée (réponse *oui* ou *non*)	Sujet + verbe *Tu veux aller au cinéma ?*	*Est-ce que* + sujet + verbe *Est-ce que tu veux aller au cinéma ?*	Verbe + - + sujet *Veux-tu aller au cinéma ?*
Avec la négation	*Tu ne veux pas aller au cinéma ?*		*Ne veux-tu pas aller au cinéma ?*
Question ouverte (avec mot interrogatif)	Sujet + verbe + mot interrogatif *Tu veux aller au cinéma à quelle heure ?*	Mot interrogatif + *est-ce que* + sujet + verbe *À quelle heure est-ce que tu veux aller au cinéma ?*	Mot interrogatif + verbe + - + sujet *À quelle heure veux-tu aller au cinéma ?*

→ S'exercer n° 3 et 4 | p.114

TESTEZ VOTRE CULTURE GÉNÉRALE

1. Quel tableau célèbre, exposé au Louvre, Leonard De Vinci a-t-il peint ?
2. Pendant combien de temps Louis XIV, le « Roi-Soleil », a-t-il régné : 42 ans, 62 ans ou 72 ans ?
3. Combien d'Oscars le film *The Artist* a-t-il remportés : 3, 5 ou 7 ?
4. Quel événement le 14 juillet célèbre-t-il en France ?
5. Avec quel ami le peintre Van Gogh s'est-il disputé : Rimbaud, Gauguin ou Verlaine ?
6. Depuis quand les femmes ont-elles le droit de voter en France : 1944, 1960 ou 1968 ?
7. L'ingénieur Gustave Eiffel a-t-il contribué à la construction de la Statue de la Liberté ?
8. Quelle chanson Charles Aznavour a-t-il écrite et interprétée : *La Vie en rose, Ne me quitte pas* ou *La Bohème* ?
9. En quelle année l'équipe de France est-elle devenue championne du monde de football : 1988, 1998 ou 2008 ?
10. Le roman intitulé *La Peste* a-t-il été écrit par Marguerite Duras ?

> 1. *Mona Lisa* ou *La Joconde.*
> 2. *72 ans.* C'est le règne le plus long de toute l'histoire de France.
> 3. 5 Oscars : meilleur film, meilleur acteur, meilleur réalisateur, meilleure musique et meilleurs costumes.
> 4. La Révolution française.
> 5. Gauguin.
> 6. Depuis 1944.
> 7. Oui, l'ingénieur Gustave Eiffel a construit la charpente de la statue de Bartholdi.
> 8. *La Bohème.*
> 9. 1998.
> 10. Non, par Albert Camus.

4 📖

aites le test à deux et calculez votre score.

OINT Langue

→ p. 209

'interrogation (2)

bservez les questions du document 2 et répondez.

De quelle forme de question s'agit-il ?

Observez la question suivante.

uel événement le 14 juillet célèbre-t-il en France ?

Repérez le sujet.

Expliquez la présence du « t » après le verbe.

MÉMO

La question avec inversion

■ Quand le sujet est un nom, il est repris sous forme de pronom dans l'inversion.

Depuis quand les femmes ont-elles le droit de vote ?

Avec quel ami Van Gogh s'est-il disputé ?

■ Quand le verbe se termine par une voyelle, on insère un « t » pour faciliter la prononciation.

Quel événement le 14 juillet célèbre-t-il en France ?

Quelle chanson Charles Aznavour a-t-il écrite et interprétée ?

→ S'exercer n° 5 | p.114

5 🚫 ✍️

votre tour, testez vos camarades. Préparez par petits roupes cinq questions de culture générale dont vous vez la réponse. Utilisez la question avec inversion.

LES MOTS pour...
Parler de l'art et des artistes

Cinéma, théâtre, danse
Un court-métrage, un long-métrage
Un acteur/une actrice, jouer le rôle de...
Un(e) réalisateur(trice)
Le scénario, les trucages, les effets spéciaux

Une pièce de théâtre, une représentation théâtrale
Un comédien/une comédienne
Un metteur en scène, une mise en scène
Le décor, la scénographie

Les dialogues, le jeu du comédien/de l'acteur

Un ballet
Une chorégraphie

Littérature
Un écrivain, un(e) romancier(ère), un(e) poète(esse)
Le style, l'écriture, l'intrigue, la construction

Musique
Un(e) interprète, un(e) compositeur(trice)
Un batteur, un guitariste, un percussionniste
Une chanson, un morceau (de musique)
Des arrangements, un album, un concert
L'interprétation, la mélodie, la prestation

Peinture/Sculpture
Une exposition, des installations
Des œuvres d'art, des tableaux, des peintures, des toiles, des créations
Une salle d'exposition, l'éclairage

→ S'exercer n° 6 | p.114-115

Points de vue sur...

a

b

c

1

Calacas, spectacle équestre du metteur en scène et scénographe Bartabas, est une suite de numéros tous conçus comme des variations autour d'un thème unique : la danse des squelettes. Il est particulièrement réussi. La scénographie astucieuse, avec des gradins entourant deux pistes qui accueillent chevaux et brillants interprètes, accentue l'impression de tourbillon. Les deux hommes-orchestre portant une grosse caisse sur le dos, relayés par deux percussionnistes, forment un quatuor très rythmé et donnent à *Calacas* la coloration sonore d'une parade, avec cymbales et roulements de tambour. Bartabas donne son meilleur et *Calacas* diffuse une énergie joyeuse où le macabre n'est jamais morbide, parfaitement fidèle en cela à l'esprit de la Fête des morts, à son humour et à l'élégance de ses squelettes.

D'après *Libération*

2

L'exposition « Murakami Versailles » ne mérite ni les louang ni les critiques dont elle est l'objet. Il n'y a pas de quoi cri au génie devant les installations du Japonais. C'est mign On est dans l'esthétique du smarties, du ludique. Les enfa d'Hello Kitty et les ados élevés au manga vont adorer. L'enn c'est que Kaikai et Kiki n'ont pas grand-chose à dire à Vén Nous sommes dans la juxtaposition de créations sans gra intérêt et plutôt décevantes, et la rencontre n'a pas vraime eu lieu. C'est dommage ! Heureusement que les expositions ce genre constituent une autre manière de (re)découvrir no patrimoine.

D'après *Le Fig*

3

Bien secondé par son impeccable orchestre et jouant très bien du piano ou de la trompette, le très doué Benjamin Biolay magnifie ses chansons avec de classieux[1] arrangements entre chanson/pop, rock ou hip-hop. Si sa manière de remercier à tout bout de champ la main sur le cœur ou de sortir de gentilles banalités pour faire plaisir aux fans irrite légèrement, cette sensation disparaît très vite devant la qualité de la prestation des musiciens et de leur leader, descendant direct des plus marquants artistes français. Grâce à cette voix grave, à ces sons inspirés de Serge Gainsbourg, à ces textes tranchants et à cette façon singulière de chanter en parlant, vous aurez la délicieuse sensation d'être aux premières loges pour la prestation – saluée d'une *standing ovation* – d'un rappeur fan de chanson pop et habillé comme un prince des beaux quartiers. Le concert de Benjamin Biolay est à voir sans faute, pour prolonger dignement le plaisir suscité par l'album *La Superbe*. Ce sixième album, même s'il paraît un peu long, est magnifique et traversé par une ambition artistique et un souffle si rares dans la chanson d'aujourd'hui qu'on ne peut que s'incliner.

D'après *concertandco.com*

1 classieux : ayant de la classe, distingué

1

Observez les trois photos.
Pour chacune d'elle, faites des hypothèses sur l'événement culturel dont il s'agit.

2

Lisez les critiques (documents 1, 2 et 3) et répondez.

1. Confirmez vos hypothèses concernant les trois événements culturels.

2. Auquel avez-vous envie d'assister ? Pourquoi ?

3

Relisez les documents 1 à 3 et complétez le tableau.

Événement	Commentaire positif	Commentaire négatif
...	...	...

S MOTS pour...

onner son avis sur un événement culturel

Cinéma et théâtre

C'est une pièce
C'est un film } magistral(e), grandiose, réussi(e)...

C'est un chef d'œuvre. C'est à voir sans faute. On ne peut que s'incliner devant... Ce spectacle enthousiasme les spectateurs.

Cette pièce est
Ce film est } médiocre, ennuyeux(se), décevant(e), raté(e), nul(le), sans intérêt, insipide...

C'est du déjà-vu.

Exposition

La mise en valeur des toiles est réussie.
L'éclairage laisse à désirer.
Il n'y a pas de quoi crier au génie devant...

Concert

L'acoustique est excellente.
Les chansons, les textes sont drôles, touchant(e)s, tranchant(e)s, incisifs(ives)...
La voix est chaude, sensuelle, grave, métallique.
L'artiste a beaucoup de présence. C'est une bête de scène.

→ **S'exercer n° 7 et 8** | p.115

4 ①

crivez, pour un journal francophone, une courte critique de deux ou trois spectacles différents (concert, film, allet, exposition, comédie musicale...) que vous avez vus récemment.

4 🎧

5 👂 💿 47

coutez la première partie de l'émission (document 4) t complétez la fiche technique du film.

ⒶALLOCINE

Voir la bande-annonce

Date de sortie	2 novembre 2011
Réalisé par	...
Avec	...
Genre	...
Nationalité	...

Synopsis
Devenu tétraplégique à la suite d'un accident de parapente, Philippe, riche aristocrate, engage comme aide à domicile Driss, un jeune de banlieue tout juste sorti de prison. Deux univers vont se télescoper, s'apprivoiser, pour donner naissance à une amitié aussi dingue, drôle et forte qu'inattendue.

6 👂 💿 48

coutez la deuxième partie de l'émission et répondez.
es avis sont-ils négatifs, partagés ou unanimes sur la qualité du film ?

7 💬

Vous organisez un débat critique autour d'un film, d'une pièce de théâtre ou d'un concert.
Répartissez-vous les rôles :
- l'animateur,
- un critique qui le/la défend,
- un autre qui au contraire « l'assassine ».
Préparez avec soin vos arguments et présentez votre débat devant la classe. Fixez une durée.

STRATÉGIES pour...

Animer et participer à un débat

Présenter et clôturer le sujet :
Nous allons parler de...
Notre émission va traiter de...
Nous allons commencer par...
Nous allons conclure sur/terminer par...

Passer au point suivant :
Venons-en/Passons aux critiques.
Il reste à parler de... Un mot maintenant de...

Donner la parole :
C'est à vous. C'est à votre tour.
Nous allons faire un tour de table.
J'aimerais avoir votre avis.
Qu'en pensez-vous/Qu'en dites-vous, Quentin ?
Pas tous en même temps ! À vous, Adeline.

Prendre et garder la parole :
Pardon de vous couper (la parole) mais...
Je voudrais ajouter quelque chose.
Attendez, je n'ai pas terminé.
Ne m'interrompez pas tout le temps, je voudrais finir !
Laissez-moi terminer.

Laisser la parole à un autre :
Je vous en prie.
Allez-y.

S'opposer à un argument :
Je ne suis pas de cet avis. / Je ne partage pas cet avis.
Pour ma part...
On ne peut pas dire ça !
Ce n'est pas exact ! C'est faux ! Pas du tout !

→ **S'exercer n° 9** | p.115

Outils pour...
› Donner ses impressions

← ► C ≫ http://www.tripadvisor.fr_Musees [GO]

1

©©©tripadvisor
Le plus grand site de voyage au monde

Centre Pompidou Metz
1 parvis des Droits-de-l'Homme
CS 90490, 57020 Metz, France

◉◉◉◉○ 149 Avis

Sophie21
Une visite qu'il ne faut absolument pas manquer ! Une architecture innovante !

Ben
Je suis un peu déçu et pas forcément ravi des expositions.

Artisto
J'ai énormément aimé le bâtiment, spécialement les parois vitrées au fond des galeries.

Laura
Son architecture vaut le détour. Particulièrement la baie donnant sur la cathédrale et faisant un effet de loupe.

Michel
Le musée, de par son architecture, vaut le coup d'œil. Quant aux expositions, c'est selon les goûts bien évidemment. Il faut y retourner fréquemment.

Titou
Succès largement mérité, même si le personnel est extrêmement désagréable.

Boris
Ne vous attendez pas à une longue visite. Il n'y a que trois étages à l'espace relativement restreint.

Cathy532
Les œuvres sont insuffisamment mises en valeur.

Morin_f
Nous avons également apprécié la cuisine du restaurant. C'est vraiment délicieux !

❶

Lisez ces avis sur le Centre Pompidou de Metz (document 1) et répondez.

1. Dites quels avis sont :
– positifs ;
– mitigés ;
– négatifs.

2. Relevez les éléments sujets à critique.
L'architecture...

POINT Langue
→ p. 203

Les adverbes de manière

a) Relisez le document 1 et complétez la liste des adverbes.

Adverbes en *–ment : absolument, ...*

Adverbes en *–emment : ...*

Adverbes en *–amment : ...*

b) Dites à quel adjectif correspond chaque adverbe.

c) Observez la place des adverbes dans les phrases suivantes.

J'y retourne fréquemment.
J'ai énormément aimé le bâtiment.
Je n'avais pas réellement compris le sujet du film.

→ **S'exercer n° 10 à 12 | p.115**

MÉMO
Formation : adjectif au féminin + *–ment*
relative-ment, particulière-ment...
Exceptions
▪ Adjectifs en *–ent* → *–emment*
évident → *évid-emment*
▪ Adjectifs en *–ant* → *–amment*
abondant → *abond-amment...*
▪ Adjectifs se terminant par *–i, –é, –u* : on ajoute *–ment* à l'adjectif au masculin
absolu-ment, vrai-ment, joli-ment...
L'adverbe se place généralement :
– après le verbe conjugué à un temps simple ;
– entre l'auxiliaire et le participe passé à un temps composé.

Attention !
On ajoute parfois un accent aigu sur le « e » pour faciliter la prononciation.
énormément, précisément

2

2 🎧 💿49

) **Écoutez le document 2 et identifiez la situation.**

) **Réécoutez, complétez le tableau puis dites quel**
spectacle choisit Marine.

Titre	Conseillé ?	Arguments
Adèle Blanc-Sec	Non	C'est le film le plus mou que je connaisse et les comédiens sont très mauvais.
..	...	...

3 🎧 💿49

éécoutez le document 2. Relevez les expressions
tilisées par Marine pour montrer son intérêt ou son
ésintérêt suite aux suggestions de Sébastien.

POINT Langue   → p. 207

Le subjonctif dans les relatives

a) Observez les propositions relatives et répondez.
– Je cherche quelque chose qui ne soit pas trop violent et qui fasse un peu rêver.
– Tu connais un film ou une pièce de théâtre qui serait bien ?
– Il faudrait un spectacle qui nous plaise à toutes les deux.

Quels modes sont utilisés ? Pourquoi, à votre avis ?

b) Relisez le tableau complété (activité 2b) et trouvez
d'autres exemples de relatives au subjonctif.

> **MÉMO**
>
> Le subjonctif s'emploie dans les propositions relatives :
>
> ■ **après certains verbes exprimant le désir, la demande,**
> **le besoin.**
> *J'aimerais aller voir un film qui soit facile à comprendre.*
> *Peux-tu me conseiller un roman qui sorte un peu de l'ordinaire ?*
> *J'ai besoin d'un dictionnaire qui ne soit pas trop encombrant.*
>
> ■ **après l'expression d'une exception ou d'une restriction :**
> *le plus, le moins, le seul, l'unique, le premier, le dernier…*
>
> *C'est le seul argument que je puisse lui opposer à propos du film.*
> *C'est une des rares comédies musicales qui m'ait plu.*
>
> ■ **après une tournure négative.**
> *Je n'ai rien lu qui ait un peu de contenu dans ce roman.*
> *Je n'ai vu aucun acteur qui soit connu au générique du film.*

→ **S'exercer n° 13 et 14** | p.115

---

4 📖

Qualifiez en une phrase les films ou séries proposés.
Utilisez *le plus, le moins, le seul, l'unique, le premier,*
***le dernier*.**
Titanic, Avatar, Harry Potter et les reliques de la mort,
Spider-Man, La Môme, Mad Men, The Artist, Desperate
Housewives

Vidéo CD-ROM   **Décrire une œuvre d'art**

Sur tous les tons

1 🔊50

Interrogation ou étonnement ? Écoutez et répondez.

2 🔊50

Réécoutez les phrases et transformez-les en changeant le ton initial.

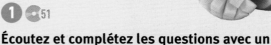

Phonie-graphie

1 🔊51

Écoutez et complétez les questions avec un tiret (-) ou un « -t- ».

1. Ce tableau, que représente...il exactement ? Qu'y a...il en arrière-plan et que voit...on à droite ?

2. Depuis quel âge ta sœur écoute...elle Brel et apprend...elle ses chansons ?

3. La musique est...elle quelque chose dont tu pourrais te passer ?

4. A...on attribué une récompense à ton film ? Saura...on bientôt quand il passera sur les écrans ?

2 🔊52

Écoutez et dites quel mot vous entendez.
figue / fige – collège / collègue – gai / geai –
lange / langue – bègue / beige –
mange / mangue – guerre / gère –
longe / longue

3 🔊53

Écoutez et complétez ces titres de romans et de films avec g ou gu.
...ar...antua (Rabelais) – *La ...erre de Troie n'aura pas lieu* (Jean Giraudoux) – ...erminal (Émile Zola) – *La Duchesse de Lan...eais*, *Le Père ...oriot* (Honoré de Balzac) – *En attendant ...odot* (Samuel Beckett) – *Le ...enou de Claire* (film d'Éric Rohmer) – *Le ...épard* (roman de Tomasi di Lampedusa et film de Luchino Visconti) – *La ...ifle* (film de Claude Pinoteau) – ...éant (film de George Stevens)

Mise en scène

1

Trouvez l'intonation juste pour chaque réplique et jouez la scène à deux.

Marc, seul.

MARC   Mon ami Serge a acheté un tableau. C'est une toile d'environ un mètre soixante sur un mètre vingt, peinte en blanc. Le fond est blanc et, si on cligne des yeux, on peut apercevoir de fins liserés* blancs transversaux.

[...]

Chez Marc. Les deux amis de Serge, Marc et Yvan, échangent leurs impressions.

YVAN   Tu vas être étonné...

MARC   Oui...

YVAN   Je n'ai pas aimé... mais je n'ai pas détesté ce tableau.

MARC   Bien sûr. On ne peut pas détester l'invisible, on ne déteste pas le rien.

YVAN   Non, non, il y a quelque chose...

MARC   Qu'est-ce qu'il y a ?

YVAN   Il y a quelque chose, ce n'est pas rien.

MARC   Tu plaisantes ?

YVAN   Je ne suis pas aussi sévère que toi. C'est une œuvre, il y a une pensée derrière ça.

MARC   Une pensée !

YVAN   Une pensée.

MARC   Et quelle pensée ?

YVAN   De l'accomplissement d'un cheminement...

MARC   Ah ! Ah ! Ah !

YVAN   Ce n'est pas un tableau fait par hasard, c'est une œuvre qui s'inscrit à l'intérieur d'un parcours...

MARC   Ah ! Ah ! Ah !

YVAN   Ris, ris.

MARC   Tu répètes toutes les conneries de Serge ! Chez lui, c'est navrant mais, chez toi, c'est d'un comique !

YVAN   Tu sais, Marc, tu devrais te méfier de ta suffisance. Tu deviens aigri et antipathique...

Yasmina Reza, *Art*, Albin Michel, 200

* un liseré : une bande é

2

Vous voulez acheter un tableau ou une sculpture très moderne. Vous la montrez à deux de vos amis. L'un est persuadé que c'est une arnaque, l'autre au contraire défend votre choix. Jouez la scène.

Réaliser pour un magazine un supplément sur un(e) artiste

1 supplément

VANESSA PARADIS

LA biographie

supplément **2**

L'interview

supplément **3**

L'album

Préparation

En petits groupes.

1. Choisissez un(e) artiste français(e) ou francophone que vous avez envie de découvrir, contemporain(e) ou d'un siècle passé : peintre, chanteur(euse), acteur(trice), musicien(ne), groupe, sculpteur(trice), réalisateur(trice)...

2. Cherchez toutes les informations dont vous avez besoin pour écrire sa biographie, sélectionnez les éléments essentiels et rédigez-la.

   = *Page 1 du supplément.*

3. Écrivez les questions d'une interview imaginaire de l'artiste à partir de sa biographie.
   Rédigez également les réponses de l'artiste (plausibles ou fantaisistes).
   Préparez une question sur les projets de l'artiste même s'il/elle n'est pas contemporain(e).

   = *Page 2 du supplément.*

4. Choisissez une de ses œuvres et faites-en le commentaire critique.

   = *Page 3 du supplément.*

5. Proposez quelques pistes pour en savoir plus sur l'artiste (sites Internet, ouvrages...).

6. Illustrez chaque page.

7. Préparez un quiz sur l'artiste pour vérifier que les autres groupes ont bien lu votre supplément.

Présentation

En grand groupe.

1. Donnez votre supplément à lire aux autres groupes un jour à l'avance.

2. Le jour venu :

   > Faites faire aux autres groupes le quiz que vous avez préparé.

   > Organisez un petit débat pour choisir le supplément le plus esthétique, le plus humoristique et le plus décapant.

S'exercer

> ## Parler de ses goûts culturels

1. Lisez la description de tableau et relevez les mots relatifs :
– au portrait ;
– au paysage.

> Au premier plan, une femme au sourire mystérieux semble nous suivre du regard. Ses mains, très bien éclairées, sont posées l'une sur l'autre et soulignent son caractère paisible et calme. Les autres parties éclairées du tableau sont le visage et la gorge, qui sont aussi le centre de la composition. Derrière la femme, on voit un paysage : des vallées, un fleuve avec un pont, des chemins qui guident le regard jusqu'au fond de l'image. Le paysage paraît flou. Plus on s'éloigne, plus il se fond dans une sorte de brume, jusqu'aux montagnes qui se confondent avec le ciel. Les couleurs sont douces pour les yeux. Il n'y a pas de couleurs fortes.

Avez-vous reconnu le tableau dont il s'agit ? Qui en est l'auteur ? Fait-il partie des tableaux que vous aimez ?

2. Faites la description précise du tableau ci-dessous.
Est-ce que ce tableau vous plaît ? Pourquoi ?

Claude Monet, *La Plage de Trouville*, 1870.

> ## L'interrogation (1)

3. Transformez ces questions posées à un écrivain en questions avec inversion.
1. Pourquoi est-ce que vous avez choisi un fait divers comme point de départ de votre roman ?
2. Comment est-ce que vous vous êtes documenté ?
3. Est-ce que c'est facile de donner vie à des personnages si différents de soi ?
4. Est-ce que vous êtes ému par vos personnages ?
5. Vous n'avez pas l'impression de voler aux vrais protagonistes de l'affaire une partie de leur vie ?
6. À quel personnage est-ce que vous êtes le plus attaché ?
7. Vous avez commencé ce roman à quel moment exactement ?
8. Pourquoi est-ce que vous avez utilisé une langue aussi familière ?
9. Vous n'avez jamais eu la tentation d'abandonner l'écriture de ce livre ?
10. Vous ne vous êtes pas senti découragé devant la complexité de votre intrigue et le nombre des personnages ?

4. Lisez les réponses de Sophie Koch, cantatrice, et trouvez les questions. Précisez de quelle sorte de questions il s'agit (fait précis, explication, opinion, émotion).
1. Je me lève rarement après 9 heures les jours où je donne un concert.
2. Non, ce n'est pas exact. J'ai essayé une fois un verre de vin, mais les cordes vocales somnolent !
3. Parce que j'ai toujours un petit en-cas dans mon sac pour l'entracte : bananes, abricots, dattes, biscuits.
4. Des exercices – une gymnastique purement vocale, de l'échauffement.
5. À la fin d'un opéra ? On a envie de pleurer, mais il faut contrôler ce trop-plein d'émotions.
6. Oui, pour moi, le meilleur c'est le public viennois, qui attend souvent les artistes après la représentation.
7. J'adorerais chanter Mozart à Salzbourg. Ce serait très gratifiant pour moi !

> ## L'interrogation (2)

5. Transformez ces questions de culture générale en questions avec inversion. Puis posez-les à votre voisin(e).
1. Par qui est-ce que le roman *Notre-Dame de Paris* a été écrit : Jean de La Fontaine, Victor Hugo ou Marcel Proust ?
2. Dans quel pays est-ce que le basket-ball a été inventé : en France, aux États-Unis ou en Italie ?
3. Il y a combien d'étoiles sur le drapeau européen : 8, 12 ou 18 ?
4. Est-ce que l'Île de la Réunion est un département français ?
5. Dans quel pays est-ce que le Rhône prend sa source : l'Italie, l'Allemagne ou la Suisse ?
6. Quelle proportion du territoire occupe la forêt en France : 10 %, 25 % ou 50 % ?
7. Comment s'appelle l'actrice principale du film *Coco Chanel* : Sophie Marceau, Marion Cotillard ou Audrey Tautou ?
8. Par qui est-ce que la Pyramide du Louvre a été dessinée ?

1. Victor Hugo. 2. Aux États-Unis. 3. 12. 4. Oui. 5. La Suisse. 6. 25 %. 7. Audrey Tautou. 8. Ieoh Ming Pei.

> ## Parler de l'art et des artistes

6. Complétez les phrases avec les mots suivants.
la mise en scène – le décor – le scénario – l'éclairage – les dialogues – la pièce – le jeu des acteurs – la lumière – une chorégraphie – l'interprétation – les comédiens – le court métrage – l'œuvre – le morceau
1. En sortant du théâtre, Philippe était furieux ; selon lui, … était nulle et … jouaient mal !
2. Dans ce spectacle, j'ai trouvé que … était très convaincant ; on croyait vraiment aux personnages.
3. Ce qui est remarquable dans ce … de 33 minutes, c'est … : l'histoire est palpitante du début à la fin.
4. Ils auraient pu soigner un peu plus … ; les répliques sonnent faux.
5. La nouvelle … de *L'Avare* à la Comédie française ? Magistrale !
6. Dans le musée, arrivée en face de … , j'ai été prise d'émotion. Mais il aurait fallu un meilleur … : il y avait trop de reflets !
7. Un bon match de foot, c'est comme un ballet, ça doit être … sur le terrain.

8. Magnifique *Cendrillon*. Les danseurs évoluent dans ... de conte de fées.

9. ... tout en finesse de ce ... de musique baroque est remarquable.

10. ... était trop violente dans la scène d'amour ; il fallait au contraire un flou artistique en demi-teinte.

Donner son avis sur un événement culturel

7. Complétez le dialogue avec les adjectifs appropriés (accordez si nécessaire).

magistral – parfait – intelligent – raté – savoureux – sentimental – décevant – insipide – impossible

À la sortie de l'adaptation cinématographique du roman *La Délicatesse* de David Foenkinos.

– Franchement, j'ai préféré le livre.

– Oui, c'est ... , j'attendais mieux, moi aussi.

– Bon, quand même, c'est un roman ... et la douce et romantique Audrey Tautou est ... dans le rôle de la tendre Nathalie.

– Ça, d'accord, mais ça n'en fait pas un film ... ! En fait, c'est le roman tel quel, même scénario, mêmes dialogues, même situations. Et ce n'est pas parce que le livre est ... que ça fait forcément un bon film.

– Peut-être que c'était mission ... d'adapter son texte au cinéma.

– Alors, tu trouves le film ... ?

– N'exagérons rien. Disons que, par opposition au plaisir que j'ai eu à lire le roman, qui est si ... , je dirais que le film est franchement ... .

8. Transformez cette critique positive en critique négative.

Bon signe : rien qu'en voyant le nom du héros, on a envie d'ouvrir le livre. L'intrigue est simple et solide, et l'auteur tient son lecteur en haleine avec son talent habituel : style efficace, rythme soutenu. Mais, tout autant que l'énigme, c'est l'ambiance qui fait le charme du texte. Un polar classique et de bon goût, avec ce sourire en coin qui fait qu'on en redemande.

Animer et participer à un débat

9. Complétez le débat avec les expressions appropriées.

Animateur : Nous ... maintenant des loisirs culturels des Français. Avec nous, M. Rive, sociologue, et Mme Bel, présidente de l'association La culture pour tous. D'abord, nous ... ce qui intéresse en général les Français, puis nous ... aux parents pauvres de la culture. M. Rive, ...

M. Rive : Eh bien, le cinéma est toujours populaire et 57 % des Français y sont allés cette année. Vient ensuite la visite d'un musée ou d'un...

Mme Bel : Pardon, ... : cette année les entrées de cinéma ont été dopées par le succès du film *Intouchables*. C'est exceptionnel. Pourtant les places restent très chères.

Animateur : C'est vrai. Maintenant ... aux spectacles en difficulté. ... M. Rive.

M. Rive : Très nettement, c'est toujours la musique classique qui est à la traîne, avec seulement 7 % de fréquentation.

Animateur : ... , Mme Bel ?

Mme Bel : Je pense qu'il n'y a pas assez de promotion pour les concerts classiques, pas assez d'aides publiques ; cela reste un loisir d'élite.

M. Rive : Mais non, ... ! Je ... , chère madame, je trouve qu'on a fait un effort considérable pour promouvoir les concerts.

› Les adverbes de manière

10. Retrouvez les adjectifs qui sont à la base des adverbes suivants.

cruellement – difficilement – attentivement – précédemment – constamment – passionnément – plaisamment – joliment – malencontreusement – gentiment

11. Remplacez les expressions soulignées par un adverbe.

1. Ce film évoque de manière très fine les relations entre frères et sœurs.
2. On attend avec impatience le prochain film de Michel Hazanavicius.
3. Pour l'ouverture du Festival de Cannes, les acteurs ont monté avec élégance les marches du Palais des festivals.
4. Le réalisateur, de nationalité anglaise, parlait le français de façon courante.
5. L'acteur a regardé son trophée avec fierté.
6. Le comédien s'est mis au travail avec résolution.
7. Cet acteur aime son métier de manière aveugle.
8. Les acteurs ont été bien payés, de manière conforme à leur contrat.

12. Complétez ces paroles de spectateurs en formant l'adverbe et en le mettant à la place qui convient.

1. Je suis choqué par les critiques. (total)
2. Les films de Luc Besson ? Je les ai tous vus. (pratique)
3. *Le Grand Bleu* est le film que je préfère. (vrai)
4. C'est le seul acteur qui soit en accord avec son personnage. (parfait)
5. Ce comédien a tenu son rôle. (brillant)
6. Seul le rôle principal est interprété. (talentueux)
7. Le metteur en scène a dirigé ses acteurs. (intelligent)
8. Le chef d'orchestre a rappelé à l'ordre ses musiciens. (gentil)
9. J'avais l'impression que la pièce se prolongeait. (indéfini)

› Le subjonctif dans les relatives

13. Conjuguez les verbes à la forme qui convient.

1. Je n'ai trouvé aucun spectacle qui (correspondre) à ses goûts.
2. Je suis à la recherche d'un film qui (pouvoir) plaire à des enfants de 6 ans.
3. Je ne connais pas de peintre qui (avoir) autant de succès de son vivant que Picasso.
4. Nos amis voulaient trouver un spectacle où les animaux (admettre) !
5. Il n'y a rien dans cette pièce que je (pouvoir) critiquer.
6. Je n'ai jamais vu aucun spectacle qui (me faire pleurer).
7. Je n'ai rencontré personne qui (dire) du bien de ce film.

14. Conjuguez les verbes à la forme qui convient.

1. C'est le meilleur concert que j' (entendre) dans cette salle.
2. C'est un des seuls livres sur lequel je (ne pas s'endormir).
3. Ce sont les peintures les plus exceptionnelles qu'on (exposer) depuis longtemps.
4. *La Joconde* n'est-il pas l'unique tableau que Léonard de Vinci (apporter) avec lui en France ?
5. Franchement, c'est le plus mauvais spectacle auquel nous (assister) ensemble.
6. Voilà la seule critique qui (valoir) la peine d'être lue.

VERS LE **DELF B1**

Compréhension des écrits

C'est bientôt l'anniversaire de votre meilleur ami français, qui adore la littérature. Vous décidez de lui offrir un livre, sachant que :
– votre ami aime les romans historiques ;
– vous préférez choisir un livre qui a obtenu un prix littéraire ;
– le livre ne doit pas faire plus de 500 pages ;
– vous voulez acheter un livre publié après 2005 ;
– vous disposez d'un budget de 15 € pour faire ce cadeau.

En faisant une recherche sur les sites Internet des éditeurs, vous trouvez les quatre présentations suivantes.

1

Michel Houellebecq
La carte et le territoire

Flammarion

Si Jed Martin, le personnage principal de ce roman – couronné du prix Goncourt 2010 – devait vous en raconter l'histoire, il commencerait peut-être par vous parler d'une panne de chauffe-eau, un certain 15 décembre. Ou de son père, architecte connu et engagé, avec qui il passa seul de nombreux réveillons de Noël. L'art, l'argent, l'amour, le rapport au père, la mort, le travail, la France devenue un paradis touristique sont quelques-uns des thèmes de ce roman, résolument classique et ouvertement moderne.

450 pages
Date de parution : septembre 2010
Prix : 22,50 €

2
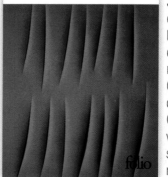

Jonathan Littell
Les Bienveillantes

folio

912 pages
Date de parution : août 2006
Prix : 13 €

Avec cette œuvre monumentale qui s'inscrit aussi bien dans l'héritage d'Eschyle que dans la lignée de *Vie et destin* de Vassili Grossman ou des *Damnés* de Visconti, Jonathan Littell nous fait revivre les horreurs de la seconde guerre mondiale du côté des bourreaux, tout en nous montrant l'épopée d'un être emporté dans la traversée de lui-même et de l'Histoire.
Ce livre a obtenu, en 2006, le Grand Prix du roman de l'Académie française et le prix Goncourt. À la fin 2007, le roman avait été vendu à plus de 700 000 exemplaires. Le succès s'est confirmé avec la réédition du roman, revu par l'auteur, dans la collection « Folio » en février 2008.

3

Laurent **Binet**
HHhH
PRIX GONCOURT DU PREMIER ROMAN

Prague, 1942 : deux soldats tchèques sont chargés par Londres d'assassiner Reinhard Heydrich, le chef de la Gestapo et des services secrets nazis, le bras droit d'Himmler.
Dans ce livre, les événements comme les personnages sont authentiques. Pourtant, une autre guerre se joue, celle qui oppose la fiction romanesque à la vérité historique.
L'auteur doit résister à la tentation de romancer. Il faut bien, cependant, mener l'histoire à son terme...
HHhH a obtenu le prix Goncourt du premier roman en 2010 et le prix des Lecteurs du Livre de poche (section littérature) en 2011.

448 pages
Date de parution : janvier 2010
Prix : 7,60 €

4 Patrick Chamoiseau
Texaco

Patrick Chamoiseau a sans doute écrit, avec *Texaco*, le grand livre de l'espérance et de l'amertume du peuple antillais, depuis l'horreur des chaînes jusqu'au mensonge de la politique de développement moderne. Il brosse les scènes de la vie quotidienne, les moments historiques, les fables créoles, les poèmes incantatoires, les rêves, les récits satiriques. Monde en ébullition où la souffrance et la joie semblent naître au même instant.
Texaco a été récompensé par le prix Goncourt l'année de sa publication.

512 pages
Date de parution : août 1992
Prix : 8,60 €

Pour chaque livre et pour chacun des critères proposés, choisissez « convient » ou « ne convient pas ».

	1 La Carte et le Territoire		2 Les Bienveillantes		3 HHhH		4 Texaco	
	Convient	Ne convient pas	Convient	Ne convient pas	Convient	Ne convient pas	Convient	Ne convient pas
Roman historique								
Récompense littéraire								
Nombre de pages								
Date de publication								
Prix								

Quel livre choisissez-vous ?

Production écrite

Vous travaillez dans une entreprise française et vous apprenez que votre comité d'entreprise* va bientôt proposer aux salariés des billets à tarif réduit pour des spectacles culturels. Vous écrivez dans le journal de l'entreprise un article pour raconter le dernier spectacle intéressant que vous avez vu et pour le conseiller à vos collègues. (160 à 180 mots)

Comité d'entreprise : groupe de représentants du personnel qui intervient dans la mise en place d'œuvres sociales et culturelles dans l'entreprise.

Dossier 7
Je sauvegarde

La ville du futur · · · · · Vidéo CD-ROM

B1.2

« L'homme pille la nature,
mais la nature finit toujours par se venger. » Gao Xingjian

« La nature fait bien les choses. »

Ouvertures

Mickey 3D

Groupe engagé, Mickey 3D voit le jour en 1997 dans un village près de Saint-Étienne. Leur premier album, *Mistigri torture*, sorti en 1999, est un mélange de rock acoustique et de rock électronique.

Grâce à leur collaboration avec le groupe Indochine en 2003, Mickey 3D est en tête des ventes avec le titre *Respire*. Il obtient deux Victoires de la Musique pour la meilleure chanson de l'année et pour le meilleur clip. Après s'être temporairement séparé durant l'année 2005, le groupe revient, en septembre 2009, avec un nouvel album intitulé *La Grande Évasion*.

1   un gamin (fam.) : un enfant

2   des souliers : des chaussures

3   la gueule (fam.) : la tête

4   pliée (fam.) : terminée

5   c'est pas demain la veille (expression) : dans très longtemps ou jamais

6   mourir de rire (expression) : rire à un point extrême

7   bouffé (fam.) : mangé

8   un con (fam.) : un imbécile

9   défroqué : quelqu'un qui a renoncé à ses obligations

10   un chou : selon la légende populaire, les garçons naissent dans les choux et les filles dans les roses

11   une fosse à purin : un trou pour les excréments des animaux dans une ferme

Respire

Approche-toi petit, écoute-moi gamin[1]
Je vais te raconter l'histoire de l'être humain
Au début y'avait rien, au début c'était bien
La nature avançait, y'avait pas de chemin
Puis l'homme a débarqué avec ses gros souliers[2]
Des coups de pied dans la gueule[3] pour se faire respecter
Des routes à sens unique il s'est mis à tracer
Les flèches dans la plaine se sont multipliées
Et tous les éléments se sont vus maîtrisés
En deux temps trois mouvements l'histoire était pliée[4]
C'est pas demain la veille[5] qu'on fera marche arrière
On a même commencé à polluer les déserts

Il faut que tu respires
Et ça c'est rien de le dire
Tu vas pas mourir de rire[6]
Et c'est pas rien de le dire

D'ici quelques années on aura bouffé[7] la feuille
Et tes petits-enfants ils n'auront plus qu'un œil
En plein milieu du front ils te demanderont
Pourquoi toi t'en as deux, tu passeras pour un con[8]
Ils te diront comment t'as pu laisser faire ça
T'auras beau te défendre, leur expliquer tout bas :
C'est pas ma faute à moi, c'est la faute aux anciens
Mais y'aura plus personne pour te laver les mains
Tu leur raconteras l'époque où tu pouvais
Manger des fruits dans l'herbe allongé dans les prés
Y'avait des animaux partout dans la forêt
Au début du printemps les oiseaux revenaient

Il faut que tu respires
Et ça c'est rien de le dire
Tu vas pas mourir de rire
Et c'est pas rien de le dire
Il faut que tu respires
C'est demain que tout empire
Tu vas pas mourir de rire
Et c'est pas rien de le dire

Le pire dans cette histoire c'est qu'on est des esclaves
Quelque part assassins, ici bien incapables
De regarder les arbres sans se sentir coupables
À moitié défroqués[9], cent pour cent misérables
Alors voilà petit l'histoire de l'être humain
C'est pas joli joli et j'connais pas la fin
T'es pas né dans un chou[10] mais plutôt dans un trou
Qu'on remplit tous les jours comme une fosse à purin[11]

(Refrain)

Mickey 3D, EMI Music France, 2003.
Auteurs : Furnon / El Mahmoud / Joanin

1 🎧 ⊙54

a) Écoutez la chanson et répondez.

1. À qui s'adresse le texte ?

2. Dans quel objectif ?

3. Quel est le thème de la chanson ?

b) Réécoutez et mettez les résumés des trois strophes dans l'ordre de la chanson.

1. Le futur de l'homme s'il continue dans cette indifférence.

2. L'égoïsme de l'homme et sa culpabilité.

3. L'histoire de l'arrivée de l'homme qui a bouleversé l'équilibre de la nature.

2 📖

Lisez la chanson.

1. Notez les phrases qui évoquent :
– les actions de l'homme sur la nature ;
– les calamités qui nous attendent ;
– un paradis perdu.

2. Repérez les mots qui qualifient l'être humain.

3 🗣

Quel sentiment domine dans la chanson ? Justifiez.

4 🖊

Ajoutez un couplet à la chanson : le « gamin » s'oppose aux affirmations de la chanson et se montre optimiste.

5 **EGO** Questionnaire

Vous et l'écologie

• Avez-vous une conscience écologique ? Depuis quand ?

• Avez-vous diminué votre consommation d'énergie ? Comment ?

• Avez-vous changé votre manière de vous alimenter ?

• Avez-vous noté des améliorations sur le plan écologique dans votre ville ? Lesquelles ?

• Une catastrophe récente a-t-elle eu un impact sur votre conscience écologique ?

• Êtes-vous pour ou contre la sortie du nucléaire ?

• Pensez-vous qu'il y a des combats plus urgents et plus importants que la défense de l'environnement ? Lesquels ?

LES MOTS pour...
Parler de l'écologie

Il faut contribuer à la sauvegarde de l'environnement, préserver la nature.
Je suis pour le développement durable.

J'évite le gaspillage
{
en utilisant des ampoules longue durée.
en ne laissant pas mon ordinateur en veille.
en économisant le papier.
en triant mes déchets pour le recyclage.
en prenant une douche au lieu d'un bain.
}

Je fais des économies d'énergie en me déplaçant le plus possible à vélo ou à pied.
Je pratique le covoiturage.

Je privilégie les produits verts/bio, du commerce équitable, de saison, cultivés dans ma région.
J'ai diminué ma consommation de viande pour réduire mon empreinte écologique.

Les gestes écologiques sont trop contraignants/ne sont pas suffisants.
Je n'ai pas le réflexe de trier, de recycler.
Je ne fais pas du tout attention à ma consommation.

La pollution de l'environnement dans ma ville a été atténuée grâce au recyclage des déchets, à l'isolation des bâtiments, à l'amélioration de la qualité de l'air.
Les véhicules hybrides sont en train de se développer.

J'ai été interpellé(e), marqué(e), profondément choqué(e) par les catastrophes climatiques comme le tsunami au Japon, la tempête Xynthia, le séisme en Haïti…

Je suis pour/opposé(e) à/contre la sortie du nucléaire.
Il faut développer des équipements moins énergivores.
Je suis partisan(e) d'avoir davantage recours aux énergies renouvelables : éolienne, solaire, hydraulique…
Les énergies vertes ne pourront jamais satisfaire tous nos besoins.

→ S'exercer n° 1 et 2 | p.132

Ma ville

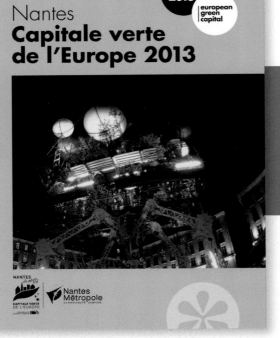

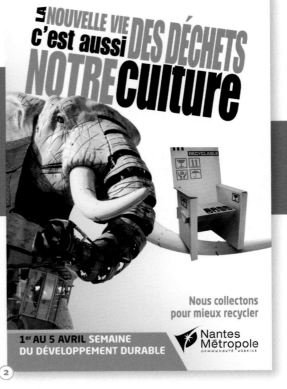

Observez les affiches et faites des hypothèses.

1. Que nous apprend l'affiche 1 ?

2. Quel est le double objectif de l'affiche 2 ?

1 **2** 🎧 💿55

Écoutez le document 1 et répondez.

1. Quel est le but de l'annonce ?

2. Qui va participer et quels thèmes seront abordés ?

2 **3** 🎧 💿56

a) **Écoutez le dialogue entre Aurélien et son professeur de droit de l'environnement (document 2). Dites quel est le thème de leur échange.**

b) **Réécoutez et relevez :**
   – le thème qu'Aurélien a préféré ;
   – ce qui l'a étonné et ce qu'il a trouvé positif ;
   – ce qu'il a regretté.

c) **Réécoutez et complétez le compte rendu de stage d'Aurélien (document 3 page 123).**

4

Relisez le compte rendu de stage complété (document 3).

1. Dites quelles informations il donne sur le stagiaire.

2. Attribuez un des titres suivants à chaque paragraphe.
   – Thèmes abordés et constats
   – Conclusion
   – Opinions du stagiaire sur ces journées et mise en perspective
   – Présentation du stage
   – Engagements de la ville

5

Quels sont les thèmes évoqués dans le compte rendu d'Aurélien ?

☐ Gestion et amélioration du patrimoine
☐ Pollution sonore
☐ Qualité locale de l'air ambiant
☐ Lutte contre le changement climatique
☐ Information et formation des citoyens
☐ Production et gestion des déchets
☐ Nature et biodiversité
☐ Collecte des ordures
☐ Consommation d'eau
☐ Espaces verts urbains

COMPTE RENDU DE STAGE

Aurélien Fourmond

Né le 23 mai 1991

afourmond@gmail.com
06 17 48 22 25

IUT Louis Pasteur de Strasbourg
Sciences de la terre, 2e année

Lieu et dates du stage :
... du 1er au 5 avril

Responsable de stage :
M. Maurice Lefort

Objectifs du stage :
- ... des différents ateliers de la Semaine du développement durable
- Imaginer des outils de communication pour améliorer le lien entre les experts et les habitants

Pendant ces quatre jours, j'ai assisté aux ... de la ville de ... , organisés à l'occasion de ... . Ces ateliers sont des lieux de débats, d'informations et de propositions. Ouverts à tous les acteurs de la ville – citoyens, associations, experts économiques, représentants de comités consultatifs –, ils devaient permettre de faire émerger de nouvelles propositions citoyennes autour des enjeux du développement durable.

Trois ateliers ont été organisés, chacun autour d'un grand thème :
Nantes et les enjeux urbains de demain – La place de la ... – ... .
J'ai pu constater que ces journées sont l'occasion d'un véritable échange entre les habitants et leurs élus et que les débats ont débouché sur des propositions concrètes et réalistes.

Ces nombreux échanges ont été constructifs et la municipalité de Nantes s'est engagée à :
1. ne plus utiliser aucun pesticide pour entretenir et nettoyer la voirie.
2. améliorer les transports « doux » : trams, vélos en libre service, covoiturage, système de location de voitures électriques.
3. réparer et moderniser régulièrement les services de distribution d'eau.
4. réduire de 30 % les émissions de gaz à effet de serre du territoire en 2020 et de 50 % en 2025.
5. ... en créant un journal et un forum pour partager les idées et en ... .
6. réaliser ... pour offrir un environnement sonore de qualité aux habitants.
7. poursuivre la création de jardins et de parcs à travers toute la ville.

J'ai apprécié l'atmosphère dans laquelle se sont déroulés les ateliers. Les intervenants ont fait preuve de beaucoup de ... pour trouver des solutions et les élus étaient ... . Ils étaient d'autant plus motivés que leur ville venait de recevoir ... .
Il est toutefois regrettable que la plupart des participants soient ... et qu'on entende peu ... .
Par ailleurs, je pense qu'il faudrait monter des outils de participation plus impliquants pour les citoyens ; ils pourraient par exemple prendre part à la synthèse des débats.

J'ai trouvé ce stage très formateur. J'ai pu me rendre compte à quel point les ... comptent autant que les problèmes d'ordre ... . J'ai été entouré de personnes qui ont su me guider, mais je pense que ces quatre jours ont été ... . Je regrette en effet de ne pas avoir eu le temps de ... , de ... et d'approfondir mes recherches. J'aurais notamment souhaité prendre plus de temps pour développer avec M. Naudin, responsable de ces ateliers, un meilleur programme de communication et de suivi en direction de tous les habitants.

STRATÉGIES pour...

Faire un compte rendu de stage

Le compte rendu a une fonction :
– de témoignage : faire une synthèse de ses observations pendant le stage ;
– de jugement : insérer des commentaires et des propositions.

Organiser le rapport selon un plan composé de parties distinctes :
– Présentation et objectifs du stage
– Thèmes abordés et constats
– Enjeux et actions engagées
– Suggestions et mise en perspective
– Conclusion

Utiliser *je* ou *nous*.

Dire ce que l'on a constaté et appris :
J'ai découvert, observé, noté, constaté que...
J'ai compris l'importance des débats...
J'ai acquis une expérience de terrain.

Donner des exemples précis :
Par exemple, ...
Pour donner un exemple, ...
Ainsi, ...
Notamment

Donner une opinion :
J'ai apprécié l'atmosphère.
J'ai trouvé ces échanges très positifs, constructifs.
Il est regrettable
Je regrette } que le stage n'ait duré
Je déplore } que quatre jours.

Exprimer une proposition :
Je suggère de mieux informer les habitants de la ville.
Je propose d'améliorer la communication auprès de tous les habitants.

---

6 🔊 ✏️ 🎧57

Écoutez, prenez des notes et rédigez le rapport de stage d'Estelle Jouaneau, étudiante en BTS de gestion et protection de l'environnement à l'IUT de Nantes.

Outils pour...
› Parler de l'avenir

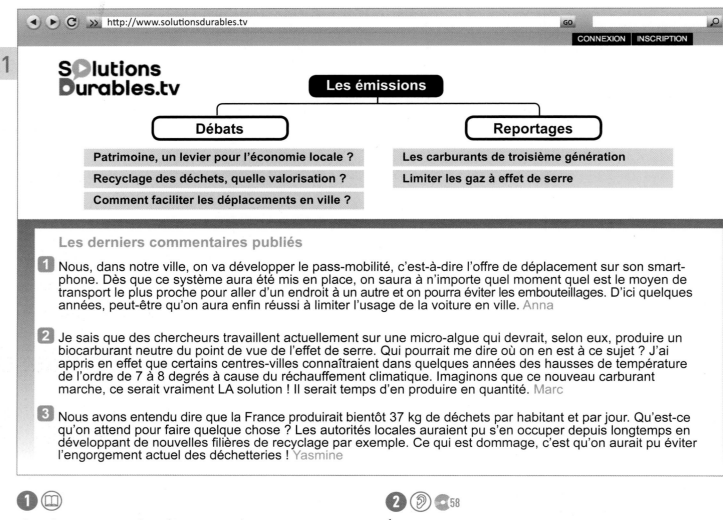

http://www.solutionsdurables.tv — GO

CONNEXION | INSCRIPTION

1

Solutions Durables.tv

Les émissions

Débats
- Patrimoine, un levier pour l'économie locale ?
- Recyclage des déchets, quelle valorisation ?
- Comment faciliter les déplacements en ville ?

Reportages
- Les carburants de troisième génération
- Limiter les gaz à effet de serre

Les derniers commentaires publiés

1 Nous, dans notre ville, on va développer le pass-mobilité, c'est-à-dire l'offre de déplacement sur son smartphone. Dès que ce système aura été mis en place, on saura à n'importe quel moment quel est le moyen de transport le plus proche pour aller d'un endroit à un autre et on pourra éviter les embouteillages. D'ici quelques années, peut-être qu'on aura enfin réussi à limiter l'usage de la voiture en ville. Anna

2 Je sais que des chercheurs travaillent actuellement sur une micro-algue qui devrait, selon eux, produire un biocarburant neutre du point de vue de l'effet de serre. Qui pourrait me dire où on en est à ce sujet ? J'ai appris en effet que certains centres-villes connaîtraient dans quelques années des hausses de température de l'ordre de 7 à 8 degrés à cause du réchauffement climatique. Imaginons que ce nouveau carburant marche, ce serait vraiment LA solution ! Il serait temps d'en produire en quantité. Marc

3 Nous avons entendu dire que la France produirait bientôt 37 kg de déchets par habitant et par jour. Qu'est-ce qu'on attend pour faire quelque chose ? Les autorités locales auraient pu s'en occuper depuis longtemps en développant de nouvelles filières de recyclage par exemple. Ce qui est dommage, c'est qu'on aurait pu éviter l'engorgement actuel des déchetteries ! Yasmine

1

Lisez les commentaires (document 1). Associez chacun d'eux au titre d'une émission diffusée par Solutionsdurables.tv.

2 58

Écoutez et dites ce que chaque phrase exprime.
un désir – une information non confirmée – une demande polie – une suggestion atténuée – un regret – des prédictions – un reproche

---

POINT Langue

Futur simple et futur antérieur

a) Repérez les verbes au futur simple dans le premier commentaire (document 1). Puis rappelez la formation du futur simple et donnez la liste des verbes irréguliers.

b) Notez dans le premier commentaire :
– une action antérieure à une action future ;
– un fait anticipé dans le futur.

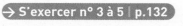
→ S'exercer n° 3 à 5 | p.132

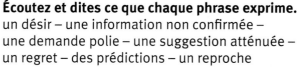

MÉMO → p. 206

Formation du futur simple :
infinitif du verbe (sauf exceptions) + *–ai, –as, –a, –ons, –ez, –ont*
je trier-ai, tu finir-as

Formation du futur antérieur :
être ou *avoir* au futur + participe passé du verbe
j'aurai trié, ils seront entrés

Le futur antérieur :
▪ indique qu'une action sera accomplie quand une deuxième action arrivera.
Une fois que/Dès que/Quand/Aussitôt que ce système aura été mis (action 1) *en place, on saura* (action 2) *quel est le moyen de transport le plus proche.*

▪ permet d'anticiper un résultat dans le futur.
On aura enfin réussi à limiter l'usage de la voiture en ville.

POINT Langue

→ p. 206

Le conditionnel

Associez.

Une micro-algue qui devrait produire un biocarburant. •	• Paroles rapportées
Qui pourrait me dire... •	• Information non confirmée
J'ai appris que certains centres-villes connaîtraient... •	• Demande polie
Ce serait vraiment LA solution. •	• Conseil
Il serait temps de produire ce nouveau carburant. •	• Situation imaginaire
Les autorités auraient pu s'en occuper depuis longtemps. •	• Regret
On aurait pu éviter l'engorgement actuel des déchetteries. •	• Reproche

---

MÉMO

Le conditionnel présent
Formation : base du futur + –ais, –ais, –ait, –ions, –iez, –aient
je trierai → *je trierais ; tu pourras* → *tu pourrais*
Il permet d'exprimer :
- une éventualité.
- une atténuation (suggestion, question polie).
- une affirmation non confirmée.
- un conseil : *tu devrais, vous devriez, tu ferais mieux de...*

C'est **l'équivalent du futur quand le verbe principal est au passé**.
Vous dites qu'on créera un nouveau carburant.
→ *Vous avez dit qu'on créerait un nouveau carburant.*

Le conditionnel passé
Formation : *être* ou *avoir* au conditionnel présent + participe passé du verbe
j'aurais dû, ils seraient restés
Il permet d'exprimer :
- un remords, un regret.
- un reproche : *j'aurais dû/pu... ; il aurait fallu... ; tu aurais dû/pu...*
- une affirmation non confirmée.

C'est **l'équivalent du futur antérieur quand le verbe principal est au passé.**
Vous dites qu'on aura bientôt épuisé toutes les ressources.
→ *Vous avez dit qu'on aurait bientôt épuisé toutes les ressources.*

→ S'exercer n° 6 et 7 | p.132

❯ Faire des hypothèses

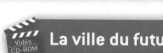

La ville du futur

2 🎧 **3** 🔊 🔵59

Écoutez Amandine et Léo (document 2) et répondez.

1. De quel(s) problème(s) écologique(s) Amandine parle-t-elle ?
- ☐ le recyclage des déchets
- ☐ la disparition d'espèces
- ☐ le réchauffement climatique
- ☐ les gaz à effet de serre
- ☐ la diminution des ressources naturelles
- ☐ la consommation d'eau

2. Quelle est l'attitude adoptée par Léo ? Quelles hypothèses fait-il sur les deux problèmes évoqués par Amandine ?

POINT Langue

→ p. 208

Faire des hypothèses

Réécoutez le document 2 et complétez.

1. Tu sais que, si ça continue comme ça, il n'y ... plus de gros singes.
2. Si nous ... moins, nous conserverions notre forêt.
3. Si les dinosaures ... , les mammifères se seraient moins développés et les espèces ne seraient pas si variées.
4. Si tu ne me crois pas, ... cet article.
5. Si on ... le pétrole, on n'en serait pas là !

→ S'exercer n° 8 et 9 | p.132-133

MÉMO

Hypothèse →	Conséquence
Si + présent →	**présent ou impératif**
Si tu ne me crois pas,	*lis cet article !*
Si + présent →	**futur**
Si ça continue comme ça,	*il n'y aura plus de gros singes.*
Si + imparfait →	**conditionnel présent ou passé**
Si nous consommions moins,	*nous conserverions notre forêt et beaucoup d'arbres auraient déjà eu la vie sauve.*
Si + plus-que-parfait →	**conditionnel présent ou passé**
Si le prix des carburants n'avait pas autant augmenté,	*il y aurait encore plus de voitures et on n'aurait pas développé les énergies vertes.*

Points de vue sur...

1 📖

Lisez le document 1 et résumez oralement cette initiative à votre voisin(e).

2 📖

a) Lisez le document 2 et résumez oralement cette initiative à votre voisin(e).

b) Expliquez le jeu de mots du titre de l'article.

3 🔄

Échangez.

1. Quelle idée est la plus novatrice pour vous ?

2. Quelle sorte de potager préfèreriez-vous ? « Sur votre toit » ou « partagé » dans votre quartier ? Justifiez. Quelles sortes de plantations y feriez-vous ?

3. Connaissez-vous des initiatives semblables dans votre ville ? Y participez-vous ?

1

Et si on transformait le toit de votre immeuble en potager ?

Une batavia fraîchement cueillie qui craque sous la dent est un plaisir simple mais difficile à satisfaire pour un citadin. À mesure que les villes s'étendent et que les bonnes terres agricoles s'épuisent, l'appétit des consommateurs pour les produits frais et locaux se fait plus pressant. Pourquoi ne pas développer des cultures maraîchères en ville sur l'espace inutilisé des toits ? En 2009, Mohamed Hage fonde la société Les Fermes Lufa, qui commercialise depuis avril 2011 les récoltes de sa première serre urbaine à Montréal. Désormais, pour près de 1 000 abonnés aux paniers de légumes, de la cueillette à l'assiette, le circuit est des plus courts.

Frédérique Sauvée, Rue89, novembre 2011

2

Ils sèment éperdument

Depuis sa création, l'association Potager en'vie a fait germer des vocations. Aujourd'hui, elle rassemble une quarantaine de mains vertes qui cultivent en commun aubergines, œillets ou framboisiers. Dimanche, ils invitent à découvrir leur jardin d'Eden* le long de la Fecht à Munster.

Depuis dix ans, l'association Potager en'vie a fait de ce terrain, mis à disposition par la mairie de Munster, un bouillonnement de cultures, avec des fruits, des fleurs, des herbes aromatiques. Les jardiniers les plus aguerris ou ceux en herbe s'y affairent quotidiennement sur de larges plates-bandes qui forment une spirale des sens avec tout ce qui est beau à voir, à manger, à sentir. C'est un espace qui se construit collectivement : à la différence d'autres jardins créés ici ou là, ceux-ci sont « partagés ». C'est le concept novateur de ce potager munstérien, qui rassemble une quarantaine de personnes dont le dénominateur commun est d'aimer le jardinage.

Dernières Nouvelles d'Alsace, juin 2012

* leur jardin d'Eden : leur paradis

LES MOTS pour...

Cultiver son jardin

Un jardin potager ≠ Un jardin d'agrément

Semer, planter puis cueillir ou récolter au bon moment.
Nourrir, enrichir la terre avec du compost.
Arroser régulièrement.
Traiter avec des produits naturels.
Désherber, arracher les mauvaises herbes.

Cultiver un grand nombre de plantes, varier les espèces : des plantes vivaces, annuelles, grimpantes, des plantes qui fleurissent en hiver.
Tailler, élaguer les arbres.
Faire pousser des légumes, des plantes aromatiques dans un potager, dans une serre.

→ **S'exercer n° 10 | p.133**

4 🔄

Avez-vous déjà jardiné ? Parmi les actions des « Mots pour cultiver son jardin », lesquelles avez-vous déjà pratiquées ?

Opérateur de marché **en CO$_2$**

**Son job : vendre et acheter des quotas d'émissions de gaz à effet de serre !
Un métier très récent et plein d'avenir.**

On connaît tous le trader stressé vendant et achetant des titres de bourse pour le compte de riches clients. En revanche, le trader en CO$_2$ exerce un métier moins connu. Lui aussi opère dans les salles de marché, mais sa spécialité n'a rien à voir avec les actions et les obligations : il vend et achète du dioxyde de carbone, du CO$_2$!

L'Union européenne s'est engagée à réduire ses émissions de 20 % à l'horizon 2020. Pour y arriver, elle impose aux industriels un quota d'émission de gaz à effet de serre. Certains n'utilisent pas l'intégralité de ce quota. D'autres au contraire le dépassent. D'où l'idée d'un marché d'échange de quotas permettant aux bons élèves de vendre et aux mauvais élèves d'acheter leur « droit à polluer ».

Phosphore, © Bayard Presse, Sandrine Pouverreau, 2012

5 📖 ♽

Lisez le document 3 et répondez.

1. En quoi consiste ce nouveau métier ? Pour quelle raison a-t-il été inventé ?

2. Pensez-vous que l'ouverture d'un marché d'échange de son « droit à polluer » soit une bonne chose ? Listez les arguments « pour » et « contre » et discutez-en.

POINT Info

Durée de vie des déchets dans la nature

TICKET DE MÉTRO
environ 1 an

PEAU DE BANANE
3 à 6 mois

MORCEAU DE
BOIS NATUREL
1 à 4 ans

CHAUSSETTE EN LAINE
1 an

CANETTE
EN ALUMINIUM
200 à 400 ans

MORCEAU DE
BOIS PEINT
13 ans

COUVERCLE EN ACIER
100 ans

PAPIER DE BONBON
2 à 5 ans

EMBALLAGE
EN PLASTIQUE
450 ans

6 📖 ♽

Lisez le Point Info sur la durée de vie des déchets.

1. Quelles conclusions en tirez-vous ?

2. D'après-vous, quelle est la durée de vie :
– d'un objet en verre ?
– d'une pile au mercure ?
– d'un chewing-gum ?

RENDEZ-VOUS Alterculturel

Kirsten nous parle de l'écologie en Allemagne.

🔊 60

Écoutez-la et répondez.

1. Quelles sont les deux grandes sources d'énergie nouvelles présentées par Kirsten ?

2. En quoi l'État allemand participe-t-il à leur développement ?

3. Quels autres éléments montrent que l'Allemagne est un pays « vert » ?

Outils pour...

› Interdire et préserver

Grenelle de l'environnement

Mesures prises	Dans quel but ?
1. Interdiction des phosphates dans les produits de lessive.	a. Épargner l'énergie.
2. La circulation de certains véhicules sera interdite dans les ZAPA (zones d'action prioritaires pour l'air).	b. Éviter les risques d'incendie et l'émission de produits toxiques.
3. L'usage du téléphone portable est strictement interdit aux élèves de maternelle, école primaire et collège.	c. Empêcher la prolifération de certaines algues indésirables.
4. Défense absolue de brûler des déchets verts à l'air libre.	d. Ne pas nuire aux abeilles.
5. Décision d'interdire la vente des ampoules les plus énergivores dans le domaine de l'éclairage domestique.	e. Protéger la santé des enfants.
6. L'usage du pesticide Cruise est défendu.	f. Éviter un risque de pollution génétique.
7. Les agriculteurs ne pourront pas semer de graines de maïs transgénique. Elles ne sont pas autorisées.	g. Ne pas contaminer l'air.

1

Lisez ces mesures récentes prises par le gouvernement français à l'occasion du Grenelle de l'environnement* (document 1). Associez chacune d'elles à son objectif.
* Le Grenelle de l'environnement est un ensemble de rencontres politiques organisées en France en 2007, visant à prendre des décisions à long terme en matière d'environnement et de développement durable.

2

Classez ces mesures de la plus importante à la moins importante pour vous et comparez avec le classement de votre voisin(e).
A-t-on pris des mesures semblables dans votre pays ?

3

a) Relisez le document 1. Repérez les expressions pour interdire ou défendre et notez leur construction.

b) Repérez les expressions qui évoquent la sauvegarde de l'environnement.

LES MOTS pour...

Interdire

Il est (formellement) interdit de + *infinitif*
Interdiction de + *infinitif*

Il ne faut pas + *infinitif* / On ne doit pas + *infinitif*

Il est défendu de + *infinitif*
Défense (absolue) de + *infinitif*

L'utilisation des pesticides est (strictement) interdite, défendue...
Les pesticides ne sont pas autorisés.

→ S'exercer n° 11 | p.133

LES MOTS pour...

Préserver

Limiter les risques d'incendie, de pollution.
Préserver/sauvegarder la flore, la faune.
Ne pas nuire/être nuisible à l'environnement.
Protéger les espèces.
Épargner les ressources naturelles.
Par mesure de protection, empêcher la prolifération de.

→ S'exercer n° 12 | p.133

4

Rédigez trois interdictions que vous voudriez que le gouvernement prenne dans votre pays dans le domaine environnemental et dites dans quels objectifs.

5

Écrivez les mesures que pourrait prendre le gouvernement français pour protéger le mont Saint-Michel.

Le mont Saint-Michel, en Basse-Normandie.

Substituer avec les pronoms *y* et *en*

TEST
Partagez-vous le programme des Verts ?

1. Que pensez-vous des ateliers sur le développement durable ?
a. J'en viens, c'était passionnant !
b. Je n'y vais jamais.

2. On produira 40 % de notre énergie à partir de sources renouvelables dès 2020 (hors carburant).
a. J'y crois.
b. On n'en sera jamais capables.

3. Un million de logements par an d'ici 2020 seront au niveau « basse consommation d'énergie ».
a. Il faudrait s'y mettre maintenant !
b. J'en doute.

4. Un « objectif triple zéro » sera imposé : zéro OGM, zéro gaz de schiste, zéro autoroute supplémentaire.
a. J'y adhère totalement.
b. La croissance en souffrirait.

5. On empêchera les trafics d'animaux.
a. Il faudrait en parler davantage.
b. Je ne m'y suis jamais intéressé(e).

6. La sortie du nucléaire est inéluctable.
a. J'en suis persuadé(e).
b. J'y ai toujours été opposé(e).

7. On interdira la viande certains jours de la semaine.
a. C'est bien, j'en mangerai moins.
b. Je ne pensais pas qu'on y viendrait un jour !

Faites le test (document 2) puis comparez vos réponses avec celles de votre voisin(e).

POINT Langue
→ p. 201

Les pronoms *y* et *en*

a) **Dans les réponses du test, dites ce que remplacent les pronoms *y* et *en*.**
b) **Complétez la liste des verbes et adjectifs utilisés avec la préposition *à* ou la préposition *de*.**
Croire à, être capable de...

> **MÉMO**
>
> **Le pronom *y* sert à remplacer :**
> ■ un complément de lieu.
> – *Tu es allé(e) à la déchetterie ?*
> – *Je n'y suis pas encore allé mais j'y vais maintenant.*
> ■ un complément de verbe construit avec la préposition *à*.
> – *Tu as réfléchi au projet ?*
> – *J'y pense souvent mais je n'y ai pas encore assez réfléchi.*
> ■ un complément d'adjectif introduit par *à*.
> – *Le maire a été sensible à tes arguments ?*
> – *Il y a été sensible.*
>
> Attention !
> **Le pronom *y* peut remplacer une idée.**
> – *On produira 40 % d'énergie renouvelable dès 2020.*
> – *J'y crois !*
>
> **Le pronom *en* sert à remplacer :**
> ■ un COD précédé d'un article indéfini ou partitif.
> – *Vous avez des réunions à Compostri ? – On en a beaucoup.*
> – *Tu achètes de la nourriture bio ? – J'en achète parfois.*
>
> ■ un complément de lieu.
> – *Tu viens de la mairie ? – J'en arrive à l'instant.*
> ■ un complément de verbe introduit par la préposition *de*.
> – *Tu doutes de l'arrêt du nucléaire ? – J'en ai toujours douté.*
> ■ un complément d'adjectif introduit par *de*.
> – *On sera capable d'arrêter le nucléaire ?*
> – *On n'en sera pas capable.*
> ■ un complément de nom.
> – *Vous avez la preuve de la disparition progressive des abeilles ?*
> – *On en a la preuve.*
>
> Attention !
> ■ **Le pronom *en* peut remplacer une idée.**
> – *On produira 40 % de notre énergie à partir de ressources renouvelables dès 2020. – J'en doute !*
>
> ■ **Quand le complément est une personne, on utilise la préposition + le pronom tonique.**
> – *À la radio, on a parlé de M. Naudin ? – Oui, on a parlé de lui.*
> – *Elle a pensé à ses enfants ? – Oui, elle a pensé à eux.*

→ **S'exercer n° 13 à 15 | p.133**

Paroles en scène

Sur tous les tons 🔘61

Écoutez les phrases. Avec votre voisin(e), imaginez une situation dans laquelle chaque phrase peut être dite. Faites des mini-dialogues et jouez-les en soignant l'intonation.

Phonie-graphie

1 🔘62

Écoutez et complétez avec *qui la*, *qu'il a* ou *qu'il la*.
- Le nouveau Premier ministre n'a pas nommé la candidate des Verts ministre de l'Écologie ?
- Non, et pourtant c'est une candidate ... bien connue. J'étais sûr ... nommerait ministre !
- C'est vrai, le Premier ministre est quelqu'un ... connaît bien, mais je crois ... eu raison de ne pas la prendre dans son gouvernement.

2 🔘63

Écoutez et complétez le dialogue avec *quand*, *qu'on*, *qu'en*, *qu'un*, *quant*.
- Je ne sais pas ... cette nouvelle mesure prendra effet. J'espère ... an suffira pour ... l'applique.
- On dit ... septembre ce sera déjà trop tard !
- De toute façon, ce n'est ... prenant des mesures ... pourra arrêter ce fléau !
- ... la loi sera votée, c'est à ce moment-là ... sera plus rassurés. Tandis ... attendant...
- Oui. Il faut faire vite. ... à moi, je suis plutôt pessimiste. Je suis persuadé ... n'y arrivera jamais.

Mise en scène

Lisez cet extrait du script des *Poupées russes* de Cédric Klapisch.
Préparez la scène à deux et jouez-la devant vos camarades.

Martine revient de la chambre de Lucas, pimpante. Xavier fait la tête en faisant la vaisselle.

XAVIER
C'était bien Rio ?

MARTINE
C'était génial ! Tu te rends compte qu'il y avait 216 pays représentés, tous les continents, le Tibet, le Chili, le Montenegro, le... le... Mali. C'est super émouvant d'assister à ça, t'as vraiment l'impression de faire partie de la planète quand tu vois ça...

XAVIER *(se tournant vers elle)*
Et alors, vous vous êtes tous mis d'accord ? Vous avez réussi à sauver le monde qui court à sa perte, là ?

MARTINE
Tu peux te foutre de la gueule de ça, mais c'est un fait qu'aujourd'hui la mondialisation, elle fabrique pas que du progrès et que c'est important de s'unir pour lutter contre des catastrophes qui peuvent très vite devenir inéluctables pour le destin de la planète.

XAVIER
C'est impressionnant, t'as bien appris ton texte, là...

MARTINE
Mais qu'est-ce que t'as, pourquoi t'es énervé ?

XAVIER
Parce que, pendant que tu vas sauver le monde, moi, je garde ton fils et que moi, je...
[...]

MARTINE
Moi je suis pas comme toi, j'ai envie de... de... je sais pas... J'ai envie de servir à quelque chose sur cette planète... Pas juste de bouffer les fruits qui poussent au-dessus de ma tête, là, sur les arbres. Toi, t'es un parasite, t'es tranquille dans ton hamac à raconter tes petites histoires à la con... T'as raison, bouge rien surtout, ça a l'air de te satisfaire...

Xavier va prendre ses affaires et fait mine de partir calmement...

Les Poupées russes, Cédric Klapisch, 2005

Concevoir une campagne en faveur de la consommation de produits de saison

Réflexion préalable

En grand groupe.

1. Observez les deux affiches et identifiez :
   > le message.
   > l'argument.
   > le slogan.
2. Faites la liste des pratiques que vous n'auriez plus si vous appliquiez les recommandations de ces deux affiches.
   Si j'appliquais ces recommandations, je n'irais plus dans les grandes surfaces, je n'achèterais plus des fraises qui viennent d'un autre pays...

2 Réalisation

En petits groupes.

1. Cherchez le calendrier des fruits et légumes de saison du pays où vous vous trouvez en ce moment. Si vous ne le trouvez pas, réalisez-le.

2. Choisissez un légume ou un fruit du calendrier et composez à votre tour une affiche de sensibilisation. Rédigez :
   > le message.
   > un argument.
   > le slogan.
   Illustrez votre affiche.

3. Cherchez ou inventez des plats avec des fruits et des légumes de la saison en cours.
   > Donnez un nom à chaque plat.
   > Rédigez un menu approprié à la saison.

En grand groupe.

1. Choisissez le menu de saison le plus appétissant et répartissez-vous les plats à concocter.
2. Le jour venu, apportez le plat de saison que vous avez imaginé. Dégustez-le ensemble et régalez-vous !

S'exercer

› Parler de l'écologie

1. **Complétez les phrases avec les termes des « Mots pour » p. 121.**

1. À la maison, on utilise ... , ça n'éclaire pas très bien mais tant pis !
2. J'ai horreur de jeter des choses qui peuvent encore servir. Dans tous les domaines, j'évite ... .
3. Les déjections de l'élevage intensif sont une plaie pour ... . Je diminue donc ... .
4. Il ne prend plus sa voiture pour aller travailler. Il a remarqué qu'il allait aussi vite ... . Quelquefois, il pratique le ... avec ses voisins.
5. Pour réduire mon ... , je procède au ... des déchets.
6. Le paysage a changé ! On a installé des ... dans les champs près de mon village.

2. **Choisissez le mot qui convient.**

La mairie est à l'origine de plusieurs structures proposant des actions concrètes en matière de (garantie / sauvegarde) de l'environnement. Le plan Climat promeut la sobriété (énergique / énergétique) et cherche à développer les énergies (transformables / renouvelables). Ainsi, la mairie pilote des plans d'actions pour le climat, l'alimentation, la (biodiversité / biologie) et la (prévention / défense) des nuisances sonores. Cette volonté d'exemplarité de la mairie est également très présente dans ses orientations en matière d'(installation / urbanisme). La ville a établi une charte pour encadrer les projets de (renouvellement / rénovation) et d'aménagement urbain.

› Futur simple et futur antérieur

3. **Complétez les phrases avec un des verbes suivants au futur simple.**

survenir – être – envoyer – avoir – voir – pouvoir – falloir – créer – faire

1. La future génération ... l'extinction de nombreuses espèces.
2. De nombreux écosystèmes côtiers ... détruits.
3. Il y ... des risques accrus de dommages côtiers. Des tempêtes ... .
4. Il ... reboiser à grande échelle.
5. On ... de nouvelles réglementations et on ... des aires protégées sur terre et en mer.
6. On ... moins de fusées dans l'espace.
7. Les enfants ... enfin mieux respirer.

4. **Mettez les verbes entre parenthèses au futur simple ou au futur antérieur.**

1. Une fois que les agriculteurs (comprendre) que les pesticides sont nocifs pour la nature et qu'ils en (utiliser) moins, les animaux (retrouver) leurs habitats naturels.
2. Les plages (être) plus propres dès que les touristes (prendre conscience) qu'enterrer les déchets dans le sable n'est pas écologique.
3. Quand les citoyens (mesurer) l'importance de leurs gestes quotidiens pour l'environnement, ils (faire) des économies d'énergie, ils (gaspiller) moins et la Terre (être) plus propre.
4. Dès que les scientifiques (découvrir) un nouveau carburant non polluant, l'air (devenir) plus respirable.
5. C'est vrai, le monde (aller) mieux quand on (résoudre) tous ces problèmes écologiques !

5. **Construisez des phrases au futur simple et au futur antérieur avec les éléments proposés. Utilisez *dès que, quand, une fois que, aussitôt que.***

Exemple : isolation des immeubles d'habitation / diminuer la consommation d'énergie

→ *Dès que les immeubles d'habitation auront été mieux isolés, la consommation d'énergie diminuera.*

1. équipement en double vitrage des appartements / faire des économies de chauffage
2. interdiction des véhicules polluants / meilleure santé des habitants
3. interdiction de tous les pesticides / manger plus sainement
4. baisse du prix des véhicules électriques / villes plus silencieuses

› Le conditionnel

6. **Mettez les verbes entre parenthèses à la forme qui convient.**

1. Conseil : Les voitures polluent, vous (devoir) vous déplacer à vélo
2. Paroles rapportées : Le gouvernement a promis qu'il (soutenir) le développement de l'énergie solaire et qu'en dix ans il (doubler) le nombre des éoliennes.
3. Information non confirmée : 70 % des Français (investir) dans des énergies renouvelables, mais seulement 50 % (réduire) leur consommation.
4. Demande polie : (Avoir)-vous la gentillesse d'éteindre la lumière en sortant ?
5. Situation imaginaire : Dans un monde idéal, on (acheter) toujours des fruits de la région, les frais de transport (diminuer) et les produits (avoir) du goût !
6. Conseil : Au lieu d'installer des éoliennes partout, il (valoir mieux) utiliser la chaleur terrestre.

7. **Mettez les verbes entre parenthèses à la forme qui convient.**

1. Reproche : Les pouvoirs politiques (devoir) se préoccuper plus tôt la préservation de l'environnement !
2. Reproche : Mais pourquoi avoir pris la voiture ? On (devoir plutôt) venir à pied.
3. Regret : Nos ressources en pétrole ont beaucoup diminué, il (falloir) commencer à les économiser il y a trente ans.
4. Reproche : Vous (pouvoir) baisser le chauffage avant d'aérer !
5. Regret : Je (devoir) garder mes vieux vêtements au lieu de les jeter

› Faire des hypothèses

8. **Mettez les verbes entre parenthèses à la forme qui convient.**

1. Si on (ne pas tarder autant) à prendre des mesures pour la protection de la planète, l'avenir (être) plus rose.
2. Si le parti des Verts (faire) des propositions plus réalistes, les Français (voter) pour eux aux dernières élections !
3. Si tu (vouloir) sauver la planète, tu (faire) attention à tes gestes quotidiens.
4. Vous prenez encore la voiture ? Si vous (prendre) les transports en commun, vous (polluer) moins !
5. Si on (savoir), on (ne pas gaspiller) autant d'énergie ces dernières années.

Si vous (ne pas se battre), nous (ne pas obtenir) le tramway dans le quartier.

Si vous (rendre) votre rapport plus tôt, nous (pouvoir) prendre les mesures nécessaires.

Si vous (utiliser) des engrais naturels, vos plantes (pousser) mieux et vous ne (polluer) pas la terre !

À vous ! Faites deux hypothèses avec *si* à propos de environnement.

Cultiver son jardin

0. Complétez le dialogue avec les mots suivants.

iller – arroser – cultiver – cueillir – planter – compost – semer – aiter – annuelles

– Alors, ce jardin partagé ? Qu'est-ce que vous avez décidé d'y ... ?
– On a ... un mélange de graines de fleurs d'été ... .
– Ça pousse bien ça ?
– Oui, incroyable, comme il a plu tout le temps, on n'a pas eu besoin d' ... . La terre était bonne. On avait mis du ... et ça a très bien poussé. On n'a même pas eu besoin d'utiliser des produits pour ... la terre.
– Vous avez ... un arbre aussi ?
– Bien sûr. Un cerisier ! J'adore ... les cerises !
– À quelle époque il faut le ... ?
– On n'en est pas encore là, il mesure 20 centimètres !

Interdire

1. Observez les panneaux et formulez les interdictions.

Préserver

2. Complétez les phrases suivantes avec les mots proposés.

miter les risques de – préserver – conservation – nuire à – nuisibles – rotéger – prévention – éviter la prolifération de – la détérioration de – onserver – éliminer – menacées

. En entreprise, les contrôles pour la ... de la pollution visent la recherche de moyens pour ... contamination et ... les déchets émis par les usines afin de ... la santé humaine.

. La directive « Oiseaux » vise la ... à long terme de toutes les espèces d'oiseaux sauvages de l'Union européenne, en identifiant les espèces ... .

3. Nous vous suggérons une méthode permettant de vous alimenter sans ... la planète. Nous vous donnons des conseils judicieux pour ne pas contribuer à ... le climat et pour ... la nature.

4. Avec le refroidisseur écolo, vous allez pourvoir ... la fraîcheur de vos aliments et ... micro-organismes ... . Il suffira juste d'ajouter de l'eau de temps en temps dans l'appareil.

> Les pronoms *y* et *en*

13. Complétez les verbes, noms et adjectifs suivants avec *à* ou *de*.
être conscient ... – parvenir ... – être un exemple ... – penser ... – témoigner ... – s'opposer ... – faire allusion ... – se préparer ... – être une preuve ... – refuser ... – se refuser ... – se rendre compte ... – être sensible ...

14. Complétez avec les pronoms *y* ou *en*.
1. La nouvelle tour de 80 étages ? Les uns ... montent, d'autres ... descendent mais tous ... ont horreur !
2. Qui seront les écologistes de demain ? Nous ... avons fait allusion la semaine dernière et nous ... parlerons dans notre prochain numéro.
3. Les gens respectent mieux l'environnement ; les sondages ... témoignent et les bons chiffres de notre dernière enquête ... sont la preuve.
4. Les Nantais veulent réduire l'effet de serre de 20 % mais ... parviendront-ils ?
5. Tout va mieux dans le quartier des Halles, de nombreux citoyens ... sont conscients.
6. Rénover les logements sociaux ? Le maire s' ... est toujours refusé.
7. Le comité de quartier a examiné vos propositions ; il ... a refusé quatre sur les douze.
8. La gratuité des transports en commun, tout le monde ... parle, mais beaucoup s' ... opposent.
9. – Tes amis consomment autant d'électricité qu'avant ?
   – Non, ils ... consomment un peu moins.

15. Répondez en réutilisant le verbe de la question.
Exemple : – Qu'est-ce que vous pensez des nouveaux aménagements de la ville ?
→ *– J'en pense beaucoup de bien.*
1. – Est-ce que vous avez dit du bien de notre ville dans votre compte rendu ?
   – Bien sûr, ...
2. – Vous êtes favorable à la construction d'un parc touristique ?
   – Oui, ...
3. – Vous avez entendu parler de l'éléphant de Nantes ?
   – Non, ...
4. – Vous vous êtes occupée de rédiger votre rapport ?
   – Oui, ...
5. – Vous avez passé combien de temps à le rédiger ?
   – ... trois heures.
6. – Est-ce que vous vous souvenez du nombre de participants aux Rencontres de quartier ?
   – Non, ...
7. – Est-ce que vous reviendrez dans notre ville ?
   – Bien sûr, ... avec plaisir.

Compréhension de l'oral

Lisez les questions, écoutez le document puis répondez.

1. Lamia et Philippe parlent :   1 point
   a. des dépenses de l'entreprise où travaille Lamia.
   b. d'actions en faveur de la protection de l'environnement.
   c. de la popularité des sites Internet sur l'écologie.

2. Qu'est-ce que Philippe propose à Lamia ?   1 point
   a. D'aller se promener.
   b. De jouer à un jeu sur l'ordinateur.
   c. De vérifier les prévisions climatiques.

3. Comment Lamia va-t-elle faire connaître sa liste ?   1 point
   a. Elle va la publier sur son site Internet.
   b. Elle va l'afficher sur son lieu de travail.
   c. Elle va la distribuer pendant la pause-café.

4. Combien de gobelets une entreprise de 200 salariés utilise-t-elle chaque année ?   1 point
   a. 6 000.
   b. 60 000.
   c. 600 000.

5. Citez deux conseils donnés par Lamia.   2 points

Lisez les questions, écoutez le document puis répondez.

1. Qu'a proposé le maire de Pincé à ses habitants ?   1 point
   a. D'adopter des poules.
   b. De créer une nouvelle espèce de poules.
   c. De se nourrir uniquement d'œufs de poules.

2. Notez deux objectifs visés par cette opération.   2 points

3. Notez deux clauses du contrat signé par les habitants volontaires.   2 points

4. Combien de ménages ont accepté la proposition du maire ?   1 point
   a. 12.
   b. 31.
   c. 87.

5. Quelle est la valeur mise en avant dans cette opération ? 1 point
    a. La productivité.
    b. La compétition.
    c. La convivialité.

6. À quel autre aliment Jean-Pierre Coffe compare-t-il l'œuf ? 2 points

7. Combien de kilos de déchets ménagers une poule peut-elle absorber par an ? 1 point
    a. 150.
    b. 200.
    c. 600.

8. Dans quel pays ce projet a-t-il été expérimenté avec succès il y a 2 ans ? 1 point
    a. La Belgique.
    b. La Suisse.
    c. Le Luxembourg.

Production orale

EXERCICE EN INTERACTION

Vous êtes bénévole dans une association de protection de l'environnement. Votre ami français pense que les différentes mesures qui existent pour limiter la pollution (tri sélectif, économies d'énergie, recherches sur les énergies renouvelables...) ne sont pas efficaces. Vous essayez de le convaincre de l'utilité de ces mesures pour qu'il accepte de s'inscrire dans votre association.

Jouez la scène à deux.

Dossier 8
Je juge

Convaincre · · · · Vidéo CD-ROM

B1.2

« L'amour de la justice n'est pour la plupart des hommes que la crainte de souffrir l'injustice. »
La Rochefoucauld

« La justice est le droit du plus faible. »

Ouvertures

Fred Vargas (1957)

Fred Vargas est écrivain et archéologue, spécialiste du Moyen Âge. Elle a créé un nouveau style de récits policiers, à la fois poétique et drôle, fondé sur une exploration des terroirs français et sur la création de personnages insolites ou atypiques.
Elle a été récompensée par de nombreux prix en France et à l'étranger. Ses livres sont traduits dans une quarantaine de pays et sont adaptés au cinéma et à la télévision.

De curieux graffitis...

De curieux graffitis apparaissent sur des immeubles parisiens. Le commissaire Adamsberg décèle une menace maléfique. Il se met sur la piste d'un étrange tueur qui promet l'arrivée de la peste, répandant la terreur dans les rues de Paris. Un suspect est alors arrêté.

Le commissaire avait déjà contacté le substitut[1] et obtenu des mandats de perqui-
sition[2] pour la boutique de Damas, et pour son domicile, rue de la Convention.
Six hommes étaient partis depuis un quart d'heure sur les lieux.
- Damas Viguier, commença Adamsberg en consultant sa carte d'identité usée,
5   vous êtes accusé des meurtres de cinq personnes.
- Pourquoi ? dit Damas.
- Parce que vous êtes accusé, répéta Adamsberg.
- Ah bon. Vous me dites que j'ai tué des gens ?
- Cinq, dit Adamsberg en disposant sous ses yeux les photos des victimes et en les
10 nommant les unes après les autres.
- Je n'ai tué personne, dit Damas en les regardant. Je peux m'en aller ? ajouta-t-il
aussitôt en se levant.
- Non, vous êtes en garde à vue[3]. Vous pouvez passer un coup de téléphone. [...]
- Ces cinq personnes, dit Adamsberg en lui montrant les photos une à une, ont
15 toutes été étranglées dans la semaine. Quatre à Paris, la dernière à Marseille.
- Très bien, dit Damas en se rasseyant.
- Les reconnaissez-vous, Damas ?
- Bien sûr.
- Où les avez-vous vues ?
20 - Dans le journal.
[...]
Le téléphone sonna et Adamsberg eut le juge d'instruction en ligne.
- Il a parlé ? demanda le juge.
- Non. Il bloque, dit Adamsberg.
25 - Une ouverture ?
- Aucune.
- La perquisition ?
- Néant.
- Dépêchez-vous, Adamsberg.
30 - Non. Je veux une mise en examen[4], monsieur le juge.
- Pas question. Vous n'avez pas un seul élément de preuve. Faites-le parler ou
libérez-le. [...]
Le juge Ardet était un homme ferme, en même temps que sensible et prudent,
qualités rares qui, ce soir, n'arrangeaient pas Adamsberg.
35 - Si on relâche ce type, dit Adamsberg, je ne garantis plus rien. Il va tuer à nouveau
ou nous filer entre les doigts.
- Pas de mise en examen, conclut le juge avec fermeté. Ou démerdez-vous[5] pour
obtenir des preuves avant demain 19 h 30. Des preuves, Adamsberg, pas des
intuitions confuses. Des preuves. Des aveux, par exemple. Bonne nuit, commis-
40 saire.

Fred Vargas, *Pars vite et reviens tard*, Éditions Viviane Hamy, 20

1   un substitut (du procureur de la République) : une autorité judiciaire à qui la police doit se référer pour
    poursuivre une enquête
2   un mandat de perquisition : une autorisation pour pénétrer dans des lieux privés lors d'une enquête
3   une garde à vue : un maintien au commissariat (24 heures)
4   une mise en examen : une mise à disposition de la justice
5   se démerder (très familier) : s'arranger, se débrouiller

① 📖 ✍️

Lisez le texte et répondez.

- Où se passe la scène ?

- Qui sont les trois protagonistes ?

- Quel est le but poursuivi par Adamsberg ?

- Quelle impression produit sur vous ce passage de roman policier ? Justifiez.
angoisse – curiosité – intérêt – étonnement – plaisir – autre

② 📖

Relisez le texte.

- Notez les mots ou expressions qui relèvent du vocabulaire policier et judiciaire.
Commissaire...

- Remettez dans l'ordre chronologique les étapes de la procédure policière et citez les passages correspondants.
demande de mise en examen du suspect au juge – garde à vue – interrogatoire – arrivée du suspect au commissariat – perquisition

③ 📖 ✍️

Décrivez l'attitude de chacun des protagonistes : le suspect, le commissaire, le juge.

Est-elle conforme aux représentations habituelles dans ce genre de roman ?

④ ✍️ 🌐

Connaissez-vous un enquêteur de fiction célèbre dans votre pays (en littérature, au cinéma, à la télévision) ? Faites son portrait par écrit.

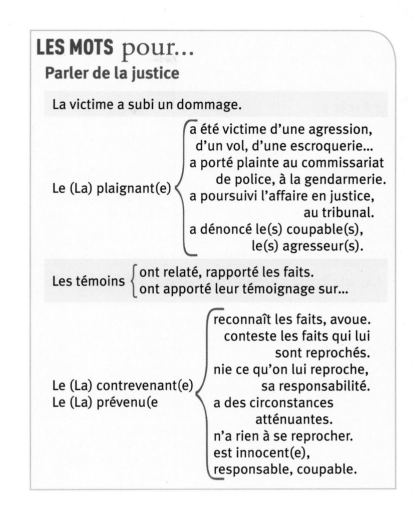

LES MOTS pour...
Parler de la justice

La victime a subi un dommage.

Le (La) plaignant(e)
- a été victime d'une agression, d'un vol, d'une escroquerie...
- a porté plainte au commissariat de police, à la gendarmerie.
- a poursuivi l'affaire en justice, au tribunal.
- a dénoncé le(s) coupable(s), le(s) agresseur(s).

Les témoins
- ont relaté, rapporté les faits.
- ont apporté leur témoignage sur...

Le (La) contrevenant(e)
Le (La) prévenu(e)
- reconnaît les faits, avoue.
- conteste les faits qui lui sont reprochés.
- nie ce qu'on lui reproche, sa responsabilité.
- a des circonstances atténuantes.
- n'a rien à se reprocher.
- est innocent(e), responsable, coupable.

⑤ EGO Test

Vous et la loi : seriez-vous un bon juge ?

Mettez-vous par groupes de trois et étudiez ensemble les cas proposés ci-dessous.
Décidez collectivement de la peine à appliquer pour chaque cas.

Ces cas sont réels, il s'agit de « contraventions » (première sorte de délits) jugées par un tribunal de police qui peut seulement condamner à des amendes ou des peines accessoires (retrait de permis de conduire, par exemple).
Vous avez le choix entre quatre condamnations :
A. Une amende allant de 1 à 1 500 euros.
B. Une amende avec sursis (le contrevenant ne la paie pas sauf s'il commet une nouvelle infraction dans les deux ans).
C. Une peine accessoire (travaux d'intérêt général, paiement d'une facture...).
D. Une relaxe (non-culpabilité) pure et simple.

Cas n° 1
Plaignant : Mademoiselle J., 26 ans, locataire dans un petit immeuble, vit tranquillement jusqu'à l'arrivée d'un nouveau locataire du dessus. Il fait la fête tous les soirs avec des amis jusqu'à une heure avancée. Elle dit avoir parlé avec lui plusieurs fois, elle s'est fait injurier et elle a décidé de porter plainte.
Contrevenant : Le jeune homme est poursuivi au tribunal pour tapage nocturne. Il explique qu'il ne connaissait pas la plupart des gens qui venaient chez lui et qu'il n'est donc pas responsable de ce qu'ils faisaient. Il promet de ne plus organiser de soirées pour ne plus importuner les voisins.

Cas n° 2
Plaignant : Le temps de faire une course rapide chez un commerçant, Madame H. s'est garée en double file. À son retour, un homme, visiblement bloqué par sa voiture, crie et l'insulte. Elle se prépare à partir sans répondre lorsque l'homme s'approche de son véhicule, arrache un essuie-glace et l'antenne radio. Elle note le numéro de la voiture.
Contrevenant : L'automobiliste est poursuivi pour dégradation d'un bien appartenant à autrui. Il affirme qu'il a attendu une demi-heure et que, de plus, quand elle est arrivée, Madame H. s'est moquée de lui. Pas de témoins.

Décisions du tribunal : 1. B ; 2. C (paiement des réparations).

1

① **Paris :**
Cinq « Anonymous » verbalisés
pour avoir porté un masque
Le Parisien, 23 août 2012

② **L'auteur de feux criminels**
à Fécamp a été incarcéré
Le Progrès, 26 mai 2012

③ **Le pickpocket de la poste de Montgaillard**
arrêté et condamné
Le Progrès de Normandie, 20 janvier 2012

④ *Le SDF qui avait poussé un homme*
sous un métro a été acquitté
Le Monde.fr, 10 février 2012

⑤ LE VOLEUR À SCOOTER DE LA PLACE VERDRE
INTERPELLÉ ET MIS EN GARDE À VUE
Paris-Normandie, 26 mai 201

⑥ **Deux piétons fauchés à Saint-Georges-d'Oléro**
le conducteur écroué pour homicide
Sud-ouest, 23 juillet 2

1 📖

Lisez les six titres de presse (document 1). Classez les affaires évoquées dans l'une des catégories suivantes.
Crime : *2*, ...
Délit : *3*, ...

2 📖

Relisez les titres de presse et associez.

être incarcéré •   • être jugé innocent
être condamné •   • être arrêté par la police
être interpellé •   • être mis en prison
être acquitté •   • être jugé coupable
être verbalisé •   • être sanctionné pour une
être écroué •   infraction

3 🖊

Composez deux titres de presse présentant des faits divers criminels qui se sont déroulés dans votre pays.

LES MOTS pour...

Comprendre les faits de justice

La police interpelle/appréhende puis arrête les suspects et conduit les interrogatoires pendant la garde à vue.

Le juge d'instruction décide une mise en examen ou prononce un non-lieu, demande l'incarcération/la mise en détention provisoire ou la mise en liberté conditionnelle jusqu'au procès.

Au procès, la cour présente, analyse et juge les faits, énonce la peine, le jugement/le verdict.
Les experts et les témoins se présentent à la barre.
L'accusation accuse, fait un réquisitoire.
La défense plaide, fait une plaidoirie.

Le prévenu, l'accusé est acquitté ou condamné à une amende, une peine de prison ferme ou avec sursis, la réclusion criminelle.

→ S'exercer n° 1 et 2 | p.150

---

2 🎧 **4** 🗣 💬66

a) Écoutez le document 2 et identifiez la situation.

b) Réécoutez et relevez les quatre pièces nécessaires pour pouvoir conduire une voiture en France.

5 🗨

Échangez.

1. Que pensez-vous du comportement de l'automobiliste lors de l'échange (document 2) ?

2. Dans votre pays, quels papiers sont nécessaires pour conduire un véhicule ?

Xavier Préval
25 rue Jean Jaurès
80000 Amiens

Monsieur le commissaire de police
Chef de la circonscription d'Amiens
18 place des Victoires
80000 Amiens

Amiens, le 4 juin 2013

Objet : demande de révision de procès-verbal

Monsieur le commissaire,

Je me permets de vous adresser ce courrier pour demander une révision de procès verbal. Il m'a été reproché à tort de ne pas avoir apposé sur mon véhicule le certificat de l'assurance.

En effet, lors d'un contrôle routier, il m'a été signalé que le certificat n'était pas très visible ; il était cependant à sa place sur le pare-brise de mon véhicule et j'ai été très surpris, alors que j'étais en règle, de recevoir un procès-verbal sans en avoir été averti par le fonctionnaire de police. Je conteste formellement cette contravention.

Je m'en remets donc à votre bienveillance pour prendre en considération ma demande et y répondre favorablement.

Recevez, Monsieur le commissaire, mes salutations distinguées.

Xavier Préval

P.J. : copie du procès-verbal.

 Lisez la lettre (document 3).

1. Identifiez l'expéditeur, le destinataire et le motif de la lettre.

2. Repérez les passages où Xavier Préval :
   – explique son cas ;
   – fait un commentaire personnel ;
   – présente l'objet de sa lettre ;
   – formule sa demande.

7 **Rédigez.**

Vous avez reçu une injonction à payer 55 euros à la SNCF (25 euros d'amende + 30 euros de frais de dossier). En effet, vous aviez oublié de composter votre billet de train, vous n'aviez pas d'espèces et votre carte bancaire ne passait pas. Vous n'avez donc pas pu régler l'amende directement au contrôleur. Vous contestez les frais de dossier et vous écrivez à la direction de la SNCF pour expliquer votre cas.

STRATÉGIES pour...
Écrire une lettre administrative de contestation

Présentation :
En haut à gauche : l'expéditeur (nom, adresse…).
En haut à droite : le destinataire avec son nom (s'il est connu), son titre (le cas échéant), son adresse.
Monsieur Plantain, député-maire
Madame la directrice
Au-dessous, à gauche : préciser l'objet de la lettre.
Au-dessous, à gauche ou au centre :
Madame, Monsieur,
Monsieur le directeur, Monsieur le commissaire,

Reformuler l'objet du courrier :
Suite à notre conversation téléphonique, je vous fais parvenir ce courrier pour…
Après réception de votre lettre recommandée, je me permets de faire appel à vous afin de…
Je me permets d'attirer votre attention sur…, de vous adresser ce courrier pour…

Expliquer son cas :
J'ai reçu un procès-verbal, une mise en demeure de payer, un avis de passage d'huissier.
J'ai été pénalisé(e) parce que… Il m'a été reproché de…

Se justifier :
Je n'avais pas été informé(e)…
J'ai envoyé tous les justificatifs…
J'ai respecté les délais…
J'étais en règle.

Faire sa demande :
Je sollicite votre aide, votre compréhension, votre bienveillance.
Je m'en remets à vous pour…

Terminer avec une formule de politesse en rappelant le titre de l'interlocuteur :
Recevez, Monsieur le député-maire, mes salutations distinguées.
Veuillez croire, Madame la directrice, en l'expression de mes sentiments distingués.
Je vous prie d'agréer, Madame, mes salutations distinguées.

La signature est toujours manuscrite.
S'il faut ajouter des pièces complémentaires, on les signale en fin de courrier avec la mention : P.J. (pièces jointes).

Outils pour...

› Exprimer des doutes et des certitudes

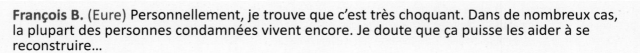

1

Le Conseil supérieur de l'audiovisuel (CSA) est intervenu auprès de France Télévisions concernant l'émission « Faites entrer l'accusé ». Il a demandé que davantage de précautions soient prises pour protéger les personnes condamnées qui sont évoquées au cours des différents épisodes de la populaire émission de France 2.

? | **Faut-il évoquer à la télévision des affaires criminelles déjà jugées ?**

FAITESENTREZ L'ACCUSÉ

François B. (Eure) Personnellement, je trouve que c'est très choquant. Dans de nombreux cas, la plupart des personnes condamnées vivent encore. Je doute que ça puisse les aider à se reconstruire...

Valérie S. (Bordeaux) Moi, ça m'intéresse, mais je ne suis pas certaine que ça fasse plaisir à tout le monde, surtout aux proches du criminel ou même aux victimes ; c'est évident que ça doit être difficile pour eux.

Jean-Louis T. (Ardèche) Croyez-vous vraiment que ça puisse apporter quelque chose ? Les affaires sont classées, il me semble que c'est un peu malsain, ça flatte la curiosité des spectateurs. À quoi bon ?

Alain S. (Vosges) Je pense que c'est très bien. Il est probable que, pour les émissions déjà diffusées, les personnes concernées avaient donné leur accord, non ? Et dans ce cas-là, après tout c'est leur problème. C'est peu vraisemblable que la chaîne n'ait pas demandé leur autorisation... Vous croyez qu'on leur a donné de l'argent ?

1

Observez la page de forum (document 1) et lisez la présentation du sujet.

1. Quel événement est à l'origine de la discussion ?

2. Dites quel est le sujet du débat et donnez votre opinion.

2

Lisez les différentes opinions et dites qui est plutôt pour ou plutôt contre la diffusion de ce genre de programme.

3

Relisez le document 1 et relevez les formules qui expriment :
– une opinion certaine ;
– le doute, l'incertitude.

4

Échangez en petits groupes.
Un organisme comme le CSA existe-t-il dans votre pays ? Pensez-vous qu'un tel organisme soit utile ?
(Voir Abécédaire culturel p. 197.)

POINT Langue

Exprimer l'opinion : la certitude et le doute

Relisez les formules de l'activité 3 et dites quel mode verbal est employé :
– après les expressions de l'opinion ;
– après les expressions soulignant le doute.

→ **S'exercer n° 3 et 4 | p.150**

MÉMO

■ Les verbes et les expressions impersonnelles exprimant l'opinion ou la certitude sont suivis de l'indicatif.
Je suis sûre/Il est certain que ça permet...

■ Les verbes et les expressions impersonnelles exprimant le doute sont suivis du subjonctif.
Je doute/Il est douteux que ça puisse les aider...

■ Les expressions de l'opinion à la forme négative ou interrogative avec inversion du sujet se construisent en général avec le subjonctif.
Je ne crois pas qu'il puisse venir.
Trouvez-vous que ce soit une bonne idée ?

On peut cependant trouver l'indicatif. Dans ce cas, le locuteur exprime plus une certitude qu'un doute.
Je ne crois pas qu'il pleuve. = doute
Je ne crois pas qu'il pleuvra. = quasi-certitude

Attention !

■ Des verbes comme *j'imagine, je suppose*, *je me doute* sont utilisés avec l'indicatif parce qu'ils expriment une opinion quasi certaine.
Je suppose/J'imagine que les protagonistes veulent oublier cette histoire.

■ *Il est/c'est probable/vraisemblable* indiquent une certitude, *il est/c'est peu probable/vraisemblable* un doute.
Il est probable que les protagonistes ont refait leur vie.
C'est peu probable que la chaîne n'ait pas demandé leur autorisation.

■ Ne pas confondre *douter* et *se douter*.
Je doute qu'on sache un jour la vérité. = Je ne crois pas qu'on sache un jour la vérité.
Je me doutais que tout le monde le savait. = J'étais à peu près sûr(e) que tout le monde le savait.

▷ Utiliser des outils de substitution

🎧 **5** 🕭 🔊67

Écoutez les échanges entre des avocats et leurs clients (document 2) et notez le numéro correspondant à chaque cas.
1. Divorce : n°...
2. Irresponsabilité du fils : n°...
3. Pension alimentaire : n°...
4. Indemnités de licenciement : n°...

POINT Langue

La double pronominalisation et les pronoms neutres

a) Réécoutez le document 2 et, pour chaque intervention, dites à quoi correspondent les pronoms utilisés.

1. Je **la lui** ai réclamée. → *J'ai réclamé la pension à mon mari*.

2. Je **les lui** laisse. → ...

3. Il doit **me les** payer. → ...

4. Je **le lui** avais bien dit. → ...

b) Observez les phrases de l'activité a) :
– rappelez l'usage des pronoms personnels compléments ;
– repérez la place des pronoms COD et COI.
  Que remarquez-vous ?

→ **S'exercer n° 5 à 10 | p.150-151**

→ **p. 202**

MÉMO

La place des pronoms
Les pronoms personnels se placent avant le verbe.
Ordre des pronoms dans la phrase (2 pronoms maximum) :

1	2	3	4
me	le		
te	la		
se	l'		
nous	les	lui	en
vous		leur	y

Attention !

■ 2-4 est seulement possible quand *y* est complément de lieu.
Au commissariat ? Je les y emmène tout de suite !

■ À l'impératif affirmatif, la combinaison 1-2 change.
Vous me le dites. → *Dites-le-moi.*
Tu nous le montres. → *Montre-le-nous.*

Les pronoms neutres
Seuls les pronoms *le, l', en, y* peuvent remplacer toute une partie de phrase.
Je vais le faire. → *Je vais poursuivre mon employeur au tribunal*.
– Vous étiez sûr d'avoir vu le cambrioleur ? – Oui, j'en étais sûr.

Points de vue sur...
Expérience de juré

Ouverture de procès à Tours (France

1 😶

Observez la photo, lisez le Point Info ci-dessous et dites de quel tribunal il s'agit.
Cette cour ressemble-t-elle à une cour de Justice dans votre pays ?

1 🎧 **2** 👂

a) Écoutez la première partie du document 1 et répondez. 🔊68

1. À quelle occasion Brigitte Caillet est-elle invitée à « RTF matin » ?

2. Dites si les affirmations suivantes sont vraies ou fausses.

   a. Brigitte Caillet est invitée parce qu'elle est magistrate.

   b. En France, il faut avoir entre 23 et 70 ans et savoir lire et écrire le français pour être juré.

   c. Brigitte était très heureuse d'être convoquée.

   d. Elle a répondu à la convocation par obligation et par sens du devoir.

b) Écoutez la deuxième partie et répondez. 🔊69

1. Quel est le thème des questions du journaliste ?

2. Quels sont, selon Brigitte Caillet, les deux fonctions principales des magistrats professionnels ?

3. Relevez la phrase citée par Brigitte Caillet qui montre l'expérience des magistrats professionnels.

3 😶 🌐

Échangez.

1. Dans votre pays, y a-t-il des jurés dans les procès ? Si vous savez comment ils sont choisis et combien ils sont, faites-en part à la classe.

2. Connaissez-vous des personnes qui ont vécu cette expérience ? Quel(s) sentiment(s) ont-elles éprouvé(s) ?

3. Aimeriez-vous être juré ? Pourquoi ?

POINT Info

Les tribunaux en France

Le tribunal de police juge les infractions sans peine de prison. Il est composé d'un juge seul, d'un procureu ou commissaire de police et d'un greffier.

Le tribunal correctionnel juge les délits. Il est compos d'un président et de deux juges, du procureur de la République et d'un greffier.

La cour d'assises juge les crimes. Elle est composée de trois magistrats professionnels (le président et deu assesseurs), d'un jury populaire composé de six jurés de l'avocat général et d'un greffier.

Coupable ou non coupable ?

Diane Kruger dans *Les Adieux à la reine* de Benoît Jacquot, 2011.

Le 16 octobre 1793, Marie-Antoinette a été guillotinée pour « intelligence avec l'ennemi et conspiration contre la sûreté de l'État ».

Par Jean-Baptiste Gautier-Dagoty, vers 1775.

Biographie de Marie-Antoinette

1. En 1770 :
   a. Elle se marie au futur roi de France pour assurer le pouvoir de l'Autriche.
   b. Mariée à 14 ans, elle est sous l'influence d'une mère dévouée aux intérêts de l'Autriche.

2. En 1774 :
   a. Devenue reine de France, elle est isolée dans une cour qui la déteste.
   b. Devenue reine de France, elle fait de folles dépenses et se moque de la cour.

3. En 1778, à la naissance de son premier enfant :
   a. Elle entretient déjà une relation amoureuse avec un diplomate suédois, le comte Fersen.
   b. Elle tombe follement amoureuse de Fersen, qui lui restera toujours fidèle.

4. En 1789, c'est la Révolution :
   a. Elle a peur et le roi refuse qu'elle l'accompagne à Paris.
   b. Elle refuse de quitter Versailles et s'oppose à l'établissement d'une constitution.

5. En 1789-1790 :
   a. Emprisonnée aux Tuileries, elle cherche à rejoindre sa famille en Autriche.
   b. Détenue aux Tuileries, elle entretient une correspondance avec les ennemis de la France révolutionnaire.

6. En 1791 :
   a. Elle organise avec son amant Fersen une fuite vers l'Autriche.
   b. Devant les menaces de plus en plus inquiétantes, elle fuit avec la famille royale et ses enfants.

7. En 1792, à la prison du Temple :
   a. On découvre une correspondance personnelle de Louis XVI avec la famille de sa femme, à qui il demande de l'aide.
   b. La correspondance accablante de Louis XVI avec l'Autriche et l'Espagne, les ennemis de la France, mène à son procès et à sa décapitation en janvier 1793.

8. En 1793 :
   a. Incarcérée à la Conciergerie, Marie-Antoinette n'a qu'une idée en tête : s'évader.
   b. Seule, séparée de ses enfants, maltraitée, Marie-Antoinette veut sauver sa vie.

4

Lisez les éléments biographiques ci-dessus (document 2). Pour chaque événement de la vie de Marie-Antoinette, deux points de vue sont exprimés. Dites quel est celui de l'accusation et celui de la défense.

. a. *accusation*
   b. *défense*

5

Individuellement, évaluez par une note de 0 à 10 le degré de culpabilité de Marie-Antoinette. Puis mettez-vous en groupes et négociez une note commune.

RENDEZ-VOUS Alterculturel

Écoutez Michael parler de la justice en Grande-Bretagne et répondez.

🔴70

1. Quelle est, pour Michael, la plus grande différence entre la France et la Grande-Bretagne dans la procédure d'accusation ?

2. Que faut-il en Grande-Bretagne pour inculper un individu ?

3. Quel exemple Michael donne-t-il ?

Outils pour...

› Situer des événements dans un récit au passé

1

Le Miroir de l'Histoire : les derniers jours de Marie-Antoinette

– … octobre : désignation des avocats de Marie-Antoinette.

– … 1793 : les troupes françaises se battent aux frontières de l'Est contre les troupes royalistes. Procès de la reine emprisonnée à la Conciergerie.

– … : les deux jours d'audience du procès, condamnation de la reine.

– … : exécution de la reine. M.-A. se tient très droite et rejette en montant sur l'échafaud le bonnet de femme du peuple qu'on l'obligeait à porter.

– … : désespoir de Fersen dans sa correspondance.

– … : exécution de Robespierre et des grands leaders de « la Terreur », accusateurs de Louis XVI et de Marie-Antoinette.

Le Comte de Fersen.

1 📖

Lisez les notes du journaliste responsable de l'émission « Le Miroir de l'Histoire » (document 1). De quel événement va-t-il être question ?

2 👂 💿71

a) Écoutez l'émission (document 2) et notez les dates qui manquent dans les notes du journaliste.

b) Réécoutez et relevez, pour le passé, les marqueurs de temps correspondants.

Présent		Passé
en ce moment	→	*à ce moment-là*
hier	→	…
aujourd'hui	→	…
demain	→	…
dans trois jours	→	…
l'année prochaine	→	…

3 🗨

Souvenez-vous ! Une personnalité très célèbre de votre pays a eu un destin dramatique. Racontez.

LES MOTS pour...

Situer des événements dans un récit au passé

Avant :
La veille, l'avant-veille, trois jours (mois, ans) plus tôt ; trois jours (mois, ans) avant
Les jours, mois, années précédent(e)s ; le jour, le mois, l'année d'avant
Précédemment, antérieurement, plus tôt

Maintenant :
Ce jour-là, cette année-là, à ce moment-là

Après :
Le lendemain, le surlendemain
Cinq jours, mois, heures plus tard/après
Le jour, le mois, l'année suivante/d'après
Les années suivantes
Beaucoup, quelque(s) temps, mois, années plus tard

Attention !
On utilise « ans » quand la quantité est précise : *trois ans, vingt-cinq ans*.
On utilise « années » :
– quand la quantité est imprécise : *quelques années plus tard, après une dizaine d'années*.
– quand le mot est accompagné d'un adjectif (qualificatif, possessif, démonstratif ou numéral) : *les années suivantes, l'année précédente, nos années d'enfance, cette année, la troisième année*.

→ S'exercer n° 11 et 12 | p.151

Faire une démonstration

Le commissaire avait réuni ses collaborateurs et répondait à leur curiosité.

– Mais pourquoi, patron, avez-vous soupçonné l'infirmière Legrand du meurtre de madame Saint-Marin ?

– En premier lieu, j'ai soupçonné le mari, comme vous tous. Mais il m'a finalement convaincu et j'ai cru à son histoire. Par ailleurs, il avait un alibi, ne l'oubliez pas ! Alors, j'ai commencé à avoir des doutes sur le témoignage de l'infirmière Legrand. D'abord parce qu'elle avait caché son entrevue de la veille avec la victime, ensuite parce qu'elle avait la possibilité de se procurer le poison, enfin parce qu'elle est beaucoup plus sportive qu'elle ne paraît : elle avait donc pu se rendre à la clinique en cinq minutes. D'ailleurs, la simulation d'incendie que j'ai fait faire l'a prouvé. D'autre part, j'ai découvert qu'elle avait une procuration sur le compte en banque de madame Saint-Marin. C'est ainsi que j'ai compris ce qui s'était passé !

– En fin de compte, on s'était tous plantés, sauf vous, patron !

– Élémentaire, mon cher Durand…

4

Le Havre, sa grisaille, ses quais abandonnés, son port d'où partaient naguère les grands paquebots de croisière : tel est le décor où erre Gustave Masurier, dit Gus, un journaliste qui n'attend plus rien de son métier. Jusqu'au jour où un type vient s'écrouler devant lui en pleine rue, une balle entre les deux yeux. Gus va enquêter : qui a tué Roger Prioul, dessinateur industriel, marié et bon père de famille ? Quel mobile pouvait avoir l'assassin ? Pourquoi tuer en pleine rue ? Autant de questions qui créent le suspense de ce polar havrais.

7 📖

Observez la couverture (document 4) et lisez la présentation. De quel genre littéraire s'agit-il ? Justifiez.

4 📖

Lisez l'extrait de roman policier (document 3) et dites à quel moment du récit intervient ce passage. Justifiez.
- L'exposition des faits
- Le milieu de l'intrigue
- Le dénouement

5 📖

Relisez le texte et notez les mots qui permettent de :
- présenter des faits dans l'ordre.
- ajouter une information.
- conclure la démonstration.

6 ✎

Par deux ou trois, vous défendez un(e) écrivain(e) connu(e) accusé(e) d'avoir plagié un roman de Fred Vargas. Construisez une démonstration et faites-en part à la classe, qui jugera.

LES MOTS pour...

Faire une démonstration

Présenter des faits dans l'ordre :
En premier lieu, (tout) d'abord, premièrement
Deuxièmement, en second lieu, alors, ensuite, (et) puis
Enfin, finalement, en fin de compte, pour finir

Ajouter une information :
D'ailleurs, par ailleurs, de plus, d'un autre côté

Présenter deux faits équivalents :
D'une part…, d'autre part… D'un côté…, de l'autre (côté)…

Conclure le raisonnement :
Voilà pourquoi/comment… C'est ainsi que…, donc…

Le roman policier (le polar)

L'intrigue du roman policier comporte :
– un crime (passionnel, violent, prémédité ou non),
– une victime, des suspects, un enquêteur,
– des témoins, un entourage, le passé de la victime,
– des indices, des empreintes,
– un alibi,
– une arme du crime, un lieu du crime, un mobile,
– un assassin, un(e) criminel(le), un(e) coupable,
– une enquête, des preuves.

→ **S'exercer n° 13 à 15 | p.151**

Convaincre

Sur tous les tons 72

Écoutez l'interrogatoire et notez, pour chaque réplique, le sentiment exprimé : curiosité, énervement, surprise, satisfaction, colère, désespoir, indifférence, inquiétude.

(Voir Transcriptions p. 222)

Répétez chaque réplique avec le ton approprié.

Phonie-graphie

1 73

[ʃ] ou [k] ? **Écoutez et soulignez les mots où « ch » se prononce** [k].

architecture – orchestre – chirurgie – écho – monarchie – psychologue – chorale – hiérarchie – technologie – cholestérol – tauromachie – chute – achalander – archange – archaïque – archet – chaos – charisme – enchanté – chœur – psychiatre

Puis lisez les mots à voix haute.

2 ⊙74

Écoutez et complétez avec « ch », « qu » ou « c ».

1. Je suis en…anté du bri…et …e mon responsable hiérar…i…e m'a offert pour récompenser mon …arisme et mon sens aigu de la psy…ologie.

2. …ristophe a …oisi de faire une psy…analyse dans un …abinet de psy…iatres.

3. L'or…estre n'a pas pu éviter le …aos. L'ar…et du premier violon s'est rompu. Il y avait un é…o dans la …athédrale et la …orale n'a pas pu …anter le …œur final.

Affiche du film *Garde à vue* de Claude Miller, 1981.

Avec Lino Ventura dans le rôle de l'inspecteur Galien, Michel Serrault et Romy Schneider dans les rôles de M. et Mme Martinaud.

Mise en scène

Lisez et jouez cet extrait du script de *Garde à vue* de Claude Miller.

La scène se passe dans les locaux d'un commissariat d'une grande ville de province, le bureau de l'inspecteur Galien.

GALIEN (met ses lunettes et consulte le dossier ouvert)
Dites-moi, c'est avant ou après la visite à votre sœur que vous êtes allé dans ce fameux bistrot ?

MARTINAUD
Après. J'avais trouvé Jeannine amaigrie, très fatiguée, j'étais bouleversé. Je suis allé boire un verre et je n'ai pas fait attention, j'ai garé ma voiture au mauvais endroit.

GALIEN
Et au mauvais moment… (silence) Et vous êtes resté combien de temps dans ce bistrot ?

MARTINAUD (énervé)
J'ai pas fait attention… à peine une heure…

GALIEN
Et après ?

MARTINAUD
Après je suis retourné chez ma sœur.

GALIEN
Directement ?

MARTINAUD
Presque.

GALIEN
Presque, hmm… hmm… […] Mais vous avez d'abord fait un tour du côté du phare.

MARTINAUD (un peu inquiet)
Oui, en effet, oui, j'ai fait un saut jusqu'au phare. […]

GALIEN
Et vous êtes passé par la plage ?

MARTINAUD
Ben, oui, ça me paraît évident.

GALIEN (menaçant)
Et ce qui est moins évident c'est le corps de Pauline Valera, Maître, et celui qui a fait ça est forcément passé par la plage…

MARTINAUD (en colère)
Pourquoi dites-vous « celui qui a fait ça », « le coupable », « l'assassin »… ? Donnez-lui un nom à ce fantôme ! Dites « Maître Martinaud, notaire », puisque vous en êtes persuadé !

GALIEN (calme)
Pas tout à fait, Maître, pas tout à fait… C'est pour ça que vous êtes encore là, d'ailleurs…

Garde à vue, dialogues de Michel Audiard, 1981

Faire une chronique pour présenter un roman policier

Réflexion préalable

En grand groupe.

Vous allez rédiger une chronique pour le site rayonpolar.com, qui présente des romans policiers.
Puis vous la présenterez oralement à la manière d'une émission littéraire télévisée.

Mettez-vous d'accord sur la longueur de la chronique et la durée de l'émission littéraire.

Préparation

En petits groupes.

1. Choisissez un roman policier que vous connaissez bien. Précisez le titre, l'auteur, la date de publication, la langue d'origine.

2. Présentez :
   > l'auteur en quelques mots/phrases.
   > le ou les lieux où se déroule l'histoire.
   Dans un petit hôtel tranquille du sud-est de l'Angleterre…
   > les personnages principaux et quelques-unes de leurs caractéristiques.
   La victime, un riche industriel…
   > la figure de l'enquêteur(trice).
   > les événements et le nœud de l'intrigue, sans en dévoiler le dénouement.
   Vérifiez la bonne cohérence du résumé de l'intrigue et l'utilité des éventuels retours sur le passé.

3. Pour clore la présentation, rédigez un court paragraphe qui ménage le suspense, suscite l'intérêt des lecteurs et leur donne envie de lire le livre.

Présentation

En grand groupe.

1. Présentez votre chronique à l'oral.

2. À la fin des présentations, la classe décerne le prix Polar au groupe qui a donné envie au plus grand nombre de lire le roman policier présenté.

S'exercer

> ## Comprendre les faits de justice

1. Complétez ces informations de presse avec les termes des « Mots pour » p. 140.

1. Le suspect est resté en ... pendant douze heures.
2. Le juge d'instruction, considérant qu'il n'avait pas d'éléments suffisants pour poursuivre cet homme, a prononcé un ... .
3. Au procès, après les témoins, les experts se sont présentés à ... .
4. Le défenseur, Maître Rocard, a fait une ... émouvante.
5. Le ... du procureur a été très dur.
6. Georges S. a été condamné à vingt ans de ... .

2. Complétez l'article avec le vocabulaire approprié.

Sept douaniers de Roissy-CDG ... pour vol et corruption

Ils sont soupçonnés d'avoir allègrement pioché dans des valises de billets appartenant à des trafiquants de drogue. D'autres ... pourraient intervenir dans le cadre de cette affaire.
Les sept fonctionnaires de Bercy ... , des douaniers de l'aéroport Roissy-Charles de Gaulle, sont actuellement en ... dans les locaux de la Direction centrale de la police judiciaire. Ils sont ... dans le cadre d'une ... pour vol, recel et corruption diligentée par l'Office central de la répression du trafic illicite de stupéfiants.

France Info, jeudi 21 juin 2012

> ## Exprimer l'opinion : la certitude et le doute

3. Indicatif ou subjonctif ? Mettez les verbes entre parenthèses au mode qui convient.

1. Il est certain que le public (être) intéressé par les émissions traitant d'affaires de justice.
2. Moi, je doute que ça (servir) à quelque chose.
3. Certaines personnes considèrent que la télévision (devoir) seulement informer.
4. 60 % des téléspectateurs doutent qu'une fiction (pouvoir) restituer une réalité.
5. Les sondés pensent que la vérité dans certaines affaires ne (être) jamais connue. Et vous, croyez-vous que la vérité (pouvoir) venir d'une émission de télévision ?
6. Je suppose que la vérité (éclater) un jour ou l'autre.
7. Il est peu probable qu'on (savoir) jamais la vérité.
8. J'imagine qu'on (prendre) des précautions avant de faire la perquisition.

4. Complétez librement les phrases suivantes avec l'indicatif ou le subjonctif.

Vous et la justice :
1. Je trouve que les délais pour rendre la justice...
2. Je ne pense pas qu'un jury populaire...
3. Je ne suis pas sûr(e) que les professionnels de la justice...
4. Je doute que le traitement des affaires judiciaires par les médias...
5. Est-ce qu'on est sûr que, dans un procès, l'accusé... ?
6. Personnellement, je pense que les peines prononcées...
7. Je me doute bien que ce procès...

> ## La double pronominalisation et les pronoms neutres

5. Remplacez le nom souligné par le pronom approprié (attention aux accords de participes).

1. Je préviens mon assureur des dégâts occasionnés.
2. J'ai informé mon assurance des dégâts occasionnés.
3. Vous avez renvoyé la déclaration de perte ?
4. Vous avez renvoyé la déclaration à votre avocat ?
5. Il n'a pas prévenu ses parents de l'accident.
6. Il n'a pas dit à ses parents qu'il avait eu un accident.
7. Vous nous avez caché la vérité depuis le début !
8. Avouez ! Vous avez pénétré dans la maison...
9. Je n'ai aucun souvenir du cambriolage.

6. Complétez ce rapport de police avec les pronoms appropriés.

Le témoin affirme qu'il a vu les cambrioleurs dans l'appartement de l victime. Il dit qu'il ... a vus de sa fenêtre et qu'avant de pouvoir réagir, il observé le propriétaire qui rentrait et qui ... a surpris en plein travail. Alors les deux hommes ... ont montré leur arme qu'ils ... ont posée sur le fron Le témoin n'a pas pu observer l'arme ni ... décrire parce qu'il dit avoir e très peur. Il a quitté la fenêtre et ... a appelés immédiatement. Il assur cependant qu'il peut ... décrire les agresseurs et ... donner un signalemer précis. Il est certain de pouvoir ... reconnaître lors d'une confrontatio Nous ... avons proposé de ... faire dès l'arrestation de coupable présumés.

7. Remplacez les mots soulignés par des pronoms pour éviter les répétitions.

– Alors, vous aviez laissé votre voiture au garage et vos papiers étaien dans la voiture ?
– Non, j'avais laissé ma voiture au garage et j'avais donné mes papier au garagiste.
– Vous aviez donné vos papiers au garagiste. Alors, qui a perdu vos papiers ?
– C'est le garagiste ! J'avais confié mes papiers au garagiste et maintenant il dit qu'il ne trouve plus mes papiers !
– Il faut faire une déclaration de perte.
– D'accord, je vais faire la déclaration tout de suite.
– J'imagine que vous allez changer de garage ?
– Vous pouvez être sûr de ça !

8. Répondez aux questions comme dans l'exemple.

Exemple : – Le plaignant vous a apporté son justificatif de domicile ?
　　　　　　 – *Non, il ne me l'a pas apporté.*

1. – L'avocat t'a montré le dossier du procès ?
　– Non, ...
2. – Vous nous avez réclamé le procès-verbal ?
　– Non, ...
3. – Mademoiselle, avez-vous porté les pièces à conviction au juge ?
　– Non, ...
4. – Tu m'as envoyé la copie de la lettre ?
　– Non, ...

. **Répondez comme dans l'exemple.**

xemple : – Tu veux que je te donne la lettre de contestation ?
    – *Oui, donne-la-moi !*

. – Alors, je lui apporte la preuve ?
    – Oui, ...

. – Tu veux vraiment que je te dise la vérité ?
    – Oui, ...

. – Vous désirez que je vous envoie le dossier ?
    – Oui, ...

. – Je vous fais une déclaration de perte ?
    – Oui, ...

. – Bon, je te prépare l'attestation de domicile ?
    – Oui, ...

**0. Transformez les réponses de l'exercice 9 en réponses
égatives.**

Situer des événements dans un récit au passé

1. Réécrivez les phrases suivantes en les situant dans le présent.

. La lettre anonyme postée la veille n'était pas parvenue à son
destinataire.

. Ce jour-là, il est sorti armé en prévision de son crime.

. Le dispositif policier était mis en place pour fonctionner dès
le lendemain.

. La bombe allait exploser deux heures plus tard.

. Le procès ne devait avoir lieu que l'année suivante.

. L'année précédente, un crime similaire avait été commis dans
les environs.

**2. Rédigez un fait divers à partir des notes d'un journaliste.
Remplacez les expressions soulignées par des marqueurs de
temps.**

Lundi 15 avril : le propriétaire d'une Renault 30 a constaté
la disparition de son véhicule, garé devant chez lui <u>le
dimanche soir</u>. La voiture avait été vérifiée par le garagiste
<u>le 13 avril</u> et le compteur marquait 10 000 kilomètres.

<u>Le même jour, 15 avril</u>, il dépose plainte au commissariat.

<u>16 avril</u> : pas de nouvelles.

<u>17 avril</u> : le véhicule est retrouvé dans une rue voisine.
Le compteur marque 15 000 kilomètres !

Enquête <u>jusqu'au 20 avril</u>. Mystère du chemin parcouru
par le voleur <u>du dimanche soir jusqu'à la découverte de la
voiture</u>.

<u>Au mois de mai</u>, le propriétaire est interné dans un hôpital
psychiatrique pour pertes répétées de mémoire.

<u>En décembre</u>, le tribunal de police le condamne à un retrait
définitif de son permis de conduire.

*Lundi 15 avril, le propriétaire d'une Renault 30 a constaté la disparition
de son véhicule garé devant chez lui la veille au soir...*

› Faire une démonstration

13. Complétez le texte avec les articulateurs suivants.

de plus – alors – finalement (x 2) – premièrement – ensuite – en
second lieu – d'abord

Pour résoudre l'énigme, j'ai ... observé tous les indices. ... , j'ai éliminé
les personnes dont l'emploi du temps était indiscutable et ... il ne
restait que deux suspects possibles : monsieur ou madame Plessis.
Mon choix s'est porté sur l'homme pour deux raisons : ... parce que
son imperméable était humide (il pleuvait ce soir-là), ... parce que le
coup avait été porté avec une grande force. ... madame Plessis ne
connaissait pas les habitudes de la victime au contraire de son mari.
Voilà comment j'ai reconstitué les faits. J'ai ... interrogé de nouveau
monsieur Plessis, qui a ... avoué.

**14. Associez les éléments pour retrouver le raisonnement
d'un enquêteur.**

1. Tout d'abord
2. Ensuite
3. Et puis
4. Par ailleurs
5. Et en fin de compte
6. Alors
7. C'est ainsi que

a. j'ai recoupé les témoignages.
b. j'ai fait examiner les empreintes.
c. j'ai identifié le menteur.
d. j'ai trouvé le coupable.
e. j'ai cherché les indices.
f. j'ai observé le lieu du crime.
g. j'ai interrogé les témoins.

› Le roman policier

15. Complétez le texte avec les termes des « Mots pour » p. 147.

– Qu'est-ce que vous en pensez, chef ?

– Valmont semble le ... idéal : nous avons ses ... très nettes sur l'... ;
il avait besoin d'argent, c'est un sérieux ..., et son ... est invérifiable
car il prétend qu'il se promenait au clair de lune. Bref, tout est là
pour le désigner comme ... .

– Alors, on l'interpelle ?

– Mon cher Durand, trop, c'est trop. Valmont n'est pas un imbécile.
Vous croyez qu'il aurait laissé autant d' ... s'il était vraiment
coupable ? On a même retrouvé son mouchoir ! Il aurait pu
facilement effacer ses ... par exemple. Pourquoi ne l'a-t-il pas
fait ?

– Peut-être qu'il était pressé ? Il a perdu la tête ?

– Ceci n'est pas un ... commis sous l'impulsion du moment. Il a été
bien préparé et c'est clair que c'était un acte ... .

– Alors, chef ?

– Alors, Durand, on continue l' ... .

Compréhension des écrits   15 points

10e *chambre – Instants d'audience*

Après *Faits Divers* en 1983 et *Délits Flagrants* en 1994, le photographe et cinéaste Raymond Depardon revient à l'univers judiciaire. Mais, loin des procès médiatisés des cours d'assises, le documentariste s'est rendu à la 10e chambre correctionnelle de Paris, qui traite principalement des convocations pour délits mineurs. De mai à juillet 2003, le cinéaste et son équipe ont obtenu une autorisation exceptionnelle, qui leur a permis de filmer au plus près le travail des magistrats et les réactions des inculpés de ces affaires mineures...

En 1994, *Délits flagrants* montrait trois substituts du procureur face à des inculpés qui risquaient gros.

À la 10e chambre du tribunal correctionnel de Paris, les cas sont a priori moins spectaculaires. Plutôt des « petites affaires » – insulte à agents, conduite en état d'ivresse – menées tambour battant[1]. Durant trois mois, donc, Raymond Depardon a installé ses caméras et ses micros dans une salle d'audience et a filmé tous les événements, tragiques ou drôles. Guidé par sa seule subjectivité, il n'a gardé, en définitive, que douze cas. Plus exactement, quelques extraits significatifs de ces douze audiences. D'où ce film étrange et passionnant, dans lequel il semble moins porté à dénoncer les faiblesses de notre système judiciaire qu'à surprendre la panique qui saisit n'importe quel innocent ou prétendu tel lorsqu'il doit, en quelques minutes, emporter l'adhésion d'un juge, avec l'aide d'un avocat pas toujours inspiré. On est alors en plein dans la vérité des vies ordinaires, comme dans les romans de Simenon[2]. Il y a la bourgeoise qui a du mal à admettre qu'elle roulait vaguement ivre. L'homme qui, dans un état second, bredouille des « Je m'excuse », des « Mes respects » pour se faire bien voir. Et le pire de tous, sans doute, est ce petit macho[3] qui a maltraité, durant des mois, sa copine et continue de la menacer au téléphone depuis leur rupture. Très vite, on ne voit que le visage de celle qui a porté plainte, parce que la justice, elle y croit encore. Face à tous ces désastres, la justice s'en sort comme elle peut. Plutôt pas mal, en fait. La juge applique la loi avec une efficacité souriante : elle dialogue, en aide certains, en bouscule d'autres, consciente que chaque cas est un petit drame qu'il lui faut régler au mieux. Tout se déroule dans le meilleur des mondes possibles, à condition que chacun se plie au rôle que la société exige. Sinon gare... Soudain, on sent la juge agacée par un prévenu, intimidé mais ferme, qui a décidé de contester l'accusation point par point pour prouver que son couteau n'était pas une arme. Il discute, argumente et, brusquement, la juge explose : « Vous n'allez tout de même pas m'apprendre le Code[4] ? » lance-t-elle. Le documentaire poignant et drôle fait alors froid dans le dos[5].

D'après Pierre Murat, *Télérama*, 2011

1 tambour battant : rapidement
2 Georges Simenon (1903-1989), célèbre auteur de romans policiers
3 macho : homme qui se croit supérieur aux femmes
4 Code (pénal) : recueil des lois du droit pénal
5 faire froid dans le dos : faire peur

Lisez le document et répondez.

1. Quel est le titre du film de Raymond Depardon dont cet article fait la critique ?   1 point
a. *Faits Divers.*
b. *Délits flagrants.*
c. *10ᵉ chambre – Instants d'audienc*e.

2. Quel est le genre de ce film ?   1 point
a. Un documentaire.
b. Une fiction.
c. Un reportage.

3. Où ce film a-t-il été tourné ?   1 point
a. Au tribunal de police.
b. Au tribunal correctionnel.
c. À la cour d'assises.

4. Vrai ou faux ? Choisissez la bonne réponse et notez la phrase ou la partie du texte
qui justifie votre réponse.   3 points
a. Les manquements à la loi présentés dans ce film sont de petits délits.
b. En France, il est habituel que des caméras enregistrent les débats judiciaires.

5. Que signifie l'expression « risquer gros » dans cet article ?   2 points

6. Parmi les histoires présentées dans le film, quel est le délit qui a le plus indigné l'auteur de l'article ?   1 point
a. L'insulte à agent de police.
b. La conduite en état d'ivresse.
c. Les violences au sein du couple.

7. Le film montre une victime. D'après l'auteur de l'article, quel est son rapport à la justice ?   2 points

8. Qu'est-ce que l'expression « Sinon gare… » communique ?   1 point
a. Une condition.
b. Une menace.
c. Un souhait.

9. Vrai ou faux ? Choisissez la bonne réponse et notez la phrase ou la partie du texte
qui justifie votre réponse.   3 points
a. Le film montre que la fonction principale de la juge est de punir.
b. Selon l'auteur de l'article, le film inspire des émotions contradictoires.

Production écrite   25 points

**Vous êtes abonné à un magazine français dont le dernier numéro a pour thème les grandes erreurs judiciaires.
Vous écrivez au courrier des lecteurs pour raconter un procès qui vous a paru injuste : vous décrivez les faits
et expliquez pourquoi vous n'êtes pas d'accord avec le jugement. (160 à 180 mots)**

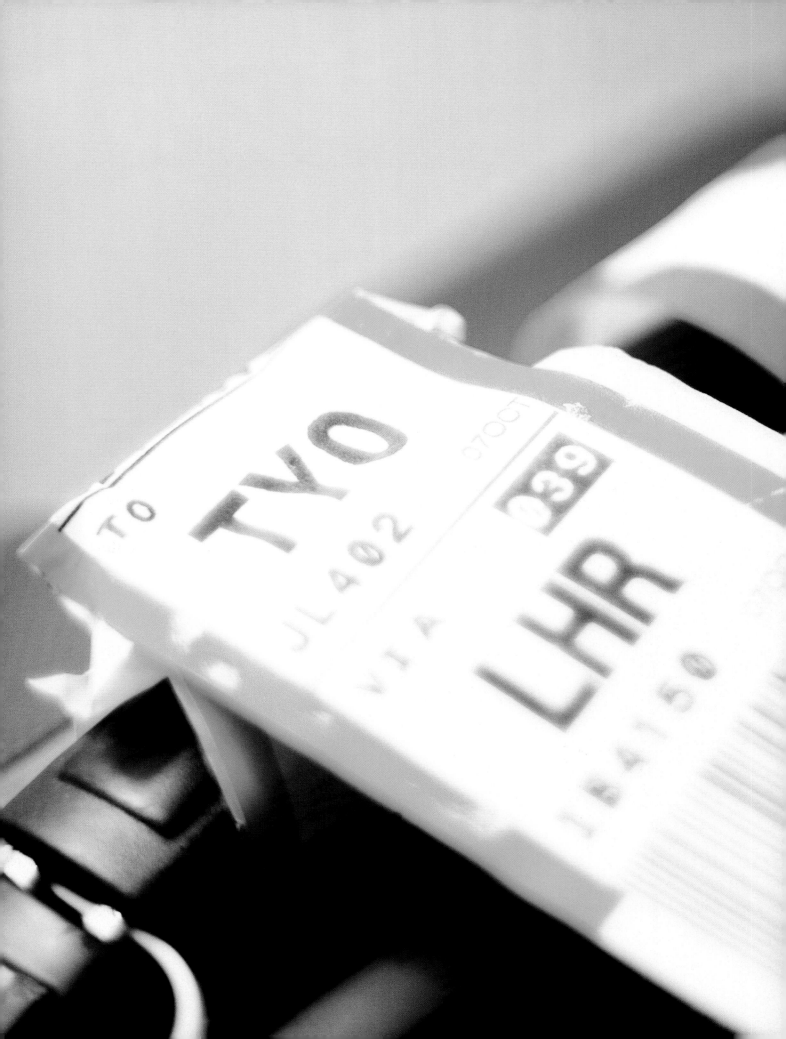

Dossier 9
Je voyage

B1.2

> *Le véritable voyage n'est pas d'aller vers d'autres paysages, mais d'avoir d'autres yeux.*
> Marcel Proust

> Les voyages forment la jeunesse.

Ouvertures

Pierre Boulle (1912-1994)

Jeune ingénieur agronome, Pierre Boulle voyage en Malaisie puis combat pendant la seconde guerre mondiale en Chine, en Birmanie et en Indochine* dans les forces de la France Libre alliées aux Britanniques. Capturé en 1942, il est condamné aux travaux forcés et s'évade deux ans plus tard. Il se met à écrire et publie un roman d'aventures, *Le Pont de la rivière Kwaï* (1952), inspiré de son expérience, et des romans de science-fiction, dont *La Planète des singes* (1963).
Pierre Boulle a connu une renommée mondiale grâce aux adaptations de ses livres au cinéma : *Le Pont de la rivière Kwaï* de David Lean en 1957 et *La Planète des singes* de Franklin Schaffner en 1967 avec Charlton Heston, ou en 2001 avec la version de Tim Burton.

* Protectorat français qui regroupait le Laos, le Vietnam et le Cambodge.

En l'an 2500, le professeur Antelle organise une expédition pour explorer l'étoile Bételgeuse. À proximité de l'étoile, les astronautes distinguent quatre planètes, dont une qui paraît ressembler à la Terre. Ils décident alors de l'explorer et la baptisent Soror...

La planète ressemblait étrangement à la Terre. Cette impression s'accentuait à chaque seconde. Je distinguais maintenant à l'œil nu le contour des continents. L'atmosphère était claire, légèrement colorée d'une teinte vert pâle, tirant par moment sur l'oranger, un peu comme dans notre ciel de Provence au soleil couchant. L'océan était d'un bleu léger, avec également des nuances vertes [...]. Mais la ressemblance s'arrêtait là. Rien dans la géographie ne rappelait notre ancien ni notre nouveau continent. Rien ? Allons donc ! L'essentiel au contraire ! La planète était habitée. Nous survolions une ville : une ville assez grande d'où rayonnaient des routes bordées d'arbres sur lesquelles sillonnaient[1] des véhicules. J'eus le temps d'en distinguer l'architecture générale : de larges rues, des maisons blanches avec de longues arêtes rectilignes. Mais nous devions atterrir bien loin de là.

[...] Il y avait plusieurs éléments baroques, certains horribles, dans le tableau que j'avais sous les yeux, mais mon attention fut d'abord retenue tout entière par un personnage, immobile à trente pas de moi, qui regardait dans ma direction. [...] J'avais beau me répéter que je devenais fou, je ne pouvais nourrir le moindre doute sur son espèce. Mais la rencontre d'un gorille sur la planète Soror ne constituait pas l'extravagance[2] essentielle de l'événement. Celle-ci tenait pour moi à ce que ce singe était correctement habillé, comme un homme de chez nous, et surtout l'aisance avec laquelle il portait ses vêtements. [...] Il était habillé comme vous et moi, je veux dire comme nous serions habillés si nous participions à une de ces battues[3], organisées chez nous pour les ambassadeurs ou autres personnages importants, dans nos grandes chasses officielles. Son veston de couleur brune semblait sortir de chez le meilleur tailleur parisien et laissait voir une chemise à gros carreaux, comme en portent nos sportifs. La culotte, légèrement bouffante au-dessus des mollets, se prolongeait par une paire de guêtres[4]. Là s'arrêtait la ressemblance ; au lieu de souliers, il portait de gros gants noirs. C'était un gorille, vous dis-je ! Du col de la chemise sortait la hideuse tête, terminée en pain de sucre[5], couverte de poils noirs, au nez aplati et aux mâchoires saillantes.

Pierre Boulle, *La Planète des singes*, Éditions Julliard, 1963

1 *sillonner : parcourir en tous sens*
2 *une extravagance : une bizarrerie*
3 *une battue : à la chasse, action de faire du bruit pour faire sortir le gibier*
4 *des guêtres : des bandes de toile ou de cuir couvrant le haut de la chaussure*
5 *en pain de sucre : en forme de cône*

1

Lisez le texte et répondez.

1. De quel type de roman s'agit-il ?
2. Quel en est le thème ?
3. Que décrit le narrateur ?

2

Relisez et répondez.

1. Soror et la Terre se ressemblent. Quels sont leurs points communs ?
2. Quelles sont les différences ?
3. Quels sentiments saisissent le narrateur quand il découvre un habitant de la planète ? Justifiez.
   le plaisir – la peur – la surprise – l'incrédulité – la colère – l'horreur
4. Qu'est-ce qui frappe le narrateur chez cet habitant ?

3

Connaissez-vous ce roman ? Avez-vous vu une de ses adaptations au cinéma ?
Si oui, résumez le thème et racontez la fin.
Si non, choisissez le dénouement qui vous paraît le plus probable et expliquez pourquoi.

1. Les Terriens colonisent Soror et soumettent les habitants-gorilles.
2. De retour à Paris après des années-lumière, les voyageurs sont accueillis par un gorille.
3. Les explorateurs découvrent que Soror est la Terre transformée par un cataclysme nucléaire.

4

En une dizaine de lignes, écrivez la suite de ce début de nouvelle.

« Le taxi intersidéral nous avait déposés sur une plate-forme et avait aussitôt décollé pour rejoindre sa base. Une rumeur légère et joyeuse montait d'une foule vêtue de ce que nous avons pensé être des déguisements… »

LES MOTS pour...
Le voyage

Je voyage en bus, en voiture…
Je me déplace à vélo, à cheval, à dos de chameau…

Je préfère voyager seul(e), en groupe.
Je pars en voyage organisé.

En voyage, j'apprécie les haltes, je prévois des étapes.
Je suis les itinéraires balisés. ≠ Je sors des sentiers battus.
Je recherche des endroits insolites, hors du commun.
J'aime prendre mon temps, flâner, me balader.
J'organise mon voyage à l'avance, je planifie mon itinéraire, je prévois mon parcours.
Je me laisse guider par le hasard, je vais à l'aventure.

J'essaie de communiquer avec les gens.
Je baragouine
Je me débrouille } dans la langue du pays.

Je pars pour { faire une pause, décompresser.
faire des rencontres, des découvertes.
visiter des sites célèbres.
Je cherche le dépaysement, à m'évader du quotidien.
J'aime découvrir d'autres cultures.

5 EGO Questionnaire
Vous et les voyages

- Quand vous voyagez, quel est votre mode de transport favori ? Quel est le transport le plus insolite que vous ayez utilisé ?

- Partez-vous plutôt seul(e), avec des amis, en famille ou en voyage organisé ?

- Préférez-vous partir dans des endroits où vous connaissez quelqu'un ?

- Aimez-vous séjourner longtemps dans un lieu fixe ou changez-vous souvent d'endroit ?

- Avant de partir, vous renseignez-vous sur le climat, les endroits « incontournables » à visiter, les habitudes des habitants ? Comment préparez-vous votre séjour ?

- Qu'aimez-vous faire en voyage ? Visiter, prendre des photos, rencontrer des gens… ?

- Que recherchez-vous avant tout dans les voyages ?

- Aimeriez-vous partir sur une autre planète ? Dites pourquoi.

La vie au quotidien
L'invitation au voyage

VISA VOYAGES

LE PAYS DE L'ACADIE

Le voyage comprend : vol + autotour + ... + ...
Durée : 13 nuits
Dates : à partir du ...
Au départ de : Paris Charles-de-Gaulle, Nantes, Lyon ou Bordeaux
Aéroport d'arrivée : Montréal
Prix : ...

Découvrez la façade ... . Des rivages escarpés et spectaculaires de la baie de Fundy à Percé et son fameux ... , en passant par la ... , cet itinéraire original vous emmènera en Gaspésie et au Nouveau-Brunswick, au cœur de la culture acadienne.

Temps forts
> la visite du ...
> le dîner de homard à Percé
> l'incroyable colonie de fous de Bassan sur l'île de Bonaventure
> la ... autour de l'énigmatique rocher Percé
> les belles courbes de la dune de Bouctouche

Carte : CANADA — Rivière-Madeleine, Percé, Baie des Chaleurs, Caraquet, Rimouski, Rivière-du-Loup, Fredericton, Moncton, Québec, St-Andrews, USA, Montréal

1

Observez le dépliant touristique (document 1). Dites quel pays, quelles provinces et quel type de voyage il présente.

2

2 ⓘ 🔊 75

Écoutez le document 2. Suivez l'itinéraire sur la carte puis résumez la situation.

3 🔊 75

Réécoutez la description du voyage et complétez le descriptif du dépliant (document 1).

4 📖

Relevez dans le descriptif du dépliant les éléments qui soulignent l'aspect exceptionnel du séjour.

5 🔊 💬 75

Réécoutez le document 2 et répondez.
1. Quelles sont les différentes raisons du choix de ce voyage au Canada ?
2. Quel est le problème soulevé par la femme ?
3. Êtes-vous tenté(e) par la proposition ? Si oui, quel aspect du voyage vous plaît le plus ? Quelles informations complémentaires aimeriez-vous avoir ?

VOYAGES EN CLUB

SALY – SÉNÉGAL

Une mer chaude, des vents frais sous un soleil éclatant... Venez profiter de notre club 5 étoiles, dans la quiétude raffinée de la plage de Saly, et laissez-vous envoûter par une contrée authentique.

Exemple de prix plein tarif par semaine : 1990 € *

* Forfait tout compris 7 jours avec transport au départ de Paris. Prix TTC en €, par adulte, en hôtel *****, restauration incluse + un circuit organisé au choix.

Imaginez...

▸ La découverte de la station balnéaire la plus connue d'Afrique de l'ouest, où restaurants et bars de luxe allient culture locale et modernité.

▸ Hisser la grand-voile au large de la plage de Saly.

▸ Découvrir la culture sénégalaise grâce aux circuits organisés par le club.

---

6 📖

Lisez le document 3. Situez le Sénégal puis répondez.

1. Quel type de voyage est proposé ?

2. Quels sont les avantages de cette formule ?

3. D'après vous, quel voyage Pauline va-t-elle choisir ?

7 🎧 76

a) Écoutez le document 4 et répondez.

1. Quel est l'objet de la conversation téléphonique ?

2. Est-ce que Jean-François peut obtenir ce qu'il demande et, si oui, sous quelles conditions ?

b) Réécoutez la conversation et numérotez par ordre d'apparition les éléments suivants.

des excuses – des remerciements – une demande de patienter – une incompréhension du problème – une reformulation de la demande – une explication du problème – des consignes de « marche à suivre »

8 🎧 ✏️ 76

Vous allez écrire le mail de M. Portal à l'agence. Réécoutez le document 4, prenez des notes sur les éléments du dossier à rappeler dans le mail puis rédigez-le.

9 💬

Vous avez réservé un voyage pour Saly au Sénégal mais vous changez d'avis et décidez finalement d'aller au pays des Acadiens. Vous téléphonez à l'agence Visa Voyages pour faire le changement.

STRATÉGIES pour...
Résoudre un problème au téléphone

Exposer le problème :
J'ai réservé...
Je me suis inscrit(e) à..., mais il y a un imprévu.

Donner les références :
Le numéro de mon dossier, de ma réservation est le...
Je suis inscrit(e) sous la référence...
Mon numéro d'adhérent(e), de client(e) est le...

S'excuser :
Je suis désolé(e), navré(e), je vous prie de m'excuser.

Éclaircir une incompréhension :
Je me suis mal fait comprendre.
Je n'ai peut-être pas été très clair(e)...
Nous ne nous sommes pas bien compris(es).

Formuler sa demande :
Je voudrais, j'aimerais, je souhaiterais, j'aurais voulu savoir si...
Serait-il possible de...
Pouvez-vous changer, modifier les dates...
Est-ce possible de reporter la somme, l'avoir, le premier versement...

S'assurer que le problème peut se résoudre :
C'est donc possible de... ? Vous êtes sûr(e) que... ?
Il n'y aura pas de problème, pas de souci si... ?

S'informer de la marche à suivre :
Qu'est-ce que vous me conseillez de faire ?
Quelle est la procédure à suivre ?

Remercier l'interlocuteur :
Merci pour votre aide.
Vous avez été très aimable.
Je vous remercie infiniment.

Outils pour...
❯ Utiliser des indéfinis

1

> Il est des pays qui vous subjuguent par leur histoire, d'autres offrent en prime au voyageur attentif un éventail de paysages et d'ambiances étranges et fascinants. Nous avons tous entendu parler du Maroc et chacun en évoque des aspects pittoresques, car il est à la fois un condensé du Maghreb et un avant-goût de la terre africaine. Certains prétendent qu'on en revient couvert de bijoux clinquants et la tête remplie de souvenirs fantaisistes... Ce n'est un secret pour personne que ce pays a été de tout temps source d'inépuisables romans d'aventures. Partout, vous rencontrez un inégalable réservoir de traditions et de coutumes. Au-delà de tous les préjugés, j'ai choisi de laisser mes bagages au vestiaire et de vous présenter quelque chose de neuf, des instantanés de la réalité marocaine d'aujourd'hui.
>
> D'après Dominique Jean et Robert Jean, *Le Maroc au-delà du voile*, Éditions Anako, 1996

1

Lisez cette introduction à un guide sur le Maroc (document 1).
Relevez :
1. dans la première partie du texte, les connaissances généralement partagées sur le Maroc.
2. dans la seconde partie, le point de vue choisi par l'auteur du guide.

POINT Langue
→ p.

Les indéfinis

a) Relisez le document 1 et choisissez la bonne réponse.
D'autres, tous, chacun, certains, personne, partout servent à :
☐ préciser une quantité.   ☐ désigner de manière imprécise.

b) Associez les mots soulignés avec les indéfinis correspondants et faites une seule phrase contenant les quatre pronoms.

dans tous les lieux •   • on
dont une partie des coutumes est mal connue •   • toutes les
l'ensemble des coutumes •   • partout
le visiteur peut découvrir •   • certaines

MÉMO

Quantité nulle	Quantité indéterminée au singulier	Quantité indéterminée au pluriel	Totalité
aucun nul personne rien	on quelqu'un(e) quelque chose l'un(e)... l'autre	plusieurs quelques-uns/unes certain(e)s... d'autres la plupart les un(e)s... les autres	tout (tous, toutes) chacun(e) / chaque
nulle part	quelque part		partout

c) Observez les exemples et répondez.
– J'aime les voyages. Je ferais n'importe quoi pour partir.
– Partir ? Oui, mais pas n'importe où.

– Quelle valise tu prendras ?
– N'importe laquelle, ça m'est égal.

N'importe qui est capable de programmer un itinéraire !

***N'importe...* indique :**
☐ un refus.
☐ un choix indifférent.

→ **S'exercer n° 1 et 2 | p.168**

MÉMO
Les locutions pronominales : *n'importe qui, quoi, où, le/la/lesquel(le)(s)*
et les locutions adjectivales : *n'importe quel(le)(s)* + nom soulignent que, dans un ensemble, le choix de l'objet ou de la personne désigné(e) n'a pas d'importance.
N'importe quel guide de voyage conviendra.
Un guide ? Prends n'importe lequel, ils se valent tous.

Attention !
N'importe qui, quoi, où... peut avoir un sens péjoratif.
Excusez-moi, mais je ne pars pas avec n'importe qui ! Je choisis mes coéquipiers.
Mais ce n'est pas sérieux ! Tu fais n'importe quoi !

› Utiliser la négation

a) Écoutez le dialogue (document 2) et retrouvez les éléments du voyage qui sont évoqués.

☐ hébergement ☐ santé
☐ accueil ☐ langue
☐ vol ☐ coutumes locales
☐ déplacements ☐ bagages
☐ paysages

b) Pour chacun des éléments évoqués, dites quel a été le problème exposé par Gilles.

POINT Langue

→ p. 210

La phrase négative

a) Réécoutez le document 2 et complétez ces phrases extraites du dialogue. Mettez-vous par deux et corrigez-vous.

– C'était bien ?
– ... ! C'était nul sur toute la ligne !
– Ah oui, je t'assure, une vraie cata. Déjà, on ... un vol direct, j'ai cru qu'on ... arriver.
– On avait dix heures de retard, les amis qui devaient venir me chercher ... . Et je ... pris leur numéro de téléphone.
– Bref, je ... où aller, ... pouvait se faire avant le matin.
– Je ... réussi à les joindre ... deux heures plus tard, ... répondait.
– Le médecin m'a dit de ... m'en faire.
– Mais, après une semaine, je ... fait parce que je suis tombé malade.
– Alors, bon, les voyages lointains, ... hein ! J'ai décidé de ... bouger !
– C'est clair que tu ... disposition pour devenir explorateur.

b) Relevez dans le document 2 trois exemples qui illustrent les différentes places de la négation dans une phrase.

> **MÉMO**
> ■ **Avec l'infinitif**, toute la négation se place avant le verbe.
> *J'ai décidé de ne plus bouger.*
>
> ■ **Avec un temps composé**, la négation encadre l'auxiliaire.
> *Je n'avais pas pris leur numéro de téléphone.*
>
> ■ *Rien* et *personne* peuvent être sujets ou compléments.
> *Rien ne pouvait arriver. / Je ne pouvais rien faire.*
> *Personne ne répondait. / Je n'ai vu personne, je n'ai parlé à personne.*
>
> ■ *Ne... que* = *seulement*.
> *Je ne suis arrivé que deux heures plus tard.*
>
> ■ *Personne, jamais, rien, plus, aucun* peuvent se combiner.
> *Je n'ai jamais vu personne se comporter comme ça.*
> *Après, je n'ai plus rien fait, plus aucun voyage, plus jamais !*
>
> ■ La négation *ne... ni... ni* s'utilise pour exprimer deux négations dans une construction identique.
> *Je n'aime ni la chaleur ni les moustiques.* (= Je n'aime pas la chaleur et je n'aime pas les moustiques non plus.)

→ **S'exercer n° 3 et 4 | p.168**

Racontez en quelques lignes un voyage raté du début à la fin.

Points de vue sur...
Carnets de voyage

1

RIO GALLEGOS[1]

Depuis déjà deux heures, le paysage vu d'avion n'a pas changé : une lande[2] interminable, plate jusqu'au vertige, de temps en temps soulevée comme par une très longue houle[3]. Aucun arbre, si ce n'est les maigres bosquets qui entourent les rares bâtiments.

Battue par le vent local, le *pampero*, la végétation est si pauvre qu'il faut un hectare[4] pour nourrir un mouton. Une exploitation ne devient vraiment rentable qu'à partir du millionième mouton. Aussi les propriétés s'étendent-elles sur un million d'hectares. Avec une ferme au milieu. C'est dire si l'on ne s'importune pas entre voisins. La porte du Grand Sud est peut-être le début de la solitude.

La petite ville de Rio Gallegos porte le nom du fleuve qui la borde : un trait d'eau boueuse marron clair bordé de renflements[5] vaseux ocre, le tout creusé dans un sol aussi marron mais légèrement plus foncé. Rien d'enchanteur.

Isabelle Autissier, navigatrice, et Érik Orsenna, de l'Académie française,
Salut au Grand Sud, Éditions Stock, 2006

1 Rio Gallegos : dernière ville d'Argentine avant d'arriver en Terre de Feu
2 une lande : une terre aride où ne poussent que certaines plantes sauvages
3 la houle : le mouvement régulier de la mer
4 un hectare = 10 000 mètres carrés
5 un renflement : une bosse

Diégo-Suarez, Madagascar.

2

Ici, quand les gens attendent, ils n'ont pas l'air d'attendre.
Ici, les gens se souviennent de ton nom, même si tu ne leur as dit qu'une seule fois il y a longtemps.
Ici, on dit « peut-être » même lorsqu'on est sûr.
Ici, personne ne demande « Et vous, qu'est-ce que vous faites dans la vie ? ».
Ici, on dit « Je pars pour deux semaines à Sambava » et on rentre deux ans après comme si on était parti la veille.
Ici, pour dire « au petit matin », on dit « de grand matin ».
Ici, 4 h du matin, ce n'est pas si tôt que ça.

Nicolas Fargues, *Rade terminus*, Éditions P.O.L., 2004

3

Comme d'ordinaire, les réjouissances du Nouvel An avaient attiré, à Lhassa, une foule nombreuse venue de toutes les parties du Tibet. Les auberges étaient pleines, tous ceux qui disposaient d'une chambre ou d'un abri quelconque l'avaient loué ; les voyageurs couchaient dans les écuries[1] et campaient dans les cours. J'aurais pu aller de porte en porte pendant des heures, en quête d'un logis, sans autre résultat que de me faire dévisager et d'avoir à répondre aux nombreuses questions que les Tibétains, curieux de nature, ne manquent jamais de poser. Cet ennui, ce danger me furent épargnés.

Nous nous étions arrêtés au coin du marché, assez embarrassés, ne sachant pas trop où nous rendre, quand une femme s'approcha de moi :

– Vous cherchez un logement, Ma gué[2], me dit-elle. Vous devez être très fatiguée, vous venez de si loin... Suivez-moi, je connais un endroit où vous serez bien.

Étonnée, je souris à la secourable Tibétaine en murmurant des remerciements. Les gens obligeants[3] sont nombreux au "Pays des Neiges" et la charitable sollicitude[4] de cette inconnue n'avait rien de particulièrement extraordinaire, mais comment pouvait-elle deviner que je venais de « si loin » ? La vue de mon « bâton de pèlerin[5] » devait lui avoir suggéré cette idée et, après tant de jeûnes et de fatigues, j'étais assez amaigrie pour inspirer de la pitié : néanmoins cette rencontre me paraissait un peu singulière.

Alexandra David-Néel, *Voyage d'une Parisienne à Lhassa*, 1927

1 une écurie : un bâtiment destiné à loger les chevaux
2 ma gué : littéralement « vieille mère », appellation polie et affectueuse utilisée en Chine
3 obligeant : serviable
4 une charitable sollicitude : une attention affectueuse
5 un pèlerin : un voyageur qui se rend à pied vers des lieux saints

Relisez le document 2 et répondez.

1. Qu'est-ce qui montre :
   – que le temps n'a pas d'importance ?
   – que les habitants sont délicats à l'égard des autres ?

2. À quoi s'oppose « ici » ?

Relisez le document 3 et répondez.

1. À quelle occasion les Tibétains se rassemblent-ils à Lhassa ?

2. Quelle phrase montre que la ville est alors surpeuplée ?

3. Quelle remarque souligne la gentillesse des habitants ?

4. Que laisse présager la phrase finale ?

a) Après la lecture du texte de Nicolas Fargues (document 2), quelle image gardez-vous des habitants de Madagascar ?

b) Notez ensemble quelques habitudes et comportements de votre culture qui, selon vous, pourraient surprendre un visiteur étranger. Puis présentez-les au grand groupe.

6

À la manière de Nicolas Fargues, rédigez un petit texte sur un pays ou une région que vous avez visité(e).
Ici,...

Lisez ces trois témoignages de voyage (documents 1 à 3) et répondez.

1. Quel texte évoque :
   – l'hospitalité ?
   – la philosophie des habitants ?
   – le panorama ?

2. Dans quel texte le narrateur est-il :
   – neutre ?
   – étonné ?
   – réservé ?

Relisez le document 1 et répondez.

1. De quel point de vue aborde-t-on la description ?

2. Quelle impression générale donne le paysage décrit ?

3. Quel effet produit la description du fleuve ?

Alexandra David-Néel (1868-1969), exploratrice française. Au Népal, en 1912.

RENDEZ-VOUS Alterculturel

Écoutez Sylvie qui raconte son voyage en Colombie et répondez.

🔊78

1. Quel a été son premier contact avec le pays ?

2. Comment son ami s'est-il familiarisé avec la langue du pays ?

3. Quelles mésaventures leur sont arrivées ?

Outils pour...

› Faire des recommandations

1 📖 ⊗

Observez les photos et faites des hypothèses sur les pays qu'elles présentent.

1 **Naviguez** au cœur de l'Europe et découvrez l'histoire de la Wallonie, ce passé qui l'a construite telle qu'elle est aujourd'hui : une région de Belgique haute en couleurs. Laissez-vous conter son folklore et ses traditions. Ne manquez pas la ville de Namur, dont le cœur historique se parcourt à pied, en flânant au rythme de l'escargot, emblème de la ville. S'y promener, c'est forcément découvrir le musée Félicien Rops, s'arrêter aux terrasses des bistrots ou encore se laisser tenter par le shopping dans les rues Saint-Jacques et Émile-Cuvelier...

3 L'ex-royaume du Dahomey, devenu l Bénin en 1975, s'étire en longueu jusqu'à l'océan Atlantique. Pays rich de son histoire, il promet de belle découvertes grâce aux palais des an ciens rois, mais aussi aux tradition vaudoues, fortement ancrées dans l culture béninoise. Encore peu ouver au tourisme, ce pays relativement pla offre une grande variété de paysages savanes, parcs naturels et plages Attention, certaines régions son inaccessibles à la saison des pluies La baignade en mer n'est praticabl et sécurisée que sur quelques site bien déterminés. Il est préconisé d se renseigner avant de plonger !

2 LA TUNISIE, celle des souks et des villes, ou celle, sauvage, des campagnes, s'offre à vous. Au hasard de vos déplacements, allez à la rencontre des multiples cultures qui ont nourri cette terre : les Carthaginois et les Vandales, les Romains et les Arabes, les Turcs et les Français.

Dans la liste des « choses à ne pas manquer », faites une sélection et évitez d'en faire trop : certaines visites sont menées au pas de charge en plein soleil et sont très fatigantes. Dans les souks, il est d'usage de discuter les prix : le marchandage est perçu comme un échange et non comme une simple manœuvre pour faire baisser le prix.

2 📖

Lisez les extraits de brochures touristiques (documents 1 à 3) et associez chaque photo au texte correspondant.

3 📖

Relevez dans les textes les verbes qui invitent à la découverte et les expressions de recommandations.
Invitations à la découverte : *naviguez, découvrez...*
Recommandations : ...

4 🕐

Faites par écrit, dans une lettre ou un mail, quelques recommandations à un(e) ami(e) français(e) qui viendrait pour la première fois visiter votre pays.

LES MOTS pour...

Faire des recommandations

Attention ! N'oubliez pas... ; Soyez attentif(ve) à... ;
Soyez vigilant(e) sur... ; Assurez-vous de... ; Évitez de... ;
Préférez, privilégiez... ; Veillez à... ; Sachez que...

Il est capital, essentiel, indispensable de...
Il vaut mieux...
Il est recommandé, préconisé, souhaitable, préférable de...
Il est d'usage de... ; La coutume est de...
C'est une visite incontournable, à ne pas manquer.

→ **S'exercer n° 5 et 6** | p.168

› Faire une narration au passé

Nantes, le 26 juin.

Il m'a fallu voir les cinq hôpitaux de Nantes ; mais comme, grâce au ciel, le présent voyage n'a aucune prétention à la statistique et à la science, j'en ferai grâce au lecteur [...]. Saint-Pierre, la cathédrale de Nantes, fut construite, pour la première fois, en 555, et par saint Félix ; rien ne prouve ces deux assertions[*]. Des fouilles récentes ont montré qu'une partie de l'église s'appuie sur un mur romain ; mais, dans l'église même, je n'ai rien vu d'antérieur au onzième siècle. Le chœur a été arrangé au dix-huitième, c'est tout dire pour le ridicule. Le féroce Carrier, scandalisé du sujet religieux qui était peint à la coupole, la fit couvrir d'une couche de peinture à l'huile que dernièrement l'on a essayé d'enlever. [...] La nef actuelle de Saint-Pierre fut bâtie vers 1434, et remplaça la nef romane qui menaçait ruine ; mais les travaux s'arrêtèrent vers la fin du quinzième siècle [...]. N'importe ; rien de plus noble, de plus imposant que cette grande nef. Il faut la voir surtout à la chute du jour et seul ; immobile sur mon banc, j'avais presque la tentation de me laisser enfermer dans l'église.

Stendhal, *Mémoires d'un touriste*, 1838

[*] affirmations

5

Lisez le document 4 et répondez.

1. Quelle ville et quel monument sont évoqués ?

2. Quels aspects ont frappé Stendhal ?

6

Relisez le document 4 et donnez vos impressions sur le caractère de l'auteur. Justifiez.

POINT Langue

→ p. 204-206

Les temps de la narration

a) Relisez le document 4 et relevez les temps utilisés.

b) Selon vous, à quel moment du voyage sont rédigés ces carnets ?

> **MÉMO**
>
> ▪ **Les temps de la narration au passé** : imparfait, passé composé, plus-que-parfait pour l'antériorité, conditionnel pour le futur dans le passé.
> *J'étais alors à Bruges et j'ai suivi les traces des peintres belges qui avaient immortalisé la ville. Par hasard, je suis entré dans ce café qui deviendrait par la suite mon lieu d'observation.*
>
> ▪ Quand il y a proximité entre le moment du récit et la prise de parole, on peut trouver **le présent et le futur**.
> *Mais comme, grâce au ciel, le présent voyage n'a aucune prétention à la statistique et à la science, j'en ferai grâce au lecteur.*
>
> ▪ On trouve également **le présent de « vérité générale »**.
> *C'est le plus beau monument de la ville.*

→ S'exercer n° 7 et 8 | p.168-169

POINT Langue

→ p. 205

Le passé simple

a) Relisez le document 4. Pourquoi et dans quelles circonstances Stendhal utilise-t-il le passé simple ?

b) Notez la phrase où passé composé et passé simple sont utilisés ensemble. Expliquez la différence entre les deux temps.

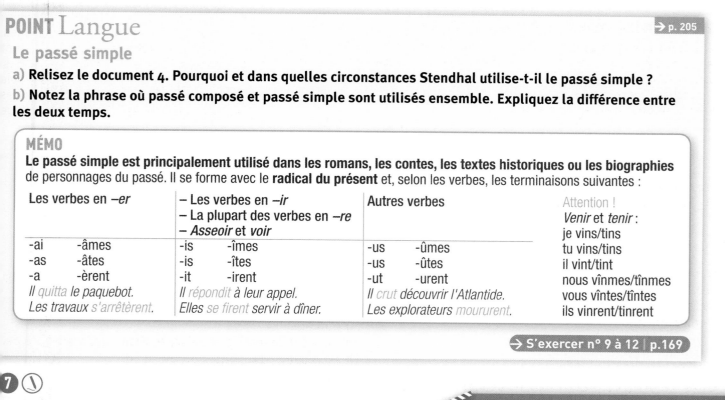

> **MÉMO**
>
> **Le passé simple est principalement utilisé dans les romans, les contes, les textes historiques ou les biographies** de personnages du passé. Il se forme avec le **radical du présent** et, selon les verbes, les terminaisons suivantes :

Les verbes en –er	– Les verbes en –ir – La plupart des verbes en –re – Asseoir et voir	Autres verbes		Attention ! *Venir* et *tenir* :
-ai -âmes	-is -îmes	-us -ûmes		je vins/tins
-as -âtes	-is -îtes	-us -ûtes		tu vins/tins
-a -èrent	-it -irent	-ut -urent		il vint/tint
Il quitta le paquebot.	*Il répondit à leur appel.*	*Il crut découvrir l'Atlantide.*		nous vînmes/tînmes
Les travaux s'arrêtèrent.	*Elles se firent servir à dîner.*	*Les explorateurs moururent.*		vous vîntes/tîntes
				ils vinrent/tinrent

→ S'exercer n° 9 à 12 | p.169

7

Racontez un voyage au cours duquel vous avez visité un monument historique dont vous présentez brièvement l'histoire.

La France et ses étrangers

Sur tous les tons 79

Écoutez les dialogues, identifiez les situations et les personnages. Puis répétez en imitant les différentes intonations.

Phonie-graphie

1 80

Écoutez. Mettez des ( ) lorsque le *e* ne se prononce pas et soulignez-le lorsqu'il se prononce.

Exemple : entret(e)nu

debout – dangereux – gouvernement – maintenant – arrondissement – mercredi – justement – samedi – rassemblement – acheter – apercevoir – quelque chose – semer – amener – au-dessus – médecin – revenu – grenouille – portefeuille – devant – portemanteau – fenêtre – dénouement – peler – quelque part

Relisez ces mots à voix haute.

2 81

Mettez des ( ) lorsque le *e* ne se prononce pas et soulignez-le lorsqu'il se prononce. Puis écoutez pour vérifier.

1. Sa mère est bretonne et son père allemand.
2. Cette semaine, il écoute beaucoup de musique par rapport à la semaine dernière.
3. Elles jouent dans le jardin. Nous sifflerons pour les appeler.
4. Prête-moi ce livre, je t'en supplie. Je ne te le redemanderai plus !
5. C'est un arbre gigantesque ! C'est presque sûr qu'on sera obligés de le couper !
6. Elle devait venir mais elle a eu un accident de voiture. Heureusement, ce n'est pas grave. Elle a eu de la chance !
7. Si je ne fais rien demain, je te téléphone ! Pas de problème.

Relisez à voix haute.

Mise en scène

Jouez à trois cet extrait de la pièce *Le Guichet* de Jean Tardieu.

La porte s'entrebâille, apparaît la tête du client.

LE PRÉPOSÉ Entrez !

Le client n'entre pas.

LE PRÉPOSÉ Entrez !

Le client entre, plus terrifié que jamais.

LE CLIENT, *se dirigeant vers le guichet*
Pardon, monsieur... C'est bien ici... le bureau des renseignements ?

LE PRÉPOSÉ Oui ?

LE CLIENT Ah ! bon ! Très bien... Très bien... Précisément, je venais...

LE PRÉPOSÉ, *l'interrompant brutalement*
C'est pour des renseignements ?

LE CLIENT, *ravi* Oui ! Oui ! Précisément, précisément. Je venais... [...]

UN HAUT-PARLEUR *au loin, sur un ton étrange et rêveur*
Messieurs les voyageurs pour toutes directions, veuillez vous préparer s'il vous plaît... Messieurs les voyageurs, attention... messieurs les voyageurs votre train va partir... Votre train, votre automobile, votre cheval vont partir dans quelques minutes... Attention !... Attention !... Préparez-vous !

LE CLIENT Oui, je voudrais tant savoir quelle direction prendre... dans la vie... et surtout...

LE PRÉPOSÉ, *lui coupant la parole*
Dépêchez-vous, je n'ai pas de temps à perdre ! Que désirez-vous savoir ?

LE CLIENT Je n'ose pas vous le dire !

LE PRÉPOSÉ On ne fait pas de sentiment ici !

LE CLIENT Je croyais qu'au contraire dans les gares... Il y a tant d'allées et venues, tant de rencontres ! C'est comme un immense lieu de rendez-vous...

LE PRÉPOSÉ Vous avez donné rendez-vous à quelqu'un ?

LE CLIENT Heu, oui et non, c'est-à-dire...

LE PRÉPOSÉ Une femme, naturellement ?

LE CLIENT, *ravi* Oui, c'est cela : une femme.

LE PRÉPOSÉ Mais quelle sorte de femme cherchez-vous ?

LE CLIENT Une femme du genre « femme de ma vie ».

Jean Tardieu, Le Guichet, © Éditions Gallimard, 1955

PROJET DOSSIER 9

Préparer une excursion

Préparation

En grand groupe.

1. Décidez de la durée de l'excursion (2 jours maximum) et choisissez la date de départ.

2. Sélectionnez différentes destinations accessibles et attrayantes. Faites-en la liste.

3. Votez pour établir le choix définitif.

4. Informez-vous précisément sur le ou les centres d'intérêt du lieu choisi (site naturel, musée…).

5. Informez-vous sur les moyens de transport, le temps de trajet, le lieu de départ et d'arrivée, l'accessibilité des endroits à visiter.

Réalisation

En petits groupes.

1. Préparez des carte(s), des illustrations ou des vidéos pour présenter les lieux à découvrir et visiter.

2. Faites l'emploi du temps de la journée/des deux journées (selon la durée du séjour).

3. S'il s'agit d'une excursion en extérieur, prévoyez en remplacement un programme « mauvais temps ».

4. Proposez différentes possibilités de restauration : restaurants (tarifs et réservations), pique-nique à emporter ou à acheter sur place…

5. Dans le cas d'une excursion de deux jours, proposez des possibilités d'hébergement.

6. Faites un budget prévisionnel.

En grand groupe.

1. Présentez votre programme. La classe choisit l'excursion la plus attrayante.

2. Listez les participants (chacun note son téléphone, le téléphone d'un de ses proches, son groupe sanguin et éventuellement ses problèmes de santé, allergies ou autres).

3. Fixez la/les date(s) définitive(s).

4. Faites une « cagnotte » pour assumer les frais et n'oubliez pas les assurances personnelles en cas d'accident ou de contretemps.

5. Faites votre excursion.

6. Au retour, rédigez individuellement le récit de vos aventures.

S'exercer

› Les indéfinis

1. Choisissez l'adjectif indéfini correct.

1. Tu ne vas quand même pas prendre (plusieurs – quelques) valises pour une semaine !
2. À (tout – chaque) voyage, je fais de nouvelles découvertes.
3. J'ai essayé de visiter (tout le – chaque) pays, mais je n'ai pas pu aller dans sa partie la plus au sud.
4. Pour accomplir ce trajet, il nous faudra un (autre – certain) temps.
5. (Certain – Tout) voyageur doit respecter les coutumes locales.
6. Elle est partie sans (aucun – nul) visa !

2. Complétez avec le pronom indéfini approprié.

1. Charlotte ! ... a téléphoné pour toi, je ne sais pas qui c'était.
2. ... sait que les voyages forment la jeunesse.
3. Partir ! ... , ça n'a pas d'importance, mais je veux partir !
4. Vous ne savez pas où aller ? Prenez le train, vous arriverez toujours ... .
5. Moi, de toutes façons, même avec vingt valises, j'oublie toujours ... .
6. C'est difficile de voyager en groupe, ... veulent se reposer, faire des pauses et ... veulent tout explorer. Il faut s'adapter mais aussi accepter les différences : à ... son rythme !
7. Ne vous inquiétez pas, nous tiendrons ... dans le minibus de l'agence.

› La phrase négative

3. Répondez négativement et par une phrase complète au questionnaire de voyage.

Exemple : Vous connaissez quelqu'un au Vietnam ?
→ *Non, je ne connais personne.*

1. Quand vous arrivez, vous avez un point de chute, un endroit où aller ?
2. Vous êtes déjà allé(e) en Asie ?
3. Qu'est-ce que vous faites pour préparer votre voyage ?
4. Avez-vous un désir particulier de circuit à réaliser ?
5. Voulez-vous aussi visiter le Cambodge ou seulement le Vietnam ?
6. Voulez-vous un guide et un chauffeur ?

4. Complétez en utilisant les indéfinis et les négations qui conviennent.

Paul : Vous allez ... ce week-end ?
Amélie : Je vais voir des amis, j'en ai beaucoup et ... habitent en grande banlieue, je ... peux les voir ... le week-end.
Anna : Je passe deux jours à Paris. Vous ... le croirez ... , mais je ... ai ... visité Paris ! Évidemment, en deux jours, je ne pourrai pas ... voir, j'ai prévu quand même une liste de visites en espérant au moins en faire ... .
Carole : Un week-end en Normandie avec des enfants de mon association. Nous sommes trois adultes et ... se charge d'un groupe de quatre enfants. On se réunit ... pour les repas et les excursions.
Gaspard : ... ! Je ... ferai absolument ... ce week-end. Je suis toute la semaine sur les routes, alors, vous comprenez, le week-end je ... vais ... . Je reste à la maison avec ma femme.

› Faire des recommandations

5. Lisez les phrases suivantes concernant certains usages en France et rédigez les recommandations correspondantes.

Exemple : Les Français apprécient qu'on essaie de parler leur langue.
→ *Il est recommandé d'essayer de parler le français.*

1. Sauf entre jeunes, le tutoiement n'est acceptable que si quelqu'un en fait clairement la demande.
2. Dans les couloirs du métro, on tient la porte ouverte pour la personne qui arrive derrière soi.
3. Les hommes sont supposés laisser passer les femmes devant eux.
4. Si vous êtes invité, vous apportez des fleurs à la maîtresse de maison.
5. On vous propose de vous servir. Avant de vous servir, sauf insistance particulière, vous présentez d'abord le plat à la maîtresse de maison.
6. Un compliment sur un vêtement ou une nouvelle coiffure est toujours apprécié.
7. Les Français parlent beaucoup de nourriture et attendent quelques compliments sur leur cuisine.
8. Les Français n'aiment pas qu'on leur demande combien ils gagnent.

6. Faites cinq recommandations concernant certains usages à respecter dans votre pays sur :

1. la manière d'aborder les gens.
2. les tenues vestimentaires recommandées dans certains lieux.
3. le comportement lors d'une invitation.
4. les compliments appropriés/inappropriés.
5. les sujets de conversation à éviter.

› Les temps de la narration

7. Mettez les verbes entre parenthèses au temps approprié.

Je repense à tous ces Turcs et tous ces Kurdes qui (m'offrir) sans compter leur temps, leur soupe et parfois leur lit. Le souvenir de ces gestes fraternels (faire) battre mon cœur un peu plus vite et la marche n'y est pour rien. Certes, j' (vivre) des jours sombres depuis mon départ, mais si peu, comparés aux heures belles et claires de cette Turquie que je (quitter) bientôt. Selim, le philosophe ; Hikmet, l'étudiant ; Shoukrane, l'hôtesse ; Arif, le paysan et tous les autres, vous êtes mes amis. Des amis rares. Amitiés d'un jour, et pourtant fortes et solides comme si le temps les (affermir). Je (ne jamais éprouver) cela auparavant : que l'amitié, l'amour (ne pas être) affaires de temps mais le résultat d'une secrète alchimie, et que l'éternité, non plus, n'est pas une affaire de durée. Tout homme, dit-on, (revenir) changé d'un pèlerinage. Mes amis kurdes et turcs, je rentrerai avec votre sourire et votre accolade de l'adieu au fond de moi.

Bernard Ollivier, *Longue marche, 1. Traverser l'Anatolie,*
« Libretto », Éditions Phébus, 2005

8. Rédigez ces notes de voyage de Louise Colet sous la forme d'une narration faite à son retour.

17 octobre : Arrivée au Caire, installation à l'Hôtel Royal place de l'Esbekieh puis promenade nocturne avec une Française vivant au Caire, rencontrée à Paris l'année passée.

18 octobre : Promenade dans la ville. Les ânes sont plus nombreux que les voitures. Monture aimée des Égyptiens depuis l'Antiquité ; des baudets aux jambes rugueuses, aux sabots poussiéreux que montent les pauvres paysans arabes avec leurs charges de fruits et de légumes, jusqu'aux ânons fringants au pelage lisse et soyeux, à l'œil intelligent, richement harnachés, préférés des fonctionnaires turcs et des Européens dans les rues étroites du Caire. Je croise les femmes des harems, assises à califourchon sur ce docile animal, qui parcourent la ville et se rendent aux bazars pour faire des emplettes. Audience privée du Khédive Isma'il Pacha au palais de Kasr el-Nil, puis ce soir-là réception officielle de l'ensemble des invités au palais ; depuis le vice-roi jusqu'au plus simple effendi*, tous vêtus de la redingote en drap noir, serrée à la taille et flottant sur le pantalon. Désormais une assemblée d'hommes, soit en Égypte, en Turquie ou en Perse, offre un aspect aussi morne qu'une réunion de Français ou d'Anglais. Toutes les femmes vêtues à la française... quelques-unes trop richement parées exagèrent les modes parisiennes.

21 octobre à minuit : Embarquement à bord du Gyzeh pour la croisière sur le Nil.

D'après Louise Colet, *Les Pays lumineux, Voyage en orient*, 1869

* fonctionnaire

▶ Le passé simple

9. Réécrivez la notice en utilisant le passé composé.

Louis-Antoine de Bougainville : célèbre navigateur, il naquit à Paris en 1729. Il publia en 1771 le récit du célèbre *Voyage autour du monde* qu'il fit de 1766 à 1769, au cours duquel il découvrit l'île qui porte son nom en Papouasie. Napoléon 1er le fit sénateur et comte. Il fut membre puis président de l'Académie des Sciences et mourut à Paris en 1811. Il laissa son nom à la plante ornementale aux magnifiques fleurs violacées : le bougainvillier.

10. Remplacez le passé composé par le passé simple.

1. Un jour, le fils du roi a donné un bal où il a invité toutes les personnes importantes.
2. Le prince et Cendrillon se sont mariés et ils ont eu beaucoup d'enfants.
3. C'est en 1667 que Louis XIV a conquis plusieurs villes de la Flandres. Ainsi, la ville de Lille est devenue française.
4. Cette année-là, après un match héroïque, l'équipe de France a perdu la Coupe du monde de football au profit de l'Italie.
5. James Cook a découvert les îles Sandwich en 1778, où il est mort à la suite d'une bagarre avec des natifs.
6. Cela dit, Phileas Fogg s'est levé, a pris son chapeau, l'a placé sur sa tête avec un mouvement d'automate et a disparu sans ajouter une parole. (Jules Verne, *Le Tour du monde en 80 jours*)

11. Mettez le texte au passé, en utilisant le passé simple et l'imparfait.

Le bateau pénètre dans la baie d'Alger. Et le spectacle me tient bouche bée. Plus nous avançons vers la ville et plus le bleu et le blanc s'accentuent. Tout à coup, j'aperçois nettement les bâtiments en forme d'arcades sur le front de mer et une immense promenade qui fait face à la mer et sur laquelle s'agitent des milliers de personnes qui suivent notre arrivée. Tous les bagages sont là. Mon père fait le compte minutieusement. Tous les enfants sont là. Il en fait le compte vaguement. Nous pouvons donc débarquer. Je pose le premier pas par terre, sur ma terre. Je frétille [...]. Fou de joie, je demande à ma mère si c'est bien notre pays et elle dit oui avec un sourire qui fait du bien à partager. Je suis léger. À ce moment, je vole vraiment au milieu des mouettes algériennes qui nous souhaitent la bienvenue dans leur langue.

Azouz Begag, *Un train pour chez nous*, Éditions Thierry Magnier, 2001

12. Mettez les verbes entre parenthèses aux temps qui conviennent : imparfait, plus-que-parfait, passé simple, présent, conditionnel présent (un seul verbe).

Scientifique aujourd'hui à la retraite, Karel Dlouhy, ancien biologiste d'un grand Muséum d'Histoire Naturelle, a passé une grande partie de sa vie au Paraguay, où il réside toujours. Après des articles pour des revues spécialisées dans les poissons, il a décidé de raconter ses voyages et ses aventures dans un pays magnifique et mal connu, le Paraguay.

1– Survivre
Cela faisait près de deux ans que je (prospecter) la région Nord du Paraguay dans le but de faire l'inventaire de la faune sauvage. Au début, je (installer) mon campement dans l'estancia Laguna Negra. L'Aquidaban, le plus grand fleuve de la région, est un fleuve aux eaux de couleur ocre chargées de sédiments. Ce cours d'eau tout en rapides est traître, surtout après les pluies. Je (avoir) pourtant l'habitude de l'emprunter. Ce jour-là, catastrophe ! Le canot (buter) sur un rocher caché et (se retourner). Tout ce qui (ne pas être attaché) coula ou (s'en aller) au fil de l'eau. Après le choc initial, dû à la perte de tous mes appareils photos, de ma tente, de mes papiers et d'une bonne partie de mon argent que je (prendre) avec moi pour ne pas me faire voler, l'avenir (ne pas se montrer) trop catastrophique. Me retrouver presque sans rien (m'obliger) à m'adapter. D'ailleurs, je n'avais pas trente-six solutions. Ou je (rentrer), ce qui était un constat d'échec, ou je (résister) de la meilleure manière possible. L'être humain (être) est une drôle de machine. Ce n'est que lorsque tout paraît perdu, qu'il ne lui reste, à première vue, qu'à se laisser aller et à abdiquer que, des tréfonds de son être montent des forces insoupçonnées. Ce qui (paraître) impossible à réaliser une seconde auparavant devient faisable. Il survit. J' (survivre).

D'après Karel Dlouhy, *Aventures au Paraguay*, 2006

DELF B1 ÉPREUVE COMPLÈTE

Compréhension de l'oral

Vous allez entendre 3 documents sonores, correspondant à 3 exercices.
Pour le premier et le deuxième document, vous aurez :
– 30 secondes pour lire les questions ;
– une première écoute, puis 30 secondes de pause pour commencer à répondre aux questions ;
– une seconde écoute, puis 1 minute de pause pour compléter vos réponses.
Pour répondre aux questions, choisissez la bonne réponse ou écrivez l'information demandée.

EXERCICE 1 🔘82   6 points

1. Caroline et Charles parlent :   1 point
   a. du prix des billets d'avion.
   b. de leurs prochaines vacances.
   c. des destinations touristiques du moment.

2. Quel est le pays où ils avaient prévu d'aller ?   1 point
   a. Le Cambodge.
   b. L'Islande.
   c. Le Pérou.

3. Pourquoi est-ce que Charles n'a pas acheté les billets d'avion ?   1 point
   a. Parce qu'il n'a pas eu le temps d'aller à l'agence.
   b. Parce que la date de validité de son passeport est dépassée.
   c. Parce qu'il a trouvé que les billets étaient trop chers.

4. Quelle décision Caroline et Charles prennent-ils ?   1 point
   a. Ils vont reporter leur séjour.
   b. Ils vont faire renouveler le passeport de Charles.
   c. Ils vont choisir une nouvelle destination de voyage.

5. Comment Charles a-t-il trouvé l'idée qu'il propose à Caroline ?   1 point

6. Pour Caroline, qu'est-ce qui est important dans les voyages ?   1 point
   a. L'aventure.
   b. La culture.
   c. La nature.

EXERCICE 2 🔘83   8 points

1. Que présente ce document ?   1 point
   a. Le métier de guide-interprète.
   b. Le témoignage d'un guide-interprète.
   c. Une offre d'emploi pour guide-interprète.

Qu'est-ce que le guide-interprète doit posséder avant tout d'après ce document ? 1 point
a. Un diplôme en histoire.
b. La maîtrise de son sujet.
c. Des qualités relationnelles.

Sur le plan pratique, qu'est-ce qu'un guide-interprète doit aussi faire ? Citez un exemple. 1,5 point

Citez l'une des qualités que doit avoir un guide-interprète. 1,5 point

Quelle est la double compétence que doit avoir le guide-interprète ? 2 points

Dans la plupart des cas, le métier de guide-interprète est : 1 point
a. un travail à temps plein.
b. un travail concentré sur des périodes précises.
c. un travail rémunéré par des agences de voyage.

EXERCICE 3 🔊84 **11 points**

Vous avez 1 minute pour lire les questions ci-dessous. Puis vous entendrez une première fois un document sonore. Ensuite, vous aurez 3 minutes pour répondre aux questions.
Vous écouterez une seconde fois l'enregistrement. Après la seconde écoute, vous aurez encore 2 minutes pour compléter vos réponses.
Pour répondre aux questions, choisissez la bonne réponse ou écrivez l'information demandée.

Quel est le thème de cette émission ? 1 point
a. La baisse des tarifs des voyagistes.
b. L'impact écologique du tourisme de masse.
c. Les discours des professionnels du tourisme.

2. Comment qualifie-t-on le tourisme de nos jours ? Notez au moins deux expressions citées dans
l'émission. 2 points

3. Quelle est la définition qui en est donnée par les professionnels ? C'est un tourisme qui… 2 points
– …
– …
– *respecte les valeurs et la culture des communautés d'accueil.*

4. Qu'est-ce que la journaliste dénonce ? 1 point
a. Les prix des voyages sur Internet.
b. Le décalage entre les mots et les pratiques.
c. La multiplication des villages de vacances.

5. Quel pourcentage du prix du voyage est perçu par le tour opérateur pour un séjour dans les Caraïbes ? 1 point
a. 60 %.
b. 70 %.
c. 80 %.

6. Quelles sont les caractéristiques des emplois liés au tourisme dans les pays d'accueil ? 1 point
   a. Ils sont pénibles et déconsidérés.
   b. Ils sont peu qualifiés et mal payés.
   c. Ils sont rares et sans parcours de formation.

7. Qui doit réduire ses coûts pour les voyages proposés avec d'importantes réductions ? 1 point
   a. Les compagnies aériennes.
   b. Les consommateurs.
   c. Les pays d'accueil.

8. Que peut-on faire individuellement pour que l'argent reste dans le pays d'accueil ? 2 points

Compréhension des écrits
25 points

EXERCICE 1
10 points

Vous avez décidé d'aller fêter le Nouvel An à la montagne avec un groupe d'amis. Vous choisissez un séjour parmi les quatre offres suivantes, sachant que :
– Célia veut emmener son chien ;
– David veut visiter une ville olympique ;
– Yuri veut s'essayer au parapente.

① Les Chênes verts

Au centre de la Charente-Maritime (17), à 40 km de la mer, dans une forêt de chênes verts, Pascale et Michel vous accueillent avec vos fidèles compagnons domestiques et vous proposent loisirs, animations, activités de détente et de découverte.
Ressourcez-vous dans ce village de vacances paisible composé de 38 gîtes et de 24 chambres d'hôtel.
D'avril à octobre, Pascale et Michel vous proposent plusieurs formules : formule libre, demi-pension, pension complète. Ils organisent votre séjour : vacances, séjour à thème, séjour sportif (randonnées, cyclotourisme…), réunion familiale, week-end, mariage, séminaire…

② Marc & Montmija

À 20 km de Tarascon-sur-Ariège, le village de vacances de Marc est situé à 1 000 m d'altitude, face à un hameau traditionnel des Pyrénées ariégeoises, dans un site exceptionnel au carrefour de deux vallées et au pied du Montcalm, culminant à 3 077 m d'altitude. À 20 km, domaine de ski de fond du Port de Lers (35 km de pistes balisées) et stade de neige de Goulier, pour le ski de piste.

OUVERT TOUTE L'ANNÉE

Les animaux : nous les aimons aussi mais, par mesure de sécurité et d'hygiène, leur accès est interdit dans nos villages de vacances.

Cap France Finistère

À la pointe Finistère, sur la presqu'île de Crozon, à 6 km d'une longue plage de sable fin, Ker Beuz est l'escale rêvée pour des vacances bretonnes. Dans un cadre champêtre à deux pas de la mer, venez profiter toute l'année d'un confort 4 étoiles et des activités pour les grands comme pour les plus petits !
Ici, les sports se déclinent à la carte : randonnées, VTT, parapente, marche nordique, aquagym... Et, pour élargir vos horizons, suivez le sentier des douaniers sur le GR34 jusqu'à la Pointe du Raz ou sillonnez le Finistère intérieur, souvent méconnu !

Nursery, club enfants et club ados (de 12 mois à 17 ans), garde d'animaux.

④

VVF Villages *Doucy-Valmorel*

Aux portes du Grand Domaine Valmorel, la station-village de Doucy est réputée pour son authenticité et sa convivialité. Le village de vacances de Doucy-Valmorel est situé à proximité des pistes de ski alpin avec des télésièges à 50 et 300 m.
Pendant vos vacances à Valmorel au village de vacances de Doucy, quel que soit le moment de l'année, vous pourrez déguster les spécialités sa-voyardes, visiter la ville olympique d'Albertville ou tenter un baptême de parapente pour un moment inoubliable au-dessus des montagnes.
Les animaux familiers sont acceptés, tenus en laisse, avec un carnet de vaccinations à jour.

Pour chaque offre et pour chacun des critères proposés, choisissez « convient » ou « ne convient pas ».

	① Les Chênes verts		② Marc & Montmija		③ Cap France Finistère		④ VVF Villages Doucy-Valmorel	
	Convient	Ne convient pas	Convient	Ne convient pas	Convient	Ne convient pas	Convient	Ne convient pas
Ouvert au Nouvel An								
Montagne								
Animaux acceptés								
Visite d'une ville olympique								
Possibilité de parapente								

Quel séjour choisissez-vous ?

EXERCICE 2	15 points

Tourisme : le succès croissant des guides bénévoles

Né aux États-Unis, le phénomène des *greeters*, qui font visiter leur quartier aux vacanciers, a gagné Paris et les grandes villes françaises.

En proposant des visites guidées gratuites, les *greeters* (hôtes d'accueil, en anglais), des bénévoles qui s'improvisent guides touristiques, visent ainsi à donner une bonne image de leur ville. Avec eux, on découvre un quartier, « leur » quartier. Ils livrent aux touristes ou aux nouveaux arrivants les bonnes adresses de leur vie quotidienne et autres anecdotes, en parcourant les rues de manière originale.

Le concept de *greeters* a été inventé en 1992 par une New Yorkaise convaincue que les meilleurs ambassadeurs de sa ville étaient ses habitants. Aujourd'hui, il est décliné dans huit pays, avec seize associations de bénévoles.

La principale organisation, « Parisien d'un jour, Parisien toujours », a baladé quelque 6 000 personnes en trois ans dans les rues de la capitale. Une réservation sur le site Internet deux semaines avant la date de la visite est nécessaire à l'unique salarié de l'association pour trouver un bénévole parmi les 160 qu'elle compte. Subventionnée par la mairie de Paris, qui dit soutenir vivement ce type de démarche, « Parisien d'un jour, Parisien toujours » n'accepte que des petits groupes de un à six visiteurs.

« Les bénévoles ont un contact unique avec les personnes qu'ils prennent en charge, ils essaient vraiment de faire en sorte qu'elles se sentent chez elles à l'issue de la promenade », explique le président de l'association, Dominique Cotto.

Mais, selon un guide conférencier professionnel, « tout ça, c'est de la concurrence déloyale[1]. Nous, on a fait des études, on fait des heures de recherches avant chaque conférence et on se creuse la tête pour proposer aux clients des visites originales ».

Découvrir des lieux délaissés

Avec le développement des réseaux sociaux, le tourisme participatif, type troc d'appartements ou accueil chez l'habitant (*couch surfing*), connaît en effet un succès grandissant. Avant toute chose, on vise à moins dépenser mais on recherche aussi l'originalité. Et là, quand c'est un postier, un ingénieur, un informaticien à la retraite ou une enseignante qui nous emmène sur son marché ou boire un café dans son bistrot habituel, on a l'impression de voyager autrement.

« Ce qui compte, c'est l'échange que nous avons avec les touristes », explique une bénévole. « Quand je les emmène vers le parc Monceau, par exemple, j'essaie de leur raconter des anecdotes historiques sur la statue d'Alexandre Dumas, aussi bien que de répondre à leurs questions sur notre vie quotidienne, comme par exemple le prix des loyers ou des contraventions. »

Une formule finalement complémentaire de celle pratiquée par les guides traditionnels. C'est ce qu'affirme en tout cas l'office du tourisme[2] de Paris, qui fait la promotion des deux types de visites auprès de ses clients : « Après avoir parcouru les circuits classiques, les gens veulent découvrir la ville de l'intérieur. » Avis aux amateurs : les associations cherchent constamment à renouveler leur panel de bénévoles.

D'après Charlotte Menegaux, *Le Figaro*, août 2010

1 déloyal : malhonnête
2 un office du tourisme : un centre d'information pour la promotion du tourisme

Lisez le document puis répondez aux questions en choisissant la bonne réponse ou en notant l'information demandée.

1. Quel est le thème de cet article ? 1 point
   a. La compétition féroce entre les acteurs du tourisme.
   b. Le développement du tourisme participatif.
   c. La baisse de qualité des services offerts aux touristes.

2. Qui sont les *greeters* ? 1 point
   a. Ce sont des habitants devenus guides bénévoles de leur quartier.
   b. Ce sont des compatriotes des touristes venus partager leur passion.
   c. Ce sont des conférenciers rémunérés par la mairie de Paris.

Quel est l'objectif des *greeters* ? 2 points

Vrai ou faux ? Cochez la bonne réponse et recopiez la phrase ou la partie du texte qui justifie votre réponse. 3 points

	VRAI	FAUX
Le concept de *greeters* vient du Royaume-Uni. Justification :		
Le concept de *greeters* s'est développé avec succès dans plusieurs pays. Justification :		

Qu'est « Parisien d'un jour, Parisien toujours » ? 1 point
a. L'association parisienne des *greeters*.
b. Une antenne de la mairie de Paris.
c. Un site Internet sur l'histoire de Paris.

Combien de bénévoles collaborent à « Parisien d'un jour, Parisien toujours » ? 1 point
a. 6.
b. 160.
c. 6 000.

Vrai ou faux ? Cochez la bonne réponse et recopiez la phrase ou la partie du texte qui justifie votre réponse. 3 points

	VRAI	FAUX
Les guides bénévoles préfèrent les petits groupes pour créer une relation de familiarité avec les touristes. Justification :		
Le guide conférencier professionnel interviewé a une attitude bienveillante envers le phénomène des *greeters*. Justification :		

Quel est l'objectif premier qui oriente le tourisme participatif ? 1 point
a. La qualité des guides.
b. La quête de l'originalité.
c. Le souci de faire des économies.

Comment l'office de tourisme de Paris juge-t-il l'offre des *greeters* par rapport à celle des guides traditionnels ? 2 points

Production écrite 25 points

Vous habitez en France et avez décidé de partir en week-end au bord de la mer en bus, en participant à un voyage en groupe. Le premier soir, vous écrivez un courriel à vos amis français pour leur raconter votre journée, vos impressions sur le guide et le groupe, et votre avis sur le programme du lendemain. (160 à 180 mots)

DELF B1 ÉPREUVE COMPLÈTE

Production orale

ENTRETIEN DIRIGÉ

Sans préparation – 2 à 3 minutes
Pendant cette épreuve, l'examinateur vérifie que vous êtes capable de comprendre et de répondre à des questions simples à propos de vos activités, de votre passé, de vos projets...

Voici des exemples de questions, essayez d'y répondre en plusieurs phrases.
Question 1 : Parlez-moi de la ville ou du village où vous habitez.
Question 2 : Quels sont les lieux où vous aimez retrouver vos amis ?
Question 3 : Quels sont les pays que vous aimeriez visiter ? Pourquoi ?

Cette épreuve est destinée à vous mettre à l'aise. Si vous n'avez pas compris un mot, vous pouvez demander à l'examinateur de le répéter et/ou de l'expliquer.

EXERCICE EN INTERACTION

Sans préparation – 3 à 4 minutes

Vous travaillez en France depuis quelques mois. Votre collègue et ami(e) français(e) vous propose de partir en vacances avec lui/elle au mois de février. Vous aimeriez aller faire du ski mais votre ami(e) préfère le bord de mer. Vous essayez de le/la convaincre de vous accompagner à la montagne.

L'examinateur(trice) joue le rôle de l'ami(e) français(e).

EXPRESSION D'UN POINT DE VUE

Préparation : 10 minutes – Durée de l'épreuve : 2 à 3 minutes

Vous dégagerez le thème soulevé par le document ci-dessous et vous présenterez votre opinion sous la forme d'un petit exposé de 3 minutes environ.

L'examinateur(trice) pourra vous poser quelques questions.

> « Au début du XIXᵉ siècle, un mot nouveau s'introduisit dans la langue anglaise ; il indiquait le changement de caractère du voyage dans le monde, spécialement du point de vue américain. C'était le mot « touriste », formé tout d'abord à l'aide d'un trait d'union : *tour-ist*. Le dictionnaire américain définit maintenant un touriste comme « une personne qui fait un voyage, spécialement pour son plaisir ». Le voyageur travaillait à quelque chose ; le touriste est en quête de plaisir. Actif, le voyageur partait avec énergie à la recherche de gens, d'aventures, d'expériences. Passif, le touriste attend que se produisent les choses intéressantes. Il va voir les curiosités (en anglais : *sight-seeing*, expression créée à peu près en même temps puisqu'on la relève pour la première fois en 1847). »
>
> D'après Daniel Boorstin, *L'Image*, Union générale des éditions, Collection 10/18

Annexes

Lexique thématique

Abréviations

m. = masculin   fam. = familier
f. = féminin   sout. = soutenu
inf. = infinitif   qqn = quelqu'un

Dossier 1

L'apparence

› L'apparence physique

une apparence négligée ≠ soignée
beau (belle) ≠ laid(e), moche (*fam.*)
gracieux(euse) ≠ disgracieux(euse)
jolie (*le plus souvent utilisé au féminin pour les personnes*)
mince, maigre (= *très mince*) ≠ enrobé(e), bien en chair, corpulent(e), gros(se) (*péjoratif*)
séduisant(e)

avoir des atouts physiques, un physique avantageux
avoir du charme
avoir de la classe, du style, de l'allure → être chic, élégant(e)
avoir la ligne ≠ avoir de l'embonpoint
être bien/mal coiffé(e)
→ avoir les cheveux courts, longs, mi-longs, lisses, ondulés, frisés, teints ; avoir des nattes, une frange, une queue de cheval, un chignon
→ être chauve, avoir le crâne rasé

› La chirurgie esthétique et réparatrice

faire augmenter, réduire, redresser quelque chose
se faire enlever un grain de beauté, une cicatrice, un tatouage...
se faire faire une liposuccion ; se faire lifter le visage
se faire modifier la dentition
se faire poser des implants (de cheveux, mammaires...)
se faire refaire le nez (la rhinoplastie), les seins/la poitrine...

› Les vêtements

les fringues (f.) (*fam.*)
un blouson, un manteau, un imperméable, une doudoune
des bottines, des boots
des chaussures plates, à talons, à semelle compensée, des mocassins, des escarpins
un costume-cravate, un tailleur
un débardeur ; un haut/un top
un jean (taille basse, taille haute, moulant...)
une jupe droite/ample, plissée ; une robe de soirée/tenue de soirée
des sous-vêtements (un slip, une petite culotte, un soutien-gorge)
un vêtement qui (ne) va (pas) bien (à qqn)

avoir un style vestimentaire, un look (*fam.*)
avoir du goût, être bien/mal habillé(e)

Éléments de personnalité

› Qualités

l'amabilité (f.) → aimable
l'autonomie (f.) → autonome
la concentration → concentré(e)
la conviction → convaincant(e)
la diplomatie → diplomate
la discrétion → discret(ète)
la disponibilité → disponible
le dynamisme → dynamique
l'efficacité (f.) → efficace
l'endurance (f.) → endurant(e)
l'exigence (f.) → exigeant(e)
la fiabilité → fiable
l'intuition (f.) → intuitif(ive)
l'inventivité (f.) → inventif(ive)
la minutie → minutieux(euse)
l'ouverture d'esprit (f.) → ouvert(e)
le perfectionnisme → perfectionniste
la persévérance → persévérant(e)
la ponctualité → ponctuel(elle)
la prudence → prudent(e)
la réactivité → réactif(ive)
la rigueur → rigoureux(eus
la sensibilité → sensible
la sérénité → serein(e)
le soin → soigneux(euse)

avoir du caractère, du charisme
avoir le sens de l'humour, le sens des responsabilités

› Défauts

l'agressivité (f.) → agressif(ive)
l'apathie (f.) → apathique
la confusion → confus(e)
la désinvolture → désinvolte
l'étroitesse d'esprit → obtus(e)
le laxisme → laxiste
la médiocrité → médiocre
la mollesse → mou (molle)
la négligence → négligent(e)
la paresse → paresseux(euse)
la prétention → prétentieux(eus
la rigidité → rigide
la ringardise → ringard(e) (*fam.*
la susceptibilité → susceptible

Les sentiments

› L'amitié

un copain, une copine ; un(e) pote (*fam.*) ; un(e) ami(e)

s'entendre bien avec, estimer/avoir de l'estime pour, apprécier, avoi
la sympathie pour, aimer bien, aimer beaucoup, être attaché(e) à qq
être (très) proches, être complices

› L'amour

mon copain, ma copine ; mon petit ami, ma petite amie
mon compagnon, ma compagne
mon conjoint, ma conjointe (*administratif*)
mon mari, ma femme ; mon époux, mon épouse (*sout.*)

être amoureux(euse) de, être épris(e) de qqn (*sout.*), aimer qqn
être, sortir avec qqn ; avoir une aventure avec qqn ; avoir une hist
avec qqn ; avoir une relation amoureuse avec qqn
aimer passionnément qqn, être fou (folle) de qqn
avoir de la tendresse pour qqn
haïr qqn ; mépriser qqn ; ressentir de l'indifférence

faire la cour à qqn (*vieilli*), séduire, draguer qqn → la drague (*fam.*
plaire à qqn ; conquérir qqn
se fiancer → les fiançailles ; se marier → le mariage
se pacser → le pacs
être jaloux(se) → la jalousie, une scène de jalousie, une scène de
ménage
se disputer → une dispute ; se réconcilier → une réconciliation
rompre avec qqn, quitter qqn → une rupture
se séparer de qqn → une séparation
divorcer → un divorce
l'union libre

Dossier 2

La consommation

un achat
un(e) acheteur(euse)
un(e) consommateur(trice)
un(e) client(e) (fidèle, assidu(e))
la clientèle
le commerce équitable
le pouvoir d'achat
la société de consommation

avoir/ne pas avoir les moyens
être à découvert/être dans le rouge (*fam.*)
être dépensier(ère)/être panier percé, claquer de l'argent (*fam.*)
jeter l'argent par les fenêtres (*expression*)
gaspiller l'argent

Achats et ventes

un appareil défectueux
un article abîmé/détérioré, avec un défaut
un article en promotion/en soldes (f.) → faire les soldes
un produit périmé

un(e) caissier(ère)
le service après-vente
un ticket de caisse

faire du lèche-vitrines, faire les boutiques/les magasins
faire une folie
faire la queue (à la caisse)
faire une affaire/des affaires
se faire arnaquer/se faire avoir
se faire escroquer/être victime d'une escroquerie
demander un avoir, un dédommagement
être remboursé(e), dédommagé(e)

Les lieux

une boutique (de vêtements)
une caisse
un centre commercial
un chariot/un caddie
un grand magasin
une grande surface
un magasin
un rayon
un supermarché, un hypermarché

Les modes d'achat

un délai de paiement, un paiement échelonné
un moyen de paiement
un panier d'achat (en ligne)

acheter sur catalogue
acheter en ligne
acheter en solde
acheter d'occasion
acheter aux enchères
payer par carte bancaire/carte de crédit/carte bleue
payer par chèque, en espèces = en liquide (*fam.*)
payer comptant ≠ à crédit
entrer ses coordonnées bancaires

une mise à prix → mettre aux enchères/à prix
être adjugé vendu

un bon de commande
une facture
une livraison → se faire livrer
un(e) livreur(euse)
les références (f.) d'un produit

> Le prix

un prix compétitif/concurrentiel

bénéficier d'un bon de réduction
discuter un prix, marchander, négocier
faire baisser/diminuer/réduire le prix
faire un prix, un geste commercial
obtenir une réduction, une ristourne (*fam.*)/un rabais
utiliser des chèques-cadeaux

bon marché ≠ coûteux(euse)
hors de prix

Internet

une adresse mail/électronique
un(e) internaute
un lien
une messagerie
un mot de passe

aller sur (un site)
cliquer sur (une fenêtre, un onglet)
mettre dans ses favoris
naviguer (sur un moteur de recherche)
ouvrir/fermer (une fenêtre)
se connecter à
saisir (son mot de passe/son identifiant)
valider

Dossier 3

L'apprentissage

› L'apprenant

un(e) analphabète → l'analphabétisme (m.), l'alphabétisation (f.)
un(e) condisciple ; un(e) élève
un(e) étudiant(e) ; les études supérieures (f.)
un(e) étudiant(e) boursier(ère) → obtenir une bourse, une allocation d'études

assister à un cours
avoir des facilités pour..., avoir du mal à..., des lacunes en...
être admis(e) à un concours, dans une école
être candidat(e) à un examen
être titulaire d'un diplôme
faire des études ; suivre des études longues, courtes
faire une demande d'inscription, de préinscription
faire un stage
intégrer une filière professionnelle
passer un examen, une épreuve (orale, écrite), un partiel
poursuivre un cursus (scolaire, universitaire)
présenter sa candidature à (un master 2, l'entrée (f.) dans une école...)
réussir (la réussite) ≠ échouer à (l'échec (m.))
rater (un examen, une épreuve) (fam.)
rattraper un cours
s'inscrire, être en 1re, 2e... année de droit, médecine...
se présenter à un concours, un entretien de motivation..., présenter un concours
sortir major de sa promotion

› Les matières et diplômes

l'archéologie (f.)
l'architecture (f.)
la communication
le droit (le droit international, le droit civil...)
l'économie (f.) et la gestion
la finance
l'ingénierie (f.)
les langues (f.)
les lettres (f.) (les lettres modernes, les lettres classiques...)
la médecine
la psychologie
les relations internationales (f.)
les sciences (f.) (les mathématiques (f.), la biologie, la physique...)
les sciences humaines et sociales (f.) (l'histoire (f.), la géographie...)
les sciences politiques (f.)

le brevet des collèges
un CAP (certificat d'aptitude professionnelle)
le baccalauréat général (bac) → un(e) bachelier(ère)
le baccalauréat professionnel (bac pro)
un BTS (brevet de technicien supérieur)
un DUT (diplôme universitaire de technologie)
une licence ; un master 1 ; un master 2
un doctorat → faire une thèse ; être docteur en...

› Le personnel d'encadrement

un(e) chercheur(euse) → faire de la recherche
une commission (d'admission)
un(e) éducateur(trice)
un(e) enseignant(e) ; un(e) professeur ; un(e) professeur des écoles
un(e) instituteur(trice) ; le maître/la maîtresse
un jury d'examen

dispenser un cours, un enseignement
faire du tutorat → un(e) tuteur(trice) de thèse
noter → le barème, les critères (m.) de notation
transmettre des connaissances (f.), une méthode de travail

› Les lieux

un amphithéâtre (amphi) ; une (salle de) classe
une classe préparatoire (prépa)
une école de commerce ; une école d'ingénieur
l'école maternelle (f.) > l'école primaire (f.) (= élémentaire)
> le collège > le lycée
un établissement (scolaire, universitaire)
la faculté (fac) = l'université (f.)
les grandes écoles (f.)
le ministère de l'Éducation nationale
le rectorat

› Les moyens

les acquis (m.) → acquérir des connaissances (f.)
une discipline, l'interdisciplinarité (f.)
le décloisonnement, décloisonner (les enseignements)
l'enseignement (m.) à distance
une formation
un savoir ; un savoir-faire

apprendre, connaître par cœur
bénéficier d'un soutien scolaire, d'une remise à niveau
mémoriser (avoir/garder en mémoire)
parfaire ses connaissances
participer à un programme (Erasmus)
potasser/bûcher (fam.)
retenir une leçon ; réviser/faire des révisions ; s'exercer

Les échanges et relations

un accord ≠ un désaccord
la compétition
la convivialité
l'émulation (f.)
la proximité

contredire → la contradiction, être en contradiction (avec)
faire des concessions
participer à un débat, débattre
s'entraider
travailler en équipe, en partenariat (avec)

Dossier 4

Les médias

› La presse

la presse écrite/papier
la presse en ligne
la presse people/à scandale
la presse spécialisée
une agence de presse
un journal = un canard (*fam.*)
un (journal) gratuit → la gratuité
un quotidien (national, régional)
un hebdomadaire
un mensuel
un magazine → un numéro
un magazine sportif, féminin, masculin...

la une d'un journal → faire la une
la couverture d'un magazine
un sommaire
un gros titre (= la manchette), un sous-titre, le chapeau
un article = un papier (*fam.*)
un article de fond, engagé ≠ neutre, explicatif, informatif
une rubrique
le courrier des lecteurs
un éditorial
un fait-divers
une revue de presse

un(e) correspondant(e)
un(e) directeur(trice) de publication
un(e) éditorialiste
un(e) journaliste
un(e) lecteur(trice) → le lectorat
un(e) rédacteur(trice) en chef → la rédaction
un(e) reporter → un reportage

l'orientation (f.) d'un journal
la parution (*le numéro 1 paraît*)
le tirage, le nombre d'exemplaires
le traitement de l'information

› La radio

un(e) animateur(trice), un(e) présentateur(trice) (*radio et télévision*)
un(e) auditeur(trice)
la bande FM
une émission (de radio) (*radio et télévision*)
une station (de radio)

› La télévision

l'audimat (m.)
une chaîne (de télé)
la diffusion d'un programme (télévisé/radiophonique)
la grille des programmes
le petit écran (= *la télévision*)
un(e) téléspectateur(trice)

› Internet et les réseaux sociaux

avoir un compte Facebook (*ou autre*)
un blog → blogger, un(e) blogueur(euse)
un forum de discussion
un réseau social
un site d'information en ligne
un tweet (= *un bref message*) → tweeter

Informer et s'informer

animer un débat
couvrir l'actualité (f.)
critiquer/faire la critique de...
la désinformation
diffuser une information
divulguer une information
faire une interview ; interviewer/interroger qqn
l'influence (f.) des médias, les abus (m.), les dérives (f.), les dérapages (m.)
une information non confirmée, une rumeur, un ragot (*fam.*)
la liberté de la presse

consulter l'actualité sur les sites (m.) de presse/d'information, sur son téléphone portable, son *smartphone*
écouter/regarder les informations (les infos)/les nouvelles/le journal télévisé (JT), le bulletin météo, une émission sur...
être abonné(e) à un quotidien, à une revue
lire la presse, les gros titres, parcourir/feuilleter un journal
suivre l'actualité
suivre un compte Twitter
suivre une émission en direct

Dossier 5

La solidarité

l'aide (f.) → aider, venir en aide à qqn
apporter un appui moral, logistique
assister, porter/prêter assistance à qqn
la charité → être charitable ; faire l'aumône (f.)
la compassion → éprouver de la compassion pour qqn
donner, faire un don, faire don de quelque chose
donner un coup de main (*fam.*), prêter main-forte à qqn
l'égalité (f.)
l'encouragement (m.) → encourager qqn
l'entraide (f.) → s'entraider
la fraternité
l'indifférence (f.) → être indifférent(e) (à) ≠ être concerné(e) (par)
l'indignation (f.) → s'indigner (de), être indigné(e) (par)
le secours → secourir qqn, porter secours à qqn
la solidarité → être solidaire d'une cause
le soutien → soutenir qqn, un projet, une cause

L'engagement

une action humanitaire

adhérer à (un mouvement, un parti)
→ une adhésion, un(e) adhérent(e)
agir pour, contre quelque chose
contribuer à
→ une contribution, un(e) contributeur(trice)
défendre une cause, (prendre) la défense de qqn
être impliqué(e) (dans) → l'implication (f.)
être volontaire
→ un(e) volontaire (le service volontaire, le service civil obligatoire)
faire appel à, aux bonnes volontés
faire du bénévolat, un travail bénévole, travailler bénévolement
→ un(e) bénévole
faire grève → la grève, un(e) gréviste, une banderole
fonder une association → un membre fondateur
inciter (à) → l'incitation (f.)
lutter pour (une cause), contre (un fléau)
manifester → un(e) manifestant(e), une manifestation
mener une bataille, un combat, une lutte, une action concrète
participer à (un meeting) → un(e) participant(e), la participation
pétitionner, rédiger, signer une pétition → un(e) pétitionnaire
promouvoir une action
protester → une protestation
résister → un(e) résistant(e), la résistance
revendiquer → une revendication
s'engager en faveur de quelque chose, aux côtés de qqn
→ l'engagement (m.)
se mobiliser → la mobilisation
se révolter (contre) → la révolte, (un cas, une situation) révoltant(e)
s'investir (dans) → l'investissement (m.) de qqn
s'opposer à → un(e) opposant(e)

subventionner → une subvention
voter (pour, contre), élire qqn
→ un vote, un(e) électeur(trice), les élections (f.), la liste électorale

Les causes humanitaires

une catastrophe humanitaire
la crise économique
les difficultés (f.) économiques
la désindustrialisation
les laissés pour compte (= *abandonnés*)
les mal-logés (m.), le mal-logement
une personne défavorisée, démunie, pauvre → la pauvreté
la précarité, une situation précaire
un(e) sans-abri, un(e) SDF (= sans-domicile fixe)
un(e) sans-papiers
un(e) travailleur(euse) clandestin(e)
→ être en situation irrégulière ; régulariser une situation

› Les moyens d'agir
une association
la dignité → (rester) digne
un droit inaliénable
une initiative
la justice ≠ l'injustice (f.) → juste, injuste
la légalité ≠ l'illégalité (f.) → légal(e), illégal(e)
la légitimité ≠ l'illégitimité (f.) → légitime, illégitime
une organisation internationale
une ONG (organisation non gouvernementale)
la réquisition (des logements vides)
une taxe, la taxation (sur les transactions (f.) financières)

alerter (les pouvoirs publics (m.))
faire pression sur (les autorités (f.), le gouvernement)
faire valoir ses droits
(ne pas) se laisser abattre, se démoraliser, désespérer

LIBERTÉ
ÉGALITÉ
FRATERNITÉ

Dossier 6

Arts et spectacles

un chef d'œuvre
un divertissement
un spectacle avec/sans entracte
un(e) spectateur(trice) (*théâtre et cinéma*)

prendre des billets
réserver des places
assister à (un spectacle)
applaudir → les applaudissements (m.)

un spectacle bien/mal joué, touchant, fascinant, ennuyeux...
une critique enthousiaste/unanime
être bon public pour, captivé(e) par, ému(e)/touché(e) par
être fan/passionné(e) de
donner son avis, ses impressions sur, faire la critique de

Danse et musique

un ballet
un(e) chorégraphe ; une chorégraphie
un(e) danseur(euse)
un spectacle de danse

un air, une mélodie
un album
une bête de scène (*fam.*)
un chant, une chanson, un morceau, un arrangement
un(e) chanteur(euse), un chœur, une chorale
un chef d'orchestre
un(e) compositeur(trice), un(e) interprète
un concert acoustique
un concert de musique classique, de chant choral, de variété...
un festival
les instruments de musique : la batterie, les cymbales (f.), la flûte, la guitare électrique, les percussions (f.), le piano, le tambour, la trompette, le violon, le violoncelle...
un(e) musicien(ne) : un(e) batteur(euse), un(e) flutiste, un(e) percussionniste, un(e) pianiste, un(e) violoniste...
un opéra avec des sur-titres, une opérette, un spectacle lyrique
➜ un(e) chanteur(euse) d'opéra/une cantatrice, un artiste lyrique, un ténor, un baryton...
une partition (de musique)
un récital
une salle de concert ; l'acoustique (f.) de la salle

jouer, chanter juste ≠ faux

Théâtre et spectacle vivant

une comédie, une tragédie
un(e) comédien(enne), un(e) interprète
les décors (m.), les dialogues (m.), la scénographie
un metteur en scène
un numéro
un one man show

une pièce de théâtre, une représentation théâtrale
une piste (de cirque), un spectacle équestre, de cirque
un théâtre, la scène

faire un triomphe, un tabac (*fam.*) ≠ faire un four (*fam.*), un bide (*fam.*), un flop (*fam.*)

› Cinéma

un(e) acteur(trice)
une adaptation cinématographique
une bande annonce (de film)
le box-office
un(e) cinéaste, un(e) réalisateur(trice)
un(e) cinéphile
un court métrage, un long métrage
un film en version originale sous-titrée (VOST), en version française (VF), en version doublée
le genre d'un film : une comédie musicale, romantique ; un film d'action, d'animation, d'horreur, un documentaire, un mélo(drame)
l'interprétation (f.)/le jeu des acteurs
un navet (*fam.*) = *un très mauvais film*
une salle de cinéma
un scénario, un synopsis
les trucages (m.), les effets spéciaux

aller au cinéma, aller voir un film, se faire une toile (*fam.*)

› Peinture et arts graphiques

un(e) artiste, un(e) peintre, un(e) photographe, un(e) sculpteur(trice)
l'art abstrait, contemporain, figuratif, hyperréaliste, réaliste...
une aquarelle, une gouache, une huile, un pastel
les couleurs chaudes, froides, contrastées, vives, fondues...
un mouvement artistique
un musée, une salle d'exposition
une nature morte, un nu, un paysage, un portrait
une œuvre d'art, un tableau, une toile

visiter un musée, aller voir une exposition, une rétrospective

La lecture

une BD (bande dessinée)
un conte
un manga
une nouvelle, un roman (d'amour, historique, policier, de science-fiction...)
une œuvre littéraire
un poème

un(e) auteur(e) de BD, un(e) dessinateur(trice), un(e) écrivain(e), un(e) romancier(ère), un(e) poète(esse),
un chapitre, un épisode, un volume
l'écriture (f.), l'intrigue (f.), le style

Dossier 7

L'écologie et l'environnement

un(e) écologiste (écolo = *fam.*)
le parti écologiste = les Verts
un écoquartier
un écosystème
la croissance
le développement durable
l'empreinte carbone/écologique (f.)
l'énergie nucléaire (f.)
les énergies propres, renouvelables, vertes
les ressources énergétiques (f.)

› Les problèmes environnementaux
la contamination → l'air contaminé/la qualité de l'air
les déchets (industriels, nucléaires)
→ la déchetterie, les ordures ménagères
la déforestation
la dépendance énergétique
la désertification, le manque d'eau → se désertifier
la disparition des espèces
une espèce en voie de disparition
les gaz à effet de serre
l'habitat énergivore (m.)
les menaces sur la faune, la flore, le milieu marin
les organismes génétiquement modifiés (O.G.M.)
les pluies acides
la pollution → l'eau polluée, la marée noire
la pollution sonore
le réchauffement climatique/planétaire
le trou dans la couche d'ozone
l'urbanisation (f.)
l'utilisation abusive de pesticides

les catastrophes climatiques : une avalanche, un incendie, une inondation, un ouragan, un raz de marée, un séisme, une tempête, une tornade, un tremblement de terre, un tsunami

› Actions et moyens écologistes
un(e) écologiste (écolo = *fam.*) ; le parti écologiste = les Verts
un écoquartier ; un écosystème
le développement durable
l'empreinte carbone/écologique (f.)
l'énergie nucléaire (f.)
les énergies propres, renouvelables, vertes :
- l'énergie éolienne
- l'énergie de la biomasse
- l'énergie fossile
- l'énergie géothermique
- l'énergie hydraulique
- l'énergie solaire
- les biocarburants

aménager → l'aménagement (m.) du territoire
conserver → la conservation des espèces
consommer des produits bio → la consommation de produits bio, de légumes et de fruits de saison
développer → le développement des énergies propres
économiser l'eau, l'énergie (ampoules basse consommation), les ressources naturelles
étudier → l'étude de l'impact environnemental d'un projet
faire des compromis : objectifs nucléaires revus à la baisse, véhicules hybrides
lutter → la lutte contre le gaspillage
maintenir → le maintien de la biodiversité
préserver → la préservation de l'environnement
protéger → la protection de la nature
prévenir → la prévention des risques naturels majeurs
reboiser → le reboisement
récupérer → la récupération de l'énergie
recycler → le recyclage du papier (recyclable ≠ non recyclable)
réglementer → la réglementation
respecter → le respect de l'équilibre de la chaîne alimentaire
sauvegarder → la sauvegarde des espèces
sensibiliser → une campagne de sensibilisation
traiter, valoriser → le traitement, la valorisation des déchets
trier → le tri des déchets
utiliser les transports doux : la marche à pied, le vélo, le covoiturage, la voiture électrique...

› Jardiner
arracher les mauvaises herbes/désherber
arroser les plantes
couper/élaguer/tailler les arbres
cultiver/entretenir son jardin, faire du jardinage
faire pousser des légumes dans un potager
mettre du compost, de l'engrais organique
planter → un plant (de tomates), une plantation
récolter → une récolte
semer des graines → une semence

Dossier 8

La police et la justice

Les acteurs de la justice
un(e) assesseur (= *l'assistant(e) d'un juge*)
un(e) avocat(e) de la défense/de l'accusation, général(e)
un(e) commissaire de police
un(e) expert(e)
un(e) fonctionnaire de police, un(e) policier(ière) = un flic (*fam.*),
la police judiciaire, une bavure policière (= *une erreur*)
un(e) gendarme
un(e) greffier(ère)
un(e) huissier(ère) de justice
un(e) juge, un(e) juge d'instruction
un(e) juré(e), les jurés = le jury, un jury populaire
un(e) magistrat(e)
un(e) procureur de la République
un(e) substitut (du procureur)
un(e) témoin, témoigner

Les contrevenants et les délits
un(e) accusé(e), *aujourd'hui remplacé par* un(e) prévenu(e)
un agresseur, une agression
un assassin (= *qui tue avec préméditation*), un(e) meutrier(ère),
un(e) criminel(elle)
les casseurs
la corruption, une personne corrompue
un(e) coupable, un(e) présumé(e) coupable
un(e) délinquant(e) → coupable d'un délit, d'un acte délictueux
un escroc → escroquer qqn
un(e) incendiaire → provoquer un incendie
un(e) pickpocket
un(e) receleur(euse) → receler, le recel
un(e) responsable → la responsabilité ≠ l'irresponsabilité
un(e) suspect(e) → être soupçonné(e) de + *nom* / + *inf.*
un(e) trafiquant(e) de drogue, de stupéfiants
un(e) tueur(euse) → tuer qqn

un assassinat, un homicide, un meurtre
un braquage (de banque), un(e) braqueur(euse)
un cambriolage, un(e) cambrioleur(euse)
un crime passionnel, un crime (non) prémédité, avec/sans
préméditation
les dégâts (m.), des dégradations (f.), des dommages (m.)
un vol à main armée

commettre une infraction, violer la loi
être en contravention avec, contrevenir à la loi
être en infraction avec, commettre une infraction ≠ être en règle

Les faits et les lieux de justice
une affaire, une affaire criminelle
une audience
un commissariat (de police), un poste de police, la gendarmerie
une cour de justice, la cour d'assises, la cour d'appel
la barre des témoins
les tribunaux : le tribunal civil, de police, correctionnel

› Les procédures policières
appréhender (un suspect)
conduire un interrogatoire, interroger un suspect
confronter, recueillir un témoignage
dénoncer qqn à la police
→ la dénonciation, un(e) dénonciateur(trice) = une balance (*fam.*)
diligenter une enquête, enquêter (*police et juge d'instruction*)
faire un contrôle d'identité
intervenir → une intervention (policière)
procéder à une arrestation, arrêter, interpeller qqn
perquisitionner → une perquisition

› Les procédures judiciaires
accuser, l'accusation ≠ défendre, la défense
avoir des circonstances atténuantes
avouer, l'aveu (m.), passer aux aveux ≠ contester, nier
convoquer qqn au tribunal → une convocation
classer une affaire, un dossier
délivrer une commission rogatoire, un non-lieu
énoncer un jugement, juger qqn
être écroué(e), incarcéré(e), mis(e) en garde à vue, mis(e)
en examen, mis(e)/placé(e) en détention provisoire
inculper qqn, *aujourd'hui remplacé par* mettre en examen
→ une inculpation, une mise en examen
une injustice, une erreur judiciaire
plaider, la plaidoirie ≠ le réquisitoire, requérir (une peine)
un procès ; le verdict
la révision d'un procès

› Les peines
la condamnation, être condamné(e) ≠ être acquitté(e),
l'acquittement (m.), être relaxé(e), la relaxe, relaxer qqn
la condamnation à une amende, une peine accessoire, un travail
d'intérêt général, une peine de prison ferme/avec sursis,
la réclusion à perpétuité, la peine capitale, la peine de mort
la liberté conditionnelle
une mise en demeure (de payer)
la prison, la réclusion, être détenu(e), un(e) détenu(e

appliquer une peine, une sanction, purger une peine
être décapité(e), guillotiné(e), la décapitation, une exécution
être interné(e) (en hôpital psychiatrique)
être jugé(e) coupable ≠ être jugé(e) innocent(e)
être verbalisé(e), avoir un procès-verbal/un P.V. (*fam.*)

› Les victimes
déposer une plainte, porter plainte
désigner (un agresseur)
être maltraité(e), menacé(e), une menace
un(e) plaignant(e)
poursuivre qqn en justice
(donner/fournir) un signalement

Dossier 9

Le voyage

› Déplacements

l'avion : un aéroport, le vol, un gilet de sauvetage (*avion et bateau*), un hublot, survoler un pays
décoller, le décollage / atterrir, l'aterrissage (m.)
la douane
l'enregistrement des bagages
l'embarquement ≠ le débarquement (*avion et bateau*)
le bateau : un port, hisser les voiles, aborder, accoster, lever ≠ jeter l'ancre, ancrer, naviguer, la houle (= les mouvements de la mer)
le vaisseau/la navette spatial(e) : un(e) cosmonaute, astronaute

aller à cheval, à dos de chameau, d'âne... (= une monture)

› Le voyage touristique

une agence de voyage, un agent de voyage
une aventure / une mésaventure
les bagages (m.), une valise ; un bagage cabine
un circuit organisé, un voyage en groupe
le dépaysement, l'évasion → s'évader
un dépliant, une carte, un plan
la destination
un imprévu, un contretemps (= un accident, des intempéries...)
une excursion
une expédition (= *un voyage difficile*)
un guide, une visite guidée
→ guider qqn, se laisser guider (par le hasard)

emprunter des chemins (m.), des routes (f.), des sentiers insolites ≠ les sentiers battus, balisés
faire une étape, une halte, une pause
faire un pèlerinage, le pèlerin (*religieux*)
flâner, prendre son temps, se balader (*fam.*) = se promener
planifier, prévoir un itinéraire, un parcours, un trajet
rayonner dans, autour de, sillonner une province, une région
découvrir, explorer des contrées (in)connues ou méconnues
visiter un pays, un monument (△*rendre visite à qqn*)

› Séjour et hébergement

un abri, un logis, un gîte, une location saisonnière
une auberge
un campement, camper
un club, un village de vacances, une formule à la carte, modulable ≠ tout inclus
l'hébergement (m.), héberger qqn
un hôtel : réserver une chambre (simple, double, une suite...), libérer la chambre
(être en) pension complète, demi-pension, petits déjeuners compris ou non...
une saison touristique (la haute saison, la basse saison)

avoir un point de chute

› Comportements

l'accueil des habitants, leur sollicitude
un comportement (in)approprié
la compréhension → être compréhensif/ve
l'incompréhension
les préjugés (avoir des)

baragouiner (*fam.*), se débrouiller dans la langue du pays
dévisager qqn
être curieux(se) de la culture, du folklore, des habitudes, des usages locaux...
veiller à, être attentif(ve) à, être vigilant(e), éviter de + *inf.*

› Lieux et paysages

l'architecture (f.) : des arcades (f.), une cathédrale, une façade, un monument, un palais
une baie calme ≠ battue par les vents
un bosquet, un bois, une forêt
un ciel clair, étoilé
un climat continental, maritime, méditerranéen, tropical
un climat tempéré, doux, clément ≠ rude, hostile, humide
les dunes (f.), le sable
la faune, la flore, la végétation
un fleuve ≠ une rivière
le front de mer, la plage, une station balnéaire
une lande
un panorama, un paysage envoûtant (envoûter), fascinant (fasciner), pittoresque...
un parc naturel
un rivage, des contours escarpé(s) ≠ lisse(s), plat(s), régulier(s)
des ruines antiques (f.)
un ruisseau
la savane
un site ancien, célèbre, historique, incontournable, spectaculaire
les souks, un bazar

La France administrative

ROYAUME-UNI

PAYS-BAS

BELGIQUE

ALLEMAGNE

LUXEMBOURG

SUISSE

ITALIE

ESPAGNE

ANDORRE

Manche

océan

Atlantique

mer

Méditerranée

NORD-PAS-DE-CALAIS 62 — 59 Lille
Arras — NORD — PAS-DE-CALAIS

SOMME 80 — Amiens

HAUTE-SEINE-MARITIME 76 Rouen — PICARDIE

Beauvais — OISE 60 — AISNE 02 — Laon

MANCHE 50 — St-Lô

Caen — 14 CALVADOS — Évreux — EURE 27 — NORMANDIE BASSE-NORMANDIE — ORNE 61 — Alençon

ÎLE-DE-FRANCE 95 78 91 77 — Paris — SEINE-ET-MARNE — Melun — Chartres

Charleville-Mézières — ARDENNES 08 — CHAMPAGNE-

MARNE 51 — Châlons-en-Champagne — ARDENNE — HAUTE-MARNE 52 — Chaumont — AUBE 10 — Troyes

MEUSE 55 — Bar-le-Duc — MEURTHE-ET-MOSELLE 54 — Nancy — MOSELLE 57 — Metz — LORRAINE

VOSGES 88 — Épinal — BAS-RHIN 67 — Strasbourg — ALSACE — Colmar — HAUT-RHIN 68 — Belfort — TERRITOIRE DE BELFORT 90 — Vesoul — HAUTE-SAÔNE 70 — FRANCHE-COMTÉ — Besançon — DOUBS 25 — JURA 39 — Lons-le-Saunier

FINISTÈRE 29 — Quimper — St-Brieuc — CÔTES-D'ARMOR 22 — Saint-Malo — ILLE-ET-VILAINE 35 — Rennes — BRETAGNE

MORBIHAN 56 — Vannes — Laval — MAYENNE 53 — Le Mans — SARTHE 72 — PAYS DE LA LOIRE — Angers — MAINE-ET-LOIRE 49

LOIRE-ATLANTIQUE 44 — Nantes — 85 LOIRE

EURE-ET-LOIR 28 — LOIR-ET-CHER 41 — Blois — Orléans — LOIRET 45 — CENTRE — Tours — INDRE-ET-LOIRE 37 — Bourges — CHER 18 — INDRE 36 — Châteauroux

Auxerre — YONNE 89 — CÔTE-D'OR 21 — Dijon — BOURGOGNE — NIÈVRE 58 — Nevers — SAÔNE-ET-LOIRE 71 — Mâcon

DEUX-SÈVRES 79 — Niort — Poitiers — VIENNE 86 — POITOU-CHARENTES

La Rochelle — CHARENTE-MARITIME 17 — Angoulême — CHARENTE 16

HAUTE-VIENNE 87 — Limoges — CREUSE 23 — Guéret — LIMOUSIN — CORRÈZE 19 — Tulle — Périgueux — DORDOGNE 24

La Roche-sur-Yon — VENDÉE

AUVERGNE — Clermont-Ferrand — PUY-DE-DÔME 63 — ALLIER 03 — Moulins — AIN 01 — Bourg-en-Bresse

LOIRE 42 — Saint-Étienne — RHÔNE 69 — Lyon — RHÔNE-ALPES — 38 — ISÈRE — Grenoble — Chambéry — SAVOIE 73 — HAUTE-SAVOIE 74 — Annecy — Bourg-Saint-Maurice

CANTAL 15 — Aurillac — HAUTE-LOIRE 43 — Le Puy-en-Velay — ARDÈCHE 07 — Privas — DRÔME 26 — Valence — HAUTES-ALPES 05 — Gap

Bordeaux — GIRONDE 33 — AQUITAINE — LOT-ET-GARONNE 47 — Agen — LANDES 40 — Mont-de-Marsan — Bayonne — PYRÉNÉES-ATLANTIQUES 64 — Pau

LOT 46 — Cahors — TARN-ET-GARONNE 82 — Montauban — AVEYRON 12 — Rodez — GERS 32 — Auch — Toulouse — HAUTE-GARONNE 31 — Tarbes — HAUTES-PYRÉNÉES 65 — Foix — ARIÈGE 09 — MIDI-PYRÉNÉES — Albi — TARN 81 — LOZÈRE 48 — Mende

GARD 30 — Nîmes — HÉRAULT 34 — Montpellier — VAUCLUSE 84 — Avignon — HAUTE-PROVENCE — ALPES-DE-HAUTE-PROVENCE 04 — Digne-les-Bains — ALPES-MARITIMES 06 — Nice

BOUCHES-DU-RHÔNE 13 — Marseille — VAR 83 — CÔTE D'AZUR — Toulon — PROVENCE-ALPES

AUDE 11 — Carcassonne — LANGUEDOC-ROUSSILLON — PYRÉNÉES-ORIENTALES 66 — Perpignan

Bastia — HAUTE-CORSE 2B — CORSE — Ajaccio — CORSE-DU-SUD 2A

RÉGION ÎLE-DE-FRANCE

Cergy-Pontoise — VAL-D'OISE 95 — Nanterre — Bobigny 93 — Boulogne — 92 — 75 Paris — Créteil 94 — Versailles — YVELINES 78 — Évry — ESSONNE 91 — SEINE-ET-MARNE 77 — Melun

92 HAUTS-DE-SEINE
93 SEINE-SAINT-DENIS
94 VAL-DE-MARNE

50 km

— limite de région

◉ capitale régionale

— limite de département

• préfecture de département

○ autre ville

100 km

Abécédaire culturel

A

Apparence

Depuis les années 70, les femmes françaises mesurent 162,5 cm et pèsent 66 kilos en moyenne. Côté habillement, cela se traduit par une taille moyenne de 40 ou 42. L'homme français moyen mesure 175,6 cm pour 79 kg.

61 % des Françaises disent se trouver belles, ce qui ne les empêche pas d'avoir des complexes (50 %). Si les plus jeunes femmes sont les plus satisfaites de leur image (79 %), ce sont aussi les premières à vouloir modifier leur apparence. 54 % ne changeraient rien à leur physique mais 46 % changeraient bien « quelque chose ». Le critère de beauté déclaré le plus important : « être heureuse ».

C

Chirurgie esthétique

Ce n'est plus l'apanage des stars, des gens riches et des femmes. La chirurgie esthétique séduit toutes les classes socioculturelles et de plus en plus d'hommes (1 homme pour 4 femmes).

Les interventions les plus fréquemment demandées par les hommes sont la greffe de cheveux (implants capillaires), l'opération des paupières et le remodelage du nez (rhinoplastie). Chez les femmes, la liposuccion et l'augmentation mammaire sont les plus populaires mais cette dernière est en régression depuis l'affaire des prothèses mammaires PIP : en 2011, les autorités françaises ont recommandé aux 30 000 femmes qui en portent en France de se les faire enlever.

Cravate

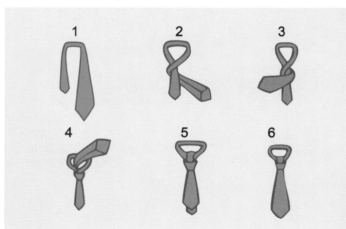

Selon certaines sources, la cravate serait originaire de Croatie (en référence aux cavaliers croates employés par Louis XIII au XVIIe siècle, qui portaient un foulard noué autour du cou). Cet objet de parure masculine a évolué : volumineuse sous la Révolution, elle est devenue au XIXe siècle un complément de l'élégance masculine. Aujourd'hui, la cravate reste un accessoire essentiel du costume pour les grandes occasions et est encore exigée dans certaines professions (banquiers, cadres d'entreprise...). Certains la considèrent cependant comme un symbole du conformisme.

E

Embauche

La loi sur l'égalité des chances du 31 mars 2006 préconise de curriculum vitae (C.V.) sans photo, voire anonymes, afin de préserve à compétences égales, les chances d'un candidat appartenant une « minorité visible ». Des sanctions pénales sont prévues si un discrimination à l'embauche est prouvée. Il n'est même plus nécessair d'accompagner son C.V. d'une lettre de motivation manuscrit cependant la loi n'est toujours pas appliquée faute de décret.

> **Les critères à l'embauche** : selon une enquête de 2012, 46 % des dirigeants recherchent plutôt des « clones », c'est-à-dire de candidats dont le profil correspond à la personne qui occupait poste précédemment. Il semble cependant que le diplôme perde d son importance : seuls 19 % des recruteurs le considèrent comme u critère prioritaire. L'expérience et les compétences spécifiques liée au poste priment.

Les réseaux sociaux commencent à jouer un rôle important : 51 % de recruteurs y ont recours pour chercher des candidats.

viadeo

Viadeo, 1er réseau professionnel françai

U

Uniforme

Le nom a d'abord désigné le costume militaire. Dès 1830, il désign tout vêtement obligatoire dans la vie professionnelle. L'uniforme civ se porte pour identifier des fonctions (agents des services publics magistrats, pilotes...), pour signaler l'appartenance à un group (chaînes de restaurants, magasins...) ; il se porte également pour de raisons d'hygiène (commerces alimentaires...), de tradition (garçon de café) ou parfois pour des raisons de « distinction » : l'habit vert de Académiciens français ou l'uniforme des étudiants de grandes école prestigieuses comme Polytechnique ou Arts et Métiers.

L'usage de l'uniforme à l'école a été supprimé dans les années 60 mais la question est de nouveau débattue et il tend à réapparaîtr dans certaines écoles, afin d'atténuer les différences sociales visibles

Simone Veil parmi ses pairs de l'Académie française

Dossier 2

C

Commerce en ligne

En dépit d'un contexte de crise persistante, le nombre de Français qui achètent sur Internet reste relativement stable. En 2013, 69 % des Français ont acheté à distance, 63 % ont commandé par Internet et 8 % déclarent avoir acheté par Internet en utilisant leur téléphone portable, leur smartphone ou leur tablette.
Les principaux produits et services achetés à distance sont les vêtements et accessoires de mode, les voyages, les locations de voitures, les produits ludiques et culturels, les produits informatiques et l'électroménager.

Commerce équitable

Ce commerce vise à donner aux clients les meilleures garanties sur l'origine et la qualité des produits, tout en accompagnant les petits producteurs dans une démarche de développement durable. Il représente seulement 0,01 % des échanges mondiaux mais il est devenu le marché qui connaît la croissance la plus rapide au monde. L'Europe représente à elle seule près de 60 % du marché du commerce équitable mondial.

Crise économique

Avec la crise économique (amorcée en 2008), la dette qui augmente et le chômage qui grimpe, le consommateur cherche à consommer utile et veut limiter le gaspillage. L'achat de produits d'occasion est devenu un mode d'achat banal qui concerne 60 % des Français. L'emprunt d'objets auprès de proches ou via les réseaux sociaux est une pratique qui touche un consommateur sur deux, en particulier les jeunes. Elle porte le plus souvent sur des produits culturels ou du matériel de bricolage. Le succès de sites Internet comme Groupon ou Livingsocial a ainsi encouragé les Français à réaliser des achats groupés entre amis, collègues ou voisins, pour en partager l'usage. Enfin, l'Observatoire « société et consommation » note que les Français sont les champions du « glanage », c'est-à-dire de la récupération sur le trottoir.

D

Dépenses

Chaque ménage français dépense, en moyenne et par jour, 15 euros pour la nourriture, 23 euros pour le logement, 10 euros pour les transports, 6 euros pour les loisirs, 4,50 euros pour les diverses assurances, 2,50 euros pour l'habillement et 1 euro pour le téléphone. Le budget moyen est de 109,50 euros par jour pour un ménage.

I

Internet et les réseaux sociaux

En France, environ 75 % des foyers possèdent un ou plusieurs micro-ordinateurs et 73 % des foyers sont connectés à Internet. Les seniors sont les moins bien équipés.
Plus d'un internaute français sur deux possède aujourd'hui un compte Facebook et plus de 3 millions sont utilisateurs de Twitter. Toutefois, les Français ne représentent encore que 1,1 % des utilisateurs de Twitter dans le monde.

M

Magasin

> Grands magasins

Un grand magasin est un magasin disposant d'une grande surface de vente, généralement disposée sur plusieurs étages, implanté en centre-ville.
Les grands magasins sont apparus au XIXe siècle. À Paris, on trouve : Le Bon Marché (fondé en 1852), qui fut le premier du genre. Il inspira à Émile Zola son roman *Au Bonheur des Dames* ; Le Printemps, fondé en 1865 ; les Galeries Lafayette, fondées en 1894 (le plus important magasin européen par le chiffre d'affaires).

Le Printemps, Paris.

> Magasins hard-discount

La crise économique a favorisé l'engouement des Français pour les magasins pratiquant des prix réduits, notamment pour les denrées alimentaires. En France, Leader Price, Ed, Aldi, Netto, Le Mutant et Géant Discount sont les principales enseignes de hard-discount. Cependant, les supermarchés de la grande distribution proposent maintenant des produits premiers prix, qui viennent concurrencer le hard-discount.

Marchés

Les marchés, lieux d'échanges de marchandises, structurent le territoire et animent la vie sociale des villes et villages. Le contact direct avec les clients est l'un des grands avantages de la vente sur les marchés. L'autre avantage majeur est une bonne valorisation des produits, qui se traduit par une meilleure rentabilité.
À Paris, il y a 68 marchés alimentaires découverts, dont trois biologiques. Ils offrent aux Parisiens une grande variété de produits frais. S'y ajoutent les marchés spécialisés en fleurs, oiseaux ou vêtements, les marchés aux puces, brocantes, déballages et vide-greniers qui se sont multipliés ces dernières années. Sur les marchés, de nombreux camelots, marchands ambulants, vendent des marchandises à bas

prix et savent captiver l'attention du client grâce à leur « boniment » (manière de parler haute en couleurs) quand ils font la démonstration et vantent les qualités de leurs produits.

Le marché d'Aligre à Paris, 12ᵉ arrondissement.

Moyens de paiement

En France, la carte bancaire est l'instrument de paiement le plus utilisé. Elle représente 45 % des paiements. En revanche, le nombre de chèques émis baisse ; ils représentent 17 % des opérations de paiements. Mais la France reste le pays européen qui utilise – de loin – le plus grand nombre de chèques.

P

Pourboire

Somme d'argent remise, à titre de gratification, par le client à un travailleur salarié, en plus de son salaire. En France, le service de 15 % est compris dans les restaurants et les cafés ; le pourboire vient donc en plus et est laissé à l'appréciation du client. Il est d'usage d'en donner aux employés de certaines professions : serveurs, chauffeurs de taxi, coiffeurs, livreurs, ouvreurs de salles de spectacle privées.

S

Soldes

Ce sont des marchandises vendues légalement à un prix inférieur au prix fixé. Les soldes sont pratiqués pendant des périodes définies (soldes d'été et d'hiver) ainsi que pendant des périodes complémentaires librement choisies par les commerçants.

Supermarchés

98 % des Français se rendent en supermarché (Intermarché, Carrefour market, Super U...) et en hypermarché (Auchan, Carrefour, Cora, E. Leclerc, Géant Casino), plus d'une heure par semaine pour 53 %. Cependant, seuls 30 % des Français apprécient y faire leurs achats.

Dossier 3

C

Cafés

Lieu d'échanges et de rencontres, le café a évolué avec son temps. On trouve dans les grandes villes des cafés-librairies, des cafés-laveries, des cafés-jeux, etc. Quant aux cybercafés (pour l'utilisation d'Internet), ils se sont généralisés. Les cafés-concerts ont disparu, les cafés-théâtres sont redevenus de simples théâtres où l'on ne consomme plus que du spectacle. Le « petit bistrot du coin » existe toujours (à Paris, le prix des consommations varie selon que vous êtes au comptoir, en salle ou en terrasse) ; les cafés-brasseries, originaires d'Alsace et du Nord de la France où l'on brassait la bière, sont des cafés-restaurants où l'on peut manger à toute heure.

Carte de séjour

Tout ressortissant de nationalité étrangère, s'il s'établit sur le sol français plus de trois mois, doit posséder une « carte de séjour » délivrée par la préfecture du lieu de résidence. La procédure varie en fonction de la nationalité (régime général ou régime particulier pour les étrangers venant de pays ayant signé des accords avec la France). Les préfectures ont des sites Internet destinés à informer le public sur les pièces à fournir selon le pays d'origine. Les Suisses, les ressortissants de l'Union européenne (sauf les travailleurs bulgares ou roumains) et les personnes titulaires d'un visa de long séjour n'ont pas à demander de carte.

D

Diplômes

Les diplômes nationaux ne dépendent ni du lieu d'obtention ni de l'établissement qui les délivre. Au-delà du baccalauréat (général, technologique ou professionnel) ou d'un diplôme équivalent, les diplômes se divisent en 2 catégories : les diplômes des grandes écoles (2 ans de classes préparatoires après le bac, entrée sur concours puis 3 ans d'école) et les diplômes universitaires : Licence (3 ans), Master (5 ans), Doctorat (8 ans), système dit LMD, en harmonie avec les cursus européens, ou bien les diplômes des formations courtes comme le BTS ou le DUT.

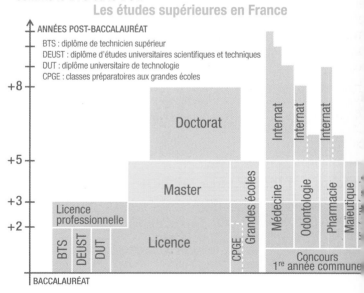

Les études supérieures en France

ANNÉES POST-BACCALAURÉAT

BTS : diplôme de technicien supérieur
DEUST : diplôme d'études universitaires scientifiques et techniques
DUT : diplôme universitaire de technologie
CPGE : classes préparatoires aux grandes écoles

E

Erasmus

Dans le cadre du programme Erasmus, les étudiants peuvent, après leur première année universitaire, effectuer une partie de leurs études dans un autre établissement européen (pays membre de l'Union européenne ou Turquie), pendant 3 mois minimum et 1 an maximum. Les études effectuées sont prises en compte pour l'obtention du diplôme dans l'université d'origine, grâce au système de crédits et au « contrat d'études » signé par l'étudiant avec les deux universités concernées avant son départ. La demande doit être faite auprès de l'université d'origine qui sélectionne les candidats. Une « bourse communautaire » peut être attribuée.

Érasme (1466-1536), écrivain humaniste et théologien néerlandais.

G

Grandes écoles

Les grandes écoles sont des établissements d'enseignement supérieur qui recrutent par concours et assurent, dans différents domaines, des formations de haut niveau (ingénierie, commerce, administration, sciences politiques, lettres...).
Les premières grandes écoles ont été créées pendant la Révolution française, pour préparer des fonctionnaires qualifiés dans les plus grands services de l'État. Elles étaient gratuites et recrutaient dans tous les milieux, privilégiant le mérite et non pas la naissance. Les premières grandes écoles sont : l'École des Mines (1793), l'École Polytechnique (1794) et l'École Normale Supérieure (1794).

S

Stage

Période de formation professionnelle dans un service d'une entreprise, effectuée pendant les études secondaires ou universitaires. Cette période d'études pratiques a d'abord été imposée pour les métiers manuels et pour accéder à certaines professions comme avocat ou professeur. La pratique du stage s'est généralisée dans beaucoup de formations, et, avant ça, au collège et au lycée pour familiariser l'élève avec le monde du travail.
Tous les stages d'une durée supérieure à 2 mois sont obligatoirement rémunérés. Une gratification est versée au stagiaire chaque mois. Le montant de cette gratification est fixé par convention ou accord collectif.

COLLÈGE H. BOUCHER
78960 VOISINS LE BX

CONVENTION DE STAGE EN ENTREPRISE POUR LES ELEVES DE 3ème

La présente convention règle les rapports entre les soussignés

Le Collège :   Collège Hélène Boucher
                      1, Mail de Schenefeld
                      78960 VOISINS LE BX
                      Représenté par M. GUYOMARD, Principal

L'Entreprise :   NOM : ....
                      Adresse : ....
                      Téléphone : ....
                      Représentée par : M ....

Système scolaire

	Baccalauréat professionnel		Baccalauréat général	Baccalauréat technologique	
18	terminale professionnelle				
17	première professionnelle		terminale	terminale	lycée
	CAP	BEP			
16	2ᵉ année	2ᵉ année	première	première	
15	1ʳᵉ année	1ʳᵉ année	seconde générale ou technologique		
14	troisième	diplôme national du Brevet (facultatif)			
13	quatrième				collège
12	cinquième				
11	sixième				
10	cours moyen 2 (CM2)				
9	cours moyen 1 (CM1)				
8	cours élémentaire 2 (CE2)				école élémentaire
7	cours élémentaire 1 (CE1)				
6	cours préparatoire (CP)				
5	grande section				
4	moyenne section				école maternelle
3	petite section				

enseignement secondaire · enseignement primaire

Plus de 12 millions de jeunes scolarisés

de 3 à 18 : âge

☐ : obligation scolaire

U

Université

En France, on compte 76 universités publiques. Elles sont ouvertes aux étudiants titulaires du baccalauréat. Les universités privées, dites « libres » (14), sont pour la plupart confessionnelles (7 catholiques et 3 protestantes). On compte 4 universités totalement privées.
Pour tous les publics et tous les âges, se sont créés, en partenariat avec les grandes universités publiques, des cycles de cours et de conférences ouverts à tous. C'est le principe des universités populaires, que l'on retrouve par exemple à l'Université de tous les savoirs ou dans les universités inter-âges.

Dossier 4

F

Faits divers

L'expression « faits divers » date du XIXᵉ siècle et qualifiait toutes les informations dites « inclassables ». Aujourd'hui, la rubrique des faits divers recouvre des informations sans portée générale relatives à des faits quotidiens (accidents, crimes, etc.). Certains faits divers font la une des journaux du fait de leur caractère scandaleux ou sensationnel.

M

Médias

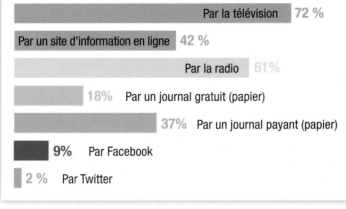

De quelle manière principalement vous tenez-vous au courant de l'actualité nationale et internationale ?

- Par la télévision **72 %**
- Par un site d'information en ligne **42 %**
- Par la radio **61%**
- **18%** Par un journal gratuit (papier)
- **37%** Par un journal payant (papier)
- **9%** Par Facebook
- **2 %** Par Twitter

Source : Sondage *La Croix*.

Médias sociaux ou nouveaux médias

L'expression « médias sociaux » recouvre les différentes activités qui intègrent la technologie, l'interaction sociale et la création de contenu. Tout comme les « anciens » médias, il s'agit bien ici de textes, de sons et de vidéos : les blogs, les podcasts, les vlogs (blogs vidéos), les wikis. Plus généralement tous les sites qui permettent à tous de mettre en ligne des contenus à partager avec la communauté Internet. Parmi ceux-là, on trouvera par exemple Flickr pour les photos, YouTube pour les vidéos, Wikipedia pour l'encyclopédie.

P

Presse

> La presse quotidienne papier (les quotidiens) est imprimée sur du papier bon marché. On distingue la presse quotidienne nationale diffusée sur tout le territoire (*Le Monde, Libération, Le Figaro...*) et la presse quotidienne régionale traitant de l'actualité locale et nationale.

> La presse magazine papier (publications périodiques) est plus illustrée. Elle est également plus ciblée et favorise la fidélisation de ses lecteurs. Elle résiste donc mieux à la concurrence des autres médias (dont les médias en ligne).

> La presse gratuite d'information (les gratuits) : trois grands réseaux de quotidiens gratuits (*20 minutes, Metro, Direct Plus*) se partagent le territoire. Ces médias d'information sont distribué gratuitement, généralement de la main à la main ou en présentoir aux abords des bouches de métro, des gares, des endroits citadins de passage. Ces trois titres ont un site en ligne.

> La presse en ligne : tous les titres en ligne proposent un échang avec le webmaster du site et la plupart incitent les lecteurs à répondr par mail et à intervenir sur les forums de discussion sur des thème précis.

Quelques sites de journaux en ligne : *Le Monde*, quotidien d'information www.lemonde.fr ; *L'Équipe* pour l'actualité sportive : www.lequipe.fr/ *Le Parisien*, quotidien régional : www.leparisien.fr ; *Le Journal du Ne* pour l'actualité Internet et e-business : www.journaldunet.com/ ; *Le Échos*, journal quotidien économique et financier : www.lesechos.fr.

R

Radio

La radio est le média préféré des Français. Elle rassemble plus de 42 millions d'auditeurs. 82 % des Français écoutent la radio au cour d'une semaine entre le lundi et le vendredi. Ils l'écoutent en moyenne 2 h 53 par jour en semaine, principalement pour la musique et le informations. RTL est la première radio de France, puis viennent NRJ France Inter, Europe 1 et France Info.

Les radios francophones publiques sont constituées de l'associatio des quatre diffuseurs publics francophones : Radio France, Radi Suisse Romande, Radio Canada et la radiotélévision belge de la communauté française. Elles rassemblent plus de 20 stations de radio

Dossier 5

E

Esclavage

La réduction en esclavage, au profit du vainqueur, des peuples soumi par la guerre est une pratique très ancienne dans l'histoire du monde L'expansion économique de l'Europe après les grandes découverte (XVIᵉ siècle) est liée à l'exploitation par l'esclavage de la force de travail des indigènes d'abord, puis par l'importation de population

ndues ou enlevées sur les côtes de l'Afrique. La commercialisation
es marchandises et des esclaves vers les Amériques a apporté la
rospérité, en France, à de grands ports comme Bordeaux, Nantes,
e Havre... En 1794, après de nombreuses révoltes, l'esclavage est
boli par la Révolution française, qui a, dans son assemblée, des
eprésentants des Antilles. Devenu Premier Consul en 1799, Napoléon
établit l'esclavage et il faudra attendre la IIe République (1848) pour
ne abolition définitive plaidée par le député Victor Schœlcher.

Étranger

e mot a deux sens :
. Personne dont la nationalité n'est pas celle d'un pays donné.
. Personne qui ne fait pas partie ou n'est pas considérée comme
aisant partie du groupe (familial, régional, social...).
ans un contexte de repli identitaire, certains discours politiques
nt tendance à qualifier d'étrangers des personnes ayant acquis la
ationalité par naturalisation ou provenant de territoires d'outre-mer
ui ont de droit, depuis longtemps, la nationalité française. La même
mbiguïté réside dans le terme « immigré », entretenant une confusion
ntre les récents arrivés, éventuellement illégaux, et des personnes qui
ésident en toute légitimité depuis longtemps dans le pays, ou ayant
cquis la nationalité.

F

Féminisme

ès la Révolution française, le mouvement des femmes pose ses
ases, avec notamment les clubs de femmes révolutionnaires et,
n 1791, la Déclaration des Droits de la femme et de la citoyenne
'Olympe de Gouges.
es périodes du Consulat, de l'Empire et de la Restauration
monarchique retirent aux femmes les droits qu'elles avaient
istoriquement conquis et le Code Napoléon (1804) les réduit à l'état
e mineures, dépendantes de leur père puis de leur mari. Les luttes
ontinuent cependant, en particulier pendant la Révolution de 1848,
t, en 1870 (proclamation de la IIIe République), l'Association pour
e Droit des femmes est créée. Le premier congrès féministe a lieu
n 1892. Un des droits fondamentaux, le droit de vote, est l'objet de
ongues luttes, mais il faudra attendre 1944 pour que les femmes
rançaises l'obtiennent.
a publication en 1949 du *Deuxième sexe* de Simone de Beauvoir
marque une étape importante dans le féminisme mondial. Le MLF
mouvement de libération de la femme) naît en 1970 ; la pression
éministe permet de faire reconnaître pour les femmes « la libre
isposition de leur corps » et la conquête de l'égalité des droits dans
es domaines politique et professionnel.
ujourd'hui et malgré de réels progrès, les inégalités entre hommes
t femmes perdurent. Les femmes consacrent 4 heures par jour aux
âches domestiques contre 2 h 13 pour les hommes. On recense
39 % de femmes cadres. L'écart du taux d'activité entre les hommes
t les femmes se réduit, passant de 66 % pour les femmes (59 % en
1990), contre 75 % pour les hommes, mais il perdure ; en cause :
'interruption plus fréquente de leurs carrières afin de s'occuper de
eurs enfants. 31 % des femmes salariées travaillent à temps partiel,
contre 7 % de leurs collègues masculins. Elles gagnent toujours en
moyenne 25 % de moins que les hommes à postes équivalents.

20,8 % : c'est le taux de femmes
présentes dans les conseils
d'administration du CAC 40.
On compte par ailleurs 2 % de
femmes PDG. Dans la fonction
publique d'État, les femmes
constituent 51,7 % de l'effectif
total et seulement 20,3 % des
postes de direction.

Olympe de Gouges
(1748-1793).

M

Manifestation

En 1865, le mot est choisi pour signifier « démonstration collective,
publique et organisée d'une opinion ou d'une volonté » et désigne
les grands rassemblements de protestation contre une décision, un
projet de loi, un dirigeant politique ou un gouvernement. L'ampleur des
manifestations est un signe du mécontentement de « la rue » contre
les pouvoirs organisés et peut entraîner des émeutes.
Le « dialogue social » étant très conflictuel en France, les manifestations
sont devenues un moyen d'expression courant des citoyens, d'où la
fréquence des appels à manifester.

O

O.N.G

Organisations non gouvernementales, elles sont souvent des
organisations humanitaires d'ordre sanitaire ou éducatif (Médecins
sans frontières, Médecins du Monde, ATD quart Monde...). L'expression
« O.N.G. » est apparue en 1946 et est aujourd'hui parfois remplacée
par les sigles O.S.I. ou A.S.I. (organisations ou associations de solidarité
internationale). Elles ne disposent pas en France de définition juridique
spécifique ni d'une reconnaissance de l'État. Elles sont régies comme
des associations et sont donc considérées comme des organisations
de vie associative privées, développant sans but lucratif (sans but de
bénéfices) une activité internationale consacrée à la solidarité envers
des populations défavorisées.

V

Vote

Le vote en France est un devoir des citoyens, mais il n'est pas
obligatoire. À 18 ans, on s'inscrit sur les listes électorales de sa mairie
pour participer aux élections. Les Français sont appelés à participer à
des élections directes pour élire leurs représentants :
– les députés au Parlement européen, tous les 5 ans par listes ;
– les députés à l'Assemblée nationale, tous les 5 ans, vote majoritaire
par nom de candidat ;
– les conseillers locaux : municipaux (commune), généraux

(département), régionaux (régions), par listes, qui élisent ensuite le maire et les présidents des conseils (général et régional). Les conseillers sont renouvelés tous les six ans ;

– depuis 1962, le président de la République est également élu au suffrage universel direct, à la majorité absolue (+ de 50 % des votes exprimés). Le mandat de 7 ans (septennat) est passé, depuis 2002, à un mandat de 5 ans (quinquennat).

Les sénateurs sont élus au suffrage indirect (ils sont élus par les élus).

Dossier 6

C

Chanson

Inventeurs du music-hall, les Français ont créé une tradition de chanson littéraire – poétique, satirique ou dramatique – qui s'est développée dans les années 50 et 60. Édith Piaf, Charles Trenet, Georges Brassens, Barbara, Charles Aznavour, Jacques Brel, Serge Gainsbourg, Léo Ferré, Claude Nougaro et Juliette Gréco comptent parmi ses plus illustres représentants. Puis la chanson française a évolué en trois grandes tendances :

– la chanson facile, plutôt insouciante (Sheila, Antoine...), les artistes très médiatiques (Claude François, Dalida, Mireille Mathieu, Johnny Hallyday...) et plus tard la variété actuelle (Francis Cabrel, Jean-Jacques Goldman, Michel Berger, Benjamin Biolay, Olivia Ruiz, Bénabar, Mathieu Chédid, Zazie et beaucoup d'autres) ;

– la chanson engagée : Jacques Higelin, Bernard Lavilliers, Alain Bashung, Renaud... ;

– la chanson de tradition régionale : Thomas Fersen, Nolwenn...

Cinéma

La plupart des Français, quand ils sortent, vont au cinéma. Chaque semaine, les Parisiens ont le choix entre plus de 400 films. La plus grande salle est celle du Grand Rex : 2 650 fauteuils contre 30 places seulement pour la plus petite salle de la capitale. Il y a 380 salles de cinéma dans la capitale dont 89 sont classées salles « d'art et d'essai ». Premier pays producteur en Europe, la France produit presque trois films tous les cinq jours, dont deux tiers avec des financements purement nationaux.

> Histoire du cinéma français

Après avoir montré leur cinématographe au monde, les frères Lumière organisent une première projection publique en 1895 à Paris. Georges Méliès, l'un des premiers réalisateurs français de cinéma, devient le premier poète de l'art nouveau.

Au début des années 30, le cinéma devient parlant. Les acteurs sont les rois de la fête : Raimu, Fernandel, Jean Gabin et Michèle Morgan qui forment le couple cinématographique français par excellence.

Au début des années 50, l'acteur Gérard Philipe entraîne tous les cœurs derrière lui dans Fanfan la tulipe, Truffaut devient un metteur en scène connu et défend une « starlette » que tout le monde attaque : Brigitte Bardot. Mais en 1956, elle devient la plus grande star du cinéma français avec Et Dieu créa la femme de Roger Vadim.

Puis c'est la révolution de la Nouvelle Vague avec Truffaut et Godard. La décennie qui suit est moins aventureuse. Les acteurs populaires sont des quadragénaires, voire des quinquagénaires : Philippe Noiret,

Michel Piccoli, Yves Montand. Tous trois tournent avec la bien-aimée des Français : Romy Schneider. Les années 70 révèlent ou confirment trois stars : Isabelle Adjani, Catherine Deneuve et Gérard Depardieu. Aujourd'hui, que ce soit le handicap, le cancer ou le choix de tourner en muet et en noir et blanc, une nouvelle génération de réalisateurs(trices) a pris un risque maximal avec leur dernier film et en sont bien récompensés. Cette génération a aussi compris que les spectateurs s'attachent davantage à l'histoire et à la façon dont elle est traitée qu'au casting. Négligés depuis la Nouvelle Vague, les scénaristes redeviennent essentiels. Deux films de 2011 resteront dans l'histoire du cinéma français : The Artist de Michel Hazanavicius, avec ses six Césars et cinq Oscars, et Intouchables avec l'acteur Omar Sy, qui a remporté le César du meilleur acteur en 2012.

Brigitte Bardot en 1962.   Jean Dujardin (né en 1972)

F

Festival

Il y a environ 1 800 festivals en France, dont la majorité se déroulent l'été. Les plus célèbres sont le Festival d'Aix-en-Provence, pour la musique classique, le Festival d'Avignon pour le théâtre, le Festival de Cannes pour le cinéma, le Festival d'Angoulême pour la bande dessinée, les Francofolies de La Rochelle pour la musique et la chanson francophone, le Festival de Montpellier pour la danse.

G

Genres littéraires

> **Le conte** : récit souvent merveilleux destiné à distraire. Il peut être synonyme de « fable » quand il contient une morale. Ensuite, le mot a vite servi à désigner une histoire invraisemblable et mensongère comme dans l'expression : « des contes à dormir debout ».

> **La nouvelle** : court récit de fiction constituant un tout et dont l'intérêt est souvent concentré dans la « chute ». Les Français et francophones sont moins producteurs de nouvelles que les Anglo-saxons, par exemple, sauf dans le genre fantastique, comique ou absurde.

> **Le roman** : à l'origine (au Moyen Âge), c'est un long texte en langue française (« romane ») où dominent les aventures fabuleuses et l'amour courtois. Puis, dès le XVIe siècle, le mot désigne une œuvre d'imagination qui présente et fait vivre des personnages dans un milieu donné, en s'attachant à leur histoire, leurs aventures e

ur psychologie. Le genre s'est beaucoup développé en France au XIXe siècle avec les grands romanciers : Stendhal, Honoré de Balzac, Alexandre Dumas, Victor Hugo, Gustave Flaubert, Émile Zola... Le nouveau roman, apparu dans les années 50, rejette la psychologie pour privilégier les descriptions objectives ou la présentation d'un point de vue « de l'intérieur » du roman. Michel Butor, Alain Robbe-Grillet, Nathalie Sarraute, Claude Simon et, indirectement, Marguerite Duras avec son style particulier qualifié « d'écriture blanche », font partie de ce mouvement.

> **La poésie :** c'est le genre littéraire le plus ancien. Il se distingue par le travail sur la mélodie, les sons, le rythme et les formes, très codifiées jusqu'au milieu du XIXe siècle (où Baudelaire inaugure le « poème en prose » et Rimbaud le « vers libre »). Beaucoup de compositeurs de la chanson francophone sont qualifiés de poètes dans les anthologies (Georges Brassens et Léo Ferré en France, le belge Jacques Brel, Gilles Vigneault ou Félix Leclerc au Québec).

> **Le théâtre :** ce genre, qui commence par la représentation des mystères religieux sur le parvis des églises au Moyen Âge, se caractérise par un dialogue écrit, avec des personnages, support d'une représentation (mise en scène) du texte. Les indications de mise en scène s'appellent les didascalies. On situe l'anoblissement du genre théâtral (jusque-là distraction populaire) à l'époque classique, quand Louis XIV a reconnu le théâtre comme spectacle digne de l'aristocratie, en particulier pour la tragédie, souvent inspirée du théâtre grec. Les grands noms : Corneille et Racine pour la tragédie, Molière pour la comédie. Le XVIIIe a produit un théâtre de contestation sociale avec Marivaux (*Le Jeu de l'amour et du hasard*), puis Beaumarchais (*Le Barbier de Séville, Le Mariage de Figaro*). Le XIXe siècle a connu de grands auteurs romantiques (Alfred de Musset, Victor Hugo) et historiques (Edmond Rostand avec *Cyrano de Bergerac*). Le théâtre moderne a été qualifié de « théâtre de l'absurde », apportant un regard très critique, après les guerres en Europe, sur l'absurdité du monde (Albert Camus puis Eugène Ionesco, Samuel Beckett...). Au-delà des auteurs, les metteurs en scène ont gagné la reconnaissance du public (Jean Vilar dans les années 50, aujourd'hui Jérôme Savary, Alfredo Arias, Peter Brook, Ariane Mnouchkine ou Jean-Michel Ribes dans des styles très différents).

L

Lecture

On recense en France 420 manifestations différentes pour la promotion du livre et de la lecture. La semaine « Lire en fête » en octobre incite à la lecture dans les établissements scolaires, bibliothèques, etc. Un

Salon du livre a lieu chaque année à Paris au mois de mars, ainsi qu'un Salon du livre pour la jeunesse à Montreuil, fin novembre. De nombreux prix littéraires sont décernés fin octobre. Parmi les plus prestigieux : le Goncourt, le Renaudot, le prix Médicis, le prix de l'Académie française. La poésie n'est pas oubliée avec l'opération « Printemps des poètes » dans toute la France, en mars.

Liseuses

Le marché des liseuses électroniques s'est développé en France à partir de 2008 et progresse chaque année. Cependant, les liseuses restent en compétition avec les tablettes tactiles pour la lecture de livres numériques.

M

Musée

La France compte 1 207 musées. Paris est la ville de France qui en compte le plus, 53 au total. Du musée d'Art contemporain au musée de la Poupée en passant par le musée Rodin, il y en a pour tous les goûts. Parmi les 35 musées nationaux, les plus visités sont le Louvre (8,5 millions de visiteurs par an) puis viennent le château de Versailles (plus de 6 millions), le centre Georges Pompidou (3,6 millions), le musée d'Orsay (2,9 millions) et le musée du Quai Branly (1,3 million). La tendance actuelle est d'ouvrir des antennes des grands musées en province – Metz (Beaubourg), Lens (le Louvre) – et à l'étranger – Le Louvre Abu Dhabi en 2007.

Musée du Louvre, Paris.

P

Peinture, les grands mouvements

> **Les mouvements précurseurs de l'impressionnisme**

Entre 1820 et 1850, la peinture française a connu de prestigieux mouvements artistiques, avec d'abord le romantisme (Géricault, Delacroix), puis le réalisme (Courbet et Millet) et le naturalisme avec les peintres de l'École de Barbizon (le Douanier Rousseau, Corot). Puis, sous l'influence des paysagistes britanniques comme Turner, le paysage devient un genre à part entière dans la peinture française, dont Corot est le représentant le plus illustre. Courbet, Corot et Delacroix représentent alors l'avant-garde de la peinture française et vont constituer les modèles dont tous les impressionnistes vont s'inspirer à leurs débuts.

> L'impressionnisme

Une nouvelle peinture, qui prendra le nom d'impressionnisme en 1874, va voir le jour en France, entre 1860 et 1890. Les impressionnistes vont introduire des procédés picturaux nouveaux : l'utilisation de tons clairs, l'obtention de la forme et du volume par les touches et les couleurs, l'utilisation de l'épaisseur... Si aujourd'hui les impressionnistes sont au firmament de l'art pictural, il est important de rappeler à quel point leur peinture fut incomprise à leur époque. En vingt-six ans, de 1860 à 1886, la peinture impressionniste va marquer le commencement de la peinture moderne non figurative. S'il y a bien un style « impressionniste » – dont Pissarro, Monet, Sisley sont les représentants les plus typiques –, chaque peintre suit sa propre recherche, son propre cheminement individuel.

> Le fauvisme

Le fauvisme s'affirme au Salon d'automne de Paris en 1905 et s'éteint en 1907. Les peintres désirent séparer la couleur de sa référence à l'objet et libèrent sa force expressive. L'inspiration des arts africains et océaniens marque l'esthétique fauve. De rares marchands d'art soutiennent les Fauves, tandis que la critique et le public leur montrent beaucoup d'hostilité. Henri Matisse (1869-1954) est considéré comme le chef de file du mouvement suivi de Georges Rouault (1871-1958), Maurice de Vlaminck (1876-1958) et Georges Braque (1882-1963), le dernier à entrer dans le groupe en 1906.

> Le cubisme

Ce mouvement artistique s'est développé des années 1900 jusqu'au début de la première guerre mondiale, en 1914. Le terme « cubisme » est revendiqué par Georges Braque et Pablo Picasso. Ce mouvement bouleverse l'approche de la réalité. Il fait appel au spectateur : les formes étant symboliques, ce dernier doit faire un effort pour compléter ce qui est représenté.

Gustave Courbet, *L'Atelier du peintre*, 1855.

S _____

Séries télévisées

Longtemps dénigrées par la presse intellectuelle en France, les séries télévisées sont aujourd'hui mieux considérées. Elles font partie du paysage audiovisuel quotidien des Français. Les séries télévisées françaises récentes qui remportent un immense succès sont : *Plus belle la vie* (depuis 2004), *Engrenages* (depuis 2005), *Fais pas ci, fais pas ça* (depuis 2007), *Un village français* (depuis 2009), *Les Revenants* (depuis 2012). Par ailleurs, les Français sont de grands consommateurs de séries télévisées américaines.

Dossier 7

E _____

Écologie

C'est la science qui étudie les relations des êtres vivants dans leur environnement. Elle prend donc en compte l'action de l'homme sur son environnement afin d'en limiter les conséquences négatives et destructrices : pollution, destructions des écosystèmes, effet de serre... Nantes est la ville la plus « écologique » de France. Elle est la première à avoir réintroduit le tramway et possède aujourd'hui le plus grand réseau de France avec 42 kilomètres de voies. Outre les « Bicloo » rouges – vélos en libre-service – qui ont investi la ville, deux bateaux-bus baptisés « Navibus » et une ligne de bus-tramway, le « Busway », ont intégré le réseau de transports en communs.

Énergie

> Le pétrole : La France importe du pétrole en provenance de la mer du nord et du Proche-Orient.

> L'électricité : La France produit 78 % d'énergie d'origine nucléaire, 11 % d'énergie hydraulique ou éolienne, 11 % d'énergie d'origine thermique. Elle en exporte également. Grâce à son parc de 58 réacteurs nucléaires, la France atteint un taux d'indépendance énergétique proche de 50 %, lui garantissant une grande stabilité d'approvisionnement. Cependant, le mouvement antinucléaire dénonce le risque d'accident nucléaire et le problème des déchets radioactifs.

> Le charbon : La France produit du charbon vite absorbé par les centrales électriques et la sidérurgie.

> Le gaz : La consommation de gaz naturel se répartit entre l'industrie et le résidentiel. Peu de véhicules sont équipés au gaz, environ 1 bus sur 3 seulement.

> L'énergie verte : Un des objectifs du Grenelle de l'énergie est de produire, d'ici 2020, 23 % de l'électricité consommée en France à partir d'un mélange d'énergies vertes. Cela aura pour conséquence de faire disparaître les centrales à combustibles fossiles qui représentent 10 % de l'énergie produite en France. Ce bouquet d'énergies durables sera composé de centrales thermiques utilisant du combustible provenant de la biomasse (bois, déchets agricoles...), d'éoliennes de barrages hydrauliques et de centrales solaires dans une moindre mesure.

T _____

Transports en commun

En France, l'organisation des transports en commun est répartie entre différentes autorités :

– L'État organise les transports d'intérêt national, notamment par l'intermédiaire de la Société Nationale des Chemins de Fer (SNCF) et du Réseau ferré de France.

– Les régions s'occupent des trains express régionaux (TER) et de quelques lignes routières.

– Les départements gèrent les réseaux interurbains (entre les villes).

– Les communes ont la responsabilité des transports urbains, du tramway en particulier. Depuis une vingtaine d'années, de nombreuses villes françaises, y compris Paris reviennent petit à petit à ce moyen de transport collectif écologique. Alternative à la hausse du pétrole et aux nuisances automobiles, le tramway participe aussi au réaménagement urbain par un meilleur partage de l'espace public entre piétons, vélos, autobus, tramways et voitures.

Le tramway de Bordeaux.

Dossier 8

C

CSA

Créé par la loi du 17 janvier 1989, le Conseil supérieur de l'audiovisuel (CSA) a pour mission de garantir la liberté de communication audiovisuelle en France. La loi du 30 septembre 1986, modifiée à de nombreuses reprises, lui confie de larges responsabilités, parmi lesquelles : la protection des mineurs, le respect de l'expression pluraliste des courants d'opinion, l'organisation des campagnes électorales à la radio et à la télévision, la rigueur dans le traitement de l'information, l'attribution des fréquences aux opérateurs, le respect de la dignité de la personne humaine, la protection des consommateurs. De plus, le Conseil est chargé de « veiller à la défense et à l'illustration de la langue et de la culture françaises » sur les antennes.

CONSEIL SUPÉRIEUR DE L'AUDIOVISUEL

D

Droit

Le mot désigne d'abord ce qui est permis dans une société, puis ce qui est exigible par les citoyens (les droits du citoyen) et, par extension, il signifie l'ensemble des règles qui codifient les rapports en société, donc la ou les lois. On parle de « droit coutumier » quand la justice est rendue selon l'habitude (la coutume) dans un pays ou une région, souvent de tradition orale, et on parle de « droit écrit » quand les lois ont été transcrites et rédigées. Les études juridiques s'appellent en France les études de droit, d'où l'expression « faire son droit » pour dire qu'on étudie la loi.

J

Jurés

En France, le jury d'assises a été institué en 1791. Les jurés sont tirés au sort une première fois par les mairies sur les listes électorales. Un second tirage est effectué dans chaque département chaque année. Un troisième tirage au sort a lieu par la cour d'assises un mois avant la session : 35 jurés titulaires et 10 jurés suppléants sont choisis. Sauf motif grave, on ne peut pas refuser sa participation. Les jurés peuvent être récusés par les avocats de la défense ou de l'accusation. Jusqu'en 2011, ils étaient 9 en première instance et 12 en appel. La loi du 10 août 2011, les réduit à 6 jurés en première instance et 9 en appel, toujours associés à trois magistrats qui constituent la cour proprement dite. Pour valider une décision défavorable à l'accusé, il faut 6 votes pour.

Le jury populaire n'intervenait que dans les cours d'assises. Une réforme de 2011 a tenté de généraliser la présence de jurés dans tous les tribunaux correctionnels de France afin de « rapprocher le citoyen de la justice ». Deux citoyens-assesseurs siègent depuis janvier 2012 aux côtés des trois magistrats professionnels pour l'ensemble des audiences correctionnelles concernant des délits graves punis d'au moins 5 ans de prison. Cette réforme est encore expérimentale.

Justice

Chaque citoyen de plus de 18 ans a un « casier judiciaire » où sont consignées les éventuelles condamnations. Pour exercer certaines professions (fonctionnaire, enseignant...), il est demandé de fournir un « extrait » de casier judiciaire vierge (c'est-à-dire sans condamnation).
> **Les Français et la justice :** Moins d'un tiers des Français estime que la justice fonctionne bien. Mais 77 % des interviewés considèrent que c'est parce qu'elle ne bénéficie pas de moyens suffisants. On assiste dans le même temps à une large remise en cause des peines prononcées : une forte majorité des personnes interrogées jugent qu'elles ne sont pas assez sévères, en particulier pour ce qui est de la récidive (85 %), des crimes sexuels (84 %) mais également des affaires politico-financières (80 %).

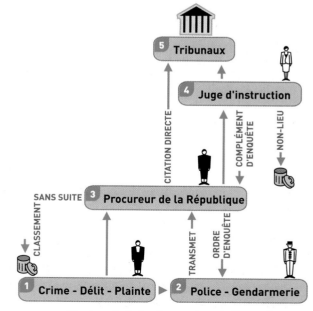

De la plainte jusqu'au tribunal

P

Police

La police assure l'application des règlements et le respect de l'ordre public.

On compte différents corps de police :
– la police urbaine (qui exerce sur la voie publique dans les villes) ;
– la police nationale, les Renseignements Généraux (centralisant les informations pour la sécurité intérieure), la Direction de Surveillance du Territoire (DST, qui lutte contre les manœuvres d'espionnage et d'ingérence venues de l'extérieur), la police judiciaire (crimes et délits), la police de l'air et des frontières (qui contrôle la circulation des personnes) et les CRS, Compagnies Républicaines de Sécurité (constituant une réserve spéciale en cas de calamités publiques, secours en montagne et répression d'émeutes) dépendent toutes du ministère de l'Intérieur.

La gendarmerie nationale est une force militaire qui dépend du ministère de la Défense et qui est chargée entre autres des contrôles routiers et des enquêtes de crimes et délits en zone rurale.

Gendarmes français.

T

Tribunal

Les différents tribunaux en France :
– le tribunal administratif pour litige avec l'État ;
– le tribunal de commerce pour les affaires commerciales et la liquidation des entreprises ;
– le tribunal des prud'hommes pour les conflits du travail ;
– le tribunal civil pour les conflits familiaux (divorces...) ;
– le tribunal pénal pour les délits et crimes ;
– un tribunal spécial est prévu pour les mineurs de moins de 16 ans : le tribunal pour enfants.
L'armée a son propre tribunal : le tribunal militaire.

R

Roman policier

Le genre du roman policier (le « polar ») commence en France au milieu du XIXe siècle avec les romans d'Émile Gaboriau. Le début du siècle est marqué par le personnage de Fantômas, créé par Pierre Souvestre et Marcel Alain, qui est paru en feuilleton et dans lequel le personnage principal est un malfaiteur terrible et inquiétant. Fantômas a été porté au cinéma. Plus tard, on peut citer, pour les années 30 à 60, Georges Simenon (de nationalité belge), Louis C. Thomas ou Pierre Boileau et Thomas Narcejac (*Sueurs froides*, devenu *Vertigo* scénarisé par Alfred Hitchcock). On assiste à un renouveau du genre depuis les années 80 avec Fred Vargas ou Jean-Claude Izzo, qui reprennent la figure emblématique d'un commissaire de police plus « humain » que policier.

La lecture en général, concurrencée par les nouveaux loisirs numériques, est en recul. À une exception près, les romans policiers dont les ventes sont en constante expansion : 18 millions de volumes vendus par an en France, un livre sur cinq. Désormais, toutes les grandes maisons d'édition littéraire ont au moins une collection policière.

Louis de Funès et Jean Marais dans *Fantômas se déchaîne*, film d'André Hunebelle, 1965

Dossier 9

D

Destinations de voyage

Une étude montre que les Français ont orienté en 2012 leur choix vers la France. Crise oblige, on se recentre sur des destinations rassurantes et probablement moins coûteuses, pour les 42 % qui ont la chance de partir en vacances. Mais les pays qui jouxtent les frontières françaises et promettent du soleil ne sont pas en reste. Ainsi, l'Espagne attire 25 % des Français et l'Italie 16 % d'entre eux.

E

Écrivains voyageurs français

Selon les époques, les hommes n'ont pas voyagé de la même façon ni dans le même but. Les contraintes, les idées, les circonstances ont dessiné la destinée des voyageurs et les récits qui en ont été faits. Beaucoup de ces récits se sont élaborés de façon indirecte, alors que les voyageurs avaient un objectif commercial, militaire ou scientifique et parce que leur découverte du monde les a poussés à en faire la relation. Ainsi, le militaire Louis-Antoine de Bougainville rédige le *Voyage autour du monde* en 1771. Le XIXe siècle voit naître la passion pour les voyages en Orient (Chateaubriand, Lamartine, Théophile Gautier, Flaubert, Gérard de Nerval) ainsi que pour l'exotisme d'outreer (Saint-John Perse, par exemple). Plus tard, des ethnologues ̀u anthropologues ont mêlé à leurs études scientifiques un aspect ̀téraire, comme Claude Lévi-Strauss ; et des écrivains ont apporté ̀ans leurs romans ou essais une dimension anthropologique et des ̀scriptions de voyages : Albert Camus et l'Algérie, Marguerite Duras ̀ l'Indochine, Jean-Marie Le Clézio et le désert du Sahara, l'Afrique, ̀e Maurice de ses origines ou le Mexique.

̀haque année se déroule à Saint-Malo un festival du livre et du film ̀e voyage : Étonnants voyageurs, voir www.etonnants-voyageurs.com.

J.M.G. Le Clézio à Saint-Malo, lors du Festival Étonnants voyageurs.

̀rancophonie

̀a francophonie désigne l'ensemble des États et gouvernements ayant ̀ langue française en partage. Aujourd'hui, il y a environ 150 millions ̀e francophones dans le monde. Pour certains, le français est leur ̀ngue maternelle (c'est le cas en France et dans ses départements et ̀rritoires d'outre-mer, au Québec, dans la principauté de Monaco et, ̀n partie, en Belgique et en Suisse notamment). D'autres apprennent le ̀ançais à l'école comme en Afrique du Nord, en Afrique subsaharienne ̀u au Luxembourg. Dans d'autres pays, comme au Liban, au Vietnam,

en Roumanie, il y a d'importantes minorités francophones.

Attention : on confond parfois la francophonie en tant que concept avec l'Organisation Internationale de la Francophonie, organisation politique, économique et culturelle, qui regroupe un certain nombre de pays qui ne sont pas pour autant ceux où le français est très utilisé ou reconnu officiellement.

Le terme francophonie a été utilisé à l'origine de façon purement descriptive par les géographes, le mot ayant été « inventé » par Onésime Reclus (1837-1916), qui publia avec son frère Élisée l'ouvrage *La France et ses colonies* (1889). Ce n'est qu'après la seconde guerre mondiale, à partir d'un numéro spécial de la revue *Esprit* en 1962, que la « conscience francophone » s'est développée, en particulier sous l'impulsion du poète et homme politique sénégalais Léopold Sédar Senghor.

Le 20 mars est consacré à la Journée internationale de la Francophonie.

R

Régions et départements → Voir la carte de France p. 187.

V

Vacances

Les Français sont de plus en plus indécis : deux mois avant les premiers départs, 21 % d'entre eux ne savent toujours pas s'ils partiront cette année-là. Ils ont recours à différents astuces afin de faire des économies :

- Les promotions : pour en bénéficier, 1 vacancier sur 2 est prêt à changer sa destination. Cette flexibilité des vacances se porte aussi sur le standing (37 %), les dates (35 %) et la durée (33 %).
- Une augmentation des départs de dernière minute est confirmée par une hausse du nombre de personnes qui réservent à moins de deux semaines du départ.

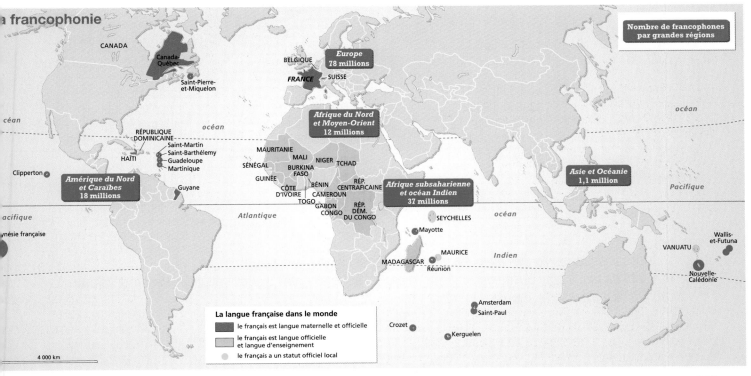

Précis grammatical

LES PRONOMS

1. Les pronoms relatifs simples

La proposition relative est introduite par un pronom relatif qui remplace un nom ou un groupe nominal de la proposition principale. Ce nom ou groupe nominal est appelé antécédent.

*Exemple : Ce film raconte l'histoire d'un jeune homme **qui** quitte l'Irlande à la fin du XIXᵉ siècle.* → Le pronom relatif *qui* remplace le groupe nominal antécédent *un jeune homme*.

La forme du pronom relatif dépend de sa fonction dans la proposition relative.

L'antécédent est : / Le pronom relatif est :	Sujet	Complément d'objet direct	Complément de lieu et complément de temps	Complément d'objet indirect introduit par *de*
une (des) personne(s)	qui	que		dont
une (des) chose(s) ou un (des) être(s) inanimé(s)	qui	que	où	dont

Exemples :
*Les vacances, ce sont des moments **qu'**on attend avec impatience, **dont** on rêve toute l'année mais **qui** semblent toujours trop courts !*
*Le bureau **où** vous devez déposer votre dossier se trouve au premier étage.*
*Je me souviens très bien du jour **où** nous sommes arrivés à Paris.*
*Il nous a présenté la jeune fille **dont** il est amoureux.*

2. Les pronoms relatifs composés

L'antécédent est : / Le pronom relatif est :	Complément d'un verbe suivi des prépositions *avec, par, pour, sans...*	Complément d'un verbe suivi des prépositions *à, grâce à...*	Complément d'un verbe suivi des groupes prépositionnels *près de, à côté de, à cause de...*
une (des) personne(s)	avec qui, sans qui ou avec lequel sans laquelle par lesquels pour lesquelles	à qui, grâce à qui ou auquel à laquelle grâce auxquels auxquelles	près de qui, à côté de qui ou près duquel à côté de laquelle près desquels à cause desquelles
une (des) chose(s) ou un (des) être(s) inanimé(s)	par lequel avec laquelle pour lesquels sans lesquelles	auquel à laquelle grâce auxquels auxquelles	près duquel à côté de laquelle près desquels à cause desquelles

Exemples :
*Je vais vous présenter les personnes **avec qui** (**avec lesquelles**) vous allez travailler.*
*Les gens **à côté de qui** (**à côté desquels**) nous étions assis n'ont pas cessé de discuter pendant tout le spectacle.*
*Le loisir **auquel** je me consacre le plus ? La lecture !*

3. La mise en relief

La mise en relief permet d'insister sur un élément de la phrase. D'un emploi très fréquent à l'oral, elle peut être exprimée par la phrase relative et le pronom neutre *ce*.

L'antécédent est : / Le pronom relatif est :	Sujet	Complément d'objet direct	Complément d'objet indirect introduit par *de*	Complément d'un verbe suivi des prépositions *à, avec, pour, sans...*
Le pronom neutre *ce*	qui	que	où	dont

Exemples :

*Dans son nouveau poste, **ce qui** lui plaît, ce sont ses responsabilités mais **ce qu'**elle n'apprécie pas, ce sont les horaires tardifs. En tout cas, **ce dont** elle est sûre, c'est qu'elle va tout faire pour réussir.*
*Ce **à quoi** je tiens par dessus tout, c'est ma tranquillité !*

4. Les pronoms personnels

Pour les personnes			
Pronoms sujet	Pronoms complément d'objet direct	Pronoms complément d'objet indirect	Pronoms utilisés après une préposition
je tu il elle nous vous ils elles	me te le (l') la (l') nous vous les	me te lui nous vous leur	moi toi lui elle nous vous eux elles

Exemples :
*– Vous avez rencontré la nouvelle assistante de direction ? Que pensez-vous d'**elle** ?*
*– Je **la** trouve très sympathique.*

*– J'ai envoyé un mail à Paul et Sonia : je **les** ai invités pour samedi prochain. J'espère que ça ne **t'**ennuie pas.*
*– Non, au contraire. Mais tu as pensé à **leur** expliquer comment venir chez **nous** ?*

Pour les choses					
Pronoms sujet	Pronoms complément d'objet direct	Avec une expression de quantité (article partitif, adverbe...)	Avec un verbe construit avec la préposition *de*	Pour remplacer un complément de lieu	Avec un verbe construit avec la préposition *à*
il elle ils elles	le (l') la (l') les	en		y	

Exemples :
*Généralement, je ne prends pas de **café**, mais si tu m'**en** prépares **un**, je **le** boirai volontiers.*

*– Tu veux aller **au restaurant** ?*
*– D'accord, on **y** va.*

*– Je peux t'emprunter **la voiture** ?*
*– Oui, je n'**en** ai pas besoin ce matin.*

Le, *en* et *y* remplacent aussi un groupe de mots ou une phrase complète.
Exemple : C'est vrai que tu m'avais demandé de passer à la banque. Excuse-moi, je n'y ai pas pensé.

Les pronoms compléments se placent **devant** :
- un verbe conjugué à un temps simple. *Exemple : Je **lui** pose une question.*
- l'auxiliaire d'un verbe conjugué à un temps composé. *Exemple : Il ne **m'**a rien expliqué.*
- un verbe conjugué à l'impératif négatif. *Exemple : Ne **le** dites à personne !*
- l'infinitif quand il y a un verbe + infinitif. *Exemple : Elle va **vous** recevoir dans un instant.*

Les pronoms compléments se placent **derrière** un verbe conjugué à l'impératif affirmatif.
*Exemple : Dites-**lui** qu'elle peut entrer.*

Ordre des doubles pronoms			Exemples
me te nous vous	**+**	le (l') la (l') les	*Votre chargeur est en panne ? Prenez le mien, je **vous le** prête !*
m' / t' lui / l' nous vous leur / les	**+**	en	*Vous aimez les loukoums ? C'est promis, je **vous en** rapporterai la prochaine fois que j'irai à Istanbul.*
le la les	**+**	lui leur	*Il connaît la nouvelle. C'est son frère qui **la lui** a apprise.*
m' / t' / l' nous vous les	**+**	y	*Je crains d'oublier mon rendez-vous avec monsieur Martin. N'oubliez pas de **m'y** faire penser !*

LES INDÉFINIS

Utilisation	Adjectifs indéfinis	Pronoms indéfinis	Pronoms ou adverbes de lieu
Quantité nulle	aucun(e) nul(le)	aucun(e) nul(le)	nulle part
Quantité indéterminée au singulier	un(e) autre	quelqu'un	quelque part
Quantité indéterminée au pluriel	certain(e)s d'autres plusieurs quelques	certain(e)s d'autres plusieurs quelques-un(e)s	
Totalité	chaque tout(e), tous, toutes	chacun(e) tout, tous, toutes	partout
Un choix indifférent	n'importe quel/quelle n'importe quels/quelles	n'importe qui n'importe quoi n'importe lequel/laquelle n'importe lesquels/lesquelles	n'importe où

*Exemple : **Chaque** jour, je me rends à mon travail. Généralement, je prends le métro, mais **certains** jours, quand j'ai le temps, je préfère marcher. J'en profite pour m'arrêter devant **quelques** vitrines de magasins.*

ES ADVERBES EN –*MENT*

ans la phrase, la place de l'adverbe est variable. Il se place généralement :
après un verbe conjugué à un temps simple.
*Exemple : Nous vous le recommandons **vivement**.*
entre l'auxiliaire et le participe d'un verbe conjugué à un temps composé.
*Exemple : Les spectateurs ont **longuement** applaudi.*
devant un adjectif.
*Exemple : Nous avons vu un spectacle **absolument** merveilleux.*
devant un autre adverbe.
*Exemple : Les comédiens jouaient **vraiment** bien.*

	Adjectifs	Adverbes
Cas général : éminin de l'adjectif + suffixe –*ment*	long → longue sérieux → sérieuse doux → douce habituel → habituelle	longuement sérieusement doucement habituellement
Cas particuliers	Adjectifs terminés par –*ant* : suffis**ant** cour**ant**	Le suffixe est –*amment* : suffis**amment** cour**amment**
	Adjectifs terminés par –*ent* : évid**ent** fréqu**ent**	Le suffixe est –*emment* : évid**emment** fréqu**emment**
	Adjectifs terminés par –*é, –i, –u* : ais**é** vra**i** absol**u**	Adjectifs masculins + –*ment* : aisément vraiment absolument
Quelques formations irrégulières	bref gai gentil précis profond	brièvement gaiement gentiment précisément profondément

LA COMPARAISON

1. Le comparatif

	Formes				Exemples
Avec un adjectif Avec un adverbe	plus aussi moins	+	adjectif ou adverbe	+ que	*L'autocar coûte **moins** cher **que** le train et il est **aussi** confortable.* *La moto va **plus** vite **que** le vélo.*
Avec un nom	plus de autant de moins de	+	nom	+ que	*Elle a **autant de** chances de réussir **que** moi.*
Avec un verbe	verbe	+	plus autant moins	+ que	*Nous voyageons **moins qu'**eux.*

Attention : bon(ne)(s) → meilleur(e)(s)   bien → mieux

- Pour nuancer la comparaison, on emploie : **un peu** + plus/moins/mieux ; **beaucoup** + plus/moins/mieux.
  *Exemple : Noémie travaille **beaucoup mieux** que son amie Carole.*
- Pour marquer une progression, on utilise : **de plus en plus** ; **de moins en moins**.
  *Exemple : J'ai beau répéter mon morceau de piano, j'ai l'impression que je le joue **de moins en moins** bien.*

2. Le superlatif

	Formes					Exemples
Avec un adjectif	le la les	+	plus moins	+	adjectif	*Vous voulez voir ce manteau ? C'est le modèle **le plus** léger et **le moins** cher de la collection.*
Avec un adverbe	le	+	plus moins	+	adverbe	*Corinne est une collègue très timide : c'est elle qui prend **le moins souvent** la parole en réunion.*
Avec un nom	le	+	plus de moins de	+	nom	*Je déteste faire mes courses le samedi : c'est le jour où il y a **le plus de** monde dans les magasins.*
Avec un verbe	verbe	+	le plus le moins			*Régis a un appétit incroyable ! C'est lui qui mange **le plus** !*

LE VERBE

1. Temps simples et temps composés

- Les temps simples : présent, imparfait, passé simple, futur simple, conditionnel présent, subjonctif présent.
- Les temps composés : passé composé, plus-que-parfait, futur antérieur, conditionnel passé, subjonctif passé.

Formation des temps simples	Exemples
Radical + terminaisons spécifiques à chaque temps	*Prendre : il prend ; il prenait ; il prit ; il prendra ; il prendrait ; qu'il prenne.*

	Formation des temps composés : *être* ou *avoir* + participe passé	Exemples
Avec *être*	• 15 verbes : *aller, arriver, descendre, entrer, monter, mourir, naître, partir, passer, rentrer, rester, retourner, sortir, tomber, venir.* • Les verbes pronominaux.	• *Ils **sont rentrés** chez eux.* *Il **est tombé**.* • *Elle **s'est levée** tôt.*
Avec *avoir*	• Tous les autres verbes. • Les verbes *passer, monter, descendre, sortir, retourner* se conjuguent avec l'auxiliaire *avoir* quand ils ont un COD.	• *Elle **a gagné** la course.* • *J'**ai sorti** le chien.* *J'**ai retourné** ma veste.*

Accord du participe passé	Exemples
Pour les 15 verbes conjugués avec *être* → accord avec le sujet.	*Elle **est venue**.* *Ils **sont restés**.*
Pour les verbes conjugués avec *avoir* → accord avec le complément d'objet direct (COD) si celui-ci est placé devant le verbe.	*Tu peux me rendre les livres que je t'**ai prêtés** si tu les **as lus** ?* (*que* et *les* représentent les livres et sont COD de *prêter* et de *lire*)

Pour les verbes pronominaux :
→ accord avec le sujet
• si le verbe n'existe qu'à la forme pronominale : *s'absenter, s'évanouir...*
• si le verbe n'est pas réfléchi (l'action ne se rapporte pas au sujet) : *s'apercevoir, se taire...*
 	
→ accord avec le COD (même règle qu'avec *avoir*) pour les autres verbes.
	• *Nous **nous sommes absenté(e)s**.*
	  *Ma mère **s'est évanouie**.*
	• *Elle **s'est aperçue** de son erreur.*
	  *Ils **se sont tus**.*
	
	• *Elle **s'est lavée**.* (*se* est COD de *laver*)
	  *Ils **se sont vus**.* (*se* est COD de *voir*)

2. Les temps du passé

Le passé composé *être* ou *avoir* **au présent** + participe passé

On utilise le passé composé pour exprimer :	Exemples
• un fait ponctuel du passé. • un fait qui a une durée limitée dans le passé. • une succession de faits dans le passé. • un fait du passé qui explique un résultat, une situation présente.	• *Nous **sommes partis** samedi dernier.* • *J'**ai dormi** dix heures de suite.* • *Il **a ouvert** la porte et il est sorti.* • *Je suis ravi(e) car j'**ai réussi** mon examen.*

L'imparfait

Formation : radical + terminaisons	Exemples
• Le radical de l'imparfait est le même que celui de la première personne du pluriel (*nous*) du présent. • Les terminaisons : **–ais**, **–ais**, **–ait**, **–ions**, **–iez**, **–aient**.	*Elles **venaient** souvent me voir.* *Nous nous **comprenions** bien.* *Ils **finissaient** de déjeuner.*
On utilise l'imparfait pour :	**Exemples**
• décrire une situation passée. • exprimer une habitude du passé. • exprimer une action en train de s'accomplir. • donner des précisions sur le décor, les circonstances d'un événement.	• *À sept ans, j'**étais** assez petite.* • *Enfant, il **pleurait** souvent.* • *Je **lisais** quand on a sonné.* • *La salle de spectacle **était** bruyante, les gens **riaient**.*

Le plus-que-parfait *être* ou *avoir* **à l'imparfait** + participe passé

On utilise le plus-que-parfait pour :	Exemples
• parler d'un fait antérieur (accompli) à un autre fait passé.	*Il n'a pas reçu la lettre que je lui **avais envoyée**.* *J'ai visité le Louvre car je n'y **étais** encore jamais **allé(e)**.*

Le passé simple

Formation : radical + terminaisons	Exemples

• Le radical est assez irrégulier.
• Les terminaisons :
  > **–ai**, **–as**, **–a**, **–âmes**, **–âtes**, **–èren**t (verbes en-er)
  > **–is**, **–is**, **–it**, **–îmes**, **–îtes**, **–irent**
  > **–us**, **–us**, **–ut**, **–ûmes**, **–ûtes**, **–urent**
Verbes irréguliers : avoir (j'eus), être (je fus), tenir (je tins),venir (je vins), faire (je fis)
	> *Elle **arriva** tôt.*
	> *Il **partit** vite. Je **pris** le train.*
	> *Nous **pûmes** travailler. Il **sut** m'expliquer.*

On utilise le passé simple pour exprimer :	**Exemples**
• un fait ponctuel du passé. • un fait qui a une durée limitée dans le passé. • une succession de faits dans le passé.	• *Ils se **rencontrèrent** à un bal.* • *Ils **vécurent** dix ans au palais.* • *Il la **regarda**, elle lui **sourit**.*

Le passé simple est réservé à la langue écrite. Il est notamment utilisé dans les textes littéraires, les biographies, les récits historiques.

3. Les temps du futur

Le futur simple

Formation : radical + terminaisons	Exemples
• En général, le radical est l'infinitif. Quelques verbes ont des radicaux irréguliers. • Les terminaisons : **–ai, –as, –a, –ons, –ez, –ont**.	*Nous **arriverons** à l'heure.* *Vous **ferez** ce qu'il a dit.* *Je **viendrai** avec toi.*
On utilise le futur simple pour :	**Exemples**
• formuler une prévision. • formuler une promesse. • exprimer un ordre. • indiquer un programme. → Voir L'expression de l'hypothèse p. 208	• *Il ne **fera** pas beau demain.* • *Je t'assure que je **viendrai** demain.* • *Vous n'**entrerez** pas !* • *Vous **commencerez** à 10 heures.*

Le futur antérieur   *être* ou *avoir* **au futur simple** + participe passé

On utilise le futur antérieur pour :	Exemple
• parler d'un fait antérieur (accompli) à un autre fait futur.	*Il te pardonnera quand tu **te seras excusé**.*

4. Le conditionnel

Le conditionnel présent

Formation : radical + terminaisons	Exemple
• Le radical est celui du futur simple. • Les terminaisons : **–ais, –ais, –ait, –ions, –iez, –aient**.	***Auriez**-vous l'heure ?*
On utilise le conditionnel présent pour :	**Exemples**
• demander poliment. • exprimer un souhait. • donner un conseil. • faire une suggestion. • donner une information non confirmée. → Voir L'expression de l'hypothèse p. 208	• ***Voudrais**-tu m'aider ?* • *Je **voudrais** rencontrer Mme Olin.* • *Tu **devrais** arrêter de fumer.* • *Que **dirais**-tu de partir en week-end ?* • *Le film **sortirait** le 15.*

Le conditionnel passé   *être* ou *avoir* **au conditionnel présent** + participe passé

On utilise le conditionnel passé pour :	Exemples
• atténuer une demande. • exprimer un reproche. • exprimer un regret. • donner une information non confirmée. → Voir L'expression de l'hypothèse p. 208	• *Tu n'**aurais** pas **pris** mon stylo ?* • *Tu **aurais dû** en parler.* • *J'**aurais aimé** que tu sois là.* • *Le Président **serait parti** en secret.*

Le subjonctif

subjonctif présent

Formation : radical + terminaisons	Exemples
Le radical : - Pour *je, tu, il (elle)* et *ils (elles)* : radical de la 3e personne du pluriel *(ils)* du **présent** de l'indicatif. - Pour *nous* et *vous* : même radical qu'au **présent** de l'indicatif. Les terminaisons : **–e, –es, –e, –ions, –iez, –ent**. Quelques verbes irréguliers : aller *(aille)*, avoir *(aie)*, être *(sois)*, faire *(fasse)*, pouvoir *(puisse)*, savoir *(sache)*, vouloir *(veuille)*.	*Il faut que tu **sortes**.* *Il veut que vous le **suiviez**.* *Elle aimerait que nous **venions** avec elle.*

subjonctif passé   *être* ou *avoir* **au subjonctif présent** + participe passé

On utilise le subjonctif après :	Exemples
un verbe + *que* qui exprime : - une nécessité. - un sentiment. - une volonté. - un jugement. - une possibilité. - une opinion incertaine, un doute. certaines conjonctions de subordination.	- *Il est important que vous **veniez**.* - *Je suis triste qu'il n'**ait** pas **réussi**.* - *Elle désire que tu le **fasses**.* - *C'est bizarre qu'il ne **dise** rien.* - *Il est possible qu'il **soit arrivé**.* - *Je doute que tu **aies** raison.* • *Il a appelé pour que nous **allions** le chercher à la gare.*

Le fait exprimé par le verbe au subjonctif présent est simultané ou postérieur à celui exprimé par le verbe introducteur.
Le fait exprimé par le verbe au subjonctif passé est antérieur à celui exprimé par le verbe introducteur.

subjonctif dans les propositions relatives

On utilise le subjonctif dans une relative après :	Exemples
• certains verbes (*chercher, désirer, vouloir...*) qui indiquent que l'existence de l'objet recherché est incertaine.	• *Il cherche un appartement qui ne **soit** pas trop cher.*
• *le plus, le moins, le seul, l'unique, le premier, le dernier.*	• *C'est le plus beau chat que je **connaisse**.*

. Le participe présent et le gérondif

Formation du participe présent : radical + *–ant* Formation du gérondif : *en* + participe présent	Exemples
• Le radical du participe présent est le même que celui de la première personne du pluriel *(nous)* du présent. • Le participe passé et le gérondif sont invariables.	*participe présent :* **attendant** *gérondif :* **en attendant**

On utilise le participe présent pour :	Exemples
• exprimer une cause.	• *N'**étant** pas parisienne, je ne connais pas tous les quartiers.*
• caractériser (il remplace une relative introduite par *qui*).	• *Je cherche quelqu'un **sachant** parler russe.*

On utilise le gérondif pour exprimer :	Exemples
• la simultanéité. • la manière. • la condition.	• *Il parle **en dormant**.* • *Il est sorti **en criant**.* • ***En courant**, j'arriverai à l'heure.*

L'action exprimée par le gérondif est faite par le sujet du verbe principal.

L'EXPRESSION DE LA DURÉE

En + indication chiffrée	Pour indiquer le temps nécessaire pour faire quelque chose.	*J'ai repeint la cuisine **en** deux jours.*
Pendant + nom **Pendant que** + indicatif	Pour indiquer une durée limitée.	***Pendant** les vacances, j'irai skier.* ***Pendant que** mon ami sera chez moi, nous pourrons discuter.*
Pour + indication chiffrée	Pour indiquer une durée prévue.	*Il part à l'étranger **pour** trois mois.*
Dans + indication chiffrée	Pour situer un moment dans le futur (par rapport au présent).	*Nous arriverons **dans** deux jours.*
Il y a + indication chiffrée	Pour situer un moment dans le passé (par rapport au présent).	*Je l'ai vu **il y a** deux jours.*
Depuis + nom **Depuis que** + indicatif **Il y a** + indication chiffrée + que + indicatif	Pour indiquer l'origine d'une situation actuelle.	*Elle travaille **depuis** trois semaines.* ***Depuis que** je travaille, je me sens bien.* ***Il y a** deux jours **que** je l'attends.*

L'EXPRESSION DE L'HYPOTHÈSE

Proposition hypothétique	Expression de la conséquence	
Si + présent L'hypothèse est située dans le présent et est *possible*.	La conséquence est exprimée au **présent**, à l'**impératif** ou au **futur**.	*Si tu **as** le temps, **viens** avec moi.* *Si vous **aimez** ce plat, je vous **donnerai** la recette.*
Si + passé composé L'hypothèse est située dans le passé et est *possible*.	La conséquence est exprimée au **présent**, au **passé composé** (valeur d'accompli) ou au **futur**.	*S'il **a gagné**, il **doit** être heureux et il **a** sûrement **fait** la fête.* *Si tu **as fini** cet exercice, je **vais t'expliquer** la suite.*
Si + imparfait L'hypothèse est située dans le présent et est *irréelle*.	La conséquence est exprimée au **conditionnel présent**.	*Si je **pouvais**, j'**habiterais** sur une île !* *Si Internet n'**existait** pas, que **ferions**-nous ?*
Si + plus-que-parfait L'hypothèse est située dans le passé et est *irréelle*.	La conséquence est exprimée au **conditionnel présent** ou au **conditionnel passé**.	*Si tu **avais** moins **mangé**, tu ne **serais** pas malade !* *Si j'**avais su**, je ne **serais** pas **venu** !*

LA VOIX PASSIVE

La forme passive et *se faire*

Formation : *être* + participe passé	Exemples
C'est le temps du verbe *être* qui indique le temps du verbe passif.	*Nous **sommes** **appelés**. (présent)* *Elle **a été** **blessée**. (passé composé)* *Vous **serez** **prévenus**. (futur)*

Formation : *se faire* + participe passé	Exemples
C'est le temps du verbe *se faire* qui indique le temps du verbe passif.	*Elle **se fait** construire une maison. (présent)* *Je **me suis fait** voler mon portefeuille hier. (passé composé)*

LE DISCOURS RAPPORTÉ

Changements syntaxiques	
Discours direct	**Discours rapporté**
« Je ne veux pas partir ! » « Est-ce que tu viens avec moi ? » « Qu'est-ce que vous voulez ? » « Qu'est-ce qui se passe ? » « Appelle-moi demain »	→ *Je te dis **que** je ne veux pas partir.* → *Il veut savoir **si** tu viens avec **lui**.* → *Elle demande **ce que** nous voulons.* → *Il aimerait savoir **ce qui** se passe.* → *Elle me demande **de l'**appeler demain.*

Concordance des temps si le verbe introducteur est au passé		
Discours direct		**Discours rapporté**
« Je lui téléphone ! » « Est-ce que tu viendras ? »	Présent → imparfait Futur → conditionnel présent	→ *Il m'a dit qu'il lui **téléphonait**.* → *Il m'a demandé si je **viendrais**.*

Aux temps composés, c'est l'auxiliaire qui se transforme selon les indications précédentes :
« Je **vais** partir. » → Elle a dit qu'elle **allait** partir. / « Il **a** prévenu ? » → Elle a demandé s'il **avait** prévenu.

LES DIFFÉRENTS TYPES DE PHRASES

1. La phrase interrogative

	Question intonative	Question avec *est-ce-que*	Question avec inversion
Question fermée	Vous voulez venir ? Ils ont compris ?	Est-ce que vous voulez venir ? Est-ce qu'ils ont compris ?	Voulez-vous venir ? Ont-ils compris ?
	Il y a quelqu'un avec vous ?	Est-ce qu'il y a quelqu'un avec vous ?	Y a-t-il quelqu'un avec vous ?
	Cette place est libre ?	Est-ce que cette place est libre ?	Cette place est-elle libre ?
Question ouverte	Vous demandez qui ? Tu voulais quoi ? Pourquoi Tom ne vient pas ? Il est parti où ? Les élections auront lieu quand ?	Qui est-ce que vous demandez ? Qu'est-ce que tu voulais ? Pourquoi est-ce que Tom ne vient pas ? Où est-ce qu'il est parti ? Quand est-ce que les élections auront lieu ?	Qui demandez-vous ? Que voulais-tu ? Pourquoi Tom ne vient-il pas ? Où est-il parti ? Quand les élections auront-elles lieu ?

2. La phrase négative

	Place de la négation	Exemples
Verbe à l'infinitif	Les deux éléments de la négation se placent devant le verbe.	*Prière de **ne pas** fumer !* *Elle nous a dit de **ne pas** attendre.*
Verbe conjugué à un temps simple	La négation encadre le verbe.	*Il **n**'y a **plus** de métro après deux heures du matin.* *Vous **ne** viendrez **pas** nous voir ?* *Elle **ne** voulait **jamais** sortir avec nous.*
Verbe conjugué à un temps composé	La négation encadre l'auxiliaire.	*Nous **n**'avons **pas encore** visité le Louvre.* *Vous **n**'aviez **pas** terminé ?*
Rien *Personne* *Aucun(e)*	Sujet	***Rien ne** me plaisait.* ***Personne n**'est venu.* ***Aucun** retard **ne** sera accepté.*
	Complément	*Je **n**'ai **rien** acheté.* *Nous **n**'entendons **personne**.* *Ils **n**'ont vu **personne**.* *Je **ne** connais **aucun voisin**.*
Ne... ni...ni	Omission de l'article indéfini ou partitif.	*Je **n**'aime **ni** la musique techno **ni** l'électro.* *Je **ne** bois **ni** thé **ni** café.*
Combinaisons de néga-tions	jamais plus + rien personne aucun(e)	*Nous vivons dans un quartier tranquille : il **ne** se passe **jamais rien**.* *Tout le monde est parti ? Je **ne** vois **plus personne**.* *Nous **n**'avons **jamais** eu **aucun problème**.*

3. La phrase nominale

Beaucoup de titres (d'articles de presse, de romans, de films) sont des phrases nominales.

Phrase complète	Phrase nominale
Les travaux sur l'autoroute A4 sont finis : *la circulation a repris normalement.*	→ *Fin des travaux sur l'autoroute A4 :* *reprise de la circulation.*

Formation des noms	Exemples
Noms formés à partir d'un verbe : • −eur, −euse • −teur, −trice • −tion • −ment	*prendre* → *preneur* *inspecter* → *inspecteur* *polluer* → *pollution* *allonger* → *allongement*
Noms formés à partir d'un adjectif : • −eur • −té, −ité, • −esse • −ance/ence • −ie • −isme	*blanche* → *blancheur* *beau* → *beauté ; célèbre* → *célébrité* *souple* → *souplesse* *prudent* → *prudence ; constant* → *constance* *démocratique* → *démocratie* *socialiste* → *socialisme*

ES RELATIONS LOGIQUES

L'expression de la cause et de la conséquence

	Verbes	Conjonctions + phrase subordonnée à l'indicatif	Prépositions + nom	Mots de liaison
ause	être causé par être dû à	parce que comme étant donné que puisque	à cause de en raison de grâce à à la suite de	en effet
onséquence	provoquer entraîner	c'est pour cette raison que c'est pourquoi si bien que de sorte que tellement + adjectif/adverbe + que tellement de + nom + que verbe + tellement + que		donc c'est pourquoi par conséquent d'où alors

xemples :

*était **tellement** fatigué **qu'**il ne pouvait plus marcher.*

*n **raison de** travaux, l'autoroute A3 est fermée à la circulation. Cette fermeture **a entraîné** des problèmes de circulation.*

*Ion collègue Jean a démissionné. **En effet**, sa femme a été mutée en province.*

*a raté son train ; **c'est pourquoi** il est arrivé en retard.*

L'expression du but

	Verbes	Conjonctions + phrase subordonnée au subjonctif	Prépositions
But	chercher à viser à	pour que afin que de manière que de façon que de sorte que	pour + infinitif ou nom afin de de manière à dans le but de

xemples :

*'ai cherché des informations sur Internet **pour** préparer notre voyage au Népal.*

*Ious rentrerons de week-end plus tôt **afin d'**éviter les embouteillages.*

*e vous donne des exercices **pour que** vous puissiez vous entraîner.*

*Cette loi **vise à** rétablir les droits des minorités.*

L'expression de l'opposition et de la concession

	Locution verbale + infinitf	Conjonctions	Prépositions + nom	Mots de liaison
Opposition		alors que tandis que + indicatif	contrairement à à l'opposé de	au contraire en revanche par contre (*oral*)
Concession	avoir beau	bien que encore que + subjonctif même si + indicatif	malgré en dépit de	mais pourtant cependant quand même toutefois

xemples :

*Ile a des résultats scolaires impressionnants ! **Pourtant**, elle n'étudie pas énormément.*

*Les Chinois mangent avec des baguettes **contrairement aux** Français qui utilisent un couteau et une fourchette.*

***Bien qu'**il ait neigé cette nuit, elle est partie faire son jogging matinal.*

Transcriptions des enregistrement

Dossier 1

Ouvertures   p. 12

Un jour, le fils du roi donna un bal où il invita toutes les personnes importantes. Les deux sœurs étaient invitées car elles prétendaient appartenir à la haute société du pays. Elles étaient enchantées et elles s'occupèrent immédiatement à choisir les habits et les coiffures qui les mettraient en valeur. Un travail de plus pour Cendrillon car c'était elle qui blanchissait et repassait le linge de ses deux sœurs : on ne parlait que des vêtements qu'on allait porter.
– Moi, disait l'aînée, je mettrai mon ensemble de velours rouge avec un grand col de vraie dentelle !
– Moi, disait la seconde, je n'aurai que ma jupe ordinaire mais, par contre, je mettrai mon manteau à fleurs d'or et mon collier de diamants, qui n'est pas mal du tout !
On cherchait une coiffeuse pour préparer et arranger les cheveux de ces demoiselles et on fit acheter tous les produits de beauté qu'il leur fallait. Elles appelèrent Cendrillon pour lui demander son avis car elle avait bon goût. Cendrillon les conseilla le mieux du monde et elle proposa même de les coiffer, ce qu'elles acceptèrent. Pendant qu'elle les coiffait, elles lui disaient :
– Cendrillon, est-ce que tu aimerais aller au bal ?
– Ah ! Mesdemoiselles, vous vous moquez de moi, ce n'est pas ma place.
– Tu as raison, on rirait bien si on voyait une servante aller au bal.
Une autre que Cendrillon les aurait coiffées de travers ; mais elle était bonne et elle les coiffa parfaitement bien. Elles restèrent presque deux jours sans manger tellement elles étaient heureuses. Elles cassèrent plusieurs ceintures à force de les serrer pour avoir la taille plus fine et elles étaient toujours devant leur miroir. Enfin, l'heureux jour arriva...

La vie au quotidien

Document 2   p. 14

1. Ce genre d'obligations est à mes yeux insupportable. C'est de la discrimination tout simplement et c'est déjà ce que vivent certaines personnes et en particulier certaines femmes dans l'entreprise.
2. C'est évident qu'un *dresscode* de base est nécessaire, en particulier pour les fonctionnaires, les banquiers, mais il faudrait pas qu'on en arrive à tous porter des uniformes !
3. Et pourquoi ne pas robotiser les salariés, pendant qu'on y est ! Allez hop, tous dehors et on met des robots à l'apparence et à la pensée unique à la place ! Et pour les augmentations de salaire, on vient dans quelle tenue ?
4. Même si je comprends le besoin d'avoir sa propre identité, j'apprécie la tenue correcte, la politesse, le savoir-être. Ça me paraît indispensable !
5. Tous les jours, je me dis : « Mais qu'est-ce que je vais me mettre ? » Ça fait rigoler tout le monde à la maison... Au moins, avec des consignes précises, je n'aurais plus de problèmes !

Outils pour

Document 1   p. 16

Bonjour à tous, voici notre rendez-vous hebdomadaire : Un recruteur vous coache !
Aujourd'hui, nous recevons Elsa, une jeune styliste à la recherche d'un premier emploi. Écoutez son entrevue conseil avec Joël, notre coach en entretien d'embauche.
– Bonjour Elsa. Pouvez-vous vous présenter en quelques mots ?
– Bonjour, eh bien je suis une jeune styliste qui vient de sortir d'une école, d'une école de stylisme et je voudrais savoir comment trouver un employeur susceptible d'être intéressé par mon profil ? je souhaite travailler pour une maison de couture et je voudrais parvenir à mettre en valeur ma créativité.
– D'accord, alors je pense que le support Web est vraiment à exploiter : blog, profil Facebook, myspace, peu importe... Il faut profiter des nouvelles technologies et des réseaux sociaux. Le blog, ou la page personnelle, ça va aussi vous permettre de montrer à l'employeur que vous maîtrisez Photoshop, et d'autres logiciels. Et, au-delà de ça, je pense qu'il faut qu'on y retrouve votre univers créatif, ce serait pas mal que vous puissiez mettre aussi quelques exemples de vos travaux d'école, quelques fiches techniques les décrivant, etc. Et vos voyages, quelques photos, pas forcément votre intimité mais vraiment l'univers dans lequel vous gravitez.
– D'accord. Et, pour ce type d'entretien, on attend du styliste qu'il soit habillé de façon plutôt neutre ou justement qu'il montre sa créativité même à travers sa façon de s'habiller ?

– En fait, c'est important de montrer qu'on a une vraie personnalité évidemment on s'attend pas à ce que vous arriviez en tailleur, c'est certain, mais il faut pas non plus aller trop dans l'excès. Le petit point en plus, ce serait d'arriver à réinterpréter l'univers de la maison pour laquelle vous allez vous présenter mais à votre manière, c'est-à-dire porter une tenue personnelle mais compatible avec l'environnement professionnel, qui correspond à l'image de marque de la maison, à son style, à son univers. Il faut montrer en deux secondes ce que vous pouvez apporter à l'entreprise, faire sentir que vous êtes observatrice et intuitive.
– À la fameuse question « donnez-moi trois de vos qualités et trois de vos défauts », j'ai envie de répondre « motivée et dynamique » et « exigeante et éparpillée ». Je n'ai pas trouvé de troisième qualité ou de troisième défaut. Que répondre ?
– Vous pouvez vous préparer à cette question en amont. Le recruteur, là, il fait appel à votre prise de recul et à votre honnêteté intellectuelle. « Motivée et dynamique », écoutez, très honnêtement, les candidats le sont tous au moins le jour de l'entretien. Profitez de cette occasion pour vous démarquer et pour mettre en avant vos atouts. Montrez que vous êtes réaliste et efficace que vous connaissez avec précision les techniques de production et les lois du marché et surtout que vous possédez une bonne résistance physique et nerveuse, car vous pouvez avoir à travailler plus de douze heures par jour aux temps forts des collections. Quant aux défauts, c'est vrai que c'est pas toujours quelque chose de simple à aborder. Pour le formuler peut-être de façon un petit peu plus positive, n'hésitez pas à dire que vous êtes prête à faire des efforts pour progresser et que vous savez vers quoi vous devez aller pour mieux faire.

Points de vue sur

Document 4   p. 19

1. C'est vrai que les feux de la popularité sont devenus hyper exigeants. Les politiques, tout comme les stars, sont devenus esclaves des codes de l'apparence : être jeunes, rester mince... avoir le teint bronzé. Je crois qu'ils ne peuvent pas y échapper...
2. C'est complètement débile la chirurgie esthétique. Ces personnalités donnent un très mauvais exemple, surtout pour les ados qui feraient tout pour ressembler à leurs stars du moment. Les plus débiles, c'est les parents, ah eux, il faudrait leur faire une chirurgie esthétique du cerveau.
3. Bien, pour moi, c'est simple ! On ne lisse pas son visage sans lisser son discours... alors, si les hommes politiques font autant attention à l'apparence, c'est pour cacher la misère. Ça veut dire qu'il n'y a plus de profondeur, plus d'idées et que tout reste en surface.
4. C'est vrai que si le complexe devient obsédant, il est préférable de consulter pour avoir les conseils d'un spécialiste et vérifier si la demande est fondée ou si c'est dans la tête... mais c'est probablement crucial pour les personnalités publiques.
5. Ce qui me semble important, c'est qu'ils sont soucieux de leur image, et ça s'explique. Ils le font parce qu'ils savent très bien que les électeurs ne donneront pas leur voix à quelqu'un qui leur renvoie une image négative. On préfère toujours les gens beaux. Ça a toujours été comme ça mais maintenant on a plus de moyens pour le faire. C'est tout !

Outils pour

Document 2   p. 21

Bienvenue dans notre émission *Si on parlait d'amour ?* Notre thème d'aujourd'hui : « Ils se sont rencontrés sur Lovic », écoutez-les témoigner.
1. Hélène, 40 ans, architecte, va se marier avec Greg, entrepreneur, 45 ans : « Je suis tellement heureuse de me marier et d'avoir rencontré l'homme de ma vie. Je trouve incroyable qu'il corresponde si bien à ce que j'attendais. Je suis très reconnaissante, je regrette seulement de ne pas être allée sur Lovic plus tôt. »
2. Jacques, 47 ans, ingénieur, a rencontré Valérie, 33 ans, décoratrice : « Moi je craignais que les relations restent très superficielles. Mais j'ai eu envie de faire des efforts, j'ai persévéré et voilà ! J'ai été très surpris que nous ayons réussi à nous connaître si bien par Internet... »
3. Sébastien, 29 ans, conseiller en relations publiques : « J'ai horreur de parler aux gens sans les voir, mais j'ai voulu essayer. En fait, j'ai été très déçu que la plupart des filles ne m'aient pas donné de rendez-vous. »

Paroles en scène   p. 22

Sur tous les tons

Activités 1 et 2

1. Il faudrait que vous commenciez le plus tôt possible.
2. Votre situation exige que vous fassiez quelque chose pour améliorer votre apparence !
3. Ce que je veux, c'est que tout soit prêt pour vendredi au plus tard.
4. Il serait de bon ton que la cohabitation entre fumeurs et non-fumeurs s'améliore.
5. Il faut absolument que vous mettiez vos compétences en valeur !
6. Je n'ai pas envie que vous perdiez votre temps à chercher sur Internet.
7. J'aimerais bien que vous confirmiez vos propos par écrit.
8. Ce que j'exige, c'est que les employés soient respectés.

Phonie-graphie

Activités 1 et 2

Dans la ville de Padipado, on trouve de belles fleurs. Il y a des bleuets mais il n'y a pas de roses. On y trouve des cactus, mais sans épines. Il y a des rues, mais pas de deux-roues. On peut y acheter du sucre, mais pas de riz. Il y a des feux, mais pas d'autos. Enfin, il y a des adultes, des jeunes, mais pas de vieilles personnes. C'est bizarre, n'est-ce pas ? Quelle est l'explication ?

Vers le DELF B1

Compréhension de l'oral   p. 26

Exercice 1

– Dis donc, Karl, tu as regardé l'émission lundi soir sur M6 ?
– Les conseils pour cuisiner de bons repas équilibrés ? Tu as sûrement adoré, ma chère Claudia, toi qui ne manges que des plats surgelés !
– Oh c'est bon, arrête ! Non, je te parle de l'émission qui s'appelle « Nouveau look pour une nouvelle vie ».
– Ah oui, c'est pas tout neuf je crois, ça parle de quoi déjà ?
– C'est une émission où on voit des gens qui ne se sentent pas bien dans leur peau demander conseil à un coach pour changer leur apparence. On assiste à leur transformation pendant les séances avec le coach, qui les soutient aussi psychologiquement.
– Et ça leur redonne confiance en eux ? Ça me paraît très bien comme émission !
– Moi je trouve ça terrible au contraire ! Au début de l'émission, ils mettent la personne au milieu de la rue et ils demandent aux passants l'image qu'elle renvoie. Et les gens répondent des choses comme : « Elle a l'air triste », « Il n'y a pas d'harmonie dans ses vêtements », ce qui confirme la personne dans l'idée qu'elle a vraiment un problème !
– Tu sais, il y a pire, dans une autre émission du même genre, ils affichent dans la rue d'immenses photos de personnes qui se trouvent trop grosses et en sous-vêtements en plus !
– C'est incroyable ! On prétend aider les gens à s'aimer comme ils sont mais le message qu'on leur envoie, c'est qu'ils doivent changer pour plaire aux autres.

Exercice 2

Quand elle tourne les pages de son magazine préféré, Julia Bluhm, 14 ans, ne rêve pas de ressembler aux mannequins figés sur le papier glacé. Bien au contraire ! Cette collégienne ordinaire du Maine est devenue la meneuse d'une nouvelle révolte contre l'industrie de la mode et de la beauté, une semaine après l'annonce du magazine *Vogue* de ne plus employer des modèles de moins de 16 ans et de promouvoir l'image de personnes en bonne santé. La jeune Julia Bluhm a provoqué une guerre médiatique en envoyant aux bureaux new-yorkais de la publication *Seventeen* une pétition demandant la fin d'une utilisation excessive de photographies retouchées, et la publication mensuelle de clichés de personnes « normales ». Blogueuse depuis un an pour le site Spark qui lutte contre les violences faites aux jeunes filles, elle a soumis son idée aux autres blogueurs du groupe avant de réaliser son projet, détaille le journal *New York Times*. « Ces jolies filles qu'on voit dans ces magazines sont fausses », proteste la collégienne, qui a posté sa pétition sur le site Change.org. « Dans un magazine dont je suis la cible, je m'attends à voir des filles normales, qui me ressemblent. » Et de relancer le débat sur les conséquences de la promotion d'images retouchées sur les adolescentes : « Troubles de l'alimentation, régimes, dépression et baisse de l'estime de soi. » Une position que partage la présidente de l'Association américaine des troubles du comportement alimentaire. Interrogée par le journal ABC News, elle insiste sur le caractère fragile des filles de cet âge et déclare : « Les publicités ou les photographies dans les magazines ne sont pas la cause directe des troubles alimentaires, mais c'est une évidence qu'elles les renforcent et qu'elles contribuent à les faire dégénérer en une maladie permanente. » En une quinzaine de jours, la pétition de Julia Bluhm a recueilli près de 62 000 signatures et la collégienne a même été reçue par la rédactrice en chef de *Seventeen*. Au terme de leur rencontre, le magazine a publié le communiqué suivant : « *Seventeen* promeut l'image des jeunes filles dans leur authenticité. De vraies filles sont mises en avant dans nos pages et aucune autre publication n'accorde autant de place à une telle diversité de taille, de corpulence, de couleur de peau ou d'origine ethnique. »

Dossier 2

La vie au quotidien

Document 2   p. 32

– Allô ?
– Allô, Emma ? C'est Julia.
– Salut Julia, comment ça va ?
– La forme ! Je viens de trouver un travail.
– Génial ! Ça va te changer la vie !
– Ça, c'est sûr ! Justement, je me demandais, tu fais toujours tes courses en ligne ?
– Oui, toujours.
– Parce que maintenant, j'aurai plus tellement le temps de pousser le caddie... Tu veux bien m'expliquer comment faire ? Tu sais que c'est pas trop mon truc Internet !
– D'accord ! Tu es devant ton ordinateur, là ?
– Oui, c'est bon.
– Alors, tu vas sur le site Monoprix.fr. Tu tapes h t t p – deux points – double slash – courses au pluriel – point – monoprix – point – f r.
– OK, j'y suis. Ensuite ?
– Alors maintenant tu cliques sur « créer un compte » et tu saisis tes coordonnées... Tu dois choisir un mot de passe aussi.
– D'accord, nom, prénom, e-mail... et mot de passe... OK, c'est fait !
– Bon, alors maintenant tu valides. Après, tu reviens sur la page d'accueil, tu as différentes rubriques : alimentation, produits d'entretien, etc. Tu vois les onglets en haut ?
– Oui !
– Alors tu cliques sur la rubrique qui t'intéresse, tu fais apparaître les différents produits et tu mets les articles choisis au fur et à mesure dans ton panier.
– Et comment je fais ça ?
– Tu cliques sur « Ajouter à mon panier ».
– OK je vois !
– Quand tu as fini ton choix, tu cliques sur « Mon panier » et tu vérifies la liste ; la quantité et le prix s'affichent, tu verras. Ça c'est important parce que tu peux avoir tapé deux fois le même article sans t'en rendre compte !
– Oui, c'est un truc qui pourrait m'arriver, tu me connais bien ! Et après ?
– Après, tu cliques sur « Valider ma commande » et tu sélectionnes la date et le créneau horaire si tu veux qu'on te livre à domicile. Attention, pour ça, il faut que tu aies dépensé au moins 70 euros. Et, pour finir, tu entres tes coordonnées bancaires.
– Mes coordonnées bancaires ? Hou la la, j'aime pas trop ça...
– T'inquiète, tu peux avoir confiance, le paiement est sécurisé !
– Bon, si tu le dis... Je te remercie. Je vais essayer...
– Encore un petit conseil : mets le site dans tes favoris, car tu verras, tu ne pourras plus t'en passer après !
– D'accord, merci beaucoup !
– Tu vas voir, ça va te faciliter la vie. Bon, maintenant raconte, c'est quoi ce boulot ?...

Outils pour

Document 1   p. 34

Bonjour à tous ! Cette semaine, votre magazine *65 millions de consommateurs* enquête sur les habitudes d'achat des Français en contexte de crise... Nous retrouvons aujourd'hui Maud, notre consommatrice-témoin, mère de famille à Lyon. Bonjour Maud. Alors, dites-nous, avez-vous changé vos habitudes ces derniers mois ?

– Ben, c'est vrai qu'avec la crise, je fais beaucoup plus attention et je recherche des produits moins chers. Je vais aussi un peu moins souvent dans les

magasins pour être moins tentée et puis pour l'alimentation, je fréquente plus souvent les magasins discount. C'est nettement moins cher et finalement on trouve des produits d'aussi bonne qualité. Vous voyez, je suis plus vigilante et moins dépensière qu'avant !
– Et toujours aussi disponible pour notre magazine ! Et dites-moi, pour les vêtements, où est-ce que vous les achetez en général ?
– Depuis un an, j'ai choisi de les acheter en ligne plutôt qu'en magasin... Pas d'attente et les prix sont bien plus attractifs... Je me suis rendue compte que je ne dépensais pas autant qu'en magasin et que j'étais tout aussi satisfaite de mes achats.
– Et les produits bio ?
– J'en achète de plus en plus, d'autant plus que leurs prix baissent un peu... Mais ce n'est pas la majeure partie de notre alimentation à la maison ; comme je vous l'ai dit, je vais plutôt dans les magasins discount, c'est davantage dans mes moyens.

Points de vue sur

Rendez-vous Alterculturel   p. 37
À l'époque où j'étais étudiante, j'ai passé une année en Suède et je dois dire que j'ai été assez frappée par l'autonomie financière des étudiants, et assez envieuse même je dois dire. En fait, ils ont un système de bourses et d'emprunt qui leur permet de financer eux-mêmes leurs études, c'est-à-dire frais de scolarité, hébergement, restauration, etc. Alors une partie de cet argent est en fait une bourse, donc donnée par le gouvernement et donc ils n'ont pas à rembourser cet argent, mais l'autre est un prêt du gouvernement et donc à rembourser pendant 25 ans, donc c'est vrai que c'est assez long. Et ce qu'il faut savoir également c'est que s'ils ratent leurs examens un semestre en fait ils perdent leur bourse pour le semestre suivant. Et je trouve que ça a le mérite d'être quand même un système très responsabilisant. En tout cas, beaucoup plus qu'en France où souvent ce sont les parents qui payent les études. Par ailleurs, entre le lycée et les études, beaucoup de jeunes Suédois prennent souvent une année sabbatique pour découvrir le monde, comme ils disent, et, cette année-là, ils se la payent en travaillant, souvent en Norvège d'ailleurs parce que les salaires sont plus élevés qu'en Suède, et quand ils ont suffisamment d'argent, ils vont faire leur fameux tour du monde. Et je trouve que c'est une bonne manière d'affronter tôt les réalités de la vie et de mesurer, en tout cas, à quoi sert l'argent.

Outils pour

Document 1   p. 38
– Allô oui ?
– Bonjour, je voudrais parler à Archéo 06 à propos de son annonce sur eBay s'il vous plaît.
– Oui c'est moi-même !
– Alors voilà, j'ai gagné l'enchère pour l'annonce n° 543...
– Il s'agit d'une statuette égyptienne, n'est-ce pas ?
– Oui, une tête de femme d'une hauteur de 15 cm, je crois. En fait, je me suis trompée en tapant ma surenchère. Par erreur, j'ai mis un zéro de trop. Je voulais donc savoir s'il était possible de baisser le prix. Je suis très intéressée par cette statuette, mais je ne peux pas mettre 250 euros. Je n'ai malheureusement pas les moyens.
– Non mais attendez, vous voulez que je passe de 250 euros à 25 euros ? C'est pas possible, c'est une statuette de valeur. C'est une pièce assez rare en bois d'ébène qui date du début du XXᵉ siècle. Elle est en parfait état. J'ai le certificat d'origine. Je peux difficilement vous la vendre 10 fois moins cher.
– Dans ce cas, je suis vraiment désolée mais je ne vais pas pouvoir l'acheter. C'est trop cher.
– Mais vous savez que vous êtes liée par un contrat avec votre vendeur, à partir du moment où vous avez lancé votre enchère... Bon, ce que je peux faire, c'est vous faire un prix. Au lieu de 250 euros, je peux vous la faire à 150. Mais c'est mon dernier prix. Et vous faites vraiment une affaire !
– Bon, j'avais pas l'intention de mettre autant mais bon, OK, je vous l'achète.
– Bien, je vous l'envoie en colissimo recommandé. Ça vous coûtera 10 euros de plus.

Document 3   p. 39
– Tu as déjà acheté sur un site de vente aux enchères ? J'ai entendu dire qu'il fallait s'en méfier.
– Je vais souvent sur eBay. J'achète des bouquins ou des vêtements. Mais tu as raison, il faut être très méfiant et respecter certaines règles de base.

– L'autre jour, une collègue m'a raconté qu'elle s'était fait arnaquer sur eBay justement. C'est elle qui m'a recommandé de ne pas trop faire confiance. On lui a vendu des boucles d'oreilles, soi-disant en or. On lui avait juré que c'était bien de l'or dans l'annonce puis sur un mail ! Ma collègue est allée voir deux bijoutiers pour vérifier. Ils lui ont assuré que les boucles étaient en toc ! On l'a escroquée de 180 euros. Je lui ai dit de porter plainte. Je t'assure Émilie, tu devrais te méfier !
– Mais, c'est ce que je fais. On m'a bien expliqué qu'en payant avec PayPal je serais remboursée du montant total de la transaction si je ne recevais pas l'objet. Alors, je suis rassurée !

Paroles en scène   p. 40
Sur tous les tons
Allez-y, mesdames, regardez, fouillez, c'est pas la peine d'essayer, c'est taille unique ! Vous inquiétez pas, vous avez toutes des corps de stars. Allez-y, dans le chemisier ! Ah, la jolie jeune fille qui veut se faire belle pour son amoureux... Combien elle en prend la p'tite demoiselle ? Dix ? Non, pas dix ? Un seul ? C'est pas possible ! Pour deux, je vous fais un prix, allez 20 euros les deux, c'est rien ! Allez, deux ? Alors deux chemisiers pour 20 euros. C'est donné ! Emballé ! Dépêchez-vous, faites des affaires ! Profitez-en ! Y'en aura pas pour tout le monde ! Allez, allez, mes petites dames...

Phonie-graphie
Activité 1
la crèmerie – le médecin – la sècheresse – l'étiquette – la dépêche – j'appelle – le collège – le collégien – la fenêtre – fidèle – la fidélité – le règlement – examiner – le pied – le progrès – je jette – céder – je cède – le zèbre – professionnel
Activité 2
Pour me rendre à Dublin, je prends le train de onze heures trente. Dans mon sac, je mets un gant de crin pour me frotter les reins, cinq caleçons blancs, un imperméable marron, des collants en coton, des chaussons en laine de mouton, une ceinture pour mon pantalon en lin, des cintres pour suspendre mes fringues, un camembert pour mon correspondant irlandais.

La vie au quotidien

Document 1   p. 50
1. À 15 ans, en feuilletant un livre de photos, j'ai été éblouie par la puissance des constructions de l'architecte Le Corbusier. J'ai eu un vrai coup de foudre et j'ai fait des études d'archi... Au bout de 3 ans, j'avais une licence. Puis j'ai eu une longue période de doute : j'ai étudié la peinture, la philo, et après la musique... et c'est par le biais de la musique que j'ai réalisé un premier bâtiment public, une école de musique. J'ai concrétisé un rêve avec mon capital de souvenirs, d'émotions et d'expériences de vie.
2. J'ai toujours su que je voulais être pâtissier. Quand j'étais petit, ma mère avait un restaurant et je l'aidais souvent en cuisine. C'était merveilleux ! J'ai d'abord fait un BEP de pâtisserie que j'ai suivi contre l'avis de mes professeurs : pour eux, ce diplôme ne valait rien. Mais c'est faux ! Aujourd'hui, je suis dans une école spécialisée qui prépare aux différents métiers de la restauration et je me suis perfectionné en pâtisserie en faisant un stage chez Lenôtre, à Paris. J'apprends un métier et en plus c'est ma passion ! C'est très manuel et, à un certain niveau, ça peut devenir artistique. J'arrive à réaliser des gâteaux incroyables.
3. J'ai d'abord travaillé comme animatrice de centre de loisirs, ça m'a donné de bonnes bases pour gérer l'imprévu ! Puis j'ai changé d'idée : j'ai envisagé de me former pour devenir professeur de français langue étrangère, pour enseigner à l'étranger. Je tenais absolument à voyager, je voulais voir du pays, découvrir d'autres cultures. Et puis, j'ai fait la connaissance de mon mari... dans un aéroport... Il m'a emmenée au Canada, à Montréal, en voyage de noces, mais il n'avait pas pris de billets de retour... En fait, on y est restés. J'ai suivi une formation d'un mois sur la création d'entreprise et on a fondé une entreprise de tourisme : une expérience unique ! Après, je n'ai plus arrêté de voyager ; le rêve, quoi !

ctivité 7   p. 51

– Allô ?
– Bonjour Carole, c'est Sophie.
– Salut Sophie !
– Je t'appelle pour un conseil... Tu te souviens de Macha, la femme formidable qu'on avait rencontrée à Kiev ? Sa fille veut s'inscrire dans une fac en France. Tu peux nous aider, toi qui travailles au rectorat ?
– Oui, je vais essayer...
– Alors, Katia a déjà une licence de sociologie, tu crois qu'elle peut entrer en master ?
– Ben, c'est une commission de la fac qui doit décider si les études correspondent. Il faut qu'elle demande un dossier de validation d'études dans la fac où elle veut aller et qu'elle décrive le contenu de ses études. Elle parle bien français ?
– Très bien. Je suis étonnée même, parce qu'elle est jamais sortie d'Ukraine.
– Pourquoi ?
– Parce qu'on vérifiera son niveau de français.
– Et pour la carte de séjour, qu'est-ce qu'il faudra faire ?
– Quand elle aura l'accord de la fac, elle demandera un visa long séjour au consulat ; il faudra aussi un justificatif de ressources.
– Oui, ça c'est prévu, même que c'est dur pour Macha de lui assurer un minimum de 425 euros par mois !
– Après, une fois sur place, vous prendrez un rendez-vous à la préfecture pour faire sa carte de séjour, ça ne devrait pas poser de problème.
– Pfff... Tout ça, c'est compliqué, hein ?
– C'est vrai que c'est pas simple... Tu sais, tu peux aller sur le site diplomatie.gouv, il est assez clair. Tu as de quoi noter ?
– Oui, c'est bon !
– Alors c'est 3 w – point – diplomatie – point – gouv – point – fr. Ou sinon il y a le site Sos Net, tu verras ils ont une rubrique sur le droit des étrangers...
Ils expliquent bien. Ou alors tu me rappelles !
– Super, merci pour ton aide ! à bientôt !
– De rien ! Bises, à bientôt.

Outils pour

ocument 2   p. 52

artir étudier à l'étranger : un atout pour l'avenir et une expérience personnelle ncomparable... N'hésitez pas, même si rien ne vous y oblige. C'est un plus pour tre future carrière... Écoutez le témoignage de Sébastien : « J'ai effectué ma année de Sciences Po à l'étranger, c'est prévu dans le cursus. Je savais que e serait une expérience super enrichissante pour la suite. J'ai choisi d'aller à ronto parce que j'avais toujours eu dans l'idée d'aller étudier au Canada. Je ulais étudier dans une grande ville dynamique plutôt que dans un campus olé ; j'avais déjà pu constater l'incroyable gentillesse des Canadiens lorsque je 'étais rendu dans ce pays par deux fois pendant les vacances. Et la réputation e l'université de Toronto et de son département de cinéma ont achevé de me onvaincre ! Cette année-là, je ne suis revenu qu'une seule fois en France, lors es vacances de Noël. Je m'imaginais mal renoncer au réveillon de fin d'année ue j'avais toujours passé en famille jusque-là. »

Points de vue sur

ocument 1   p. 54

Alors, le goût de la lecture chez les jeunes : certains aiment, d'autres sont beaucoup plus réticents. Voici des points de vue croisés sur la lecture avec Anissa, élève de seconde au lycée Alfred Nobel à Clichy-sous-bois et puis Thomas, il est en quatrième au collège Victor Hugo à Noisy-le-Grand.
– Certains humains se droguent comme moi, mais cette drogue est vraiment spéciale. Elle se nomme la lecture. Savez-vous d'où vient cette soif de lecture ? En fait, j'ai commencé à lire à 8 ans, avec une histoire du *Roi Lion*... Mon frère, lui, il me disait que j'avais tort de lire, c'était, c'était trop barbant, fallait pas lire, puis en fait j'ai réalisé que non, c'était pas le cas. À chaque fois qu'on lit, on est transporté dans un autre monde, on vit l'histoire, c'est, c'est bien. J'ai appris aussi que les livres pouvaient être magiques et qu'ils peuvent nous envoyer dans bien des dimensions. D'ailleurs, je trouve bizarre qu'il y ait des gens qui lisent pas.
– Franchement, moi, la lecture, c'est pas mon truc. J'ai du mal à finir un bouquin et même à en commencer un. Y a des livres qui sont, comme des témoignages de meufs et tout, des histoires vraies. J'aime bien parce que c'est des histoires qui me parlent de notre génération. Mais... je mets grave du temps à les lire. C'est vrai que j'aurais aimé avoir le vrai goût de la lecture,

de lire souvent parce que je sais que la lecture, elle apporte un truc en plus. C'est agréable d'entendre des jeunes parler de politique, de trucs médiatiques et qu'ils utilisent des longues phrases bien structurées avec des expressions convaincantes. Quand j'entends ça, je suis fière !

Rendez-vous Alterculturel   p. 55

Pascale
Le premier cours que j'ai donné à la fac, au Japon, a été pour moi quelque chose de très perturbant. Donc, j'avais à faire à des étudiants qui avaient déjà fait six mois de cours et je pensais qu'ils avaient quand même un minimum de moyens pour pouvoir s'exprimer, pour pouvoir se présenter, poser des questions. Et en fait, j'ai commencé à leur faire des signes pour qu'ils me posent des questions et il n'y avait aucune réponse. Ils me regardaient dans les yeux en se demandant ce que je racontais parce que c'était vraiment le silence total, un silence mortel qui a duré pendant deux heures. Et c'était vraiment très très perturbant parce que je gesticulais dans tous les sens et j'essayais d'attirer leur attention, de leur faire sortir quelques mots, les quelques mots qu'ils pouvaient dire en français. Et rien du tout mais vraiment rien, aucun mot. Oui, un regard perplexe pendant deux heures. Il faut savoir que cette façon interactive d'enseigner au Japon n'existe pas. Pour eux, c'est avant tout enseigner la langue, enseigner la grammaire. C'est la méthode grammaire-traduction : on passe forcément par le japonais pour expliquer le français. Ils ne sont pas du tout habitués à faire parler les étudiants. Voilà, c'est un enseignement très traditionnel, très académique et donc les étudiants ne sont absolument pas habitués à prendre la parole en français et à s'exprimer dans une langue étrangère.

Yoshio
En arrivant dans une université française, ce qui m'a frappé surtout, c'était les frais de scolarité dérisoires. Parce que, dans mon pays, les frais de scolarité sont très élevés.
Une autre chose qui m'a marqué c'est qu'il y a des professeurs qui ont plus de personnalité au Japon, c'est-à-dire qu'il y a des professeurs qui sont en quelque sorte animateurs et qui attirent vraiment l'attention des étudiants, pas forcément en rapport avec les matières enseignées. Tandis qu'en France, les professeurs sont très sérieux, académiques.

Outils pour

Document 3   p. 57

– Et vous, que pensez-vous de l'augmentation des droits d'inscription ?
1. Personnellement, je suis pour, contrairement à la plupart de mes copains. L'inscription, c'est pas ça qui est cher !
2. Moi, je trouve que c'est injuste et qu'au lieu de faire payer les étudiants, on ferait mieux de supprimer tous les gaspillages.
3. C'est pas la peine, ça ne changera rien. L'université sera toujours déficitaire, contrairement à ce qu'on nous raconte.
4. C'est pas une solution. Par contre, faire une sélection au mérite, ça oui, ça, ça, dégagerait de la place !

Document 4   p. 57

– Bonsoir messieurs, nous sommes heureux de vous accueillir dans notre débat de ce soir consacré aujourd'hui aux problèmes de l'éducation. Monsieur Duchâteau, vous avez été ministre de l'Éducation entre 2007 et 2009 et vous, Monsieur Lorain, vous n'avez pas exercé de responsabilités mais vous êtes en charge du projet éducatif dans les rangs de l'opposition. Notre premier thème est celui des savoirs fondamentaux à exiger des élèves. Qui prend la parole ? Monsieur Duchâteau ?
– Eh oui, le constat est grave, environ 100 000 enfants sortent chaque année de l'école sans maîtriser les savoirs de base : lecture, écriture et calcul. Nous avons fait des efforts, mais il reste du travail...
– Excusez-moi, mais... vous avez été ministre et vous constatez paradoxalement l'échec de votre politique !
– Pardon, je n'ai pas fini. On peut en partie résoudre les problèmes grâce à une mobilisation de la communauté éducative. C'est ce que, contrairement à ce que vous prétendez, nous avons mis en place...
– Mais vous avez fait l'inverse ! Vous avez supprimé des postes, découragé les enseignants...
– Pas du tout. Nous avons revalorisé le statut et le salaire des professeurs...
– Ah non ! Vous avez simplement exigé des professeurs qu'ils travaillent davantage.
– Pourriez-vous cesser de m'interrompre et de me contredire sans arrêt ? Je sais bien que vous êtes dans l'opposition systématique...

– Mais vous dites des contre-vérités !
– Nous avons été attentifs au suivi des élèves en difficulté...
– Vous avez augmenté le nombre d'élèves par classe, ce qui va à l'encontre de cette affirmation...
– Monsieur Lorain, vous êtes dans la contradiction permanente, c'est... contre-productif !
– Monsieur le Ministre vos paroles sont incompatibles avec l'action de ce gouvernement.
– Messieurs, messieurs s'il vous plaît, reprenons calmement...

Paroles en scène   p. 58

Phonie-graphie
Activité 1
1. J'ai pratiqué l'aviron.
2. J'étais le plus fort de la classe.
3. Il s'est formé.
4. J'ai été surpris de réussir.
5. Elle a abandonné les études.
6. Tu te couchais tard.
7. Ce prof, je l'adorais.
8. Il se trompait de sujet.
9. Elle l'a aimé énormément.

Activité 2
bouée – muette – bouille – nuée – bougie – huis – jeux – rouille – t'as tué – fige – enfouir

Activité 3
Édouard a voulu louer une voiture. Il remuait ciel et terre. Je lui ai dit tout de suite de prévenir Louis, qui lui en a loué une pour aujourd'hui, presque gratuitement.

Vers le DELF B1

Compréhension de l'oral   p. 62
Exercice 1
– Salut Guillaume !
– Tiens, bonjour Lucie !
– Alors, qu'est-ce que tu fais pour les vacances ?
– Je pars à Munich, dans une famille d'accueil, pour étudier l'allemand. J'ai travaillé tout l'été pour me payer ce séjour !
– Félicitations ! Moi aussi, je vais pratiquer mon allemand, mais sans quitter mon fauteuil.
– Ah bon, comment ça ? Tu vas prendre des cours particuliers à domicile ?
– Oui et non ! Tu as entendu parler de l'apprentissage en tandem sur Internet ?
– Non, qu'est-ce que c'est ?
– En fait, il existe des sites Internet qui mettent en relation gratuitement des personnes qui veulent apprendre une ou plusieurs langues. Par exemple, moi, on va me mettre en contact avec un Allemand qui va m'apprendre sa langue et, en échange, je lui apprendrai le français, tout ça grâce à un logiciel classique de conversation en ligne et une webcam.
– OK !... Et comme ça, rien à payer ! C'est pas bête...
– Oui et puis surtout ça permet d'être tour à tour l'élève et le professeur, c'est très intéressant de voir les deux côtés.
– Oui mais ça ne remplace pas un voyage ! Une langue étrangère, ce sont aussi des paysages, des œuvres d'art, une cuisine...
– Bien sûr ! Mais pour la cuisine j'ai des projets : je compte enseigner ma recette préférée et apprendre la recette préférée de mon correspondant. Avec la webcam, ça devrait être facile de nous comprendre !
– Je vois que la gourmandise t'inspire !

Exercice 2
– Cette semaine sur *Canal Pédagogie*, on parle des rythmes scolaires et de leur influence sur les apprentissages. La dernière enquête internationale PISA sur les compétences des élèves de 15 ans dans les domaines de la lecture, des mathématiques et des sciences a montré que les jeunes Français ont beaucoup de progrès à faire dans ces matières. La cause de ces mauvais résultats ? Les spécialistes sont de plus en plus nombreux à accuser les rythmes scolaires, qui ne seraient pas adaptés au rythme biologique des jeunes.
– Des journées de cours trop longues, avec des disciplines mal réparties en fonction des heures de la journée, des vacances trop longues aussi : c'est tout le calendrier scolaire qu'il faudrait revoir. Et ce débat ne date pas d'aujourd'hui. Petite histoire du temps scolaire, présentée par Vincent.

– Oui Anne, alors en 1882, l'école primaire en France devient publique, gratuite et obligatoire. La semaine scolaire dure 5 jours et pour l'éducation religieuse on garde une journée libre : le jeudi. Le jeudi a ensuite été remplacé par le mercredi. Puis il devient possible de reporter au mercredi matin les cours qui avaient lieu normalement le samedi matin, pour que les élèves aient deux jours de repos de suite à la fin de la semaine. En 2008, nouveau changement avec la semaine de 4 jours, dont le modèle est : deux jours de classe, un jour de repos, deux jours de classe, deux jours de repos.
– Mais une semaine de 4 jours, cela veut dire des journées d'école moins nombreuses et donc plus longues, des journées de 6 heures, ce qui est beaucoup trop lourd, surtout pour les plus petits, selon les médecins spécialisés dans la chronobiologie, cette science qui étudie l'organisation du temps chez les êtres vivants.
– Oui Anne, avec seulement 140 jours d'école par an contre une moyenne européenne de 185 jours, la France a les jours de classe parmi les plus longs d'Europe, alors que les études montrent que les capacités d'attention et d'apprentissage varient tout au long de la journée : c'est vers 10-11 h puis vers 15-16 h qu'on est le plus performant pour apprendre.
– D'où l'idée d'organiser la semaine scolaire sur 4 jours et demi ou sur 5 jours comme dans la plupart des pays européens et de proposer des activités de détente aux heures où l'attention est faible, en début de matinée et en début d'après-midi.

Dossier 4

Outils pour

Document 1   p. 70
Bienvenue dans cette édition de l'Actualité Francophone, où nous évoquerons la restructuration de l'industrie pharmaceutique qui a pris les Suisses par surprise oui, même des emplois de pointe dans la recherche peuvent fuir à l'étranger. Marie-Christine Le Dû lancera un coup de projecteur sur le droit de vote des étrangers qui s'est invité dans la campagne présidentielle en France. Dominique D'Olne vous racontera l'étrange dérive d'un politicien en quête de notoriété, un politicien qui a dérapé à propos de l'affaire Dutroux et qui devra rendre des comptes à la justice. Benoît Audet, enfin, reviendra sur cette tendance qui fait lentement mais sûrement s'éloigner le pouvoir vers l'ouest, loin du Québec.

France Inter, Le 5/7, 29/04/12.

Points de vue sur

Document 4   p. 73
– En France, Marie-Christine Le Dû. À peine les résultats du 1er tour de la présidentielle annoncés, les deux finalistes se sont relancés dans la campagne avec un thème récurrent : le droit de vote des étrangers.
– C'était mardi dernier, François Hollande rappelait que le droit de vote des étrangers fait partie de ses 60 engagements et qu'il sera bien mis en place dans le quinquennat. Un droit de vote pour les non-Européens vivant en France depuis au moins cinq ans et uniquement pour les élections municipales en France. Les citoyens européens sont déjà autorisés à voter lors de ces scrutins. Pour le candidat-président, séparer le droit de vote de la citoyenneté, de la nationalité, c'est porter atteinte à la République.
– Oui, sujet délicat en Suisse également. Sur le plan fédéral, les étrangers (1,8 millions de personnes) n'ont aucun droit de vote, c'est donc près d'un quart de la population qui ne peut pas se rendre aux urnes mais ce sujet est régulièrement débattu, il a été soumis en votation dans différents cantons, souvent refusé d'ailleurs avec l'argument que, pour voter, il suffit de se naturaliser... et la pratique est aussi restrictive au Canada, Benoît Audet ?
– Oui, la loi canadienne est simple et très claire : seuls les citoyens canadiens ont le droit de vote au niveau fédéral ; il s'écoule parfois quelques années entre l'arrivée d'un immigrant au pays et le moment où il devient citoyen canadien. Le Canada reçoit bon an mal an 250 000 immigrants donc on peut dire sans se tromper qu'à chaque élection il y a quelques centaines de milliers de personnes qui sont sur les lignes de côté le jour du vote.
– Dominique d'Olne, c'est donc la Belgique qui se montre la plus ouverte ?
– Oui, en Belgique, le vote des étrangers non-européens aux communales a longtemps fait débat mais il a été introduit pour la première fois en 2006 avec un succès mitigé puisqu'une personne sur 5 seulement s'est inscrite et a voté. Prochaines élections communales dans 6 mois...

France Inter, Le 5/7, 29/04/12.

Rendez-vous Alterculturel   p. 73
– Michael, vous vivez en France depuis plusieurs années et vous aimez vous informer. Si vous deviez donner trois mots pour marquer les différences entre la presse française et celle de votre pays, qu'est-ce que vous diriez ?
– La première chose, c'est « diffusion » parce qu'on cite toujours la formidable diffusion de la presse anglaise mais il faut dire que c'est une presse de caniveau qui se vend à des millions d'exemplaires, avec du football, des commentaires *people* et des faits divers. Pour la presse dite sérieuse, et c'est le deuxième mot, le « sérieux », c'est très comparable à la France. Maintenant, si je compare cette presse-là, je donnerai le troisième mot « opinion ». Je trouve qu'il y a trop d'opinions et pas assez de faits dans la presse française. Surtout pas assez de ce que nous appelons l'investigation. C'est-à-dire que les journaux en France se contentent de commenter, selon leur tendance, sans questionner les faits de façon indépendante.

Paroles en scène   p. 76
Phonie-graphie
Activité 1
doux – plomb – avis – gèle – aider – hausser – avalé – âgé – bière – vache – oncle – mouche – fendre – laissons – jute – marche – jaune – écu

Activité 2
Pendant que ma cousine dort, mon cousin tord des bouts de fer et fait du zèle, ma grand-mère vend du sel de bain, mon oncle attrape les mouches ; mon grand-père fend le bois et moi, je vois une boîte sur la marche.

Activité 3
On savait que les Japonais étaient amoureux de Paris et des bons aliments français. Eh bien, ils aiment tellement le Beaujolais nouveau qu'ils se baignent dedans ! En effet, dans une station thermale de Tokyo, un bassin appelé un « onsen » (bain de source volcanique en plein air) est empli de vin du Beaujolais. Cette tradition a lieu depuis déjà trois ans. Cette année, les baigneurs ont trouvé le vin agréable, très odorant et fruité. Le Japon est le premier marché d'exportation de Beaujolais nouveau et, chez eux aussi, l'arrivée de ce breuvage est un événement à fêter. Cependant, l'année dernière, la vente s'élevait à 6,7 millions de bouteilles, soit une baisse de 18 %.

Dossier 5
Outils pour
Document 1   p. 88
1. – J'ai peur d'avoir un trou de mémoire et d'oublier mon texte !
– T'inquiète pas ! C'est toujours comme ça avant la première représentation.
2. – Nous avons rassemblé les blessés dans l'école.
– Gardez le moral, l'équipe est en route !
3. – J'angoisse pas pour l'écrit, mais alors, pour l'oral... !
– Courage, ça va bien se passer !
4. – Vous venez manifester devant la fac avec nous ?
– Bien sûr, on vous soutient, c'est notre avenir aussi !
5. – On apportera de quoi manger et des tentes pour camper devant la mairie.
– Merci de nous soutenir !
– C'est normal, on est pour la régularisation des sans-papiers ; on est avec vous !
6. – Laure, tu vas gagner !
– J'espère bien, mais c'est une sacrée compétition !
– T'es la meilleure ! Tu nous rapporteras une belle médaille !

Document 2   p. 89
Au Cambodge, aujourd'hui, des enfants ont besoin de votre générosité. Lien, souffrant d'une grave malformation cardiaque, doit être opérée d'urgence ! Vous pouvez l'aider en participant à la chaîne de solidarité « Pour Lien ». En donnant quelques euros, vous lui sauverez la vie. Envoyez vos dons à *Enfance malade*, 105 boulevard Brune, Paris cedex 17. N'oubliez pas de joindre vos coordonnées. L'association *Enfance malade* faisant partie de la Charte de Déontologie des Organisations Humanitaires, nous vous rendrons compte directement de l'usage de votre argent.

Points de vue sur
Activités 7 et 8   p. 91
Aux questions : « Qu'est-ce qui vous mobilise ? » et « Qu'est-ce que vous faites pour agir ? », les Français ont répondu à notre enquêteur. Écoutez-les.
1. Je crois qu'il faut continuer à lutter pour l'égalité des sexes au travail, les salaires sont encore inégaux et les accès aux postes à responsabilité très rares pour les femmes. C'est totalement injuste ! Aux élections, moi je vote toujours pour une femme, quand il y en a une !
2. Je trouve qu'il y a trop de gens qui ont rien à manger. On les voit à la télé et tout ça, et je trouve ça triste. Quand les magasins font la journée de la banque alimentaire, j'achète des produits avec mon argent de poche et je leur donne.
3. Moi, j'ai créé une association pour défendre la mixité sociale dans mon quartier. Les loyers deviennent tellement chers que beaucoup de gens sont obligés de partir. Résultat : y'a plus que des bureaux et des appartements de standing. Quand j'ai démarré mon assoc', j'étais toute seule, maintenant on est 158 et on s'investit tous beaucoup.
4. Je n'ai pas de famille ; depuis plusieurs mois, je réfléchis à parrainer un enfant du tiers-monde. Ça veut dire envoyer régulièrement de l'argent pour l'école, la santé et pouvoir suivre son parcours, mais c'est un engagement à long terme, hein...
5. Moi, je milite dans les associations anti-racisme. Je participe à tous les forums possibles en Europe ! Je trouve tous les mouvements d'extrême droite très dangereux ; il faudrait les interdire. J'irai jusqu'à occuper le Parlement européen, s'il le faut !
6. Le jour où j'ai décidé qu'il fallait faire quelque chose, j'ai adhéré au N.P.A, le Nouveau parti anti-capitaliste. Que voulez-vous ? On ne peut pas passer son temps à râler contre les pouvoirs de l'argent et puis rester les bras croisés. Depuis trois ans, je milite. Et je me sens mieux.

Outils pour
Document 3   p. 92
– Qu'est-ce qui vous rassemble ici ? Dans quel but manifestez-vous ?
– On en a marre du froid, on n'en veut plus ! Je suis là pour qu'on en finisse !
– Contre l'hiver, contre le froid... Pour qu'on l'enterre ! Pour le maintien de l'anticyclone ! À bas la dépression !
– Et, vous, monsieur, en quoi êtes-vous concerné ?
– Écoutez, nous sommes venus ici, au nom de nombreuses associations, de façon à faire pression sur le gouvernement pour que l'hiver soit déclaré illégal ! Trois mois que ça dure ! C'est une manœuvre en vue des élections. On cherche à frigorifier les citoyens, on vise ainsi à les empêcher de penser et tout cela afin que le gouvernement puisse faire la pluie et le beau temps. Ce sont des procédés scandaleux !
– Et vous, madame, vous êtes d'accord ?
– Moi, je ne suis pas venue pour manifester... je passais par hasard. Mais tout le monde manifeste contre tout alors, pourquoi pas objectif « retrait du froid »... D'ailleurs, c'est vrai, on en a marre ! Vous savez qui sont ces gens ?
– Oui, des représentants de l'Association des Amis d'Alphonse Allais...

Paroles en scène   p. 94
Phonie-graphie
Activité 1
la harpe – le hibou – l'homme – l'histoire – le héros – l'héroïne – l'hélice – la haie – l'hôtel – l'hésitation – l'habitant – la halle – le haut – l'héritage – le huit – l'huître – la haine – le hamburger – le hors d'œuvre – l'huile

Activité 2
1. Les Hollandais adorent les hamburgers en hors d'œuvre.
2. Les habitants ont voté les huit résolutions sans hésitation.
3. Les halles sont plus belles que les hôtels de la place.
4. J'adore le cri des hiboux et le son de la harpe mais je déteste la couleur des huîtres et le bruit des hélices.
5. Il va falloir deux hommes pour couper toutes ces haies !
6. J'aime les histoires qui racontent les héritages des hauts personnages de ce monde !
7. Les héros et les héroïnes de ce film figurent dans ce magazine.

Vers le DELF B1

Compréhension de l'oral　　　　　　　　　　p. 98

Exercice 1

– Salut Bertrand ! Je te cherchais justement !
– Ah bon, pourquoi ?
– C'était pour savoir si tu venais samedi.
– Samedi ? Pourquoi ? Il y a une fête quelque part ?
– Pas exactement mais presque : tu sais, c'est la Journée mondiale contre le cancer et la Ligue contre le cancer organise des courses de relais pour lutter contre la maladie.
– Tu sais, Sophie, moi, la course à pied, ce n'est pas vraiment mon sport préféré...
– Le but n'est pas de gagner contre une autre équipe mais de montrer aux malades qu'ils ne sont pas tout seuls, que beaucoup de monde est prêt à se mobiliser contre le cancer. Mais ne t'inquiète pas, c'est moi qui courrai !
– Et alors, qu'est-ce que je fais, moi, samedi ?
– Toi, tu t'occupes de collecter les fonds pour la recherche. Tu vois ces petits rubans rouges ? Ils seront vendus 1 euro pièce aux spectateurs des courses. Tu es bon vendeur je crois, essaie d'en vendre beaucoup...
– Bon vendeur, moi ? Je suis professeur d'informatique tu sais ! D'ailleurs, je me dis que je pourrais créer un site Internet pour mettre en vente les meilleures photos que je prendrai samedi. Qu'est-ce que tu en penses ?
– Bonne idée ! Ça et les rubans, ça devrait rapporter un peu plus de sous pour l'association !

Exercice 2

Plus de 10 ans après la suspension du service militaire, la loi du 10 mars 2010 a mis en place le « service civique », ouvert à tous les jeunes âgés de 16 à 25 ans. Elle comporte également un second volet, « le volontariat de service civique », qui s'adresse aux volontaires âgés de plus de 25 ans et sans limite d'âge. L'objectif de cette mesure est de développer chez les jeunes le goût de l'engagement citoyen au sein d'une association agréée pour les recevoir. Les activités de volontariat concernent une large palette de domaines allant de l'environnement à la santé, en passant par les activités de sécurité au sein de la police ou de la gendarmerie. La durée du service peut varier de 6 à 24 mois et les jeunes volontaires sont rémunérés par l'État à hauteur de 440 euros net par mois, un complément leur étant versé par l'association d'accueil. Les rédacteurs du projet de rapport d'information parlementaire se félicitent de l'application immédiate de cette mesure. Ainsi, les premiers volontaires ont pu démarrer leur service civique dès le mois de juin 2010, soit trois mois après le vote de la loi. Les rédacteurs signalent cependant des difficultés liées à l'application de la loi sur le terrain. Parmi ces difficultés, on note le manque de diversité des origines sociales : les jeunes en service civique sont majoritairement diplômés, 40 % d'entre eux ont un niveau supérieur au bac et 57 % des volontaires sont des jeunes filles. Le dispositif est aussi difficilement applicable dans les campagnes qui n'ont pas les moyens humains et financiers pour le mettre en œuvre. Un des derniers obstacles concerne la définition du contenu des contrats de volontariat. En l'absence d'encadrement, la frontière entre contrat de service civique et contrat de travail peut être floue. Ainsi, Lilla Mérabet, vice-présidente de la commission jeunesse de l'Association des régions de France, décrit dans le rapport des cas où le service civique compense l'emploi que les jeunes n'arrivent pas à trouver, des méthodes de recrutement qui font penser à l'embauche de salariés, des missions dont la description ne correspond pas à la pratique. D'après un sondage réalisé en mars 2011, 42 % des candidats au service civique étaient demandeurs d'emploi.

Dossier 6

Ouvertures

Activité 3　　　　　　　　　　　　　　　　p. 102

Bonjour à tous et bienvenue dans notre émission « Culture pour tous ». Le sujet du jour : deux monstres sacrés de l'art du XXᵉ siècle : Henri Matisse et Pierre Bonnard, et leur passion de la couleur. Ces deux peintres n'avaient que deux années de différence et étaient d'ailleurs liés par une amicale complicité. Nous allons commenter deux de leurs tableaux pour nos auditeurs.

1. Avec ce tableau, le peintre a fait scandale en 1905. C'est un portrait de sa femme, assise, le buste de profil, la tête de trois quarts, le bras ganté sur le dossier de la chaise, coiffée d'un immense chapeau à la mode du jour... C'est une fantastique explosion de couleurs pures qui culmine dans ce chapeau à plumes multicolores posé sur des cheveux couleur brique, couronnant un visage teinté de vert, de rose et de jaune. Ce tableau a été exposé au célèbre

Salon d'automne en 1905. À cette occasion, le journal *Le Matin* écrit : « On a jeté un pot de couleur à la face du public ». Le peintre a en effet utilisé du rouge, du vert et du jaune pour colorer le visage de sa femme, qui d'ailleurs n'a pas osé entrer visiter l'exposition. Ce dernier s'est défendu en disant que le choix de ses couleurs était basé sur le sentiment, sur l'expérience de sa sensibilité. Le destin du fauvisme s'achèvera deux ans après le scandale du Salon d'automne de 1905. Chacun des fauves se dirigera vers d'autres horizons, plus personnels.

2. Sur la terrasse d'une maison, trois femmes s'activent. Les murs sont orangés, les troncs des arbres mauves, les feuillages vert émeraude. Tout baigne dans une lumière intensément chaleureuse et prend des allures de paradis terrestre. On pense à une côte méditerranéenne rêvée et magnifiée. Ce tableau, qui date de 1920, a pourtant été peint en Normandie, où le ciel est souvent nuageux. Le peintre, chef de file du mouvement des Nabis, ne représente pas vraiment la réalité. La perspective qu'il rend dans ce tableau est impossible. Il transpose ses sensations en touches colorées. À partir de couleurs complémentaires, il obtient des associations qui surprennent l'œil. Le bleu n'est jamais loin de l'orangé ni le violet du jaune. Tout se fond en de vibrantes harmonies. Ce peintre est un virtuose de la palette.

La vie au quotidien

Document 2　　　　　　　　　　　　　　　　p. 104

1. Le musée Fabre de Montpellier Agglomération s'associe au Los Angeles County Museum of Art pour présenter une exposition exceptionnelle consacrée au Caravagisme européen. Venez admirer, de juin à octobre, une sélection de chefs-d'œuvre du Caravage, Rembrandt et Georges de La Tour.
2. Cette année, le festival de musique classique élargit sa programmation à de nouveaux horizons : jazz, concerts d'orgue, chants méditerranéens et musiques électroniques, mais aussi des conférences, des rencontres et des master-classes... Les trois dernières semaines de juillet, Palais des congrès Le Corum, Domaine d'Ô et place Dionysos. Réservez dès maintenant !
3. Pour des moments de convivialité garantis, rendez-vous en plein centre de Montpellier tous les vendredis de l'été pour des soirées musicales et gourmandes : danse et dégustations de vins, fruits de mer, tapas, charcuterie et glaces. Profitez également du marché nocturne, avec plus de 150 exposants.
4. Venez découvrir, au Pavillon populaire, une exposition unique de photographie contemporaines : 90 tirages et 10 dessins célébrant le règne végétal et la nature. Pendant tout l'été et jusqu'à la fin octobre.
5. Les artistes gitans font revivre les standards du flamenco dans une atmosphère de partage et de bonne humeur. Rendez-vous tous les jeudis à 19 h 30 de la mi-juin à la mi-septembre pour une soirée festive. Les concerts ont lieu à La Chapelle Gély, 170 rue Joachim du Bellay.

Points de vue sur

Document 4　　　　　　　　　　　　　　　　p. 109

1re partie

Vous écoutez Radio Cristal, 103.2. Bienvenue dans notre émission *Les Critiques en herbe*. Alors ce soir, nous allons parler du film dont tout le monde parle : *Intouchables*, qui vient de sortir sur nos écrans. Et, pour en discuter, comme d'habitude, nous avons trois spectateurs qui ne partagent pas le même avis, c'est le moins qu'on puisse dire ! Adeline, élève en terminale S, Quentin, lui, termine sa formation en ingénierie et Vincent, père au foyer. Commençons par un bref rappel du thème de ce film réalisé par Éric Toledano et Olivier Nackache. Alors, il s'agit de la rencontre entre un aristocrate tétraplégique joué par François Cluzet et un jeune homme qui va devenir son... infirmier, enfin, son « auxiliaire de vie » comme on dit, on peut dire comme ça, incarné par Omar Sy. Les deux hommes sont totalement opposés par leur milieu social mais il se noue entre eux une véritable amitié.

2e partie

– Venons-en aux critiques : la presse est presque unanime pour saluer le film... Ici, nous allons d'abord faire un tour de table pour avoir vos premières impressions : Vincent ?
– Ah, moi, ça m'a beaucoup plu. C'était pas un sujet facile et je trouve que c'est très réussi et pas complaisant du tout.
– Qu'en dites-vous, Quentin ?
– Moi, je suis pas du tout d'accord. C'est... à la limite du supportable ! Je pense que...
– Pardon de vous interrompre mais, on développera après... Une impression générale, Adeline ?

Ben, en fait, moi j'ai bien aimé surtout parce que, malgré le thème... un peu triste, bah on rit beaucoup... enfin moi j'ai beaucoup ri.
Oui, la presse souligne le comique du film. Alors Quentin ?
Eh bien justement, pas du tout ! Moi, j'ai pas trouvé ça drôle. Vous l'avez dit, les deux personnages sont opposés par leur milieu social, un riche et un pauvre, un aristocrate cultivé et un jeune de banlieue, alors là, bonjour les stéréotypes ! La banlieue, c'est gris, c'est moche, c'est sale, la mère est immigrée, illettrée et la famille nombreuse et de l'autre côté, bel appartement, argent, musique classique et œuvres d'art... et délicatesse du langage. Non, vraiment ! Et en plus...
Mais tu comprends pas que...
Précisément !
Pas tous en même temps, s'il vous plaît ! À vous, Adeline.
Je crois que Quentin comprend pas que c'est fait exprès : bien sûr, c'est un peu caricatural, mais c'est pour montrer que celui qui est – enfin, était – favorisé est le moins avantagé on peut dire ; il est handicapé mais il ne veut pas de pitié et... l'autre non plus, il est défavorisé autrement...
Vincent, qu'en pensez-vous ?
Oui, moi je dirais que c'est une belle fable sur ce qui construit une amitié entre des gens différents. L'un comprend ce dont l'autre a besoin et c'est l'énergie qu'il lui donne qui permet à l'autre d'avoir envie de vivre malgré son handicap.
On ne peut pas dire ça ! C'est dégoulinant de bons sentiments ! Le thème était intéressant mais la façon de le traiter dans le film est choquante.
Un mot sur les interprètes alors ?
Les acteurs sont super, et très convaincants, peut-être que c'est pour ça que ça passe si bien.
C'est vrai, c'est magistralement interprété.
Là-dessus, je suis d'accord. Cluzet et Sy sont absolument épatants mais...
Bon, alors nous allons conclure sur cette belle entente ! Rendez-vous dans les cinémas, au moins pour apprécier deux comédiens de grande qualité...

Outils pour

Document 2   p. 111

Allô ?
Allô, Sébastien ? C'est Marine.
Salut Marine, ça va ?
Ça va. Dis-moi, je voudrais te demander des conseils. Tu sais, il y a ma grande copine Caroline qui vient passer quelques jours chez moi et je lui ai promis de l'emmener voir un truc sympa. Je connais bien ses goûts, alors je cherche quelque chose qui soit pas trop violent et qui fasse un peu rêver... Toi qui es toujours au courant de ce qui passe, tu connais un film ou une pièce de théâtre qui serait bien ? Il faudrait un spectacle qui nous plaise à toutes les deux, tant qu'à faire !
Écoute, au cinéma, déjà, n'allez pas voir *Adèle Blanc-Sec*. C'est le film le plus mou que je connaisse et les comédiens sont très mauvais. Il n'y a que l'actrice principale qui s'en sorte à peu près, et encore... J'ai été super déçu ! Par contre, vous pourriez aller voir *Les Femmes du 6ᵉ étage* avec Fabrice Lucchini.
Ah oui, super idée, il paraît que c'est bien.
Ah oui vraiment, c'est un des films les plus drôles que j'aie vu ces derniers temps. Ça raconte la rencontre d'un bourgeois un peu coincé avec une bande de joyeuses bonnes espagnoles. Ça m'a beaucoup plu !
Et au théâtre, tu aurais quelque chose à me conseiller ? Ça changerait un peu du cinéma.
Ah oui ! J'ai vu une reprise de la comédie musicale *Les Misérables* par de jeunes étudiants. C'est très pêchu, avec une belle mise en scène classique. En plus, c'est un des rares spectacles qui soit au profit d'une œuvre de bienfaisance, c'est pour les jeunes handicapés. Ou alors, y a aussi *Dis à ma fille que je pars en voyage*. Je l'ai vu. J'en suis sorti complètement bouleversé. Par contre, le sujet est peut-être un peu sévère, rien qui fasse rêver : c'est l'histoire de deux femmes qui se rencontrent en prison.
Bof, ça ne me dit rien. Le thème ne me tente pas trop. On ira plutôt voir *Les Femmes du 6ᵉ étage*.

Paroles en scène   p. 112

Sur tous les tons

Activités 1 et 2

1. À quel âge avez-vous commencé à peindre ?
2. Vous allez exposer combien de tableaux ?
3. Vous peignez pour vous détendre ?
4. Vous mettez combien de temps pour peindre une toile de cette taille ?
5. Vous allez exposer toute votre œuvre ?
6. Dans votre famille, il y avait un peintre de grand talent ?
7. Vous avez rencontré Picasso ?

Phonie-graphie

Activité 1

1. Ce tableau, que représente-t-il exactement ? Qu'y a-t-il en arrière-plan et que voit-on à droite ?
2. Depuis quel âge ta sœur écoute-t-elle Brel et apprend-elle ses chansons ?
3. La musique est-elle quelque chose dont tu pourrais te passer ?
4. A-t-on attribué une récompense à ton film ? Saura-t-on bientôt quand il passera sur les écrans ?

Activité 2

figue – collège – gai – lange – bègue – mangue – guerre – longe

Activité 3

Gargantua – La Guerre de Troie n'aura pas lieu – Germinal – La Duchesse de Langeais, Le Père Goriot – En attendant Godot – Le Genou de Claire – Le Guépard – La Gifle – Géant

Dossier 7

Ouvertures   p. 120

Approche-toi petit, écoute-moi gamin
Je vais te raconter l'histoire de l'être humain
Au début y'avait rien, au début c'était bien
La nature avançait, y'avait pas de chemin
Puis l'homme a débarqué avec ses gros souliers
Des coups de pied dans la gueule pour se faire respecter
Des routes à sens unique il s'est mis à tracer
Les flèches dans la plaine se sont multipliées
Et tous les éléments se sont vus maîtrisés
En deux temps trois mouvements l'histoire était pliée
C'est pas demain la veille qu'on fera marche arrière
On a même commencé à polluer les déserts
Il faut que tu respires
Et ça c'est rien de le dire
Tu vas pas mourir de rire
Et c'est pas rien de le dire
D'ici quelques années on aura bouffé la feuille
Et tes petits-enfants ils n'auront plus qu'un œil
En plein milieu du front ils te demanderont
Pourquoi tu t'en as deux, tu passeras pour un con
Ils te diront comment t'as pu laisser faire ça
T'auras beau te défendre, leur expliquer tout bas :
C'est pas ma faute à moi, c'est la faute aux anciens
Mais y'aura plus personne pour te laver les mains
Tu leur raconteras l'époque où tu pouvais
Manger des fruits dans l'herbe allongé dans les prés
Y'avait des animaux partout dans la forêt
Au début du printemps les oiseaux revenaient
Il faut que tu respires
Et ça c'est rien de le dire
Tu vas pas mourir de rire
Et c'est pas rien de le dire
Il faut que tu respires
C'est demain que tout empire
Tu vas pas mourir de rire
Et c'est pas rien de le dire
Le pire dans cette histoire c'est qu'on est des esclaves
Quelque part assassins, ici bien incapables
De regarder les arbres sans se sentir coupables
À moitié défroqués, cent pour cent misérables
Alors voilà petit l'histoire de l'être humain
C'est pas joli joli et j'connais pas la fin
T'es pas né dans un chou mais plutôt dans un trou
Qu'on remplit tous les jours comme une fosse à purin
Refrain

Mickey 3D, EMI Music France, 2003. Furnon, El Mahmoud, Joanin.

La vie au quotidien

Document 1   p. 122

Vous écoutez France Bleu Loire Océan à Nantes, 90.2. Bonjour à tous ! L'actualité de notre ville aujourd'hui. Tout d'abord une annonce à tous les habitants : la mairie de Nantes vous propose de participer de façon active à la Semaine du développement durable, du 1er au 5 avril prochains, avec tous les acteurs de la métropole nantaise : associations, représentants de comités consultatifs, acteurs économiques... Des ateliers vont être mis en place pour s'interroger sur les orientations et les choix que nous devons faire pour notre ville. Les thèmes des débats iront de la transformation urbaine à la qualité de l'environnement, en passant par la tranquillité publique. Nantaises et Nantais, venez participer aux ateliers sur le développement durable et apportez vos contributions !

Document 2   p. 122

– Bonjour Aurélien, alors comment ça s'est passé, ce stage à... la mairie de Nantes ? C'est bien ça ?

– Oui, c'est ça.

– Vous pouvez me rappeler ce que vous y avez fait ?

– Oui, alors, j'ai assisté aux ateliers sur le développement durable mis en place à l'occasion de la Semaine du développement durable. Ce sont des rencontres auxquelles participent les citoyens, les associations, les acteurs économiques, qui visent à faire émerger des idées nouvelles pour mettre en œuvre les principes du développement durable. Je devais rendre compte de ces échanges et en rédiger la synthèse.

– D'accord, je vois. Et quels étaient les thèmes des ateliers ?

– Il y avait trois ateliers et un thème par atelier : tout d'abord, « Nantes et les enjeux urbains de demain », c'était le plus intéressant ; ensuite « La place de la nature et de la biodiversité à Nantes », ça a remis en cause les certitudes que j'avais sur cette question et enfin « Nantes, capitale verte européenne », puisque la ville vient de remporter ce prix.

– Et des idées qui ont été retenues, quelle est selon vous la plus novatrice ?

– C'est la décision de sensibiliser régulièrement les habitants aux grandes questions environnementales concernant la ville. Les élus se sont engagés à organiser des visites d'écoquartiers et à créer un journal ainsi qu'un forum pour inviter les habitants à échanger et à partager des idées. C'est vraiment bien, je pense.

– Au cours de ces échanges, y a-t-il une intervention qui a retenu votre attention ?

– Oui, à un moment, une femme s'est plainte de la pollution sonore liée à la collecte du verre ! Elle a demandé comment on pourrait atténuer cette nuisance... Et tout de suite quelqu'un a proposé l'idée de faire une carte de l'ensemble des bruits du territoire pour offrir un environnement sonore de qualité à tout le monde... J'ai trouvé l'idée de la carte intéressante, même si la réponse n'était pas vraiment adaptée à la demande de cette femme.

– Qu'est-ce qui vous a le plus marqué pendant ces journées ?

– Le nombre de participants ! La salle était pleine, il y avait beaucoup plus de monde que je ne l'étais imaginé. Les gens étaient passionnés par les sujets. Ils ont montré beaucoup d'exigence et de créativité, et les élus étaient à l'écoute. Par contre, j'ai noté que ce sont surtout des adhérents des différentes associations écologistes qui participent. Peu de gens viennent à titre individuel et, en général, c'est toujours les mêmes personnes qui parlent et qu'on retrouve dans tous les ateliers ! J'aurais bien aimé écouter des témoignages plus concrets et vécus, comme celui de la femme dont j'ai parlé...

– Quel enseignement essentiel avez-vous retiré de votre stage ?

– Je pensais au début que les problèmes étaient d'ordre technique, des techniques de tri, de collecte... Mais en fait, les personnes débattent beaucoup plus de la manière de développer l'esprit citoyen, ou de mieux dialoguer ensemble pour trouver des solutions qui satisfassent le plus grand nombre, et je me suis rendu compte que les problèmes humains et relationnels comptaient beaucoup.

– Un regret ?

– Oui, quatre jours, c'est insuffisant ! Je n'ai pas eu assez de temps pour m'intégrer, avoir des contacts, développer des relations... C'est dommage !

– Merci Aurélien. Je vais maintenant passer à la lecture de votre rapport de stage et de l'évaluation de votre responsable de stage. Vous aurez votre note à la fin de la semaine.

– Entendu. Merci, au revoir monsieur.

Activité 6   p. 12?

– Bonjour Estelle. Vous avez fait votre stage à Nantes, dans quelle association déjà ?

– À Compostri. Compostri, c'est une association qui s'occupe du compostage collectif. Alors à Nantes, il y a 12 composteurs, ce sont des petits chalets en bois répartis dans plusieurs quartiers et les habitants du quartier viennen déposer leurs déchets.

– Il y a beaucoup d'adhérents ?

– Il y a déjà plus de 50 familles et deux salariés ont été embauchés ! L'association a démarré il y a neuf mois. C'est pas mal ! Plus de 4 000 tonn de déchets ont été collectées.

– Alors, on va parler un peu du déroulement de votre stage. En quoi votre mission consistait-elle ?

– C'était un stage d'observation d'un mois. J'ai étudié les pratiques et le mod d'organisation des volontaires qui assuraient les permanences ; ils veillaient à la bonne qualité de dépôts de déchets. Ils prenaient soin d'écouter les questions des habitants, d'y apporter des réponses et de les conseiller.

– Vous pouvez me donner un exemple ?

– Oui, par exemple, il y a des gens qui mettent tout dans le compost. Eh bien, il faut leur apprendre qu'on ne met que les déchets organiques : les épluchures, le marc de café, les coquilles d'œufs, tous les restes de repas. Ils peuvent aussi apporter des déchets verts : la tonte de pelouse, des feuille des branches... D'ailleurs, ça représente le tiers du volume de nos poubelles 125 kg par an et par foyer à peu près.

– Qu'est-ce que votre observation vous a permis de découvrir en particulier ?

– J'ai appris ce qu'est un maître composteur.

– Un maître composteur ?

– C'est une personne qui aide les gens qui veulent installer un composteur en bas de leur immeuble, par exemple, à obtenir l'autorisation préalable de la mairie ou une subvention de la collectivité. Le maître composteur les aide aussi à organiser des réunions pour sensibiliser et impliquer les voisins, à gérer le compost...

– Qu'est-ce qui vous a le plus marqué dans votre mission ?

– C'est quelque chose d'incroyable... Ce lieu où l'on vient apporter ses déchet devient un lieu convivial d'échanges, de sociabilité... Les gens s'y rencontren On réduit les déchets et on crée du lien social. Je trouve ça formidable. Et pu les gens ne craignent plus ni les odeurs, ni les moucherons...

Outils pour

Activité 2   p. 124

1. La pollution due au transport serait responsable d'environ 25 % de la production de gaz à effet de serre mais cette proportion serait très sous-estimée.
2. On aurait dû prendre des mesures avant, on n'en serait pas là maintenant !
3. Vous devriez mettre le verre dans les containers !
4. Il aurait fallu commencer à économiser nos ressources dès les années 60.
5. Tu pourrais fermer le robinet quand tu te laves les dents !
6. J'aimerais bien installer un système de pompe à chaleur chez moi.
7. Dans un demi-siècle, les réserves de pétrole auront considérablement diminu mais le charbon pourra le remplacer et satisfaire les besoins énergétiques de États-Unis.
8. Vous pourriez m'indiquer la déchetterie, s'il vous plaît ?

Outils pour

Document 2   p. 125

– Tu sais que si ça continue comme ça, il n'y aura plus de gros singes sur la planète, je suis dégoûtée, c'est mon animal préféré !

– C'est pas étonnant, nos forêts disparaissent, alors des espèces disparaissent c'est logique !

– Oui, mais tout ça, c'est notre faute. Si nous consommions moins, nous conserverions notre forêt et les singes ne seraient pas chassés de leur habita

– C'est sûr, mais d'un autre côté, si les dinosaures n'avaient pas disparu, eh bien les mammifères se seraient moins développés et les espèces ne seraien pas si variées. Et peut-être même que les singes n'auraient pas existé.

– Mais qu'est-ce que tu racontes !

– Si tu ne me crois pas, lis cet article. Figure-toi que, paradoxalement, une crise écologique peut avoir des conséquences positives, il ne faut donc pas toujou voir tout en noir !

– Je suis d'accord pour les animaux, OK, mais l'énergie ! Tu as vu le prix des carburants ? Tu te rends compte, si on avait économisé le pétrole, on n'en serait pas là !

– Oui, mais si le prix du pétrole n'avait pas autant augmenté, on n'aurait pas développé les énergies vertes et propres et ça aurait été vraiment dommage !

– Oh, tu m'agaces avec tes « si » ! De toute façon, je n'aurai jamais le dernier mot avec toi !

Points de vue sur

Rendez-vous Alterculturel   p. 127

En Allemagne, on parle beaucoup des énergies renouvelables : l'énergie solaire et l'énergie éolienne. L'énergie solaire en particulier. Les habitants qui veulent installer des plaques sur leur toit qui captent l'énergie solaire sont subventionnés par l'État. Et l'État donne une participation, je crois, de 100 euros par mètre carré et ensuite l'habitant peut produire sa propre énergie et il peut vendre l'énergie à l'État. Mes parents ont installé un système, on appelle ça « photovoltaïque » sur leur toit. Je crois qu'ils touchent environ 8 centimes ou quelque chose comme ça par kilowatt, ce qui n'est pas beaucoup et vu le fait qu'il ne fait jamais beau en Allemagne… mais quand même c'est l'énergie. L'énergie éolienne est aussi très présente en Allemagne, je crois que c'est le 2e pays en Europe, et après les États-Unis, au niveau de la quantité des parcs éoliens. C'est vrai que, quand on traverse l'Allemagne, on les voit partout. C'est une très bonne alternative. On parle beaucoup aussi de l'essence et du prix de l'essence, c'est un sujet très discuté. En Allemagne, l'essence est beaucoup plus chère que dans beaucoup de pays d'Europe. On a depuis quelque temps une taxe écologique de 15 % et ça a fait baisser légèrement l'utilisation de la voiture. Mais, ce qui est bien en Allemagne, ce sont les villes, parce qu'elles sont pensées pour les vélos. Tout le monde a son vélo et il y a des pistes cyclables partout.

Paroles en scène   p. 130

Sur tous les tons

1. Y a qu'à le dire, faut pas avoir peur !
2. Faut qu'on fasse plus attention !
3. T'as qu'à le faire, toi !
4. On a qu'à lui téléphoner, on en aura le cœur net !
5. Ben, y a plus qu'à trouver une solution !
6. Y z'avaient qu'à nous prévenir, c'est de leur faute !
7. Y faut qu'on soit plus vigilant !
8. Faut pas se laisser faire !
9. Vous n'aviez qu'à me le donner, je l'aurais pris !

Phonie-graphie

Activité 1

– Le nouveau Premier ministre n'a pas nommé la candidate des Verts ministre de l'écologie ?

– Non, et pourtant c'est une candidate qu'il a bien connue. J'étais sûr qu'il la nommerait ministre !

– C'est vrai, le Premier ministre est quelqu'un qui la connaît bien, mais je crois qu'il a eu raison de ne pas la prendre dans son gouvernement.

Activité 2

– Je ne sais pas quand cette nouvelle mesure prendra effet. J'espère qu'un an suffira pour qu'on l'applique.

– On dit qu'en septembre ce sera déjà trop tard !

– De toute façon, ce n'est qu'en prenant des mesures qu'on pourra arrêter ce fléau !

– Quand la loi sera votée, c'est à ce moment-là qu'on sera plus rassurés. Tandis qu'en attendant…

– Oui. Il faut faire vite. Quant à moi, je suis plutôt pessimiste. Je suis persuadé qu'on n'y arrivera jamais.

Vers le DELF B1

Compréhension de l'oral   p. 134

Exercice 1

– Bonjour Lamia. Eh, qu'est-ce que tu fais sur ton ordinateur alors qu'il fait si beau dehors ? Tu ne préfères pas qu'on aille se promener ?

– Non merci, Philippe. Les promenades, c'est bien joli mais la planète n'attend pas ! Je suis en train de faire une liste des gestes simples qu'on peut faire tous les jours pour protéger l'environnement.

– C'est pour ton site Internet sur l'écologie ?

– Non, c'est pour le bureau. Je voudrais coller cette liste sur la porte dans la salle de repos, comme ça les collègues pourront la lire pendant leur pause-café.

– Et quels sont les conseils que tu donnes ?

– Eh bien, par exemple, de ne plus utiliser de gobelets en plastique. Si chacun apportait sa propre tasse, dans notre entreprise de 200 personnes, ce serait une économie de plus de 60 000 gobelets en plastique par an ! Quand on sait qu'un seul gobelet met entre 100 et 1 000 ans pour se dégrader dans la nature, on se rend bien compte de l'impact sur l'environnement.

– C'est sûr… et quoi d'autre ?

– Des choses évidentes : limiter le nombre d'impressions de documents, organiser des vidéoconférences plutôt que prendre l'avion pour se rencontrer, préférer le ventilateur à la climatisation en été, éteindre les appareils et la lumière quand on part le soir…

– Oui, c'est du bon sens.

– Tu vois, ça ne demande pas beaucoup d'efforts, mais si tout le monde joue le jeu, à la fin ça fait vraiment une différence.

Exercice 2

Bonjour à tous, et merci d'écouter Radio Verte ! Coup de projecteur aujourd'hui sur un petit village de la Sarthe : à Pincé, madame le maire a confié une paire de poules et un sac de grains à tous les foyers volontaires. Oui, vous avez bien entendu, ce sont pour des poules que les habitants de Pincé ont signé des contrats d'adoption. Lancé en mars presque comme une plaisanterie, le projet a débuté officiellement ce vendredi par une cérémonie parrainée par le journaliste gastronomique Jean-Pierre Coffe. « L'idée est de réduire la quantité des déchets de chaque famille, de produire de bons œufs, tout en jouant un rôle pédagogique auprès des enfants et en favorisant la convivialité entre voisins », a déclaré Lydie Pasteau, maire de ce village de 200 habitants situé en zone d'élevage du poulet de Loué. « C'est un beau succès puisque 31 foyers sur 87 ont signé pour ce projet alors qu'on n'en attendait qu'une douzaine », a ajouté l'élue. Le contrat précise que les « adoptants » doivent conserver leurs poules au moins deux ans, bien les traiter, les nourrir et leur offrir la nuit un abri contre les renards et les chiens errants. Pour Jean-Pierre Coffe, parrain de l'opération, c'est une idée citoyenne simple et excellente. Essayer de réduire les déchets dans un pays où il y en a tant est une démarche intéressante, sans oublier l'aspect social, le partage, la convivialité. Et d'un point de vue alimentaire, l'œuf vaut largement un bifteck. Une habitante, Claudia Perreaux, a témoigné avoir noué de nouveaux liens avec un de ses voisins grâce au projet : « Nous partageons notre poulailler avec lui et, en échange, il garde nos poules quand nous partons en vacances », a-t-elle expliqué. Une poule peut consommer environ 150 kg de déchets organiques par an et produire 200 œufs, rappelle la mairie de Pincé, pour qui l'opération a coûté en tout 600 euros, poules et sac de grains compris. L'initiative d'offrir des poules pour limiter la production de déchets a déjà été testée avec succès par la ville belge de Mouscron, il y a deux ans.

Dossier 8

La vie au quotidien

Document 2   p. 140

– Bonjour monsieur, Police nationale. Vous avez les papiers du véhicule ?

– Oui, voilà. Assurance, carte grise…

– Et votre permis de conduire s'il vous plaît ?

– Attendez… Où est-ce que je l'ai mis ? Là…? Ah, il est peut-être dans la boîte à gants.

– Le certificat d'assurance ?

– Il est là, à sa place, sur le pare-brise.

– Mmm… pas très lisible. Vous savez qu'il doit être mis bien en évidence.

– Écoutez, c'est pas de ma faute si… vous ne voyez pas bien !

– Contrôle d'identité… Vos papiers, s'il vous plaît !

– Mais…

– Vos papiers s'il vous plaît !

– Tenez…

– Hmm… C'est bon. Circulez !

Outils pour

Document 2   p. 143

1. – Madame, avez-vous exigé par lettre recommandée la pension alimentaire que votre mari n'avait pas payée ?
   – Oui, Maître, je la lui ai réclamée plusieurs fois ! Il n'en a jamais payé un centime !
2. – Alors, vous ne voulez plus retourner au domicile conjugal et vous voulez demander le divorce, c'est bien ça ?
   – C'est ça. Cette maison, je ne veux plus en entendre parler et si ma femme veut s'occuper de chats, je les lui laisse et la maison avec tout ce qu'il y a dedans.
3. – Selon votre dossier, vous réclamez vos indemnités de licenciement à votre employeur et vous voulez le poursuivre au tribunal pour non-paiement.
   – Oui. S'il ne veut pas payer, je vais le poursuivre, avec votre conseil, Maître. Parce que les indemnités, il doit me les payer !
4. – Bon, nous sommes d'accord : je plaide l'irresponsabilité de votre fils et j'insiste sur ses moments de crises incontrôlables.
   – S'il vous plaît, Maître... C'était pas de sa faute mais je le lui avais bien dit que ça finirait mal ! Son père et moi, on lui disait de se faire soigner... On lui a beaucoup parlé, vous savez... Il disait qu'il y réfléchissait...

Points de vue sur

Document 1   p. 144

1re partie
RTF matin avec Luc Yvon. Luc, vous recevez Brigitte Caillet qui a été jurée d'assises dans l'un des plus grands procès criminels en France au moment où le gouvernement s'apprête à réformer les jurés d'assises.
– Bonjour, Brigitte Caillet.
– Bonjour.
– Merci beaucoup d'être avec nous ce matin sur RTF pour revenir sur l'expérience si particulière que vous avez vécue... Alors, Brigitte Caillet, rappelons que tous ceux qui nous écoutent, s'ils ont entre 23 et 70 ans et s'ils savent lire et écrire le français peuvent être appelés à devenir jurés. Qu'avez-vous ressenti, vous, précisément quand cette très lourde responsabilité vous est tombée dessus ?
– Ben, il y a une très très grande appréhension, je crois que ce serait pas forcément très sain d'ailleurs d'avoir du plaisir à y aller, hein, mais très vite il y a la conscience du devoir civique. Bon, c'est une réquisition civique, c'est 3 500 euros d'amende si on refuse, mais, donc euh donc de toute manière, c'est dissuasif, mais mais je crois qu'il y a cette conscience d'un devoir civique si on pense que c'est important qu'il y ait des jurés populaires en assises euh... voilà.

2e partie
– Comment se passe le quotidien avec les juges professionnels durant l'audience ?
– Euh, les magistrats ont un rôle pédagogique évidemment pour... euh nous initier au vocabulaire, au jargon de la justice, à toute l'infrastructure qu'il y a derrière donc euh je pense que c'est surtout à ce niveau-là qu'un dialogue s'établit.
– Mais vous diriez qu'ils vous orientent, vous aident, ils vous conseillent, ils peuvent éventuellement vous soutenir, moralement, évidemment ?
– Bien sûr, bien sûr, oui, oui, il y avait un soutien important parce que parce que le procès était long et que c'était une épreuve. Euh évidemment quand on entend certains témoignages, on peut se faire une première opinion et les magistrats nous disaient « Attendez, dans 15 jours vous entendrez autre chose et votre avis sera différent ».
– Ils ne vous influencent donc jamais ?
– Non.
– Merci beaucoup Brigitte Caillet. Bonne journée à vous et bonne journée à tous !
– Merci, merci.

Rendez-vous Alterculturel   p. 145

Pour moi la différence la plus importante, c'est ce qu'on appelle la présomption d'innocence, concept essentiel dans le droit anglais : en principe, il faut des preuves irréfutables, évidentes, pour inculper un individu et le mettre en prison. La présomption d'innocence est un droit qui permet à une personne d'être considérée comme innocente en attendant que sa culpabilité soit reconnue ou non. Autrement dit, l'individu doit bénéficier d'un traitement qui se rapproche de

celui de n'importe quel citoyen. C'est pourquoi en Angleterre on a vu en 1993 la Cour d'appel de Londres annuler purement et simplement un procès criminel parce que la télévision avait joué un rôle négatif en suggérant la culpabilité de l'accusé. Bien qu'il soit affirmé par la Déclaration universelle des Droits de l'Homme, je crois que ce concept de présomption d'innocence n'est pas énoncé dans le Code pénal français.

Outils pour

Document 2   p. 146

Le 14 octobre 1793 (à ce moment-là, les troupes françaises se battaient aux frontières contre les armées royalistes), Marie-Antoinette, la « Veuve Capet », a comparu devant le Tribunal révolutionnaire. Deux avocats avaient été désignés la veille pour la défendre et ils ont dû improviser leurs plaidoiries. Au bout de deux jours d'audience (les 14 et 15 octobre), malgré leurs efforts, ils n'ont pas pu modifier la conviction du tribunal : Marie-Antoinette était condamnée à mort et l'exécution aurait lieu le lendemain. Après une dernière nuit passée à la Conciergerie, elle a été emmenée à l'échafaud. Ce jour-là, sur la place de la Concorde, la foule était nombreuse. On rapporte qu'avant son exécution, elle s'est tenue très droite et digne, rejetant d'un coup de tête le bonnet qu'elle devait porter. Trois jours plus tard, Axel Fersen écrivait à sa sœur : « Elle ne vit plus, ma douleur est à son comble, je ne sais comment je vis encore ». L'année suivante, les accusateurs de Marie-Antoinette étaient exécutés à leur tour...

Paroles en scène   p. 148

Sur tous les tons
– Où étiez-vous entre 11 h et midi mardi dernier ?
– À la boulangerie, j'achetais du pain.
– Vous avez mis une heure pour acheter une baguette ?
– J'ai un peu parlé avec la boulangère, on se connaît.
– Ha ! Eh bien, elle ne s'en souvient pas du tout !
– Elle ne s'en souvient pas ?
– Alors je répète : où étiez-vous mardi dernier entre 11 h et midi ?
– Mais je vous assure que je bavardais avec madame Martin, même si elle ne s'en souvient pas !
– Écoutez, ce n'est pas la peine d'insister !
– Mais je vous assure, j'étais à la boulangerie, à – la – bou – lan – ge – rie !

Phonie-graphie

Activité 1
architecture – orchestre – chirurgie – écho – monarchie – psychologue – chorale – hiérarchie – technologie – cholestérol – tauromachie – chute – achalander – archange – archaïque – archet – chaos – charisme – enchanté – chœur – psychiatre

Activité 2
1. Je suis enchanté du briquet que mon responsable hiérarchique m'a offert pour récompenser mon charisme et mon sens aigu de la psychologie.
2. Christophe a choisi de faire une psychanalyse dans un cabinet de psychiatres.
3. L'orchestre n'a pas pu éviter le chaos. L'archet du premier violon s'est rompu. Il y avait un écho dans la cathédrale et la chorale n'a pas pu chanter le chœur final.

Dossier 9

La vie au quotidien

Document 2   p. 158

– Ma chérie, je me demandais... ça te plairait si on partait faire un beau voyage ? Ça nous ferait du bien à tous les deux et puis surtout ce serait une façon de récompenser Pauline pour son bac. Un vrai dépaysement juste avant son entrée en fac... Qu'est-ce que t'en dis ?
– Oh, oui, dis donc, ce serait super... Elle a beaucoup bossé et elle a pas eu le temps de décompresser... Et nous aussi, on en a bien besoin pour se changer les idées. On va lui en parler ce soir.
– Écoute, je voudrais lui faire la surprise. C'est un cadeau. Alors, comme je sais qu'elle rêve d'aller au Canada, j'ai pensé qu'on pourrait y aller deux semaines. Avec son goût pour l'histoire, je crois qu'un circuit aux pays des Acadiens, ça pourrait lui plaire.

C'est où déjà l'Acadie ?

Ce n'est pas vraiment un pays. Il y a des Acadiens dans plusieurs provinces du Canada. Du coup, on visiterait la Gaspésie, le Nouveau-Brunswick. On serait un peu... sur les traces de nos ancêtres quoi. C'est une colonie française installée depuis le XVIIe siècle, ça va passionner Pauline.

Et on partirait quand ?

On part le 29 août, on est de retour le 10 septembre. C'est parfait, non ?

Oui, ça serait pas mal et... qu'est-ce qu'il y a de prévu encore ?

Attends, je te lis la brochure : c'est un tour en voiture, on part de Montréal, on découvre la façade atlantique du Canada, les rivages spectaculaires de la baie de Fundy et on passe par la Baie des Chaleurs, super ! Ah ! Et il y a aussi une excursion prévue au village historique acadien... Ça doit être la reconstitution d'un village de l'époque et une croisière jusqu'au rocher de Percé. Regarde la photo !

Et on rentre par Québec... Et le prix, c'est où ? 1 825 euros par personne, hébergement compris.

Oui, avec les repas aussi... C'est tentant, non ?

Ah, c'est magnifique, moi je suis emballée ! Mais, mon chéri, je crois que tu ne suis pas assez l'évolution sentimentale de ta fille. Le Canada, c'était l'époque des *chats* passionnés sur Internet avec un jeune musicien de Montréal... Ça a mal fini, je sais pas pourquoi. Depuis, j'ai bien l'impression qu'elle sort beaucoup avec un joueur de jembé.

Le jembé ? Qu'est-ce que c'est que ça ?

Des percussions africaines. Je crois que Léo est d'origine sénégalaise. Tiens, pourquoi pas le Sénégal ? On peut lui proposer... et puis, tu sais, je crois qu'elle a vraiment envie de se reposer.

C'est-à-dire que... Le problème, c'est que le prix était intéressant pour ce voyage au Canada... Alors, j'ai réservé.

C'est malin ! Et si ça ne lui plaît pas ? Bon écoute, demande-lui son avis. Et si les Acadiens ne l'intéressent pas, tu pourras toujours changer...

Document 4 p. 159

Allô ? C'est l'agence Visa Voyages ?

Oui, oui, monsieur, ne quittez pas s'il vous plaît. Merci de patienter un petit instant.

Allô, oui monsieur ?

Oui, bonjour madame, C'est à propos d'une réservation pour le Canada fin août, c'est-à-dire que... je... je voudrais modifier le voyage... Voilà, j'ai un problème...

Oui, alors, ne quittez pas, je vous passe la personne responsable, restez en ligne, s'il vous plaît.

Anne Mosset, bonjour.

Oui, bonjour madame. Voilà, je vous explique : j'ai réservé par votre agence trois places pour le périple autotour en Acadie du 29 août au 10 septembre. Alors... Voilà, il y a eu un imprévu... c'était une surprise pour ma fille et j'avais pensé que ça lui plairait, mais, voilà finalement, je voudrais changer de destination...

Vous souhaitez annuler ?

Non ! Non, je me suis mal fait comprendre ! En fait, on voudrait partir au Sénégal, j'ai vu que vous aviez des formules qui nous conviendraient mieux. Donc, j'aimerais savoir s'il est possible de changer de destination et de réserver pour le Sénégal au lieu du Canada.

Eh bien, je vais vous dire ça tout de suite. Pourriez-vous me donner votre numéro de dossier s'il vous plaît ?

Oui, c'est AX2543G.

Oui... Monsieur Protal Jean-François, c'est ça ?

Non, PORTAL. P.O.R.T.A.L.

Oh, oui, je vous prie de m'excuser, j'ai mal lu... Monsieur Portal, c'est ça. Attendez, je vérifie auprès de la centrale. Bon, oui... Effectivement, vous avez réglé les 30 % pour le voyage autotour Acadie... Et vous voudriez partir aux mêmes dates ?

Oui, si possible... C'est le voyage au club de la plage de Saly au Sénégal. Je vérifie s'il y a encore de la place. Vous partez toujours à trois ?

Oui... Mais alors c'est possible de transférer mon premier versement sur la prochaine réservation ?

Tout à fait. C'est bon, il reste des places du 2 au 9 septembre. Ça vous convient ?

Parfait ! Vous êtes sûre qu'il n'y aura pas de souci ?

Non, non, ça ne pose aucun problème monsieur... Par contre, vous aurez à payer 30 euros par personne pour le changement, plus le complément, puisque c'est une formule un peu plus chère.

Entendu ! Alors, quelle est la procédure à suivre pour le changement ?

– Eh bien, vous nous envoyez tout de suite un mail de confirmation pour le voyage de substitution, avec un scan de votre pièce d'identité. Je me charge d'annuler la prestation précédente. Et, dans les plus brefs délais, vous passez à l'agence pour régler la totalité de votre voyage et les frais complémentaires.

– C'est parfait ! À quelle adresse dois-je envoyer ma confirmation ?

– Anne Mosset, A – M – O – 2 S – E – T arobase visavoyages point – fr.

– C'est noté. Merci beaucoup.

– Je vous en prie. Au revoir, monsieur Portal.

– Au revoir madame et merci encore...

Outils pour

Document 2 p. 161

– Tiens, salut Gilles, tu es revenu de vacances ? C'était bien ?

– Ne m'en parle pas. C'était nul sur toute la ligne !

– Non, vraiment ?

– Ah oui, je t'assure, une vraie cata. Déjà, on n'a pas eu un vol direct, on a fait trois escales imprévues, j'ai cru qu'on n'allait jamais arriver. Et après...

– Ben raconte !

– Bah on avait dix heures de retard, les amis qui devaient venir me chercher n'étaient plus là ! Et comme je n'avais pas pris leur numéro de téléphone...

– Ça, c'est pas très malin.

– Non, c'est vrai. Bref, je n'avais nulle part où aller, rien ne pouvait se faire avant le matin. J'ai attendu l'ouverture du comptoir de la compagnie pour pouvoir appeler, je n'ai réussi à les joindre que deux heures plus tard, personne ne répondait... Bon, après, ça s'est un peu arrangé, surtout que les gens de la compagnie ont été très sympas. Mes amis sont finalement arrivés, ils m'ont emmené dans un hôtel, mais... sans air conditionné... Bonjour les moustiques avec la fenêtre ouverte ! Le lendemain, j'étais couvert de boutons ! Le médecin m'a dit de ne pas m'en faire, mais j'avais quand même une drôle de tête !

– Et qu'est-ce que t'as fait là-bas ?

– J'ai loué une voiture, je me suis baladé... c'était bien. Mais, après une semaine, je n'ai plus rien fait parce que je suis tombé malade.

– Encore les moustiques ?

– Non. L'estomac ce coup-ci. Alors, bon, les voyages lointains, plus jamais, hein ! J'ai décidé de ne – plus – bou – ger !

– Oui, c'est clair que tu n'as jamais eu aucune disposition pour devenir explorateur...

Points de vue sur

Rendez-vous Alterculturel p. 163

Alors, pour moi, je pense que le souvenir le plus marquant, c'est quand je suis allée en Colombie. Je suis partie avec un ami et on a tout de suite été dans l'ambiance du pays parce qu'on a pris un avion : on allait sur la côte des Caraïbes. Donc on en rêvait, les palmiers, la mer et quand on a atterri, on était entouré de montagnes avec des nuages très épais. Et effectivement on a atterri dans une ville qui s'appelle Medellín alors qu'on devait arriver à Carthagène, dans les Caraïbes. C'était incroyable. Et quand on nous a rapatrié sur Carthagène, on a assisté à une scène dans le cockpit (forcément il n'y avait plus de place dans l'avion). Et là, il y a le pilote et le copilote qui ont commencé à faire leur signe de croix et qui ont dit : « À la grâce de Dieu. » Et je crois que c'est vraiment là où on a compris qu'on était dans un pays magique et que tout pouvait nous arriver. Pour la langue, cet ami, je me souviens, avait une méthode absolument magnifique. C'est-à-dire qu'il apprenait des listes de mots qu'il apprenait tous les jours et, tous les soirs, il allait dans les magasins et il utilisait ce vocabulaire. Et quand il rentrait, il me racontait tout ce qui s'était passé et c'était très intéressant. Le moins bon souvenir, c'est plutôt un souvenir un petit peu amusant. On a loué un studio et en fait, on avait pas de meubles, on avait rien et puis on s'est dit : « Tiens, il faut qu'on décore un petit peu la maison ». Alors on est partis en dehors de la ville, en pleine campagne et j'ai commencé à ramasser des branches et des fleurs, parce qu'il y a beaucoup de fleurs là-bas, c'est magnifique et j'ai fait un immense bouquet. Et puis, un ami est venu nous voir et il a dit : « Mais pourquoi vous avez des plantes, comme ça, où est-ce que vous les avez prises ? ». On a dit : « Mais pas très loin, dans la campagne ». Il a dit : « Mais vous savez, c'est très dangereux ». Et effectivement, il a découvert qu'il y avait un scorpion ; donc il l'a immédiatement tué, sous nos yeux, on était un petit peu effrayés mais après il a dit : « Bon il faut chercher la femelle, parce que, un scorpion mâle, il y a toujours une femelle à côté ».

Paroles en scène p. 166

Sur tous les tons

1. – Mamie, vous avez pris votre couverture de voyage ?
   – Pardon ? Si j'ai fait le tour des étages ?
   – Mais non ! Je vous demande si vous avez pris votre couverture pour le voyage !
   – Ah, bon, oui, ne t'inquiète pas, je n'ai pas peur des aventures en voyage. J'adore ça !
2. – En quittant la caravane au camping, tu as bien fermé la bouteille de gaz ?
   – Oui, oui ma chérie, j'ai mis de l'eau dans le vase.
3. – Alors, t'as décidé pour tes vacances ?
   – Quelles vacances ?
   – Tu pars pas ?
   – Je vais en Polynésie.
   – Ben alors, tu pars !
   – On y va en famille... Bonjour les vacances !

Phonie-graphie

Activité 1

Exemple : entretenu

debout – dangereux – gouvernement – maintenant – arrondissement – mercredi – justement – samedi – rassemblement – acheter – apercevoir – quelque chose – semer – amener – au-dessus – médecin – revenu – grenouille – portefeuille – devant – portemanteau – fenêtre – dénouement – peler – quelque part

Activité 2

1. Sa mère est bretonne et son père allemand.
2. Cette semaine, il écoute beaucoup de musique par rapport à la semaine dernière.
3. Elles jouent dans le jardin. Nous sifflerons pour les appeler.
4. Prête-moi ce livre, je t'en supplie. Je ne te le redemanderai plus !
5. C'est un arbre gigantesque ! C'est presque sûr qu'on sera obligés de le couper.
6. Elle devait venir mais elle a eu un accident de voiture. Heureusement, ce n'est pas grave. Elle a eu de la chance !
7. Si je ne fais rien demain, je te téléphone. Pas de problème !

DELF B1

Compréhension de l'oral

Exercice 1 p. 170

– Charles, tu es bien passé à l'agence aujourd'hui pour récupérer nos billets d'avion ?
– Eh bien... oui et non.
– Comment ça, oui et non ? Explique-toi !
– Je suis bien allé à l'agence de voyage, mais je n'ai pas pris les billets, car l'employé a vu que mon passeport n'était plus valable. Tu te rends compte, grâce à lui, on a évité une grosse dépense pour rien !
– Comment ? Mais j'en rêvais, moi, de ce séjour au Cambodge ! Comment peux-tu trouver que c'est une bonne nouvelle ? Tu sais bien que je ne peux absolument pas changer mes vacances, et ça va prendre du temps pour te faire faire un nouveau passeport !
– Oui, et c'est pour ça que j'ai eu une autre idée : on va partir en vacances dans un pays magnifique pour lequel il n'y a pas besoin de passeport : l'Islande !
– L'Islande ? Et pourquoi pas le Pérou ! Tu y connais quelque chose à l'Islande, toi ?
– Justement, ce sera l'occasion de le découvrir ensemble ! J'ai vu un documentaire sur France 2 la semaine dernière, les paysages sont beaux et sauvages.
– Les charmes de la nature, quoi ! Moi, franchement je ne connais rien à cette culture, mais tu n'as pas tort au fond : le voyage, ça devrait toujours être d'abord l'aventure.

Exercice 2 p. 170

Bonjour à tous ! Au sommaire du *Grand marché des compétences*, notre chronique sur les métiers, nous avons aujourd'hui un profil qui concentre des savoirs et des savoir-faire très variés. À Versailles, au musée du Louvre, dans les châteaux de la Loire, où qu'il soit, le guide-interprète accompagne des groupes de touristes français ou étrangers et commente pour eux, et dans leur langue, les visites de monuments, de musées, de sites historiques. Dans tous les cas, ce professionnel prépare les visites avec soin. Spécialiste d'un site, d'une époque ou d'un personnage, il réactualise sans cesse ses informations et se tient au courant des dernières découvertes historiques. Il doit être incollable sur les questions, parfois pointues, de touristes de plus en plus informés. Pour cela, il effectue des recherches documentaires, collecte ouvrages, illustrations, photos, et prend contact avec les responsables des sites pour obtenir des autorisations nécessaires. Il rédige ensuite les textes qui serviront de base à sa présentation orale du site. D'autres aspects, purement pratiques et liés à la visite, sont également de son ressort. Par exemple, connaître l'emplacement d'un parking, prévoir une pause-déjeuner, réserver un restaurant, indiquer les boutiques de souvenirs... Le guide-interprète est un pédagogue capable de s'adapter aux différents publics. Il n'hésite pas à évoquer des anecdotes pittoresques pour captiver son public. Autonome, débrouillard et dynamique, il sait faire face aux imprévus. Par ailleurs, il possède une excellente mémoire, ce qui lui permet de commenter sa visite sans trop s'aider de ses notes. Au fait des références culturelles de son public, le guide-interprète maîtrise au moins une langue étrangère pour communiquer plus facilement avec les touristes étrangers. Il connaît parfaitement le site, la ville ou la région qu'il fait découvrir : aspects socio-économiques, vie quotidienne, traditions culturelles, spécialités gastronomiques... Ce professionnel possède une double compétence linguistique et culturelle. Le plus souvent, le guide-interprète occupe un emploi saisonnier quelques mois par an. Il assure des missions à durée déterminée pour les agences de voyages, les tour-opérateurs ou les offices de tourisme, généralement en tant que vacataire. Il est alors embauché et rémunéré pour chaque voyage. Il peut aussi être salarié par des intermédiaires traitant directement avec les agences étrangères pour organiser les visites en France.

Exercice 3 p. 17

– Bronzer idiot, c'est dépassé ! D'après notre enquête, les professionnels du tourisme ne veulent plus vendre du tourisme de masse, alors que nous proposent-ils de nouveau pour nos vacances ?
– Quand on les écoute, on se dit que tout a changé. Aujourd'hui, chez les professionnels, le tourisme est toujours accompagné d'un qualificatif : on dit qu'il est responsable, écologique, quelquefois même équitable ou solidaire.
– Ça veut dire quoi exactement, tourisme responsable, ou durable, puisque le mot existe aussi ?
– Responsable ou durable, c'est la même chose, et quand les professionnels en donnent la définition, c'est clair et précis. C'est un tourisme qui préserve les ressources naturelles, qui répartit les recettes de façon équitable entre les voyagistes et les destinations, et enfin, qui respecte les valeurs et la culture des communautés d'accueil.
– Ça paraît quand même très éloigné de ce qui se pratique dans la réalité : des achats que nous faisons sur Internet ou dans une agence de voyages pour des vacances en forfait tout compris, souvent en village de vacances ou en hôtel club ?
– Oui c'est vrai, au-delà des mots, les pratiques restent celles du tourisme de masse. Quand on achète un forfait à un tour-opérateur ou à un grand voyagiste, quand les avions se succèdent pour emmener les touristes vers un même hôtel club entouré de palissades, on est très loin du tourisme durable. Il y a très peu de profit pour la destination d'accueil, le partage des recettes n'existe pas. Des calculs ont été faits, en moyenne quand vous achetez un forfait standard pour un séjour dans les Caraïbes, par exemple, 80 % du prix du voyage revient dans le pays où est basée l'entreprise qui conçoit l'offre, si c'est en Thaïlande, c'est au moins 70 %. Les seules rentrées d'argent pour le pays d'accueil, ce sont les salaires des employés locaux mais ils occupent en général des emplois peu qualifiés mal rémunérés. Si vous achetez un voyage à prix cassé, alors là c'est encore pire, parce que le voyagiste a des coûts incompressibles de transport aérien ; les efforts, il le demande à la destination d'accueil.
– Et que peut-on faire individuellement pour voyager responsable ou durable ?
– Eh bien, ce n'est pas très compliqué contrairement à ce qu'on pourrait penser et en plus ce n'est pas forcément plus coûteux qu'un voyage acheté en forfait tout compris. La base, c'est de séparer l'achat du billet d'avion et le choix de l'hébergement. Il faut préférer les hôtels locaux aux grandes chaînes hôtelières.

Achevé d'imprimer en décembre 2021 en Italie par L.E.G.O. S.p.A. - Lavis (TN)

Dépôt légal : Janvier 2013 - Édition 13

15/5814/7